“高质量发展与评价研究系列丛书”之一

2021年江苏省社科基金重大项目
“江苏省高质量发展评价体系研究”（项目编号21ZD007）研究成果之一

江苏省决策咨询研究基地
“江苏高质量发展综合评估研究基地”研究成果之一

高质量发展

考评体系研究

苗成斌　著

人民出版社

目　录

绪　论

知贤之近途,莫急于考功。高质量发展需要高质量考评,高质量考评体系构建来自高质量发展的理论和实践探索。什么是高质量发展?怎样考评高质量发展?如何评价高质量发展绩效?怎样精准研判考评结果?影响高质量发展因素如何分析?发展的趋势怎样预测?应当怎样精准牵引高质量发展?一言蔽之,应当怎样抓住考评这个“牛鼻子”,以高质量评价“标尺”科学有效地引领和驱动高质量发展,使之能够深刻体现“更有质量、更有效益、更可持续、更为公平、更加安全”的新发展理念内涵,充分彰显“政治建设高站位、经济发展高质量、文化事业高品牌、社会治理高水平、生态环境高标准、人民生活高品质”的“五更六高”的鲜明特点。本书围绕这些问题深入研究思考,立足于我国高质量发展新阶段,基于马克思主义发展观和新思想新理念的研究视野,从高质量发展考评理论、考评功能、考评价值、考评政策、考评指标、考评测度、考评策略等七个维度,阐释新时代高质量发展考评的理论脉络、价值取向、实践探索,对高质量发展的考评政策取向、政策逻辑、政策质量进行探究,系统研究其指标体系构建、绩效评价研判、影响因素分析及发展趋势预测等考评机理,力求从理论与实践的结合上探寻高质量发展考评的基本原理和内在逻辑,努力丰富和发展我国高质量发展考评体系。

第一,高质量发展考评理论。高质量发展考评是顺应新时代高质量发展新要求、干部队伍建设新特征和为基层减负新诉求的时代产物,是新发展阶段对高质量绩效评价理论的新发展。我国高质量发展考评理论体系尚未健全,高质量发展考评缺乏充足的学理支撑，存在的主要问题是原创性理论研究不足、实践应用的盲目性较重。我国原有的考评发展的方法已经过时，而新的考评尚不能满足推动高质量发展的基本要求，迫切需要新的考评理论指导实践。本书基于哲学、经济学、管理学等已有学科积累，结合评价学的自身特点，围绕评价的内涵、分类、原则、过程、方法、范式等基础性、普适性的元问题进行深入研究，系统研究论述了高质量发展考评的基本内涵，阐释了考评相关含义的概念辨析、中国古代官吏考评制度的历史变迁、新民主主义革命以来考评制度的发展实践和江苏高质量发展综合考评的发展历程，深化了对高质量发展考评的内涵要义的认识。梳理高质量发展考评的理论脉络，从高质量发展与马克思主义发展观、高质量发展考评与西方政府绩效评估理论、高质量发展考评与我国政府绩效评价三个维度进行系统性概括和评价学理论探索。构想理论体系，从高质量发展考评的时代背景、理论基础、理论框架三个维度，研究提出新思想是丰富发展高质量发展考评理论的基石、以人民为中心的发展思想是价值依归、新发展理念是根本遵循、价值评价施政行为是内在要求、树立新发展绩效观是必要前提的理论体系框架。新发展绩效观是践行新发展理念，全面系统、务实有效评价高质量发展的认识论和方法论，着力形成高质量发展的综合绩效效果、规模质量效益、政府施政效能、公众参与效度的考核评价导向。

第二，高质量发展考评价值。价值考评是最核心的也是最难的一个考评要素，是一个世界级难题。价值考评是高质量发展考评的灵魂，价值取向是考评的基本理念和评判标准。现在有些地方高质量发展考评对象、范围和领域不够全面和细分度不够，仅仅是指数测算、区域排名等“量”的客观考评，对于考评结果背后的深层次因素、各个区域与众不同的特点和需求等缺乏深入分析，多数停留在事实考评而缺乏价值考评，现代信息技术、量化分析等方法综合运用不到位，导致一些地方考评不够实、不够准、社会公认度低。创建高质量发展考评的价值理念、价值载体和价值实现机制的价值体系，对于解决我国长期以来考评标准过高、过空、不切实际，考评的价值取向过于倾向经济等问题,具有重要的现实意义。首先,系统研究高质量发展考评价值理念的变迁与构成,搞清楚考评价值理念的变迁、考评价值理念的构成和考评价值理念的功能,从考评价值理念的角度深刻理解新发展理念的内涵和本质要求。其次,系统研究高质量发展考评的价值取向与价值标准,阐释高质量发展考评的价值意蕴、价值取向和价值标准,建立一套体现新发展理念、考评目标多元的价值取向和价值标准,以取代传统的、单一的"效率取向"标准。最后,系统研究高质量发展考评的价值评判与价值实现,构建考评的价值评判体系,旨在对发展是否遵循高质量发展要作出监督和评价。价值载体是承载考评的价值理念的具体行政行为、行政活动等,它是价值理念最终落实的保证。建立价值实现机制,研析价值实现目标、价值实现过程和价值实现动力,探索高质量发展考评价值实现的内在机理、内在联系和运行规律。

第三,高质量发展考评功能。坚持以考评功能研究高质量发展,既是一个新的思路,也是一项新的探索。从高质量发展考评的功能界定、功能设置和功能创新等三个维度,系统研究高质量发展考评体系建设问题,弥补了高质量发展考评功能建设的不足。一是深入研究高质量发展考评功能的含义与特征,明晰高质量发展考评管理功能的构成要件和运行原理。考评的功能特征主要是鲜明的导向性特征、现代的治理性特征、科学的检测性特征、适度的管控性特征、正向的激励性特征、精准的智能性特征。二是深入研究考评的功能定位与建设,考评的牵引功能是"指挥棒",激励功能是"加压阀",检测功能是"体检表",治理功能是"施工图",监控功能是"传感器",智能功能是"智慧云"。科学设置综合考核信息系统数据库,实现数据统一分类、统一采集、统一核查、统一存储,保证数据源的一致性和数据质量,并加强考评大数据库的安全防护。三是深入研究高质量发展考评的功能拓展与创新,强化考评功能的基本理路,推进数据质量标准化、流程管理一体化、资源成本节约化、考评分析多样化、精准考核智能化。强化考评功能的体系构思,形成"一张网"、创建"一个库"、突出"六个维度"、构建"四个平台"、完善"一个运行系统"的体系框架。

强化考评功能的策略选择，在规划设计上，把新发展理念融入考评功能和价值实践；在机制完善上，使考评功能体系规范、制度、科学；在平台建设上，推进省级综合考核信息化平台“一张网”建设；在智能赋能上，运用大数据实现人、机、智三位一体化；在动态预警上，逐步实现全方位动态预警信息发布；在功能配套上，构建组织健全、执行有力的保障体系。

第四，高质量发展考评政策。构建科学合理的政策体系，要通过推进政策的规范、创新与协调配合，提高政策的系统性、整体性和全局性。一是高质量发展的考评政策取向。需要深化对高质量发展政策的认识，高质量发展的核心落脚点是“质量”第一，而不是“高”是第一，质量、效率和动力“三大变革”是高质量发展的结果、而不是发展的原因，高质量发展是政策的目标，而构建现代化经济体系则是政策的“工具箱”；明晰宏观调控质量型发展目标取向，注重质量型发展这个鲜明的导向，注重把创新作为高质量发展的第一动力，注重把防范和化解重大风险作为重中之重，注重把保护和改善生态环境作为保护生产力和发展生产力；推进高质量发展宏观调控方式转型，从数量调控向质量调控转变，从总量调控向结构调控转变，从需求调控向综合调控转变，从“强刺激”政策搭配调控向货币政策和宏观审慎政策双支柱调控转变。二是高质量发展的考评政策逻辑。构建政策体系的更高要求，内在要求上要由高速度转向高质量、由增长转向发展；构建新发展格局上要坚持扩大内需这个战略基点，畅通国际国内双循环；从高质量发展政策引导上创新思路，从政策上培育支撑高质量发展的生产要素，从政策扶持上全面提高全要素生产率。构建政策体系的组织生态，产业跨界融合成为新趋势，企业互联融通更为明显，资源要素聚合效应彰显，空间服务耦合凸显，开放协同合作和协调创新深度融合；构建政策体系的制度优化，加快建立完善新的经济政策，坚持发展导向和问题导向，建立符合创新规律的资源配置方式，形成新的社会治理结构。三是高质量发展的考评政策质量。系统提高考评政策质量，产业考评政策要突出引导性，创新考评政策要突出先进性，绿色考评政策要突出共生性，开放考评政策要突出包容性，社会考评政策要突出公平性；全面优化考评政策环境，构建高水平市场经济体制，建设更高标准的产权制度，以竞争政策为基础，加强政策协同，创新体制机制，构建有利于高质量发展政策顺利实施的良好氛围；加强考评政策评估研究，我国有关的政策评估与高质量发展的新要求还不够适应，深入研究制定高质量发展政策评估取向和评估标准，注重研究高质量发展政策评估的重要环节和基础工作。

第五，高质量发展考评指标。高质量发展考评指标要在精准、贵在牵引、落在实效。测度和衡量高质量发展要体现考评指标的科学性、牵引性、导向性和可操作性，必须正确处理好高质量发展总量指标和人均指标、效率指标和持续发展指标、经济高质量发展与社会高质量发展、生态保护与安全发展之间的逻辑联系，能够充分反映“更有质量、更有效益、更可持续、更为公平、更加安全”的发展要求，彰显“政治建设高站位、经济发展高质量、文化事业高品牌、社会治理高水平、生态环境高标准、人民生活高品质”的“五更六高”鲜明特征。一是高质量发展考评指标的研究与比较。厘清我国不同发展阶段考评指标体系的演进，梳理出经济增长考评、经济社会发展考评、可持续发展考评和高质量发展考评四个阶段；对国外同类典型考评指标体系的简况综述，概述了欧盟可持续发展考评指标体系、荷兰绿色增长考评指标体系、德国国家福利测度考评指标体系、美国新经济考评指标体系；梳理国内省域高质量发展考评指标研究成果，从学术研究成果看，我国学术界在高质量发展考评指标体系方面做了大量的研究和探讨，进一步丰富了高质量发展考核评价理论体系，提供了一些新的研究思路和有效方法路径；从实践研究成果看，我国各地党委和政府积极探索高质量发展考评指标体系构建，可以说各地指标设计因地制宜、各有所长。二是高质量发展考评指标的设计与要求。明晰指标设计的理路，从贯彻落实新发展理念出发、从高质量发展特征出发和从高质量发展要求出发分别设计指标体系，这三种指标体系设计理路各有所长，应当相互结合、优势互补。明确指标设计的原则，坚持系统思维、全面考量，突出重点、兼顾差异；坚持问题导向、求真务实,科学合理、简洁实用;坚持对标国家、体现地方,综合评价、分类指导;坚持事实评价、价值评价,静态评估、动态评估的设计原则。研制指标设计的标准,从技术、管理、经济三个维度,再从量、质、效三个层面,建立一套新的指标标准体系;实施指标设计的论证,建立指标"评、进、管、出"规范性操作标准,指标的评选要进行技术性论证、规范性论证和可行性论证。三是考评指标的内容与权重,按照"综合质效、创新发展、协调发展、绿色发展、开放发展、共享发展、安全发展和主观感受"八个模块,设计高质量发展一级指标 8 个、二级指标 23 个、三级指标 44 个,补齐和完善考评指标链条。

第六,高质量发展考评测度。高质量发展考评测度是考评的核心环节、关键步骤。本章主要从高质量发展综合评价测算结果、影响因素分析和未来发展指数预测三个方面进行测度。一是考评方法与综合评价测算,主要为指标的无量纲化处理方法、高质量发展综合评价测算结果和"八个模块"发展指数测算结果等内容。我国 2013—2020 年期间,高质量发展指数保持了上升趋势,发展指数由 2013 年的 60 提高至 2020 年的 74.7,平均每年增长幅度大约 3.18%;"八个模块"的发展指数也保持了总体上升的势头,年均增速由快到慢分别是:创新发展指数增速 5.19%、开放发展指数增速 3.16%、绿色发展指数增速 3.0%、共享发展指数增速 2.97%、协调发展指数增速 2.47%、综合质效指数增速 2.37%、安全发展指数增速 2.29%、主观感受指数增速 1.58%。二是模型选择与影响因素分析,主要分为模型确立和实证分析,选择个体效应模型,从生产效率、经济活力、环境保护和创新能力 4 个方面分析了 12 个指标对于人民生活的影响。从影响高质量发展因素看,参数估计的结果显示劳动生产率、外贸依存度、电子商务占比和技术合同成交额占 GDP 比重四个自变量都对因变量具有显著的影响。在 0.01 的显著性水平下,劳动生产率、外贸依存度、电子商务占比和技术合同成交额占 GDP 比重对居民人均可支配收入有着显著的影响,可以认为,以上四个因素对经济高质量发展的影响是主要因素。三是预测模型构建与发展指数预测,主要分为预测模型的选择、预测模型的原理、预测模型的检验和实证预测分析等四个部分，利用GM(1,1)模型，对2021—2023年我国高质量发展指数及“八个模块”的发展指数进行预测。从高质量发展指数预测看，预测2021—2023年我国高质量发展指数继续保持上升趋势，预测发展指数依次达到76.96、79.34、81.79，年均增长3.09%。“八个模块”2021—2023年的预测发展指数均将继续稳步提升，预测综合质效指数依次为73.59、75.46、77.37，年均增长速度大约为2.5%；创新发展预测指数依次为94.01、100.03、106.44，年均增长速度达到6.21%；协调发展预测指数依次为72.93、74.41、75.91，保持年均大约2.00%的速度上升；绿色发展预测指数依次为75.48、77.48、79.53，年均增长速度大约为2.61%；开放发展预测指数依次为75.78、77.85、79.98，年均增长速度大约为2.70%左右；共享发展预测指数依次为76.10、78.46、80.90，年均保持3.05%左右增长；安全发展指数依然为71.82、72.95、74.10，保持1.56%左右的速度增长；主观感受预测指数依次为66.96、67.98、69.02，保持1.51%的速度增长。

第七，高质量发展考评策略。一是形成与高质量发展相对应的考评体系。进一步完善考评指标体系，进一步完善考评方法体系，摸清现实考评的局限性，加强事实考评与价值考评深度融合，嵌入智能评价评深评准，实施分级分类细化考评，丰富和完善考评的方法与手段，创新组织考评、现场考核、第三方评估相结合的考评模式，延伸事实考评、价值考评和智能考评链条；进一步完善考评配套体系，加快完善高质量发展统计指标体系，加快健全高质量发展数据统计标准，完善高质量发展统计监测机制，更好地服务绩效评价和政绩考核。二是形成与高质量发展相匹配的激励机制。用好考评结果正向激励，抓牢正向激励的“着力点”、夯实知事识人的“基本面”、用好考评的“指挥棒”、坚持实绩用人的“风向标”、建立人岗相适的“匹配度”和打好综合激励“组合拳”；用好考评结果反向鞭策，“全面反馈+个别约谈”双管齐下，“典型带动+后进赶超”双轮驱动，“正向激励+责任约束”双向发力，“提拔重用+组织调整”双轨并重；用好考评结果数据赋能，让数据“说话”，精准研判、知事识人考实绩，让"调训"发力，培养素质、能力提升补短板，让"关爱"暖心，纾困解忧、人文关怀添动力，让"容错"纠错，容纠并举、立行立改见实效，让"考评"协调，防范考核结果运用"失衡"。三是形成与高质量发展相衔接的发展路径。推进经济发展高质量，更加注重全要素生产率的提升、产业结构转型与产品质量升级、供给侧结构性改革提质增效和考评体系的牵引；推进创新发展高质量，以引领创新提高创新驱动发展的效率，以产业的创新加快结构转型升级，构建创新驱动高质量发展的生态系统；推进协调发展高质量，实现区域良性互动促进协调发展，推动城乡融合发展提升协调水平，坚持陆海统筹整体优化协调功能，培育和发挥区域比较优势提高协调质效，支持革命老区、民族地区、边疆地区、贫困地区协调发展，理顺区域、城乡协调关系推动高质量发展；推进绿色发展高质量，构建绿色产业体系，创新生态价值实现制度，以绿色发展理念引领工业发展，以生态农业和生态品牌引领农业经济发展；推进开放发展高质量，构建新发展格局提高开放质量，增强外贸发展新优势，提高开放型经济的国际竞争力，建设对外开放新高地；推进共享发展高质量，坚持全民共享、全面共享、共建共享、渐进共享，补齐共享发展的短板，提升共享发展质量，夯实共享发展基础，实现全体人民共同富裕目标；推进安全发展高质量，强化安全发展的行动自觉、发展的稳定性和连续性、绩效激励和责任追究。

为政之要，首在得人；知事识人，重在考评。高质量发展考评最大的难题是如何考得实、考得准、考得社会公认。为此，只有着力改变事实考评有余、价值考评不足、精准考评不准的现状，才能实现从事实考评走向价值考评，再上升为精准考评的新突破。未来我国高质量发展考评的升级版趋势，我们认为应当是在事实考评 1.0 版的基础上，向价值考评 2.0 版提升，再向精准考评 3.0 版跨越，未来的突破点有可能是人、机、智相结合，运用大数据、云计算等现代信息技术手段，逐步实现智慧考评。一要向广度挺进，补齐中观和微观考评的短板。深入研究考评的不足，拓展考评对象范围，丰富考评指导内涵，变单向、平面、单维考评为多层次、多渠道、多角度的考评，使考评更有针对性、系统性、导向性和可操作性。二要向深度挖掘，延伸事实、价值和智能考评链条。事实考评是基础，摸清发展的现实状况；价值考评是关键，解决对发展“质”的分析评判问题；智能考评是补充，解决在“量”和“质”考评基础上的精准性问题，形成相互联系、梯次推进的考评链条，努力实现从事实考评走向价值考评、再上升为智能考评的新跨越。三要向效度提升，评出高质量发展的牵引力和内生动力。在发展战略目标上强引力，在考评结果善用上强活力，在智能精准研判上强效力。要突破测算、排名等表层分析，通过数字画像和智能研判，加强考评结果背后的深层次内涵挖掘，突出各个考评对象与众不同的特点和需求，评出短板和不足，预判未来优势和走向，为其提供更加深入、更加妥帖、更加准确的考评指导。

第一章　高质量发展考评理论

我国经济已由高速增长阶段转向高质量发展阶段。"十四五"时期经济社会发展要以推动高质量发展为主题,这是根据我国发展阶段、发展环境、发展条件变化作出的科学判断。习近平总书记指出:"当前,我国社会主要矛盾已经转化为人民日益增长的美好生活需要和不平衡不充分的发展之间的矛盾,发展中的矛盾和问题集中体现在发展质量上。这就要求我们必须把发展质量问题摆在更为突出的位置,着力提升发展质量和效益。"①新时代新阶段的发展必须是贯彻新发展理念,必须是高质量发展。高质量发展考评正是顺应新时代高质量发展新要求、干部队伍建设新特征和为基层减负新诉求的时代产物。什么是高质量发展?为什么要推动高质量发展的考评?高质量发展考评的内涵要义和理论脉络是什么,其理论体系框架如何构建,有待系统梳理、深入研究。

第一节　基本内涵阐释

高质量发展综合考核是新时代的产物,是江苏在全国率先践行新发展理

① 习近平:《关于〈中共中央关于制定国民经济和社会发展第十四个五年规划和二〇三五年远景目标的建议〉的说明》,《人民日报》2020年11月4日。

念、把高质量发展落到实处的全局性制度安排，具有“指挥棒”和“风向标”的引领导向作用。综合考核的关键是如何评价的实、评价的准、评价的社会公认。考评是对综合考核的进一步细化，在综合考核中更加突出了评价和评估的具体内容。高质量发展的考评的基本概念、内涵要义需要进一步研究和探索。

一、考评相关含义的概念辨析

什么是考核？考核古已有之，主要是针对官吏的考核。《现代汉语词典》对“考”的解释是：一是对难解的问题向对方考问；二是考试；三是检查，如考察、考勤；四是推求、研究，如思考、考古。对“核”的解释为：一是仔细地对照考察，如审核、核算、核实、核准；二是真实，如“其文直，其事核”。[①] 这句话来自班固《后汉书》，意思是他的文章公正，史实可靠。简言之，考核就是“考定核查”。具体讲考核是一种围绕既定目标，运用特定的标准和指标，对个人的工作行为、工作业绩进行评估，并运用评估结果对工作行为和工作业绩产生正面引导的过程和方法。绩效考核是一种有效的管理行为，它贯穿于管理工作的全过程，完善政府和企业绩效管理具有重要的现实意义和实践价值。

什么是考评？考评是一个汉语词汇，解释为考核评定。考评、绩效评价、绩效考核等术语概念类似。在各类教科书或相关的学术著作中，很多人使用了诸如考评、绩效考核、绩效评价、绩效评估等术语，其中“考评”一词更为贴切，专指绩效管理活动各个环节中所具体设计的程序、步骤、方式和方法。考评是对考核的进一步细化。从字义上讲考评就是考核和评价，也就是进行考核后，要对考核的结果进行有效的总结与评价。考评的主要条件：必须具有明确的考评标准、考评指标；必须具有完整的信息数据材料；必须具有科学权威的考评组织。考评仅仅是绩效管理活动中的一个重要环节。它是考评者按照

① 白云：《中国古代史学批评史论纲》，人民出版社 2010 年版，第 163 页。

特定程序，采用一定方式方法，根据预定的量化指标和标准，对员工个人或团队的行为和结果进行测量、考评、评价的过程。

什么是综合绩效评价？绩效通常是指组织或个人为了达到某种目标而采取的各种行为的结果。绩效评价一般是指组织依照预先确定的标准和一定的评价程序，运用科学的评价方法、按照评价的内容和标准对评价对象的工作能力、工作业绩进行定期和不定期的考核和评价。绩效评价是绩效管理的重要环节，是为绩效管理服务的。综合绩效评价是使用比较系统的、规范的方法对多个指标、多个单位或多个地区同时进行评价的方法，是针对研究的对象，建立一个进行测评的指标体系，利用一定的方法或模型，对搜集的资料进行分析，对被评价的事物作出定量化的总体判断。从综合绩效评价方法的特点看，一是评价过程不是一个指标接一个指标顺次完成，而是通过一些特殊的方法将多个指标的评价同时完成；二是在综合评价过程中，要根据指标的重要性进行加权处理，使评价结果更具有科学性；三是评价的结果为根据综合分值大小的单位排序，并据此得到结论。总而言之，综合评价可以避免一般评价方法的局限性，使得运用多个指标对多个单位进行评价成为可能。这种方法从计算及其需要考虑的问题上看都比较复杂，但由于具有综合性和系统性特点，综合评价方法得到社会的广泛认可。如地区综合实力评价、工业经济效益综合评价、科技进步综合评价等。随着计算机的普及，综合评价的计算方法的复杂性已经不成问题，其综合性和系统性表现得更加突出，使得综合评价方法作用突出。

什么是高质量发展？高质量发展是党的十九大首次提出的新表述，从概念上讲，就是能够很好满足人民日益增长的美好生活需要的发展，是体现新发展理念的发展，是创新成为第一动力、协调成为内生特点、绿色成为普遍形态、开放成为必由之路、共享成为根本目的的发展。高质量发展应从不同维度不同方面进行度量，包括长期与短期、宏观与微观、增量与存量、全局与局部。从长期看，能够适应发展阶段的转换，抓住科技革命和产业变革的机遇，更有效率、更加公平、更可持续、更加安全就是高质量发展；从宏观看，经济运行不存在重大结构性失衡，全要素生产率不断提高，整体风险可控，就是高质量发展；从增量看，经济增长保持持续健康稳定，没有明显偏离潜在增长率，就是高质量发展；从全局看，经济发展与民主、文明、和谐、美丽基本协调，就是高质量发展。总之，实现高质量发展，指导思想是新发展理念，第一要务是解决发展的不平衡不充分，核心目标是满足人民日益增长的美好生活需要，基本路径是建设现代化经济体系，根本保障是国家治理体系和治理能力的现代化。江苏省委十三届三次全会确定“推动高质量发展走在前列”的目标定位，提出经济发展、改革开放、城乡建设、文化建设、生态环境、人民生活“六个高质量发展”，为全国发展探路进行了有益尝试，进一步丰富和拓展了高质量发展的内涵，在从“高速度”转向“高质量”、从“有没有”转向“好不好”、从“中低端”转向“中高端”的变革中，加快江苏现代化经济体系建设，不断形成江苏高质量发展的鲜明特色和独特优势。

什么是高质量发展考评？高质量发展考评是进入新时代后，适应新发展阶段特点，着眼于解决干部积极性问题，与时俱进作出的一项重要制度安排，是推进治理体系和治理能力现代化的新探索。综合考评把多个系统条线的考核纳入其中、重构体系、再造流程、统筹实施，把基层干部从名目繁多的考核中解脱出来，考核的“指挥棒”效应初步显现。通过考核科学衡量和客观反映全省及各地高质量发展水平，调动广大干部比学赶超、开拓进取、奋发有为的积极性，营造想干事、能干事、干成事的浓厚氛围。从江苏高质量发展考评的实践看，彰显出五个特征。特征之一：考评理念从粗放到精细的转变，从过去单一考评经济指标，到更加注重反映发展的质量、结构和效益，更加注重反映经济、政治、文化、社会、生态发展的综合变化情况，更加注重反映人民群众多样化美好生活需求。特征之二：考评要素从量变到质变的转变，围绕创新、协调、绿色、开放、共享发展，发挥考评体系对发展的引领作用，发挥关键指标对其他指标的牵引作用，从注重单一静态目标任务指标向多元动态“发展气质”指标转变，不唯GDP，把综合质量效益提升的指标放在更加重要的位置。特征之三：考评手段从单一到集成的转变，综合运用平时监测、半年评估、年终考核、综合评估等形式，跟踪了解、一线考察、动态纪实、谈心谈话、民主测评等方法，传统载体、信息化平台、大数据建模分析等工具，坚持考事与考人相结合、“结果控制”和“过程管理”相统一。特征之四：考评机制从分散到协同的转变，改变原来由一个部门考评的状况，变“多考”为“一考”，把多个系统条线的考核事项纳入其中，强化关键部门核心作用，分领域具体实施考核工作，加强工作衔接和信息共享，推动“专业人”考“专业事”，构建一盘棋的大考核格局。特征之五：考评结果应用从落地到落细的转变，以结果的反馈推动查短板、补弱项，以适当的物质奖励、表彰激励推动干部主动担当作为，以综合分析研判，切实加强新时代干部队伍建设。

二、中国古代官吏考评制度的历史变迁

中国古代的官吏考课制度、考核制度、考绩制度历史悠久、源远流长，可以追溯到奴隶社会末期。今天的干部考核、政绩考核和高质量发展综合考核、考评等概念，都可以追根溯源到我国古代官吏的考绩制度。中国古代的官吏考课制度经历了一个由简而繁、又由繁而简，由不甚规范到比较规范的发展过程，它萌芽于相传的尧舜时期，奠基于西周，初步形成于秦汉魏晋南北朝，发展于唐宋，明清则集其大成、趋于完善。① 考课，又称考核、考绩、考功、考察、考成，是指按照一定的标准对官员行政业绩进行考察和督课，并给予相应的奖惩。

考核官吏制度在上古时期已初露端倪。《尚书·舜典》载：“三载考绩，三考，黜陟幽明，庶绩咸熙。”这是传说舜帝三年考察百官一次政绩，考察三次后，罢免昏庸的官员，提拔贤明的官员，于是很多工作都兴盛起来了。《史

---

① 参见李永亮：《中国古代官吏考课制度的历史启示》，《中国石油大学学报（社会科学版）》2007年第5期。

记·夏本纪》和《吴越春秋·越王无余外传》等史籍有关于夏禹“会计”的传说:禹对诸侯的考核是三年一次,其考核的内容是核算各诸侯的贡赋征收,方法是把诸侯召集在某地进行面对面的统一考核。这种定期会集诸侯考核在当时已形成制度。

春秋时期,国君对官吏的考核已正式称为“上计”。所谓“上计”是指中央重要官员和地方长官每年要把所属地区的租税收入、垦田、户口等预算数字写在木卷上,一式两份,木卷从中一剖为二,国王执右卷,臣下执左卷。到年底官吏必须到国王那里如实报核一年的财政收支情况,国君根据右卷进行亲自考核,或由丞相协助考核。最后根据考核结果决定官吏的升降任免赏罚。① 这种通过上计考核官员的办法进一步发展,记载已详细可靠。战国时期,上计已经形成制度,严格按照规定的期限进行。

秦汉时期实行课计制。考课制度,秦朝已经实行,到汉朝则更加完备。主要形式为课计。即考课与上计。汉王朝建立初期,就重视考课法的创立,开始制定考核官吏的一些律令。同时,还设置了负责官吏考核的专门机构,西汉指定丞相府和御史府为负责考课的机关。汉朝规定每年一小考,三年一大考。实行逐级考核,县令长考核乡三老、啬夫;郡国守相考核县令长、县丞、县尉;丞相、御史大夫考核郡国守相。对中央机关的一般官吏,由三公九卿负责按其所属进行考核。以考核结果为依据,对官吏实行奖惩。② 魏晋南北朝时期对官吏的考课基本循沿汉代的做法。

隋唐时期考课制度进一步完善。唐朝对官吏的任用、考核,建立了比过去朝代都更加完备的一套制度。规定凡政府官员必须接受考核,每年一小考,四年一大考。考课由吏部主管,吏部所属考功司是负责考课的专门机构。三品以上官员由皇帝亲自考核,四品以下官员分别由考功司考功郎中和考功司考功员外郎负责考核。

---

① 参见方宝璋:《古代考核官吏制度的起源》,《中国公务员》1997 年第 1 期。

② 参见吕建中:《中国古代的官吏考课制度》,《中国行政管理》1998 年第 10 期。

宋代实行一年一考，三年一大考和文官三年一任、武官五年一任的考任制。设置有差遣院、磨勘院、审官院、考课院等专门实施考课的机构。由审官院负责京官的考核；考课院掌管幕职、州县官吏的考核。五品以上官员由宰相负责考核，三品以上由皇帝与宰相裁决。

明代对官员考核实行考满与考察两种。考满是对官吏以任职的年限为标准的一种常规考核。明代规定官吏每三年初考，六年再考，九年通考。官员通过这三次考核称考满，并以此对官员作升降奖惩，具体的等级有称职、平常、不称职。称职者升，平常者复职，不称职者降。考察，即不论官员个人的任职时间，对所有官员进行的考察，重点监察过失，给予相应处置。考察方式分为两种，四品以上官员自陈政绩由皇上裁决；五品以下由吏部主察。

清代实行京察与大计制。对京官的考核叫京察，外官考核称大计。规定京官的考核六年举行一次。三品以上官员，自陈政事得失由皇帝裁决；三品以下官员由各主管长官出具考语，由吏部、都察院考核。大计是对地方官员的考核，规定三年进行一次。地方总督、巡抚自陈政事得失，由皇帝裁决。督抚以下官员由督抚出具考语，由吏部考核。考核结论作为奖惩依据。① 清朝基本沿用了明代的做法。

总之，早在夏商周时期考课制度已初见雏形，秦汉时期逐步完善。到了唐朝，随着科举制的形成，考核制度也有了很大的发展，主要体现在考核机构的确立、考核指标的标准化、考核的程序化，以及对官员升降的灵活运用等。到了明朝洪武年间，制定了百官考核之法，分为考满和考察两种，清朝基本上沿袭了明朝的考核制度。经过长达数千年的沿革演变，中国古代的考课制度经过历代逐步完善，建立起一套严密的组织系统、考核标准和对各类不同职务官吏提出不同要求、分类考核以及考核与奖惩相结合的方法，对奖勤罚懒、扬善排恶，激励官员勤政廉洁起过一定的积极作用。这些制度的形成和发展对我

① 参见吕建中：《中国古代的官吏考课制度》，《中国行政管理》1998 年第 10 期。

国近代乃至当代干部考核制度的丰富和完善提供了有益的借鉴。但这些制度没有超出封建王朝专制的藩篱，具有较大的历史局限性。虽然不少朝代都制定了考课的法律法规，然而在实际的执行当中很难真正做到考察到位、大公无私。考核评价一个官员的优劣，往往取决于君主和手握考核权的各级官吏的个人爱憎。在实践中往往刚正不阿、直言敢谏者遭打击或贬职，而阿谀奉承、溜须拍马者则飞黄腾达、委以重用，使考课制度流于形式或严重失实。由于以年龄资历等作为官吏升迁的主要标准，养成官员不求有功、但求无过的不良风气，在一定程度上使考课实际上变成一种保护庸碌无能、无所作为的形式，导致有功者不赏，有过者无罚，失去了考课的本来意义和价值。

三、新民主主义革命以来考评制度的发展实践

新民主主义革命时期考核制度的初步探索。党为选拔培养大批党政领导干部以适应党组织壮大和革命事业发展的需要，对党政干部的选拔、任用及考核评价等各项标准进行了积极探索。土地革命时期，党注重以解决实际问题的能力和临时决断能力作为考核的标准。1929 年，党的六届二中全会上提出一系列对干部考察的标准。中共中央逐渐深化对党政领导干部选拔任用考核评价体系的认识，并明确指出“德才兼备”的重要性。毛泽东同志 1938 年指出：“不但要看干部的一时一事，而且要看干部的全部历史和全部工作，这是识别干部的主要方法。”[①]延安时期，陕甘宁边区的干部考核工作就形成了明确的制度和程序。1941 年，中央军委提出对一些重要的技术骨干要以专业学识能力为标准。

新中国建设时期考核制度的新探索。1949 年 11 月中共中央组织部颁发的《关于干部鉴定工作的规定》指出，其目的在于“经过鉴定，使干部能更好地来认识与提高自己，改进工作；同时使党的组织得以系统地全面了解干部，有

---

① 《毛泽东选集》第二卷，人民出版社 1991 年版，第 527 页。

计划地培养和提拔干部”①。规定要求每隔一年左右对干部进行一次鉴定，这就是干部定期考核的最初形式。20世纪50年代初期，干部年终鉴定制度在全国逐步推开。1956年11月，中央组织部在《中共中央关于干部年终鉴定问题的通知》中提出，将每年进行一次的干部年终鉴定改为干部调动工作（提拔）时进行一次鉴定；或如果需要各地可在某项工作告一段落时进行一次鉴定；对长期没有调动工作的干部，每隔三年到五年进行一次鉴定。② 1957年，中共中央颁布《关于今后干部工作方法的通知》，在干部工作方法上从过去大批迅速提升改变为稳定干部职务、提高干部能力。1964年，将完成工作任务的情况、工作的贡献、科学技术水平和业务能力作为干部考察的重要内容。这一时期，党政领导干部的考核制度体系的雏形初步形成。

改革开放以来考核制度的形成和发展。党的十一届三中全会后，党着手干部制度改革，真正意义上的考核评价工作机制从此开始建立。邓小平指出："要严格考核干部，并且把它作为一项制度坚持下去。"③1978年召开的全国组织工作会议，正式提出“德、能、勤、绩”四个方面，对干部进行全面、定期的考核。1979年中组部下发《关于实行干部考核制度的意见》，对干部考核的内容、方法、期限和标准作出具体规定。1982年修改的宪法中明确规定，“一切国家机关实行精简的原则，实行工作责任制，实行工作人员的培训和考核制度”④。这从根本大法层面明确了干部考核的根本依据。1987年，中组部先后对县（市）党政领导干部和地方政府工作部门领导干部进行了年度考核试点，在此基础上，1988年中组部印发了《关于试行地方党政领导干部年度工作考核制度的通知》；1989年中组部和人事部联合印发了《关于试行中央、国家机关司处级领导干部年度工作考核制度的通知》。这两个文件标志着以定期

① 萧鸣政：《党政干部品德测评方法研究》，人民出版社2017年版，第52页。

② 参见戴晓曙：《干部分类考核方法研究》，党建读物出版社2019年版，第9页。

③ 《邓小平文选》第二卷，人民出版社1994年版，第124页。

④ 秦先红：《中国宪法读本》，人民出版社2015年版，第165页。

和分类考核为特点的干部年度考核制度的形成。1993 年国务院颁布《国家公务员暂行条例》，对公务员考核单列章节，标志着年度考核制度在普通干部中推行。2002 年颁布《党政领导干部选拔任用工作条例》，将干部考核内容在德、能、勤、绩的基础上，又增加廉的要求。20 世纪 90 年代，江泽民同志提出"坚持党风廉政建设、反腐败斗争与经济工作和其他工作一起部署，一起落实，一起检查，一起考核"①。进入新世纪，以《公务员法》为核心的干部考核监督政策法规逐步健全。胡锦涛同志强调建立促进科学发展的干部考核评价机制。2009 年起，中共中央办公厅、中组部印发的"一个意见三个办法"，推动了干部考核工作加快融入"围绕中心、服务大局"之中，进一步明确干部考核的结果重在运用。这一重要阶段，我国干部考核工作逐步走上制度化、规范化建设的轨道。

新时代考核制度的新发展。习近平总书记多次强调"建立日常考核、分类考核、近距离考核的知事识人体系"②。2013 年中组部印发《关于改进地方党政领导班子和领导干部政绩考核工作的通知》，强化政绩考核的科学发展导向，将有质量、有效益、可持续的经济发展和民生改善、社会和谐进步、文化建设、生态文明建设、党的建设等作为考核评价的重要内容。2018 年，国家制定实施推动高质量发展的政策文件，提出要加快形成推动高质量发展的指标体系、政策体系、标准体系、统计体系、绩效评价和政绩考核办法。2018 年，新修订的《中华人民共和国公务员法》规定，全面考核公务员的德、能、勤、绩、廉，重点考核政治素质和工作实绩。2019 年 4 月开始实施《党政领导干部考核工作条例》，首次以条例的形式对干部考核工作作出规范。这在党的法规制度建设史上还是第一次。党的二十大报告指出，"完善干部考核评价体系，

---

① 《党的作风建设的纲领性文献——十五届六中全会文件学习辅导》，人民出版社 2001 年版，第 235 页。

② 习近平：《在全国组织工作会议上的讲话》，人民出版社 2018 年版，第 17 页。

引导干部树立和践行正确政绩观”①。这一阶段的考核逐步实现了由粗放向精细、由制度向法规、由分散向系统、由以事为本向以人为本的新跨越。

四、江苏高质量发展考评的发展历程

江苏高质量发展综合考核源于新时代新要求，起步于习近平新时代中国特色社会主义思想的践行落地，破题于保障高质量发展的迫切需要，坚持在探索中先行先试，在先行先试中创新发展，最大限度发挥综合考核的导向性、引领性、保障性作用，以科学完善的综合考核体系推动高质量发展。从纵向发展角度看，江苏的综合考核大体经历了三个阶段。

一是个性化考核阶段：2002—2008 年。以《党政领导干部选拔任用工作条例》的颁布为标志，各地主要是贯彻中央干部考察考核的有关要求，在考核方法和考核制度上各具特色，没有形成全省统一的考核体系。具体实施过程中，主要以各地各部门为主，各自探索推行不同的考核方法。在内容上主要是对经济社会发展指标的考核和对领导班子和领导干部的考核，但这两项考核互不衔接，考人与考事相脱节。在考核管理上，多家管理、多头考核，考核责任主体多元，有的地方集中在发展改革委，有的地方由市委办公室牵头，组织人事部门较多负责对领导班子和领导干部的考察，尚未形成集中、统一、有效的考核机制。

二是综合性考核阶段：2008—2017 年。以 2008 年江苏省委、省政府印发《关于建立科学发展评价考核体系的意见》《关于建立促进科学发展的党政领导班子和领导干部考核评价机制的意见》等为标志，江苏作为全国考核工作的试点，提出了科学发展评价考核指标体系，以及干部考核评价的“三项体系”和“两项制度”，主要包括市县党政领导班子和领导干部实绩考核评价指标体系、群众满意度测评体系、动态考核信息化管理体系和全委会测评推荐票

① 《党的二十大报告辅导读本》，人民出版社 2022 年版，第 548 页。

决重要干部制度、干部考核评价综合分析和结果运用制度,并配套制定了 5 个实施办法。2011 年 7 月,省政府印发了《江苏省人民政府部门绩效管理办法(试行)》,2012 年在试点的基础上全面推开,并在工作中不断改进完善。这一阶段,综合性的考核制度建设迈出了新步伐,为全省从上而下实施贯通的综合考核制度奠定了坚实的基础。

三是高质量发展综合考核阶段:2018 年以来,江苏率先在全国推行高质量发展年度综合考核,先后经历了起步、深化、巩固、提升、完善等 5 年的实践探索,在理论、实践和制度层面取得了明显成效。2018 年,江苏省委出台鼓励激励、容错纠错、能上能下"三项机制",全面推行以"推进高质量发展、加强党的建设年度成效考核,领导班子和领导干部年度考核"为主要内容的年度综合考核。制定实施《江苏省综合考核工作规定(试行)》《江苏省 2018 年度综合考核实施办法》,标志着江苏综合考核制度正式建立起来。2019 年,江苏省委、省政府把党中央、国务院出台的关于推动高质量发展、加强和改进党的建设、解决形式主义突出问题等法规制度的相关要求,纳入综合考核的相关指标体系、评价导向、激励约束等政策制度中,进一步丰富和发展了综合考核制度体系。2020 年江苏高质量发展综合考核工作经过起步、深化阶段的探索,开始向巩固和提升阶段迈进。江苏省考核工作委员会印发江苏省 2020 年度综合考核实施办法、2020 年度江苏省高质量发展绩效评价考核实施方案、2020 年度省级机关单位高质量发展实施方案、2020 年度设区市党的建设考核实施方案、2020 年度省级机关单位党的建设考核实施方案、2020 年度综合考核满意度评价实施方案等系列文件,把综合考核工作推向了系列化、制度化、规范化的轨道。2021 年突出"优化提升",把省属企业纳入考核范围,实现了省管领导班子和领导干部全覆盖。2022 年聚焦"国之大者",全面落实"国评"指标,深化分类考核、精细考核,初步形成了设区市推动高质量发展的考核评价、省级机关服务高质量发展的考核评价、高校和省属企业高质量发展考核评价四个板块。目前,江苏的综合考核已经实现了全覆盖,对 13 个设区市推动高质量发展、90多家省直机关单位服务高质量发展、70多所省属地方普通高校和30多家省属国有企业的高质量发展进行综合考核。

第二节　理论脉络梳理

高质量发展与高质量发展考评是新时代新阶段孕育而生的新概念，虽然我国还没有形成较为成熟的高质量发展考评理论体系，但依旧能从马克思主义基本理论、政府绩效考评理论、习近平新时代中国特色社会主义思想等理论中找到依据，这是我们不断丰富和发展考评理论的基础。从政府绩效评估看，与西方国家相比，我国对政府绩效考核评价的研究和实践起步较晚，理论研究相对薄弱。一方面，高质量发展考评相对政府绩效评估更为广泛和复杂，这在高质量发展的理论与实践上都是一个全新的课题，迫切需要学习借鉴国外先进经验，探讨建立符合我国国情的高质量发展考评理论框架、运行体系和操作程序，对更好地指导高质量发展具有重要的理论和实践意义；另一方面，我国与西方发达国家面临的矛盾和问题不一样，所处的发展阶段和社会管理的成熟程度不一样，这就决定了我们在考评的内容、标准、实施进程和实施方法上要有自己的特点，不能照抄照搬西方那一套，要有自主创新的基因和硬核。

一、高质量发展与马克思主义发展观

马克思主义理论是指导高质量发展的根本遵循。发展观是一定时期经济社会发展的需求在人们思想观念层面的反映，是一个国家在发展进程中对为何发展、发展什么、怎么发展的系统认识。坚持什么样的发展观是世界各国面临的共同课题。马克思主义发展观是马克思主义理论的一大核心，强调了社会发展的整体性、社会发展与自然发展的协调性、人的发展在社会发展中的核心性，这是高质量发展的重要理论基础和思想源泉。

首先，高质量发展与马克思主义关于发展规律。马克思主义发展观强调

发展的辩证性及客观规律性，力图揭示人类社会发展的一般进程。马克思主义发展观认为，无论自然界、人类社会还是人的思维都是在不断地运动、变化和发展的。[①] 马克思深刻地指出，没有所谓的完美的国家和社会，"一切依次更替的历史状态都只是人类社会由低级到高级的无穷发展进程中的暂时阶段"[②]。马克思主义发展观认为，社会发展有规律可循。《在马克思墓前的讲话》中恩格斯写道："正像达尔文发现有机界的发展规律一样，马克思发现了人类历史的发展规律"，"马克思还发现了现代资本主义生产方式和它所产生的资产阶级社会的特殊的运动规律"，"一生中能有这样两个发现，该是很够了"。[③] 恩格斯指出，社会历史领域与自然界不同，自然界没有任何事情是作为预期的自觉的目的发生的。社会历史领域的活动都是有自觉的意图、预期的目的。但是这个差别，"它丝毫不能改变这样一个事实：历史进程是受内在的一般规律支配的"，历史事件同样是由偶然性支配着，"这种偶然性始终是受内部的隐蔽着的规律支配的，而问题只是在于发现这些规律"。[④] 马克思、恩格斯的这些重要论述，从人类历史的发展规律、社会发展规律、经济发展规律的角度，论述了人类历史进程由低级到高级的发展趋势。历史反复证明，我们什么时候遵守发展规律，我们什么时候就发展顺利，我们什么时候违背发展规律，发展就会遭受失败或挫折，这是早已被历史证明了的一个深刻道理。世界面临百年未有之大变局，推动高质量发展机遇与挑战并存，关键是深化对做好新形势下经济工作的规律性认识，紧扣重要战略机遇新内涵，精准施策、主动作为。

其次，高质量发展与马克思主义关于发展方向和发展目的。关于发展方向，马克思主义发展观认为共产主义是社会发展的终极方向，人类经济社会的

---

① 参见方茜：《新发展理念：马克思主义发展观的中国实践与创新》，《邓小平研究》2020 年第 5 期。

② 《马克思恩格斯全集》第 28 卷，人民出版社 2018 年版，第 324 页。

③ 《马克思恩格斯选集》第 3 卷，人民出版社 2012 年版，第 1002—1003 页。

④ 《马克思恩格斯全集》第 28 卷，人民出版社 2018 年版，第 356 页。

发展是一个由低向高递进的过程,社会形态更替的最终指向的是共产主义。马克思主义发展观对发展方向的认识,也体现在“两个必然”的论述中,“资产阶级的灭亡和无产阶级的胜利是同样不可避免的”①。关于发展目的,马克思指出,私有制使我们变得如此愚蠢而片面,以致一个对象只有被使用时才是我们的。只有在共产主义社会,才有可能真正冲破人的发展的社会狭隘性,实现人的自由全面发展。② 未来共产主义社会将是“以每个人的全面而自由的发展为基本原则的社会形式”③;“代替那存在着阶级和阶级对立的资产阶级旧社会的,将是这样一个联合体,在那里,每个人的自由发展是一切人的自由发展的条件。”④马克思把未来共产主义社会称为“在保证社会劳动生产力极高度发展的同时又保证每个生产者个人最全面的发展”⑤的一种经济形态。

从发展方向看,现阶段我国经济发展的基本特征就是由高速增长阶段转向高质量发展阶段,“实现高质量发展,是保持经济社会持续健康发展的必然要求,是适应我国社会主要矛盾变化和全面建设社会主义现代化国家的必然要求”,推动高质量发展是从“有没有”转向“好不好”,推动经济发展质量变革、效率变革、动力变革,提高发展平衡性和协调性。“十四五”时期经济社会发展要以推动高质量发展为主题,必须贯彻新发展理念,必须是高质量发展,必须把发展质量问题摆在更为突出的位置,着力提升发展质量和效益。

从发展目的看,坚持以人民为中心的发展思想,不断促进人的全面发展、全体人民共同富裕。共享发展首先是全体人民的共享,共享只能渐进实现,是从低到高、从不均衡到均衡的过程,不能一蹴而就。高质量发展实际上是全面建设社会主义现代化、实现更高层次的人的全面发展,体现了发展为了人民的

---

① 《马克思恩格斯文集》第2卷,人民出版社2009年版,第43页。

② 参见方茜:《新发展理念:马克思主义发展观的中国实践与创新》,《邓小平研究》2020年第5期,第55页。

③ 《马克思恩格斯全集》第23卷,人民出版社1972年版,第649页。

④ 《马克思恩格斯选集》第4卷,人民出版社2012年版,第647页。

⑤ 《马克思恩格斯文集》第3卷,人民出版社2009年版,第466页。

目的性。

第三，高质量发展与马克思主义关于发展动力和发展路径。关于发展动力，马克思强调生产力的发展是人类文明发展和社会进步的终极原因，认为生产力与生产关系、经济基础和上层建筑的矛盾运动是发展的动力。马克思和恩格斯将社会历史的变迁归结为生产力和交往形式之间的矛盾运动：生产力发展到一定阶段就会同现存的交往形式发生矛盾，通过社会革命，已经变成桎梏的原先的交往形式就会被一种新的、与更发达的生产力相适应的交往形式所取代，于是，通过生产力与交往形式的矛盾运动，人类社会历史的发展规律就能够被人们所理解和把握①。马克思主义发展观强调物质生产的重要性，认为人类创造历史的前提是能够生活，为了生活就要生产满足这些需要的资料，“即生产物质生活本身”。社会是“生产的承担者对自然的关系以及他们相互之间的关系，他们借以进行生产的各种关系的总和”。物质生产主导发展的整个过程。正如马克思所说：“物质生活的生产方式制约着整个社会生活、政治生活和精神生活的过程。”②

从发展动力看，以创新实现引领高质量发展。党的十九届五中全会提出：“坚持创新在我国现代化建设全局中的核心地位，把科技自立自强作为国家发展的战略支撑……要强化国家战略科技力量，提升企业技术创新能力，激发人才创新活力，完善科技创新体制机制。”③目前我国的关键核心技术仍受制于人，“卡脖子”技术之痛尚未破解，在创新能力上与西方发达国家存在较大差距。“当今世界，经济社会发展越来越依赖于理论、制度、科技、文化等领域的创新”④。

从发展路径看，高质量发展要协调发展、绿色发展和开放发展。坚持协调

---

① 参见元晋秋：《〈资本论〉人学思想及其中国化研究》，人民出版社2018年版，第49页。

② 《马克思恩格斯文集》第2卷，人民出版社2009年版，第591页。

③ 《中国共产党第十九届中央委员会第五次全体会议文件汇编》，人民出版社2020年版，第11页。

④ 《习近平谈治国理政》第二卷，外文出版社2017年版，第203页。

发展是针对现实中不平衡、不协调、不可持续的突出问题,解决问题、缓解矛盾、化解冲突。坚持绿色发展,促进人与自然和谐共生。绿水青山就是金山银山;保护环境就是保护生产力,改善环境就是发展生产力。绿色发展是高质量发展最鲜明的标志。坚持开放发展是为了掌握发展的主动权,实行高水平对外开放,开拓合作共赢,建设更高水平开放型经济新体制。

第四,高质量发展与马克思主义关于生产力质量和数量的二重属性。马克思主义政治经济学的主要内容是在数量和质量统一的条件下研究生产力理论。生产力反映人们的生产能力,是质量和数量的统一,具有质量和数量的二重属性;生产力数量决定经济高速增长,而生产力质量则决定了经济高质量发展。马克思在《资本论》中指出:"生产力当然始终是有用的、具体的劳动的生产力。它事实上只表现有目的的生产活动在一定时间内的效率。因此,有用劳动成为较富或较贫的产品源泉与有用劳动的生产力的提高或降低成正比。"①这表明生产力有质量要求,生产力效率提高时所提供的使用价值量就多些,反之就少些。

从生产力要素的质量看,亚当·斯密曾将生产力要素概括为分工工艺、教育和政策等,之后,马克思将这一观点进一步发展,除去劳动、劳动对象、劳动资料等简单要素外,将生产的组织与管理、分工协作、自然力以及科学技术都纳入了生产力要素的范畴。所有生产力要素的合力共同决定了生产力质量,生产力要素创造价值的能力提升,生产力要素的价值就会有所提高,从而劳动生产率相应提高,最终实现生产力质量的有效提升。

从生产力要素的组合质量看,马克思认为:"不论生产的社会的形式如何,劳动者和生产资料始终是生产的因素。但是,二者在彼此分离的情况下只在可能性上是生产因素。凡要进行生产,就必须使它们结合起来。"②马克思在分析农业生产特点时,不仅指出主要的生产要素是劳动和土地,而且明确指

① 《马克思恩格斯全集》第42卷,人民出版社2016年版,第33页。
② 《马克思恩格斯选集》第2卷,人民出版社2012年版,第309页。

出，只有把二者紧密结合起来，才是现实的生产力。这表明不仅生产力要素能独立发挥作用，而且组合起来的生产力要素能发挥更大的作用。生产力要素的有效组合会提高生产效率，效率的提升会促进生产力质量的提升。因此，在生产力要素的组合中需要使劳动者和生产资料间维持适当比例，提高生产力要素的组合质量，从而创造出最大的经济效益。

从生产力的物化成果质量看，质量是生产力发挥作用的结果，也是生产力的物化成果。马克思指出："由于在产品上使用了更多的手工劳动，产品的使用价值不是通过产品量的增加而是通过产品质的提高而提高了。"①因此，质量也是提高使用价值量的因素，个体商品的使用价值要转化为社会使用价值，就意味着物化成果的质量要符合社会需求的质量水平。

综上所述，马克思主义发展观强调社会发展的整体性、社会发展与自然发展的协调性、人的发展在社会发展中的核心性，把社会看作是一个由相互联系的诸要素组成的整体系统。这一理论突出了整体性、协调性和以人为本的发展思想，使我们更加深刻地认识了新发展理念、高质量发展和以人民为中心的发展思想是一脉相承的。这些重要论述，不仅使我们找到了高质量发展理论脉络的源头，与习近平新时代中国特色社会主义思想和新发展理念是一脉相承的，而且为我们研究高质量发展考评提供了理论遵循，这对于我们深入研究高质量发展考评理论具有重要的理论价值和实践价值。进入"十四五"时期，我国必须贯彻新发展理念，必须推动高质量发展，必须把发展质量提高到更加突出的位置，努力实现生产力质量与数量的有机统一，坚持质量第一、效益优先，切实转变发展方式，推动质量变革、效率变革、动力变革，不断实现人民对美好生活的向往。

二、高质量发展考评与西方政府绩效评估理论

高质量发展考评是随着新时代新阶段发展孕育的新概念，是践行新思想

① 《马克思恩格斯全集》第 30 卷，人民出版社 1995 年版，第 411 页。

新理念的新生事物。西方政府绩效评估理论的产生和发展是西方近现代民主政治的产物与结果。这两者虽然没有必然的联系,但从中西方传统行政模式及现代绩效评估的实践和理论的发展比较看,我们既不能崇洋媚外、照抄照搬西方的理论,又要结合我国实际学习借鉴、洋为中用,以便从理论与实践的结合上完善中国高质量发展考评的理论体系和评价体系。随着我国高质量发展的逐步深入和社会主义现代化建设的推进,谁来推进高质量发展,怎样推进高质量发展,如何考核评价高质量发展,怎样更好地牵引高质量发展,已成为亟待解决的重要课题。同时,公众对政府公共管理在服务质量、办事成本、办事效率等方面的期望值越来越高,监督意识越来越强,旧的行政方式越来越不适应新阶段发展的需要,构建服务型绩效型政府的改革的目标任务更为突出。

西方政府绩效评估的相关理论。西方政府绩效评估理论的产生和发展是西方近现代民主政治的产物与结果,其产生和发展是一个漫长的过程,经过了多个主要发展阶段。在高质量发展考评理论中,无论是考评主体选择,还是考评理念、考评体系、考评方法和考评模型等考评整体体系的设计,均可以从西方政府绩效评估相关理论中寻索到源头。一是绩效管理理论。绩效管理理论是在传统绩效考核的基础上发展起来的,美国国家绩效评鉴委员会对绩效管理作出的界定是,绩效评估的信息有助于建立绩效目标,在优化资源分配的同时告知管理者是否改变目前的管理政策或行动方向以满足预定的目标。在实际操作中,美国政府管理部门的绩效管理一般包括四个部分:部门绩效的战略规划,持续性绩效管理,年度绩效计划,绩效评估、信息利用和报告结果。绩效管理理论在企业中完善和成熟起来以后,开始被公共管理部门借鉴和采纳,为政府部门的绩效管理提供了理论基础。二是成本—收益理论。成本—收益理论是分析地方政府绩效的依据。近代英国政治哲学家洛克认为,“人们联合成为国家和置身于政府之下的重大的和主要的目的,是保护他们的财产”,国家或政府所做的“一切都没有别的目的,只是为了人民的和平、安全和公众福利"①。这种绩效管理方法通过构建以产出/投入的相对比率为主、绝对产量为辅的指标，引导地方政府既关注资源利用的绝对"成绩"和"效果"，更注重资源利用的相对"效益"或"效率"。三是新公共管理理论。新公共管理理论是分析地方政府绩效的另一个重要理论基础。相比于传统的公共管理理论，它主张政府应重视管理活动的投入和产出，关注地方政府直接提供服务的效率和质量。也就是说，地方政府的公共管理活动应当以结果为导向，通过使命、目标以及产出或结果的逐级描述，直至分解成"可测量的绩效指标"，从而最终通过绩效是否达成来体现地方政府及其管理者的责任。四是激励理论。激励理论认为工作效率与工作态度有直接关系，而工作态度取决于需要的满足程度和激励因素。相对绩效考核和政治晋升的锦标赛模式，在目前地方政府激励过程中扮演着重要的角色，中央通过干部管理制度，设置了对地方党政官员的考核指标，这些绩效考核的结果往往与地方主政官员的政治晋升之间存在密切的联系。这一激励设置促使地方官员围绕中央政府所设定的绩效考核指标展开竞争，强化了地方政府的激励机制的强度和效应。激励问题的研究主要是由心理学和经济学推动的，产生了丰硕的理论成果。这些激励理论可以为我们所借鉴，用以研究高质量发展新阶段考评的功能和价值，拓展了激励理论的应用范围，也丰富了学术界对政府行为的理解。以上这些理论虽然在西方的实践中早已比较成熟，但由于国情不一样、发展阶段不一样，在学习借鉴中不能用拿来主义，简单机械地生搬硬套，必须实事求是地消化吸收，取长补短、洋为中用。政府绩效管理理论为我们科学研究高质量发展考核评价的功能与价值体系提供了理论参考，又开拓了研究的思路和方法。

西方政府绩效评估的特点与发展趋势。20 世纪 70 年代以来，新公共管

① 万俊人:《现代公共管理伦理导论》，人民出版社 2005 年版，第 351 页。

理下的绩效评估在发达市场经济国家的发展，主要体现出绩效评估的四个特点。①

一是政府绩效评估是一种以结果为本的控制。传统公共行政评估多注重过程和规则，很少衡量结果，也很少取得效果。政府绩效评估作为改革与完善公共部门内部管理的措施，体现了放松规制和市场化的改革取向，是一种以结果为本的控制。英国从 1986 年开始，对各部门服务的质量和客观社会效果开始重视，特别是效益性和服务质量评估指标评估比重逐年提高，效益指标排第一。1993 年美国《国家绩效评估》把政府绩效界定为政府官员对结果负责，而不仅仅是对过程负责，其目的在于把公务员从繁文缛节和过度规则中解脱出来，而不再仅仅对规则负责。因此，政府绩效评估以结果为本，主要是建立一种新的公共责任机制：既要放松具体的规则，又要谋求结果的实现；既要增强公务员的自主性，又要保证公务员对顾客（民众）负责；既要提高效率，又要提高政府效能。

二是政府绩效评估是一种服务和顾客至上的管理机制。新公共管理强调以市场和顾客为导向，政府绩效评估要以顾客（公众）满意为标准，体现服务和顾客至上的市场化管理理念。政府绩效评估强调以顾客为中心，以公众的需要为导向，倾听公众的声音，按照顾客的要求提供服务，让公众作出选择等有效方法在实践中得以执行。政府绩效评估为改善政府公共部门与公众的关系、加强公众对政府信任、实现“更有回应性、更有责任心和更富有效率”的政府改革目标提供了具体措施。

三是绩效评估的主体多元化。在评估过程中有公民和服务对象的广泛参与，由单纯的政府机关内部的评估发展到社会机构进行评估。譬如，美国民间机构锡拉丘兹大学坎贝尔研究所，自 1998 年起与美国《政府管理》杂志合作，

① 参见张小峰、刘显睿：《高效能政府绩效评估体系》，复旦大学出版社 2020 年版，第 45—48 页。

每年对各州或者市的政府绩效进行评估，并发布评估报告，引起了政府和民众的广泛关注。不管是民间机构或是政府机构评估时，都将公众满意度作为政府绩效评估的终极标准。20 世纪 90 年代以来，有关服务质量和顾客满意度的指标在评估指标体系中的比重大幅度增长，加拿大等国家还进行大范围的政府顾客满意度调查，将提升公众的满意度作为政府绩效的目标。

四是政府绩效评估正逐步形成制度化、规范化和科学化的特点和趋势。政府绩效评估制度化主要体现在两个方面：一方面，绩效评估成为政府机构的法定要求。1993 年美国颁布《政府绩效和结果法》规定，“每个机构应提交年度绩效规划和报告”，财政预算与政府绩效挂钩。英国 1997 年颁布《地方政府法》规定，地方政府必须实行最佳绩效评价制度，各部门每年都要进行绩效评估工作，要有专门的机构和人员及固定的程序。日本 2002 年出台《政府政策评价法》。另一方面，绩效评估机构逐渐建立和健全。例如，在英国，审计办公室负责中央政府机构的绩效评估，审计委员会负责地方政府的绩效评估。在美国，联邦政府的管理与预算局审批各部的年度绩效计划，总审计署自主选择项目或活动，独立对政府机构进行绩效评估，并向国会和公众公布评估结果。政府绩效评估规范化，主要体现在政府绩效评估的内容规范化、程序规范化和评估结果利用规范化。政府绩效评估科学化，主要体现在评估技术不断成熟，信息技术、量化技术得到广泛的应用，针对不同部门采用不同的评估方式和方法。

总之，西方的政府绩效评估理论提出通过战略目标的承接与分解，将目标逐层落实到部门和个人，并在此基础上设计相应的考评和反馈系统。这一理论对我们从目标分解、工作推进、评价反馈形成闭环，建立综合考核制度提供了框架性理念。系统论强调任何系统都是一个有机的整体，研究系统、要素、环境三者的相互关系和变动的规律性，用数学方法定量地描述其功能，寻求并确立适用于一切系统的原理、原则和数学模型。这一理论对我们把握定性与定量、考核与研判的关系提供了有益启迪。激励理论认为工作效率与工作态度有直接关系，而工作态度取决于需要的满足程度和激励因素。这一理论为我们丰富考核结果运用、坚持激励与约束并重、激发干部担当作为拓宽了思路。还有新公共管理理论、公共选择理论等。虽然这些理论在西方的实践中早已比较成熟，但由于国情不一样、发展阶段不一样，在学习借鉴中不能用拿来主义，简单机械地生搬硬套，必须实事求是地消化吸收，取长补短、洋为中用。

三、高质量发展考评与我国政府绩效评价

新思想新理念是指导高质量发展的根本理论遵循，也是高质量发展综合考核的理论依据。创新、协调、绿色、开放、共享的发展理念，成为推进高质量发展的指导思想，是当前和今后一个时期确定发展思路、制定经济政策、实施宏观调控的根本要求。贯穿我国"十四五"时期高质量发展的一条逻辑线，就是坚定不移地贯彻创新、协调、绿色、开放、共享的新发展理念，新发展理念为制定高质量发展指标体系和制度完善提供了根本遵循。发展理念是发展行动的先导，是发展思路、发展方向、发展着力点的集中体现。践行新发展理念在高质量发展中的效果如何，最终要通过考核评价。丰富和发展我国高质量发展考评体系，必须从我国的实际情况出发，对中西方考核评估理论进行比较和分析，探索建立适合我国国情的考评理论框架、方法体系及操作程序，明晰我国高质量发展考评体系的构建思路。

（一）我国地方政府考评制度的发展历程

改革开放以来，我国地方各级政府进行了行政管理体制的深化改革，在变革观念、转变职能、调整结构、改革行为方式的同时，学习借鉴国际流行的新的管理机制和管理技术与工具，根据各地具体情况进行了改进和创新。政府考评制度作为我国行政管理体制改革的核心制度，大体上经历了五个阶段。①

① 参见张小峰、刘显睿：《高效能政府绩效评估体系》，复旦大学出版社 2020 年版，第 77—79 页。

一是目标责任制考评阶段。从 20 世纪 80 年代开始，我国地方政府考评最初的主要表现形式是“目标管理”。目标管理的特点是组织目标分解并落实到各个工作岗位，目标完成情况的考核也相应针对各个工作岗位。随着行政管理体制的改革和完善，组织绩效评估作为目标责任制的一个关键环节，随着目标责任制的广泛实施而被应用到各个政府层级、政府部门和政府工作的诸多领域。青岛市在这方面进行了创新性的探索和实践。从 2002 年开始，青岛市开始进行学习型、创新型、竞争型、服务型政府机关建设，把精简机构、减少审批、统一处罚、公开、公示的“五项工程”与政府机关的目标绩效考核系统的推进综合起来，从组织设计、制度重塑、考评导向上促进政府职能转变。为了对目标完成情况进行监测和考核评估，青岛市构建了多层次的督查和日常监控体系，对完成目标的进展情况实行日报告、季调度、半年督查和随机抽查的制度。

二是效能建设考评阶段。政府绩效评估是效能建设的一项重要内容。为转变政府机关工作作风和提高为人民服务质量，建设更加廉洁、勤政、务实、高效的政府机关，福建省在全国率先开展了政府机关效能建设活动，到 2002 年 9 月，广东的潮州、重庆的合山等地方政府或部门，不同程度地开展了这一活动。效能建设是在拓展效能监察活动基础上形成的新的思路和新的运作机制。2011 年 6 月，国家监察部印发了《关于开展政府绩效管理试点工作的意见》，选择北京市、吉林省、福建省、四川省、杭州市、深圳市等 8 个地区进行地方政府及其部门绩效管理试点，国土资源部、农业部、质检总局进行国务院机构绩效管理试点，发展改革委、环境保护部进行节能减排专项工作绩效管理试点，为全面推行政府绩效管理制度进行探索和积累经验。

三是群众公开评估政府阶段。20 世纪 90 年代末以来，我国的沈阳、杭州、厦门、南京和宁波等城市相继开展了以“让人民评判，让人民满意”为导向的万人评议政府机关活动。群众评议是在党委和政府的领导下，通过群众对政府部门和公共服务行业的工作作风进行公开评价，是推动政风行风建设的一项民主监督制度。2001 年 12 月起，南京市开展了“万人评议机关”的活动，对市级机关及直属单位的工作、作风进行广泛评议，对在“万人评议机关”活动中排在前10名的部门和单位予以表扬，对排在末位的5个部门的主要领导分别进行降免处理。

四是政府绩效评估阶段。2004年8月2日，国家人事部“中国政府绩效评估研究”课题组提出了一套适用于我国地方政府绩效评估的指标体系，这个体系在总结国内外相关指标体系设计思想和方法技术的基础上，将社会保障、社会稳定、廉洁状况和行政效率等33个指标纳入考核范围。评估的重点放在了整体管理水平和生活改善水平上，而不是单纯的GDP增长率和就业机会率。这样评估政府不是看它投入多少资源、做了多少工作，而是要考核它所做的工作在多大程度上满足了社会、企业、公众的需求，把“满意原则”作为政府绩效评估的最终制度。2013年，中组部颁发《关于改进地方党政领导班子和领导干部政绩考核工作的通知》，明确政绩考核要突出科学发展导向、完善政绩考核评价指标、对限制开发区域不再考核地区生产总值，以及兼顾环境生态、民生等多项考核指标。①

五是高质量发展绩效评价阶段。2018年11月，国家出台推动高质量发展意见，明确建立高质量发展的指标体系、政策体系、标准体系、统计体系、绩效评价和政绩考核办法。2018年江苏在全国率先开展了高质量发展综合考核，考核指标主要是推进或服务高质量发展、加强党的建设、群众满意度评价、领导班子和领导干部年度考核等内容。对地方的综合考核主要是经济发展高质量、改革开放高质量、城乡建设高质量、文化建设高质量、生态环境高质量和人民生活高质量以及党的建设高质量发展等。经过3年实践探索，取得了显著成效，积累了宝贵经验。江苏的做法和经验引起了广泛关注，各地前来学习考察。这标志着以高质量发展综合考核为特征的地方政府绩效考核改革进入了新阶段。

---

① 参见《关于改进地方党政领导班子和领导干部政绩考核工作的通知》，《人民日报》2013年12月10日。

（二）我国政府绩效评价存在的主要问题

与西方国家相比，我国政府绩效评价的研究和实践起步较晚，不论理论研究还是实践应用都存在差距和不足。①

从理论研究上看，存在的缺陷主要是原创性理论研究不足，实践应用的盲目性较重。对政府绩效评价动力机制的研究，注重从政府公共管理问题的表象出发，而不是从问题的原因和基本国情出发进行研究。以西方发达国家和企业的实践经验总结介绍，甚至照搬别国的具体做法代替了必要的政府绩效评价的原创性研究。以零碎的、分散的研究代替了从理念、价值、实施环境到具体实施方法与路径的系统研究。已有的研究虽然在角度、侧重点方面各不相同，但研究结论都强调了在我国推行政府绩效评价措施的紧迫性、必要性以及政府绩效评价的工具性价值。尚未深入系统地研究政府绩效评价的原创性理论，研究借鉴西方国家政府绩效评估的实践经验，并使之转化为符合我国国情的政府绩效评价应用不够，对政府绩效评价的理念、内涵、价值、评价过程的各个环节和实施环境缺乏系统的把握，致使研究成果难以对实践产生正确的指导作用。

从实践应用上看，我国政府绩效评价还不够成熟，诸多短板和问题亟待认真研究解决。在我国，绩效评价主要有三种方式，即普适性的政府绩效评价、行业绩效评价和专项绩效评价。这三种类型严格地讲还不是当代真正意义上的政府绩效评价，因为不够成熟，主要存在 8 个方面的问题。一是我国政府绩效评价缺乏全国统一的、相应的制度和法律保障，缺乏系统的理论指导，照搬西方国家或企业绩效评估措施的现象普遍存在，盲目性较重。二是政府绩效评价缺乏评价主体的制度建构；一些地方党委组织部门、政府人事部门、国有资产管理部门在评价公务员绩效时彼此分割，负责公务员绩效评价的专门机

---

① 参见张小峰、刘显睿：《高效能政府绩效评估体系》，复旦大学出版社 2020 年版，第 92—94 页。

构还没有真正建立。三是绩效评价的内容不全面系统，科学、综合的评价指标体系尚未健全，有的片面地将经济成绩等同于政绩，或者将公众的满意度评价等同于政府绩效评价的全部；绩效评价与政府职能和岗位职责脱节。四是评价程序尚未规范化、程序化，有的地方存在随意性，评价过程具有封闭性、神秘性，缺乏透明、公开的制度与应有的公众监督。五是评价方法缺乏科学性，定性方法与定量方法的有机结合不够，忽视了时间因素和价值判断对绩效评价的影响。评价方法大多采取“运动式”“评比式”“突击式”，忽视了持续性评价。六是绩效评价功能的定位不够注重通过科学合理和可量化的绩效目标、绩效标准来规范行政行为，不是把绩效评价作为提高行政能力、规范行政行为和进行激励的有效措施，而是作为消极防御、事后监督与制裁的手段，因而总是陷于被动。七是在科学政绩观、绩效目标和评价指标体系尚未有效建立的条件下，表面化的绩效评估进一步助长了政府部门及其领导者把主要精力放在见效快、表面化程度高的行政事务上的风气，考虑经济效益、社会效益和可持续发展不够。八是开展绩效评价忽视了实施绩效评价的基础工作以及配套性措施的完善，亟待重新梳理政府部门职能来解决职能交叉重复的问题；亟待解决岗位职责与岗位工作标准不明确的问题；亟待制定和完善行为标准、行为规范，解决绩效评价时的评判尺度问题等。

（三）我国政府绩效评价改革的新趋向

党的十八届三中全会以来，绩效评价改革更加受到重视，并且成为实现国家治理现代化目标的改革内容之一。过去我国的政府绩效评价改革实践表现出“本土化”趋势，主要是集中介绍西方理论、经验与方法的研究，这已不能够满足现实的需要，基于改革实践的案例研究也不能够解决不同地区、不同类型政府的实践需求。现在是要从我国政府绩效评价改革实践中挖掘新的理论元素，在改革过程中，政府及其部门都迫切地需要理论的指引，不仅用于解惑答疑并消除改革顾虑，而且更需要在制度建设、组织管理、技术方法等领域给予指导。

首先,把握地方政府绩效评价改革的正确导向。把握正确的导向必须科学掌握好地方政府考评的价值导向、阳光导向、效度导向和公民导向。[①] 在价值导向上,价值取向与地方政府绩效评价行为主体的指导思想和实践具有密切的关系,对于主体的行为内容和行为方式具有重要的制约和内省作用。在地方政府绩效评价中,价值导向是考评的核心,具有重要的导向作用,也是地方政府绩效评价规范组成部分的深层次要素,它在很大程度上制约和影响着地方政府绩效评价的指标体系构建、评价方法和评价行为等各个方面。在阳光导向上,阳光政府宛若一个比喻,又是一个实质性的规定,它要求地方政府公开办事人员、办事程序、办事内容和办事结果等除国家机密外的一切政务信息,都要对外公开,让政府成为一个透明体。这是建立科学的地方政府绩效评价体系的重要前提,如果社会主体连有关政府行政内容、程序、结果的信息都不能知晓或获得,那就根本谈不上对地方政府绩效评价。要做到这一点,还必须推进我国政治体制改革。在效度导向上,地方政府绩效评价的效度是指绩效评价结果的有效性和影响性,也就是绩效评价所获得的绩效信息分析和结论与地方政府实际绩效之间的相关程度。这一方面是相对于特定评价对象和目的而言的;另一方面,效度基本与评价工具无关,而主要与评价的结果有关。从地方政府绩效评价角度看,效度是衡量地方政府绩效评价质量的重要指标,是检验评估效用的试金石。一项效度很低的绩效评价是没有实质意义和价值的。只有具备了高效地方政府绩效评价活动才能发挥出应有的作用。在公民导向上,地方政府绩效评价的主要环节是公民导向。推进地方政府绩效评价,需要凸显公众参与和公众评价导向。地方政府绩效评价的计划与目标能否实现、结果如何,最有发言权的是社会公众。作为地方政府理应建立专业性的社会评估组织,借鉴国内外的先进经验,有效组织专家学者对地方政府绩效进行

① 参见张岩、孙洪敏:《推进地方政府绩效管理研究》,人民出版社 2018 年版,第 336、337 页。

科学的诊断和绩效评价。只有让社会公众广泛而有序参与对地方政府工作绩效评价，并逐步实现其制度化、科学化和程序化，地方政府绩效评价才能保持发展的健康、有秩序和充满活力。

其次，政府绩效评价改革要从制度性变革突破。“为什么西方绩效管理改革理论和经验不能被简单地复制到发展中国家；发展中国家该如何推动适合自己的政府绩效管理改革？”这是《发展中国家在构建有效政府和竞争性政府过程中所面临的挑战：基于制度分析的框架》一文提出的核心观点，①从制度主义视角出发，提出利用组织能力、文化认知、权力配置三个维度，综合看待绩效管理改革及其背后的制度性变革。该文指出，只有将政府绩效管理改革纳入制度性分析的框架之中，才能够清晰地看到不同国家所处的真实状态，了解并找准影响改革的重要因素和重要问题，选择和利用适当的方法推动改革走向成功。这为我国政府绩效评价理论创新提供了新的思路和新的视角。从理论上讲，政府绩效管理评价的主要目标，是从效能低下的官僚机构，改变为更高效、更负责、更值得信任的政府机构。实现这样的改革目标，要从改变政府组织的行为方式、运作流程、价值认知、权力配置等方面入手。一是形成新的运作流程，比如增加项目绩效评价环节，增加报告绩效信息的新内容，增加政府组织与普通民众之间的交流，促进政府行政人员更关注政府活动所产生的实际效果等；二是运用新的管理技术或方法，比如全面质量管理、六西格玛等，以此来降低成本；三是增强监督或控制系统，坚决杜绝腐败等。绩效管理改革通过改变管理流程、技术方法或手段，会逐渐改变政府组织内部各方的具体职能范围，比如谁负责报告、谁负责审查报告、谁有权力决定绩效信息使用等等，这些微妙改变的背后是权力的重新配置和文化理念的新变化。但是这些改革对政府制度的影响是复杂的难以控制的，即便是构建了新的运作流程、运用了新的管理技术、增强了监督控制系统，改革结果也不一定与原初目标完

① 参见赵早早：《政府绩效管理理论发展新趋势：制度主义与理论创新》，《国际税收》2016年第12期。

全一致。

第三,从三个维度深化政府绩效评价制度性改革。在既有宏观制度背景下,政府绩效管理改革应当通过改变政府制度结构、运作方式、组织文化、技术方法等,实现构建高绩效政府的目标。从组织能力、文化认知、权力配置三个维度,深化政府绩效改革。组织能力体现政府的决策能力、执行能力、技术能力等。文化认知关涉政府组织更关注投入还是结果、倾向于理性决策还是经验决策模式、倾向于参与式决策还是命令式决策、倾向于信息透明还是不透明等。权力配置是谁享有什么样的权力,包括技术分析人员能否有权力以掌握更多的决策信息和政府绩效信息、是否给予不同层级人员在执行过程中不同程度的自由裁量权等。利用三维度制度分析框架,对我国政府考评制度改革需要把握三点:一是政府运用新方法、新技术的能力会影响考评的结果。在大数据时代,政府对海量数据的搜集、管理、分析与应用能力,在很大程度上影响政府绩效评价结果的可靠性与可信度,这是政府考评制度改革的核心问题。二是与考评有关的各项权力配置影响改革结果,信息搜集、整理与评价的权力如何分配;运用信息与分析结果进行决策的权力如何分配;监督绩效信息与结果使用的权力如何分配;为了实现绩效目标,政府组织人员有多大的自由裁量权力;这些权力的配置是通过法律规定还是人为控制。从我国地方政府看,多数地方不同程度地存在着强行政、强领导人推动的问题,有的考评增强行政控制,而不是放松管制以实现目标的问题。这些都是实践与理论不完全相符的地方。三是政府统一绩效认知并改变组织文化是一个长期的发展过程,不可能一蹴而就。我国一些地方长期以来形成各自特有的政府组织文化,不仅受到社会文化的影响,而且受到政府组织中领导人个人风格的影响。政府组织中每一个成员对文化的认同度,也会影响组织目标的实现效果。政府绩效管理改革需要改变传统的组织文化,将其变得更简约、更高效、更灵活、更负责,这种涉及整个组织甚至组织中每个人的文化变革,需要时间,需要强有力的领导力,更需要广泛认同,而这些都不可能毕其功于一役。①

总之，从上述中西方政府绩效评估理论的比较看，我国绩效评估研究和实践不仅是起步较晚，而且理论研究相对薄弱，西方国家对政府绩效评估已形成较完善的理论体系，评价模型及方法分门别类，较为成熟，应用十分普遍。我国与西方相比，政府绩效评估的基本理念、绩效评估的制度、绩效评估的指标体系、绩效评估的应用等方面都存在差距和不同。高质量发展考评更是一个崭新的重大课题，亟待社科理论工作者从中西方政府绩效评估实践和理论研究的基础上，围绕社会主义现代化建设的更高要求，立足高质量发展新阶段，深入细致地研究符合新发展理念要求的考评的理论体系。

第三节　理论体系构想

我国经济高质量发展是适应纷繁复杂的国内外形势所作出的重要决策。党的十九大报告提出我国经济已由高速增长阶段转向高质量发展阶段，从此，高质量发展成为我国未来发展的方向。党的十九届五中全会强调，“十四五”时期经济社会发展要以推动高质量发展为主题，这是根据我国发展阶段、发展环境、发展条件变化作出的科学判断。② 那么什么是高质量发展？高质量发展应该如何考核评价？为此，需要在准确理解和把握高质量发展内涵的基础上，构建一套科学合理的考评指标体系加以反映。但由于高质量发展是一个新的范畴，要科学构建其考评指标体系并非易事。因此，要搞清楚高质量发展提出的时代背景、理论基础和理论框架。

---

① 参见赵早早：《政府绩效管理理论发展新趋势：制度主义与理论创新》，《国际税收》2016年第12期。

② 参见《中共中央关于制定国民经济和社会发展第十四个五年规划和二〇三五年远景目标的建议》，人民出版社2020年版，第69页。

一、高质量发展考评的时代背景

高质量发展需要高质量考核评价。高质量发展的提出是根据国内和国际形势发生的深刻变化作出的历史判断。我们可从新形势发展、新发展阶段和老的考核办法不适应等方面进行综合研究。

（一）适应新形势发展变化的需要

改革开放 40 多年来，我国经济取得了举世瞩目的成就，一直在高速的轨道上运行，但也带来了不可忽视的诸多问题和挑战。从国内经济形势和国际发展环境变化看[①]，高质量发展势在必行。一方面，国内经济形势发生了新变化。2010 年以来，国内经济运行情况和环境约束条件发生了变化，也带来了新的挑战。一是经济进入新常态，传统动力衰减。改革开放以来，大量廉价劳动力涌向城市工业部门，直接推动了工业化和城市化的快速发展。2012 年以后，随着人口红利逐渐消退、技术创新约束收紧，经济增长约束条件也发生了变化。2013 年后，经济增速由 10%降低到 7%左右，阶段性特征日益明显，这说明以要素和投资驱动的“耗散”型增长方式已无法继续维系。除了增长乏力，由收入差距增大、社会阶级固化等因素导致的社会矛盾也在不断激化。为重塑增长动力、缓和社会矛盾，在未来中国应该更重视发展的质量和效益。二是环境资源约束日益收紧。由低下的能源利用效率和不合理的产业结构带来的资源环境问题使我国面临的资源约束日益收紧，也为人民群众的日常生活质量乃至健康带来不可忽视的负面影响。习近平总书记指出：“纵观世界发展史，保护生态环境就是保护生产力，改善生态环境就是发展生产力。”[②]我国在此之前的经济发展模式已经不适应现实情况，也难以为继，未来发展必须转变方式，在经济发展过程中兼顾资源节约和环境保护。另一方面，国际发展环

① 参见王锋、王瑞琦：《中国经济高质量发展研究进展》，《当代经济管理》2021 年第 2 期。

② 《习近平关于社会主义生态文明建设论述摘编》，中央文献出版社 2017 年版，第 4 页。

境发生了新变化。虽然我国已是全球第二大经济体,但是相对其他发达国家,我国一直以来是依靠廉价的劳动力和资源供给的"低价工业化增长模式"推动贸易增长。习近平总书记指出:"我国关键核心技术受制于人的局面尚未根本改变,创造新产业、引领未来发展的科技储备远远不够,产业还处于全球价值链中低端"①。"世界多极化、经济全球化、文化多样化、社会信息化深入发展,人类社会充满希望。同时,国际形势的不稳定性不确定性更加突出,人类面临的全球性挑战更加严峻,需要世界各国齐心协力、共同应对"②。当前,世界面临的不稳定性、不确定性突出,全球经济的"低增长困境"以及美国强权政治的复苏都为中国发展带来严峻挑战。为应对复杂的经济时局,中国应该推动经济高质量发展,深度融入世界经济,逐步缩小同发达国家之间的差距,稳步提升中国在全球价值链分工中的地位。

总之,不论从国内发展环境的深刻变化,还是从国际发展环境的深刻变化,以及中国经济发展的现实情况分析中国经济,高速增长已到难以为继的地步,增强发展的内生动力,必须优化结构、转型升级、扩大需求,由经济高速增长转向高质量发展阶段。

(二)顺应新发展阶段现实发展的需要

党的十九大提出我国经济已由高速增长阶段转向高质量发展阶段,正处于转方式、优结构和换动力的关键时期,亟待推进质量变革、效率变革和动力变革。从强调速度和规模变成强调质量和效益,是中国特色社会主义进入新时代的突出特征之一。中国特色社会主义进入了新时代,经济发展也进入了新时代,发展的基本特征就是我国经济已由高速增长阶段转向高质量发展阶段。推动高质量发展是保持经济持续健康发展的必然要求,是适应我国社会主要矛盾变化和全面建成小康社会、全面建设社会主义现代化国家的必然要

① 《习近平谈治国理政》第二卷,外文出版社 2017 年版,第 203 页。

② 《习近平谈治国理政》第三卷,外文出版社 2020 年版,第 465 页。

求，是遵循经济规律发展的必然要求。高质量发展的深刻内涵是以供给侧结构性改革为主线，实现质量第一、效益优先的目标。

从经济高质量发展的理论内涵看，高质量发展是以习近平同志为核心的党中央从满足社会发展需要的目的出发而提出的中国式概念。从相关的经典理论和提出背景看，经济高质量发展是以高效率、高效益生产方式为社会持续而公平地提供高质量产品和服务的经济发展模式。

一是高质量发展是"更高质量、更有效率、更加公平、更可持续"的发展。党的十九大报告指出："解放和发展社会生产力，是社会主义的本质要求。……我们要激发全社会创造力和发展活力，努力实现更高质量、更有效率、更加公平、更可持续的发展。"①这"四个更"是经济高质量发展的四个目标要求，也是新时代经济发展战略的着力方向和基本行为法则。"更高质量"和"更有效率"是经济高质量发展的本质目标。"更高质量"并不意味着要舍弃原有经济增长方式，而是要通过挖掘经济增长潜力和进行结构性调整等方式，激活现有经济活力，实现从"增长"到"发展"的转变。从微观角度上分析，"更高质量"意味着通过增加产品种类、提升产品品质等途径，提升产品和服务的质量。从宏观角度上分析，"更高质量"不单是指某个生产环节的质量提升，而是社会再生产整体环节的全面提升。根据发达国家的发展经验，一国的经济体制越完善，市场机制越有效，资源配置效率越高，经济的发展质量就越高，因此"更高效率"是"更高质量"的进一步阐述。目前中国的市场机制还不健全，垄断及行政干预行为也时有发生，在一定程度上压制了微观经济主体的活力，因此优化产业结构、纠正要素价格和要素配置的扭曲、提升经济效率应是未来经济发展的着力方向。"更加公平""更可持续"是对经济高质量发展目标的进一步阐述。目前，"中国特色社会主义进入新时代，中国社会主要矛盾已经转化为人民日益增长的美好生活需要和不平衡不充分的发展之间的矛

① 《党的十九大报告辅导读本》，人民出版社 2017 年版，第 34 页。

盾”。中国长期以来粗放型的增长方式已经带来了严重的资源环境和社会公平问题，难以满足人民日益增长的美好生活需要，因此“更加公平”和“更可持续”的提出便是为了在经济发展过程中保障全体人民的利益，缓和社会矛盾，最终推动生态、经济和社会的可持续发展。①

二是高质量发展是“创新、协调、绿色、开放、共享”的发展。2015 年，党的十八届五中全会提出了“创新、协调、绿色、开放、共享”发展理念。五大发展层层递进，由“创新”动力入手，最终落脚到全民“共享”发展成果，体现了“发展为了人民、发展依靠人民、发展成果由人民共享”的价值取向，深刻揭示了社会主义经济发展的规律。可以说，经济高质量发展是五大发展理念的进一步阐述，深入理解“创新、协调、绿色、开放、共享”是理解经济高质量发展理论内涵的前提。② “创新是引领发展的第一动力。”创新是经济高质量发展的第一着力点，推动经济高质量发展首先需要提升创新能力，培育新增长点。协调是经济高质量发展的内在要求。习近平总书记指出：“协调既是发展手段又是发展目标，同时还是评价发展的标准和尺度，是发展两点论和重点论的统一，是发展平衡和不平衡的统一，是发展短板和潜力的统一。”③绿色发展是经济高质量发展的必然要求，是解决污染问题的根本之策。要坚定走生产发展、生活富裕、生态良好的文明发展道路，加快建设资源节约型、环境友好型社会，推进美丽中国建设。开放是国家繁荣发展的必由之路。在各国经济联系日益紧密的今天，中国要继续贯彻开放的理念，提升开放质量，从而逐步提升中国的国际地位。共享是中国特色社会主义的本质要求。实现发展成果共享是经济高质量发展的最终目标，只有与人民共享成果，才能缓和社会矛盾，满足人民日益增长的美好生活需要。

① 参见王锋、王瑞琦：《中国经济高质量发展研究进展》，《当代经济管理》2021 年第 2 期。

② 参见王锋、王瑞琦：《中国经济高质量发展研究进展》，《当代经济管理》2021 年第 2 期。

③ 国家发展改革委宏观经济研究院：《中国特色社会主义政治经济学理论体系研究》，人民出版社 2018 年版，第 243 页。

三是经济高速增长与经济高质量发展的差异。① 高速增长和高质量发展是不同的经济发展模式。基于不同的提出背景，经济高速增长与经济高质量发展在理论内涵和评判标准方面存在较大差异。

第一，提出的背景有差别。新中国成立初期，我国经济基础较为薄弱，资源也相对短缺，因此想方设法把资源集中到某些最需要发展的部门，并力求在短期内加快经济高速增长，发展的速度能快则快。虽然这种通过规模扩张实现财富创造的增长方式创造了经济高速增长的奇迹，但是也为我国带来了一些社会公平和生态环境问题。这说明当发展到了一定阶段，高速增长发展方式已经不适应我国经济的现实情况。经济高质量发展是“创新、协调、绿色、开放、共享”的发展。坚持经济高质量发展，不仅能重塑经济增长动力，还能提高社会福利水平，因此相比推动经济高速增长，推动经济高质量发展更适合我国国情。

第二，理论内涵有差别。20 世纪 90 年代，国内外相关学者提出，经济上的增长和发展是有区别的。经济增长是“量”的增加，主要靠总体规模的简单扩大；经济发展是“质”的发展，指的是单位收益的增加。经济高速增长属于“量”的增加，主要表现为经济规模的扩张和经济效益的增长；而经济高质量发展属于“质”的发展，除了保障经济正常运行，还对社会、生态等多个方面提出了要求，是量与质相协调下的演进发展。

第三，评价的标准有差别。经济高速增长的内涵比较单一，评价标准也相对简单，主要是以经济产出的规模和增速作为评价的主要依据，譬如 GDP 规模、GDP 增速以及财政收入等等。高质量发展的内涵相对丰富，评价的标准更为广泛，除了一些规模指标，经济体制的协调性和持续性也被纳入经济高质量发展水平的考量范围。因此学者们一般都是通过建立指标体系来对经济高质量发展水平进行测算。经济高质量发展相对于高质量发展评价标准更多，

---

① 参见王锋、王瑞琦：《中国经济高质量发展研究进展》，《当代经济管理》2021 年第 2 期。

要从经济、政治、文化、社会、生态等各个方面进行综合评价。

总之,相对高速增长而言,经济高质量发展具有更强的理论价值和现实意义。经济高速增长与经济高质量发展都是针对不同的发展阶段和不同的发展水平来讲的,高速增长也确实在短时间内提升了我国的经济水平,增强了综合国力。经济基础决定上层建筑,只有当经济增长水平达到一定层次之后,才有资格对经济增长质量提出更高的要求。因此,这两种发展方式都是基于当时中国现实经济情况而作出的明智选择。

(三)改变老办法不管用亟待创新的需要

随着高质量发展概念的提出和不断实践,什么是高质量发展,怎样考评高质量发展,就成为必须解决的一个重要问题。考核评价事关高质量发展的价值导向、评价标准和发展方向,从某种意义上讲决定高质量发展的成败。由于高质量发展概念的提出时间较短,实践检验不足,目前指标体系和考评标准尚在创建和探索之中,虽然有些地方和部分学者尝试从经济高质量发展的目标和内涵角度构建经济高质量发展指标体系,但是总体而言,国内还没有形成一套社会认可的考评体系,存在较大的研究空间。梳理国内相关学者对我国经济社会发展考核评价的理论成果,大体上有如下几个方面。①

一是不同的发展阶段配有不同的发展指标,考核评价体系需要不断改进。梳理考评指标体系的演化脉络,对构建经济高质量发展指标体系具有重要的借鉴意义。2000 年 10 月,党的十五届五中全会提出“全面建设小康社会”的概念,学者们开始探讨如何衡量全面建设小康社会的实现程度。2004 年有学者从经济发展、生活质量、社会结构和社会公平等四个方面选取 10 项指标,构建全面建设小康社会评价指标体系。党的十六大、十七大和十八大不断丰富和发展全面小康社会建设,并从经济发展、民主法制、文化教育、社会发展和生

---

① 参见王锋、王瑞琦:《中国经济高质量发展研究进展》,《当代经济管理》2021 年第 2 期。

态环境方面提出了五点新要求，随后各地政府及学者们便从这五个方面构建指标体系，对全面建设小康社会的实现程度进行测算。2004 年 9 月，党的十六届四中全会上提出“构建社会主义和谐社会”，2006 年国家统计局课题组基于“和谐社会”民主法治、公平正义、诚信友爱、充满活力、安定有序、人与自然和谐 6 个基本要求，构建了包含 25 项指标的和谐社会统计监测指标体系。2012 年 11 月，党的十八大制定了新时代统筹推进“五位一体”总体布局的战略目标，各地从经济建设、政治建设、文化建设、社会建设、生态文明建设等 5 个方面，构建指标体系。有的学者从经济、政治、社会、文化和生态文明等 5 个方面出发，构建了经济社会发展绩效评价指标体系，对“十二五”期间中国经济社会发展特征进行了研究。总之，随着发展水平的提高，发展理念的升华，相应的指标体系也变得越来越复杂，评价重点逐渐从衡量经济发展的规模和速度转移到经济发展的质量和效率。同时，指标体系中的指标也从最开始的经济发展指标，逐渐扩展到政治指标、社会指标、文化指标和生态指标，甚至有些研究还考虑到了社会发展乐观度等主观指标。而随着理论研究渐趋完备，指标体系的基本框架也会逐步固定，后续研究主要从拓展研究范围、创新指标类型等方面进行创新。

二是新发展阶段经济高质量发展指标，需要高质量发展考评体系跟进。从现有文献搜集梳理看，主要是 2018 年以后诸多专家学者提出高质量发展评价指标和评价方法。① 殷醒民认为，高质量发展评价指标体系可以从全要素生产率、科技创新、人力资源、金融体系以及市场配置资源机制五个方面进行构建，并把全要素生产率指标看作是测算经济发展效益的核心指标。马丁玲和颜颖颖从经济增长、经济发展效益、经济发展动力、经济发展可持续性以及经济发展成果的共享性五个维度出发构建了指标体系。吕薇从三个维度出发，即要素生产率、经济活力、以人民为中心以及提高生活质量和幸福感等维

① 参见李晓楠：《高质量发展评价指标体系构建与实证研究》，浙江工商大学硕士学位论文，2020 年，第 5 页。

度构建指标体系。李浩民认为高质量发展评价的指标体系应包含政治、经济、文化、社会与环境五个维度。任保平和李禹墨认为高质量发展评价指标体系的构建需要增加能够反映产业、行业、地区等多个维度结构协调性、质量效益和新动能发展情况的指标,需要更加重视民生事业发展和资源环境改善情况的指标。张怡康从创新驱动、产业升级、经济活力、绿色发展与共享发展五个维度构建了高质量发展评价的指标体系。朱启贵从动力变革、产业升级、结构优化、质量变革、效率变革与民生发展六个维度构建高质量发展评价指标体系。李馨从经济发展的动力、效率、高度、平衡性、外向性与可持续性等六个维度构建高质量评价的指标体系。邵逸超对高质量发展中的质量的评价指标进行了研究,并从宏观质量、微观质量和质量发展基础三个维度构建高质量发展的评价指标体系。江苏省从经济发展高质量、改革开放高质量、文化建设高质量、城乡建设高质量、文化建设高质量、生态环境高质量、人民生活高质量与党的建设高质量成效和满意度评价实行大综合考核。

三是高质量发展考核评价存在诸多问题,亟待不断改进和丰富发展。首先,地方指标体系亟待丰富和优化。2013 年以来,我国对改进地方党政领导班子和领导干部政绩考核明确要求,评价指标除重视 GDP 增长率还要兼顾生态环境、民生改善等评价指标。2014 年在“新常态”的执政理念下从要素驱动、投资驱动转向创新驱动。2018 年以来,国家和有关部委先后印发了一系列有关推动高质量发展绩效评价和政绩考核的文件。各地方政府结合本地实际制定了推动高质量发展及监测评价考核的指标,但对如何更为精准体现高质量发展特征、如何体现本地发展实际、如何体现不同发展阶段的要求、如何丰富完善既体现中央要求又符合本地实际的高质量发展指标体系,还有较大差距。其次,指标内涵亟待细化明确。有的在实际工作中,对各项指标的内涵和计算方法作出了说明,大部分指标内涵清晰、操作性强。但也有部分指标,部门提供的内涵表述过于简化,如“绿色优质农产品比重”等指标,具体统计口径、计算方法需要进一步细化明确。第三,监测办法亟待调整完善。譬如,有些“单位GDP能耗、空气质量优良天数比率、$PM_{2.5}$年均浓度、地表水达到或好于Ⅲ类水体比例、单位GDP水耗”等约束性指标发展指数计算方法不够具体明晰。由于高质量发展是一个动态的过程，没有明确的时间节点，且各地自然禀赋和发展差异较大，目标值设置存有较大难度。如何采用差异化目标值评价，有待深入探索。第四，指标数据采集制度亟待健全。从江苏2018年度监测情况看，一些指标由于多种原因出现缺失，如受污染耕地安全利用率、城镇棚户区改造覆盖率；一些新增指标缺失上年对比数据，如垃圾分类集中处理率、网格创建达标率等；一些部门还没有从制度建设、业务建设、队伍建设等多方面构建起完备的数据质量保障体系。

总之，高质量发展考评存在的这些问题说明，我国原来的考评发展的老方法已经过时，而新的考评体系和考评方法尚不能满足我国当前推动高质量发展的基本要求，应当在构建高质量发展考评指标体系时广泛借鉴国内外比较成熟且认可度较高的经济发展观测指标体系，同时高质量发展考评指标体系的构建还要具有多维性和动态性、淡化经济增速指标并强化长远发展指标。现有的考评指标不能满足当前考评高质量发展水平之需的原因在于这些指标反映速度和总量的多，体现质量和效益的少，反映发展水平和经济建设的多，体现人民群众可观可感的以及其他领域建设的少，以考察传统发展模式的指标居多，而体现新发展模式的指标则较为缺乏。此外，国外现也已形成一些与高质量发展考评有关的指标理论研究成果，主要有欧盟的可持续发展综合指数、荷兰的绿色增长指数、德国的新福利指数、美国的新经济指数以及联合国的社会进步指数等等，分别从可持续发展、绿色发展、福利增长与新经济发展等维度对经济的发展进行了考评。

二、高质量发展考评的理论基础

考核评价古今中外皆有实践，西方学者提出了一些理论以及一些理论模型。但这些理论多数不契合我国高质量发展考评实际，只能作为借鉴和参考。

高质量发展考核评价是新时代的产物，是新时代新发展阶段对高质量绩效评价理论的新发展，它植根于高质量发展考评实践沃土，有着深刻的时代烙印和中国特色。虽然还没有在理论层面形成成熟的阐述，但依旧能从马克思主义基本理论、政府绩效评估理论、习近平新时代中国特色社会主义思想等理论中找到依据。

一方面，以马克思主义哲学和政治经济学为引导是高质量发展的本质要求。马克思主义发展观具有深刻的内涵和丰富的内容，揭示了社会发展的本质和规律，是一种科学的社会发展观。马克思主义发展观把社会看作是一个由相互联系的诸要素组成的整体系统，突出整体性、协调性和以人为本。高质量发展考评遵循马克思主义发展观的基本规律，能够用来指导改造自然的实践活动。马克思主义政治经济学的主要内容是在数量和质量统一的条件下研究生产力理论。这充分表明生产力有质量要求，生产力效率提高时所提供的使用价值量就多些，反之就少些。生产力反映人们的生产能力，是质量和数量的统一，具有质量和数量的二重属性；生产力数量决定经济高速增长，而生产力质量则决定了经济高质量发展。在我国经济转向高质量发展的新阶段，需要注重生产力质量的提升问题。马克思讨论了三个方面的生产力质量问题，可以作为高质量发展考评的依据。一是生产力要素的质量。生产要素理论一般分为“四要素理论”（即土地、劳动、资本和技术）与“五要素理论”（即土地、劳动、资本、技术和组织）。马克思进一步发展生产要素理论，将生产的组织与管理、分工协作、自然力以及科学技术都纳入了生产力要素的范畴。所有生产力要素的合力共同决定了生产力质量，生产力要素创造价值的能力提升，生产力要素的价值就会有所提高，从而劳动生产率相应提高，最终实现生产力质量的有效提升。二是生产力要素的组合质量。马克思不仅强调生产力要素能独立发挥作用，而且组合起来的生产力要素能发挥更大的作用。生产力要素的有效组合会提高生产效率，效率的提升会促进生产力质量的提升。因此，在生产力要素的组合中需要使劳动者和生产资料间维持适当比例，提高生产力要素的组合质量,从而创造出最大的经济效益。三是生产力的物化成果质量。质量是生产力发挥作用的结果,也是生产力的物化成果。质量也是提高使用价值量的因素,个体商品的使用价值要转化为社会使用价值,就意味着物化成果的质量要符合社会需求的质量水平。马克思的这些重要论述,既为我们研究高质量发展新阶段考评提供了理论遵循,又使我们找到了高质量发展理论脉络的源头,对于我们深入研究高质量发展考评理论具有重要的理论价值和实践价值。

另一方面,西方政府绩效评估理论,对于丰富和发展我国高质量发展考评理论具有学习借鉴作用。西方政府绩效评估已经引起了我国理论界和实践部门的重视和实践探索,并取得了一些研究成果,特别是进入高质量发展新阶段,对于如何考核评价高质量发展已成为一个新热点。

一是重视高质量发展考评理论研究。高质量发展考核评价内涵丰富,涉及范围广泛,量化测度复杂,是一项系统工程,不论哪一个环节出现疏漏都将影响评价结果的客观性和公正性,以致无法实现对高质量发展绩效评价的初衷和目的。虽然我国各地对高质量发展评价体系进行了构建和测度评价,但对考核评价的理论基础、价值导向、评价技术、评价制度等评价的学理、价值、技术、制度等还不够系统深入,我国评价学科的构建还在起步阶段,而且出现了绩效评价实践超前于绩效评价理论现实状况。因此,学习借鉴西方有关政府绩效评估理论,有助于丰富和发展我国高质量发展考核评价。要基于哲学、经济学、管理学等已有学科积累,结合评价学的自身特点,围绕评价的内涵、分类、原则、过程、方法、范式等基础性、普适性的元问题进行深入研究。要充分利用丰富的评价实践经验,在此基础上进行系统性概括,将其提炼并上升为科学评价理论,进一步充实评价学理体系。建议架构具有一般指导意义的、适用于多个领域的、较为全面系统的评价学体系,形成类似于管理科学中的《管理学》《管理学原理》《行政管理学概论》等评价学著作,从而使得评价实践在一般性的评价思维、评价模式等方面有理可依、有章可循。

二是加快建立科学的高质量发展绩效考评指标体系。建立完整、可靠的绩效考评体系的关键是如何确定考评指标。从西方国家绩效考评的历史看，绩效考评始于项目的有效性审计，主要是对公共支出进行“鉴证”和“报告”，评估主要涉及易于识别的指标，考评的目的以行政效率为核心，重视节约成本、提高效率。随着政府职能的大规模扩张，政府支出规模急剧增加，必然会带来质量的下降，考评的重点进而转向质量和服务，从而建立起较完善的政府绩效考评机制。因此，在我国建立高质量发展绩效考评指标时，需要考虑建立不同层次的指标体系，如共性指标和个性指标。我国东中西地区发展的条件、资源禀赋和发展的目标要求差异性较大，要结合本地实际设置个性化指标。个性指标设置要从注重锻长板一类指标分为既锻长板又补短板的两类指标。锻长板指标突出地域特色发展和质量发展牵引，补短板指标突出地域弱项和不足，增强地域特色发展的后发优势。针对不同地区不同发展阶段的特点，用有限的个性指标引领重点领域重大项目的重要突破，发挥重大项目的带动示范效应。要借鉴西方发达国家的成功做法完善指标体系，使评估活动规范化、科学化，且注重加强对顾客满意度和质量的评估。

三是建立公共部门自我评估与民间机构评估内外相结合的评估体系。西方发达国家对公共部门进行绩效评估的主要是公共部门自身、政府部门以及民间机构。公共部门对其自身的工作有全面的了解，掌握了详细的第一手资料，有利于评估活动的开展。公共部门自己的评估人员往往缺乏评估技术和经验等方面的系统训练。对于民间机构来说，它们具备专业的评估知识和技术，也能做到不带偏见，比较客观公正。但是，要获取公共部门详细的活动资料比较困难，而且缺乏权威性，结论也不易受到重视。因此，高质量发展考评需要把公共部门的自我评估和民间机构的外部评估结合起来，优势互补，以提高评估的准确性和公正性。我国的高质量发展考核评价涉及面广、难度大，与国外相比，目前对如何界定高质量发展的绩效还存在着管理理念、管理制度和管理方法上的差异，其关注点和研究的角度也有很大不同。绩效管理作为一种工具，我国的高质量发展绩效考评必须立足国情，深入研究，渐进推行。

四是加强高质量发展考评的规律性研究。我国各地虽然对高质量发展考核评价的经验做法进行了总结，但还没有上升到理性的高度进行规律性总结提炼，特别是对我国省域高质量发展评价的普遍性特征和地域个性特征研究不够。要学习借鉴西方政府绩效评估的成功做法，加强对地方高质量发展绩效评价规律的探索研究，准确把握地方高质量发展绩效评价的生成机制和影响因素，拓展研究各地推进高质量发展评价的普遍性规律和特殊性规律。研究社会第三方高质量发展评价的普遍性规律和特殊性规律，梳理体制内评价和体制外考核评价哪些相同点和不同点，两者之间如何优势互补等。如何实现精准性和简便性的辩证统一。过度追求精准性，将耗费大量行政资源，不利于推动发展；过度追求简便，将造成评价误差较大，失去考核初衷，关键在实现二者的有机平衡，建立健全能够体现新发展理念和符合地方发展实际的全面客观、精准有效、简便易行的高质量发展评价体系。

三、高质量发展考评的理论框架

高质量发展视野下的考评理论是新时代新阶段提出的新课题，虽然没有普遍公认的理论体系，但国内诸多学者对此进行了较深的研究和探索，有的已经取得了丰硕成果。根据江苏省高质量发展综合考核 3 年丰富而又有效的实践探索，按照国家对高质量发展考评的新要求，在充分学习借鉴国内外相关专家学者理论研究成果的基础上，初步构想高质量发展绩效评价理论框架，仅作为专业性、学术性理论探讨。

首先，新思想是指导高质量发展考评理论体系建设的根本遵循。习近平新时代中国特色社会主义思想是马克思主义中国化的最新成果，高质量发展已成为新时代中国特色社会主义建设的根本目标和核心要求。新发展理念回答了关于发展的目的、动力、方式、路径等一系列重大理论和实践问题。新发展理念成为推进高质量发展的指导思想，是当前和今后一个时期确定发展思路、制定经济政策、实施宏观调控的根本要求，是新思想的重要组成部分。依据高质量发展的理论内涵和基本价值判断，才能更好地寻找中国高质量发展的基本构成。高质量发展是基于新发展理念充分实现的发展，高质量发展与新发展理念具有一致性和同步性。中国高质量发展，要在坚持习近平新时代中国特色社会主义思想的基础上，建设现代化的经济体系、社会体系以及生态体系，成为未来发展模式中选择行为和政策调整决策判断的基本依据。新时代中国高质量发展的理论内涵及其内在逻辑成为指标体系构建的基本理性共识。[①] 探索高质量“发展什么、怎么发展”，迫切需要抓住考核评价这个“牛鼻子”，以高质量评价“标尺”牵引高质量发展。新思想为高质量发展考评理论体系的构建指明了目标方向；新发展理念为理论体系构建明晰了实现路径，成为理论体系构建的根本遵循和行动指南。牢记人民对美好生活的向往就是我们的奋斗目标，坚持以人民为中心的发展思想，为考核执政为民的实际成效和建立以人民满意为指向的评价体系提供了根本标准。习近平总书记关于高质量发展考核评价作出一系列重要论述，这些论述是新思想的重要组成部分，为高质量发展理论体系科学化、系统化和规范化提供了理论指导。总书记多次强调，“新的发展理念就是指挥棒，要坚决贯彻”[②]；“坚持严管和厚爱结合、激励和约束并重，完善干部考核评价机制，建立激励机制和容错纠错机制，旗帜鲜明为那些敢于担当、踏实做事、不谋私利的干部撑腰鼓劲”[③]；要“建立日常考核、分类考核、近距离考核的知事识人体系……建立崇尚实干、带动担当、加油鼓劲的正向激励体系”[④]。这些重要论述，为创新制定集高质量发展、党的建设高质量、领导班子和领导干部队伍建设、群众满意度评价等于一体的综合考评体系，奠定了科学而又厚实的理论基础和明晰了构建的现实路径。

① 参见李梦欣、任保平：《新时代中国高质量发展的综合评价及其路径选择》，《财经科学》2018 年第 5 期。

② 《习近平关于社会主义经济建设论述摘编》，中央文献出版社 2017 年版，第 32 页。

③ 《习近平谈治国理政》第三卷，外文出版社 2020 年版，第 50 页。

④ 习近平：《在全国组织工作会议上的讲话》，人民出版社 2018 年版，第 17、22 页。

其次，新发展理念是构建高质量发展考评理论的基本准则。创新、协调、绿色、开放、共享发展理念，是相互联系的统一整体，是针对我国经济社会发展进入新时代新阶段开出的药方，是当前和今后一个时期发展思路、发展方向、发展着力点的集中体现。构建高质量发展考核评价体系要把五大发展理念贯彻始终，紧紧围绕五大发展理念设计指标体系，以体现产业产品的创新性，城乡地区以及经济与其他领域的协调性，环境资源利用的可持续性，经济发展的对外开放性，发展成果的共享性，加快提高发展的“含金量”“含新量”“含绿量”。上海市对接国家高质量发展指标体系，研究制定综合绩效、创新发展、协调发展、绿色发展、开放发展、共享发展和主观感受“1+5+1”指标框架，综合考虑指标导向性、代表性、可操作性等因素，选取33个主要指标，其中16个核心指标。江苏2021年高质量发展绩效评价指标体系有以下几套(不含党的建设指标)：一是设区市高质量发展绩效评价考核指标40个以及若干项个性指标和加减分项；二是省级机关高质量发展指标6个；三是省属高校高质量发展指标15个；四是省属企业高质量发展指标11个，每个指标设置相应权重。浙江省指标体系由质效提升、结构优化、动能转换、绿色发展、协调共享等6个方面66个指标组成。这些指标的设计既来源于新发展理念的要求，又为贯彻新发展理念找到了落实的抓手，全面覆盖了高质量发展的重点领域。主观感受指标把人民群众的获得感、幸福感、安全感作为评价成效的重要方面，这也是近20多年来的一个重要方法。以什么样的标准和方法考核评价贯彻新发展理念的情况，直接影响到高质量发展、影响到政绩观的走向。要形成贯彻新发展理念的政绩考核体系，健全分类考核机制，创新考核方法。根据不同地区的资源禀赋、阶段特征、发展定位，合理确定考核评价的重点内容、核心指标，建立各有侧重、各具特色的考核评价指标体系，既看显绩，又看潜绩；既看经济建设情况，又看反映社会发展情况的民生状况和生态指标；既看经济总量的增长情况，还看创新发展、协调发展、绿色发展、开放发展、共享发展的整体推进情况。考核是指挥棒、是风向标、是红绿灯，通过高质量发展考核引导干部树立正确政绩观,让践行新发展理念成为思想自觉和行动自觉,为推动经济高质量发展引领方向、提供保障。

再次,价值判断施政行为是丰富高质量发展考评理论的内在要求。在考评的实践中,既可以是定量考评,也可以是定性考评,也就是说既关注效率又关注价值。但是在具体的实际工作中,由于定性考评不够准确,价值评判的标准又难以统一,因而在考评中更多地倾向于定量考评,而忽视了对价值的关注。这种情况导致的结果是严重的。一方面,对定量考评的偏爱致使一些地方忽视或忽略了许多重要的却难以量化的行政行为和结果,譬如社会稳定、民生获得感等,而关注那些能够量化的譬如主要经济指标、科技成果等。另一方面,对政府行为价值的忽视,使某些地方政府迷失了方向,丧失了基本的判断力。譬如有的地方搞"献礼工程"而劳民伤财,甚至可以为发展某地经济而庇护造假企业、掠夺性地开采自然资源等等。高质量发展考核评价,必须全面、公正地测评施政行为及其对社会的影响,不仅评价其行为的有效性,更要评价其行为的正当性;不仅评价其行为的经济成果,还要评价其行为对于政治、文化、社会、生态以及对人民群众生活的影响。这就要求高质量发展考评必须重视和强化对施政行为的价值衡量,使政府不仅能有效地行动,而且正确地行动。现在有的地方考评之所以不够实、不够准,不能为大家所公认,是因为还停留在事实判断上,而忽视了价值判断。这就是为什么要重视考评的价值判断的原因。所谓事实判断是关于客体本身是什么的判断,它所揭示的是客体本身的性质和特点。价值判断揭示的是主体的需要与客体的性质、功能之间的关系。这两者之间的根本区别就是价值判断中多了一种决定其本质的因素,即人的需要。高质量发展考核评价不仅要借助统计、测验等手段进行量的测定,而且要进行质的分析,也就是要把所有考查绩效的材料和分析综合起来,进一步研究在多大程度上能够达到预期的目的,由此作出价值性判断。考评方法要包括建立在事实判断基础之上的价值判断,这个考评制度既要与国际接轨,又要能体现中国特色。在选择考评方案的实践中,要用"以价值为中心的思维方式”选择，把价值考虑放在第一位。价值是人所追求的能满足其某种需要的客观属性，以价值为中心的思维导向可以帮助绩效评价创建更好的决策环境，提供更好的选择方案，也能产生更好的评价效果。

最后，树立新发展绩效观是完善高质量发展考评理论的必要前提。新发展绩效观是新时代新阶段高质量发展的新生事物，是践行新发展理念落地生根的有效量化路径。新发展绩效观的内涵是以新发展理念为基本准则，围绕落实新发展理念的“1+5+1”指标框架，在考评上突出综合效果、质量效益、行政效能和参与效度，也就是说党委和政府的施政行为要以推动高质量发展为主题，树立政府成本、政府产出、生产力促进和公众满意的新理念和新要求。综合绩效效果：要站在政府功能和水平以及社会全局的高度，从经济、政治、文化、社会、生态文明，特别是人的发展的高度去衡量测量，从社会全局来测评政府活动的投入、产出和效果。既评显绩，又评潜绩；既评经济，又评社会、民生状况和生态指标；既评总量增长，又评创新、协调、绿色、开放、共享发展的推进情况。规模质量效益：要树立新的政府成本理念和政府产出理念。政府成本通常指被用于生产过程的所有生产要素的总价格。政府为实现提供公共产品的目的必然耗费一定的成本。这些成本通过税收由纳税人提供。成本要作为绩效测评的重要因素，并与产出、效果一起决定绩效高低，目的是改变过去重测量政府自身运行中的投入，而忽视政府功能的所有社会投入的状况。政府产出通常测量产出和效果两个方面，政府成本不仅测量政府自身投入，政府产出也不仅测量政府活动的直接成果即政绩，而且测量成果实际功用及政府活动对经济产出的影响和对政治、文化、社会、生态以及人的发展中所提供的服务和所作出的贡献。政府施政效能：政府效能是指政府组织实现预期目的的适应性能力，是对政府组织功能的评价。效能政府是高效的政府、促进竞争的政府、监管力度强的政府、服务型的政府、创新型的政府、可持续发展的政府。政府治理能力如何、行政效率的高低、行政执行效果优劣、获得经济效益和社会效益的大小是衡定行政效能的重要指标。公众参与效度：公众参与和群众满意度是高质量发展考评的组成部分。人民满意是政府施政的重要导向，也是高质量发展考评的终极标准。如何让公众在考评中有更多的话语权、将人民满意变成可以量化测度的标准，是推行高质量发展考评、建立科学的考评体系的重要环节。在实际工作中各地探索了“下评上”模式、政务公开模式、“评估团”模式、满意度调查模式、“万人评议政府”模式、第三方评议政府模式等，都不同程度地收到了良好效果。公众和管理服务对象参与考评，是高质量发展考评发展的基本方向。树立正确的政绩观和新发展绩效观，要强化人民满意的绩效导向，既要改变以 GDP 高低论政绩好坏的倾向，也要改变“干好干坏由领导说了算”的主观主义倾向，要真正将各级政府的施政目标和政绩标准转到人民满意上来。

本章从高质量发展考评的基本内涵、理论脉络和理论框架三个维度，阐述高质量发展考评的理论体系构想。一是基本内涵阐释：高质量发展的综合考评相关含义的概念辨析、中国古代官吏考评制度的历史变迁、新民主主义革命以来考评制度的发展实践以及江苏高质量发展综合考评的发展历程。二是理论脉络梳理：高质量发展与马克思主义发展观、高质量发展考评与西方政府绩效评估理论、高质量发展考评与我国政府绩效评价。三是理论体系构想：高质量发展考评的时代背景、理论基础和理论框架，研究提出新思想是指导高质量发展考评理论体系建设的根本遵循、新发展理念是构建理论体系的基本准则、价值评价施政行为是丰富理论体系的内在要求、树立新发展绩效观是完善理论体系的必要前提的理论体系框架。

第二章　高质量发展考评价值

价值考评是最核心的也是最难的一个要素。价值考评是一个世界级难题。价值考评要解决高质量发展考核评价的导向和分配的依据问题。高质量发展考评价值是高质量发展进入新阶段后,随着高质量发展考评主体的变化,带来的理论新发展和现实新需要,在价值取向、价值标准、价值结构、价值评估等方面形成的新认知。价值考评是高质量发展考核评价的灵魂,价值取向是考核评价的基本理念和评判标准,其作用在于确定应采用什么样的观念对高质量发展绩效进行评价。高质量发展考核评价的价值体系由价值理念、价值载体和价值实现机制三个层次构成。因此,创建高质量发展考评价值体系,直接决定评价指标的选择与指标体系的确立,并将影响考评结果的形成及其运用,对于解决我国长期以来政府绩效评价标准过高、过空、不切实际,评价的价值取向过于倾向经济为主导的弊端等问题,具有重要的现实意义。

第一节　政府绩效评价价值理念的演进与启示

政府绩效评价的价值理念是政府绩效评价中价值的观念,它是对政府绩效评价中对绩效作出好坏判断的基本准则。通过对我国与西方政府绩效评价价值理念比较和政府绩效评价价值理念的分析，结合我国高质量发展考评的实际，进一步研究探讨高质量发展考评价值理念的生成机理与价值理念的内容构成，凝练出我国高质量发展考评价值理念的内容构成及其基本功能，为丰富和发展高质量发展考评体系奠定理论基础。

一、政府绩效评价价值理念变迁与考评价值理念拓展

政府绩效评价的价值理念来源于政府的公共性、公民的社会需求和绩效评价实践。从西方发达国家政府绩效评估和我国政府绩效评价发展历程的角度，研究高质量发展考评价值理念的来龙去脉以及发展趋势，能够在理论与实践的结合上更加清晰地阐释高质量发展考评的深刻内涵和本质要求，更好地把握高质量发展考评的方向和原则，使考评扎根于深厚的理论与实践的沃土之中。

（一）从西方政府绩效评价价值理念的演进中研究考评价值理念发展

英国和美国政府绩效评价的实践经验较为丰富，成效明显。从英国政府绩效评价实践的变迁过程就可以大致看出西方发达国家政府绩效评价价值理念的变迁历程。从西方政府绩效评价的发展历程中，进一步研究我国高质量发展考评价值理念的丰富和发展。

以英国政府绩效评价为典型的实践探索，可以根据追求的价值理念的不同划分为三个阶段。①

第一阶段为 20 世纪 80 年代，以经济、效率为基本价值，以解决财政危机为主要目标。这一阶段从 1979 年的雷纳评审开始，亦称效率评审，体现的价值理念是经济、效率，是“以解决问题为导向”的“经验式调查”，即对政府部门

① 参见周云飞：《中国地方政府绩效评价的价值体系研究——以县级政府为例》，兰州大学 2011 年博士学位论文，第 33、34 页。

工作的特定方面进行调查、研究、审视和评价，其目的是提高公共组织的经济和效率水平。1980 年，英国一种全新的管理工具，即部长管理信息系统，是融合目标管理、绩效评估等现代管理方法和技术而设计的信息收集和处理系统，主要价值理念是效率、责任，目的是使高层领导能随时了解到部里正在做一些什么事情，谁负责这些事情，谁制定目标，这些目标是什么，对它们是否实施了进行有效的监测和控制。1982 年，财务管理新方案出台，主要价值理念是经济、效率、效益，目的是使各部门、各层级的负责人能明确自己的目标和测定产出与绩效的标准方法；了解可利用的资源和自己在充分利用这些资源方面的责任；获得有效履行职责所需要的信息、技能训练和专家咨询等。其目的在于对中央政府财政资源进行有效的配置和监控。1988 年，下一步行动方案，体现的主要价值理念是经济、效率、质量、满意度，这是英国公共服务改革的一个转折点，使政府内部管理机制和责任机制上产生重大转变，体现出了"从规则为本到结果为本、从过程控制到结果控制"的转变，使绩效评估成为监督、协调和控制执行部门的主要手段。

第二阶段为 20 世纪 90 年代，以提高服务质量和公众满意度为基本价值。1991 年的公民宪章运动，主要指对难以私营化的垄断性公共部门和公共服务行业，通过用宪章的形式将政府公共部门服务内容、工作目标、服务标准等向公民作出承诺，主要价值理念是经济、质量、效益。1991 年，《竞争求质量》白皮书强调经济、质量、满意度的价值理念，要求提高服务质量和顾客的满意度，政府管理活动通过市场来检验，作出考核和评估。市场检验目的是确保公共服务的高效率。1999 年，《政府现代化》白皮书指出，政府的现代化是英国复兴计划的关键，它要确保政策制定的高度协调和具有战略性、公共服务更符合公民的需要、公共服务的高效率和高质量，最终目的是打造能使人民过上更好生活的更好政府，所体现的价值理念是效率、质量、回应、合作。

第三阶段为 21 世纪以来，以"最佳价值"为起点，追求经济、效率、效益、公平、参与、回应性、合作等多元价值，实现有效政府的目标。2000 年，提出最佳价值，是指最具经济、效率与效能的方式，让服务能够达到所制定的明确标准，也就是达到“最佳服务效果”，所体现的价值理念是经济、效率、效益、参与、回应、合作。2001 年，进行全面绩效评价，这是一个全面整合性的绩效评估框架，用于测量地方政府服务效能，它以地方政府目前的服务绩效为起点，以服务提供的方式、团队伙伴关系的运用为焦点，通过绩效指标、审计和督察报告的绩效数据进行评价，所体现的主要价值是经济、效率、效益、参与、回应、公平、合作等。2009 年，进行全面地区评价，以地区为基础，关注地方政府单独或者合作提供公共服务的水平，主要回答和解决地方政府对当地人民关注的焦点问题处理得怎么样、评价能不能反映当地人民生活的全貌、帮助人们理解政府向他们提供的公共服务是否物有所值、地方公共服务是否改善了人民的生活质量等四个问题，所体现的主要价值是经济、效率、效益、参与、回应、公平、合作等。

总之，绩效管理在政府部门中的运用是与当代西方国家新公共管理运动紧密联系的，是信息化、民主化、市场化和全球化发展的要求，也是政治、经济、社会、文化发展的结果。① 西方发达国家的政府绩效评价研究与实践始于第二次世界大战之前。1909 年，美国纽约市政研究院就运用社会调查、市政统计和成本核算等方法技术，建立政府活动的成本（投入）、产出及其社会条件等三种类型的绩效评估。1968 年英国的王室土地监督局、国内税务局及就业局发布各部门的整体生产率指数，并拟定各种绩效示标用以衡量下属部门的工作。20 世纪以来，随着信息科学的高速发展和经济全球化格局的逐步形成，西方国家传统的行政管理模式受到了普遍质疑。从 20 世纪 70 年代开始，英国、美国等发达国家纷纷推行以新公共管理运动为核心的政府行政管理改革，主张在公共行政管理中参考企业管理理论，将市场竞争机制、目标管理、绩效评估和成本核算等方法应用于公共行政领域，目的是改善公共行政绩效，提

① 参见张小峰、刘显睿：《高效能政府绩效评估体系》，复旦大学出版社 2020 年版，第 1—2 页。

高政府服务的质量和水平，满足公民对“政府再造”的客观要求。这其中绩效评估作为提高政府绩效管理水平的有效工具，在公共管理领域取得了明显的成效。1979 年，英国著名的“雷纳评审”让政府部门正式确立了绩效意识，在此基础上政府绩效评估在英国得到广泛运用，并实现了持久和稳定的发展。1993 年美国国会颁布《政府绩效与结果法案》，形成了完整的政府绩效评估体系，在世界各国中率先以法律形式确立了政府绩效评估的地位。而在其他西方国家，政府绩效评估也在较大范围内得到应用，并在提高政府行政管理水平方面取得了较好的成效，政府绩效评估逐渐出现全球化趋势。

西方发达国家政府绩效评价价值理念的发展历程启示我们，高质量发展考评价值理念要在学习研究借鉴好的价值理念的基础上，不断丰富和发展。

一是考评要学习研究顾客至上理念。① 这个理念源于企业界，强调企业的一切经营活动以顾客为中心，顾客就是上帝。政府绩效评价中的顾客至上就是要求政府管理活动必须以顾客为中心，以顾客需求为导向。政府作为公共服务的供给者，应了解公众需求，重视对公众需求的回应，按照其需求提供服务。政府绩效的真正体现并不在于政府花了多少钱，投入了多少人力物力，为社会提供了多少劳动，而在于政府多大程度地满足了社会和公众的需求，在于其提供的公共服务被公众接受和认可的程度。高质量发展考评的价值追求要坚持需求导向，以人民群众和基层发展需求为中心，明晰考核评价的目的是促进发展、造福群众，体现以人民为中心的发展思想。

二是考评要学习研究公共责任理念。西方的政府绩效评价是一种新的公共责任实现机制。这一机制要求政府绩效评价不仅要对公众负责、对结果负责，而且强调政府行政的效率与能力，保证政府管理与服务质量，以期通过政府绩效评价帮助政府成为效率、责任和法治相统一的政府。对政府绩效评价过程中所发现的问题，公众有权利要求和监督政府进行改进工作，政府也有义

① 参见何妍：《中西方政府绩效评估比较》，《法治与社会》2015 年第 12 期(上)。

务和责任进行改进。西方政府的绩效评价利用绩效目标和评价标准使政府部门在行使其行政权力、管理公共事务时承担起相应的公共责任,要求政府对其行为和结果负责,使政府成为真正意义上的"责任政府"。高质量发展考核评价是地方党委和政府的职责所在,要对群众负责、对结果负责开展好考评工作,通过科学有效的考评,最大限度提高地方党委和政府服务和促进高质量发展的责任和能力。

三是考评要学习研究多元效能理念。西方国家政府绩效评价的价值理念还体现多元化和效能化。从 20 世纪 80 年代,以经济、效率为基本价值,以解决财政危机为主要目标,体现经济、效率、质量、满意度的主要价值理念。到 20 世纪 90 年代,以提高服务质量和公众满意度为基本价值,主要价值理念是经济、质量、效益和满意度。再到 21 世纪,以"最佳价值"为起点,追求经济、效率、效益、公平、参与、回应性、合作等多元价值,实现有效政府的目标,也就是以最具经济、效率与效能的方式,让服务能够达到所制定的明确标准,达到"最佳服务效果",突出体现为多元效能的价值理念。高质量发展考评价值理念,不仅要反映在经济、效率、效益上,而且要反映在社会公平、服务优质、群众满意上以及对可持续发展和安全发展的价值追求上,逐步实现高质量发展考评理念的多元化、效能化和可持续性价值要求。

(二)从我国政府绩效评价价值理念的演进中研究考评价值理念发展

由于高质量发展考评是一个新的概念,研究其价值理念要从我国政府绩效评价的实践与探索着手,在搞清楚政府绩效评价价值理念发展历程的基础上,进一步研究高质量发展考评价值理念的丰富和发展。

我国政府绩效评价的起步期。新中国成立初期,国家"一穷二白、百废待兴",政府强调节约。之后相继强调"多快好省""艰苦奋斗,勤俭建国,勤俭办一切事业"。改革开放后,我国对行政效率的关注点开始由节约转向改进工作方法。这些政府部门作风建设和干部的考核等都蕴含着政府绩效评价的元素，是政府绩效评价的萌发，这一阶段主要以节约（经济）和行政效率为价值追求。学术界公认的我国现代意义上的政府绩效评价实践活动，是1994年山西省运城地区行署办公室的“新效率工作法”，由九大考核指标体系构成，要义是能量化的量化、不能量化的等级化。① 之后，伴随着改革开放的深入和政治体制改革、行政体制改革的推进，以及西方政府绩效评价成果的示范效应，我国学术界开始翻译介绍西方的政府绩效评价理论，并逐步开展实践活动。

我国政府绩效评价的发展期。我国诸多学者普遍认为，从1994年我国政府绩效评价进入发展期。② 这一时期根据政府绩效评价目的与价值理念的不同，实践大致可以分为两个阶段：一是从单纯的行政效率向满意度、效能监察等过渡。随着我国体制改革的深化，各级政府部门和各行业不断更新观念，更新工作方式方法，不断提高服务质量和水平。在此背景下，许多地方政府开展了绩效评价活动。譬如，1994年烟台市针对城市社会服务质量差的问题，借鉴英国和中国香港地区社会管理部门做法，率先在烟台市建委系统试行“社会服务承诺制”。1995年福建省在全省范围内实行政府效能监察制；1997年福建省漳州市启动机关效能建设试点工程；1998年沈阳市率先实施“市民评议政府”活动，即以公众为主体对政府绩效进行满意度评价；1999年起每年一次的南京市“万人评议政府”活动；2000年广州市开展“市民评政府形象”活动；2002年温州市市民对“48个市级机关部门满意度测评调查”；2003年北京市开展的“市民评议政府”活动等。二是绩效评价理念的多元价值并存。2000年后，政府绩效评价问题逐渐引起了社会各界的广泛关注，理论探索向纵深发展，各地方政府的实践活动广泛开展。在理论界，对政府绩效评价的研

① 参见张建合：《探索机关工作运行规律的有益尝试——“新效率工作法”的实践与思考》，《中国行政管理》1994年第11期。

② 参见周云飞：《中国地方政府绩效评价的价值体系研究——以县级政府为例》，兰州大学2011年博士学位论文，第40页。

究主要集中在三个方面:第一,对西方国家政府绩效评估的理念与方法体系的引进和介绍;第二,对中国实行政府绩效评价的可行性以及实践中存在问题的分析;第三,对国内各地方政府的实践做法的梳理归纳。随着研究的深入,政府绩效的内涵发生了变化,不仅表现为政府的行政结果与行政投入之比,还包括公民满意度和地方发展战略机制等。

我国进入高质量发展考评的新阶段。2015 年 10 月,习近平总书记在党的十八届五中全会第二次全体会议上的讲话中鲜明提出,必须坚持创新、协调、绿色、开放、共享的发展理念。① 2016 年 1 月,习近平总书记在中共中央政治局第三十次集体学习时强调,新发展理念就是指挥棒、红绿灯。2017 年 10 月,习近平总书记强调,要贯彻新发展理念,建设现代化经济体系。2018 年以来,国家和国家有关部委单位,先后印发了推动高质量发展、高质量发展综合绩效评价,以及改进推动高质量发展的政绩考核等一系列政策文件,从党和国家的层面有了高质量发展绩效评价的政策文件依据。习近平总书记强调,必须加快形成推动高质量发展的指标体系、政策体系、标准体系、统计体系、绩效评价、政绩考核②,"建立符合新时代新阶段要求的干部考核评价体系"③,"完善干部考核评价体系,引导干部树立和践行正确政绩观"④。这些都标志着我国发展绩效评价进入了高质量发展考核评价的新阶段。

二、政府绩效评价价值理念构成要素与考评价值理念提升

高质量发展考评价值理念的提升需要从政府绩效评价价值理念的构成要

---

① 《〈中共中央关于制定国民经济和社会发展第十三个五年规划的建议〉辅导读本》,人民出版社 2015 年版,第 113 页。

② 人民日报评论员:《鲜明确立推动高质量发展的政绩考核导向》,《人民日报》2020 年 11 月 6 日。

③ 《习近平在中共中央政治局第四十次集体学习时强调 提高一体推进"三不腐"能力和水平 全面打赢反腐败斗争攻坚战持久战》,《人民日报》2022 年 6 月 19 日。

④ 习近平:《高举中国特色社会主义伟大旗帜 为全面建设社会主义现代化国家而团结奋斗——在中国共产党第二十次全国代表大会上的报告》,人民出版社 2022 年版,第 67 页。

素入手,进行系统研究探讨。政府绩效评价价值理念的构成要素是指政府绩效评价中应该坚持哪些具体的价值理念,它们之间的内在联系是什么。从国内外政府绩效评价价值理念的发展变化历程看,①现实的政府绩效评价的价值理念不再是简单的"3E",即经济、效率、效益,而是在公共行政的公共性、公民群体需要以及政府绩效评价实践经验基础上形成的包括公平、参与、责任、合作等在内的多元价值。这些多元的价值理念对于我们系统研究高质量发展考评价值理念具有重要的参考的理论价值和实践价值。

一是"3E"到"4E"绩效评价理论,是研究考评价值理念的基础。在绩效价值取向研究方面,著名学者芬维克(Fenwick)于 1995 年最早提出了"3E"评价准则,即"经济性(Economy)""效率性(Efficiency)""效果性(Effectiveness)",并很快就得到广泛运用,尤其是在政府绩效评价领域。但是,由于政府追求的是社会的整体利益,政府绩效评价不仅关注效率、效果等问题,更需要考虑公平和民主问题。1997 年,福林(Flynn)在"3E"的基础上增加了"公平性(Equity)"原则,正式提出"4E"理论。目前"4E"准则仍然是政府绩效价值的最重要价值取向之一。经济性、效率性、效果性、公平性应当成为高质量发展考评价值的基本要求。

二是"增长、公平、民主、秩序"的价值理念,是研究考评价值理念的延伸。2001 年,马宝成在《试论政府绩效评估的价值取向》一文中提出,政府绩效评估应以"增长、公平、民主、秩序"为基本价值取向,其中"公平和秩序"的价值取向约束"增长和民主",即注重增长的同时要注重公平,实现民主的同时要保证秩序。之后我国一些相关专家学者相继提出了政府绩效的基本价值取向,应该包含"增长、公平、民主、稳定、自由、进步"六个方面。还有的提出重塑地方政府绩效评估标准价值取向的必要性,以及地方政府绩效指标的价值取向应为"经济、质量、公平和民主"等。这些都为丰富和完善高质量发展考

① 参见任芳容:《论中国政府绩效的价值标准》,西北大学 2013 年硕士学位论文,第 2、3、4 页。

评奠定了坚实的基础,提供了考评价值理念延伸拓展的空间。

三是“公众需求”和“公众满意”的价值理念,是研究考评价值理念的提升。国内部分学者认为,政府绩效评估的价值标准应当是“公众需求和公众满意”。譬如,学者林琼、凌文桂等提出,政府绩效的根本价值追求应是满足公众需求,提供优质公共服务。在此根本价值追求基础上建立廉洁、高效、公正的政府。徐邦友在《试析政府绩效评价的新取向》一文中提出,行政绩效评价的根本尺度是公众满意原则,其他指标均应建立在公众满意的原则之上。还有一些学者强调要以人民需求为准则来评判政府绩效的好坏与优劣,指出传统的“3E”评估不仅带来社会分配不均衡,而且存在忽视民生真正所需等问题和缺陷。因此,高质量发展考评应当将“公众需求”和“公众满意”作为考核评价高质量发展的重要标准。

四是“以人为本”和“民众本位”的价值理念,是研究考评价值理念的内涵实质。国内有关专家学者基于新公共管理理论的发展和科学发展观等理念的深入,提出“以人为本”应成为政府绩效评估的核心价值取向。譬如,何植民、李彦姬在《以人为本:新时期我国地方政府绩效评估的核心价值取向》一文中系统阐述了这样的价值观点。学者李静芳等在《对地方政府绩效评估的价值取向分析》一文中强调,改变我国政府绩效评估扭曲的突出问题,政府绩效价值取向必须从“政府本位”转变为“民众本位”。还有一些学者提出公众满意度和公共服务质量是“民众本位”的两个基点,指出“以民众为本位”是地方政府考评应有的价值取向。高质量发展考评价值取向应当把“以人为本”和“民众本位”作为本质要求,体现共享发展和以人民为中心的发展思想,让人民群众在高质量发展中有更多的获得感和幸福感。

五是“目的取向与工具取向统一”的价值理念,是研究考评价值理念的深化。我国行政管理学专家彭国甫教授提出了“管理绩效评估目的取向与工具取向相统一”的观点。他在《价值取向是地方政府绩效评估的深层结构》一文中指出,目的取向是绩效评估最终的落脚点,主要包括“科学发展观”与“民众本位”两个部分。而工具取向是绩效评估操作的导向性，主要包括“有限政府”“效益标准”与“系统评价”三个部分。论文中特别强调了价值取向的重要性，即价值取向是地方政府绩效评估的灵魂，它引导和调整地方政府绩效行为。高质量发展考评应当突出以人民为中心的价值取向，引导和改进考评的行为，满足群众需求，实现目的取向与工具取向的有机统一。

三、政府绩效评价价值理念功能与考评价值理念深化

深化高质量发展考评价值理念的认识，需要从政府绩效评价价值理念的功能研究入手。政府绩效评价的价值理念的功能是价值理念对政府绩效评价体系的作用。绩效评价价值理念功能的释放，主要是通过影响人们对政府绩效评价的价值载体、价值评价机制以及人们的评价准则实现的。价值理念的作用是深层次、全方位、多元的，大的可以影响到政府对绩效评价的政策和评价指标的决策制定，甚至影响行政改革的方向和公共服务的供给，小的可以影响某一个政府部门的形象塑造以及公务员的价值认同。价值理念对旧的、过时的价值观具有批判功能，对未来发展的价值目标具有导向功能，对个体价值观具有整合功能。① 因此，通过对政府绩效价值理念功能的研究，可以形成政府和公民对高质量发展考核评价的基本共识，从而使政府的价值供给能够满足公民的价值需求，同时公民对政府价值供给水平的判断也正好反映出政府的工作实际，实现了供需均衡，不断深化对高质量发展考评价值理念的思想认识。

一是价值理念的批判功能，助力深化考评价值理念。价值理念具有社会历史性，不同的社会历史发展阶段需要与之相适应的价值理念，价值理念是随着发展而不断变化的。每当社会向前发展进入一个新的阶段时，需要树立新的价值理念。但是在现实的社会实践中，经常出现一些旧的、过时的价值理

---

① 参见周云飞：《中国地方政府绩效评价的价值体系研究——以县级政府为例》，兰州大学 2011 年博士学位论文，第 52、53 页。

念，仍然以有形和无形的方式，影响着人们的思想和行为，束缚着人们的价值追求。符合社会发展客观要求的新价值理念将以一种否定态度审视和批判旧的价值理念。通过对落后于时代的旧社会价值观的扬弃，取其精华，去其糟粕，逐渐确立新社会价值观。顺应时代发展的新价值观，能够满足人们的需要，推动社会的发展。不论是公共行政的价值理念，还是政府绩效评价的价值理念，都应当遵循这一发展路径。政府绩效评价的价值理念从效率发展到经济效率效益，再到多元价值理念并存，经历了对旧有价值理念扬弃的过程，高质量发展考评的新的价值理念的建立，也需要对现行的价值理念进行扬弃。批判功能是高质量发展考评顺应新时代发展适时自我更新价值理念，确立新发展阶段高质量发展评价价值准则的内在动力，是推动高质量发展考评丰富和发展的重要因素。

二是价值理念的判断功能，助力深化考评价值理念。价值判断是人面对对象事物，断定其对人自身是好还是坏，是积极的还是消极的，是肯定性的还是否定性的思想活动。从根本上说，对对象事物的价值判断，是要根据对象事物对人的需要的关系，是在权衡了对象事物对人的需要是否能满足、是有利还是有害之后才能作出的。在高质量发展考评的实际工作中，有的地方的考评之所以不够实、不够准，是因为还停留在事实判断上，而忽视了价值判断。事实判断是关于客体本身是什么的判断，它所揭示的是客体本身的性质和特点。价值判断揭示的是主体的需要与客体的性质、功能之间的关系。这两者之间的根本区别就是价值判断中多了一种决定其本质的因素，即人的需要。高质量发展考核评价不仅要借助统计、测验等手段进行量的测定，而且要进行质的分析，也就是要把所有考查绩效的材料和分析综合起来，进一步研究在多大程度上能够达到预期的目的，由此作出价值性判断。评价方法要建立在事实判断基础之上，进行价值判断，才能评价得准确。在考评决策方案选择的时候，往往有两种选择，即“以选择方案为中心的思维方式”和“以价值为中心的思维方式”。这两种选择的不同是，前者是“选择在先，价值考虑在后”，后者是

“价值第一,选择第二”。价值判断的真正目的就是更好地选择。没有判断,选择必定陷入盲目性,而如果只有判断而无选择,判断则成为毫无意义的东西。价值是人所追求的能满足其某种需要的客观属性,以价值为中心的思维导向可以帮助评估创建更好的决策环境,提供更好的选择方案,也能够产生更好的效果。高质量发展考评要解决事实评价有余,而价值评价不足的短板。

三是价值理念的导向功能,助力深化考评价值理念。价值观是一种内心尺度,支配着人的行为、态度、观察、信念、理解等,支配着人们认识世界、明白事物对自己的意义和自我了解、自我定向、自我设计等,为人们正确认识事物和行动提供选择决策的依据。政府绩效评价的价值理念能够为政府提供提高政府绩效的价值目标,通过政府有方向、有目标的工作指引,对政府的价值取向进行引导和促进,进而确定政府一定时期内的工作重点和需要解决的关键问题,使政府工作更有针对性、目标性和导向性,明白政府“应当做什么、应当如何做、短板是什么”,起到补短补弱的引导效果。政府绩效评价的价值理念还可以通过舆论宣传和组织发动,引导公民改变对政府绩效的各种落后观念,树立起与时代发展相一致的能够准确评判政府绩效的价值理念,即使公民知道“应该评哪些方面”。评什么决定做什么,做什么决定能达到什么。关键是绩效评价的价值理念为人们提供的价值目标是否科学可行、价值标准是否合理。高质量发展考评的价值理念,要建立在公民需要基础上,能够通过导向功能引导考评工作重心的转移和工作水平的改善,从而满足公民需求,提高公民的满意度。价值观念在确定高质量发展考评的实践方向和实践目标中所起的作用是非常重要的,不可以轻视和抹杀,否则都是要犯错误的。

四是价值理念的整合功能,助力深化考评价值理念。我国地方政府绩效评价的价值分为目的性价值和工具性价值,并共同构成了地方政府绩效评价的价值结构。当地方政府绩效评价的价值结构存在不合理,即发生工具性价值侵蚀目的性价值时,价值冲突便随之发生。政府绩效评价价值观念的冲突与失范，是社会处于显著变化的必然现象，是社会发展由无序到有序的必然过程，是社会进步的一种具体表现。但是无论社会发展到什么阶段，对价值观念来说都必须有一个适合具体社会发展的基本定位，否则社会的发展将失去存在的根基。政府绩效评价价值理念的整合功能包括两个方面的含义，即整体的功能和个体的功能。从整体看，注重与社会发展有关的各个方面的联系，并在各个方面的相互联系中，从总体上规划和推进各方面的发展，在总体上获得较高的、较全面的价值实现。从个体看，公民个体由于成长环境、教育水平、社会阅历、民族等的差异性，导致不同的人有不同的价值需求，因此社会主流的价值观需要顾及每一个群体，以保证主流价值观真正成为共享价值观。现在一些地方政府绩效评价价值取向认识偏差，使“以人为本”的价值取向流于形式，“以 GDP 论政绩”的经济价值取向泛化。这些价值冲突在政府绩效评价指标上就具体表现为：导向性方面的扭曲、整体统一性方面的扭曲和客观实在性方面的扭曲。因此，高质量发展考评的整合功能主要体现在考核评价的内容全面，能够反映高质量发展的内涵要求，包括隐性的绩效和显性的绩效、长期价值追求和短期价值追求；公民对考评的评价标准也要全面可行，不产生“晕轮效应”“近因效应”等主观性误差。

第二节　考评的价值取向与价值标准

价值取向在高质量发展考核评价系统中具有十分重要的作用，它将直接影响具体考评指标的构建、考评结果的形成与运用。确立正确的价值标准是高质量发展考评的基本前提，价值标准是衡量高质量发展考评工作好坏、优劣的基本准则。价值取向和价值标准在整个高质量发展考评中不仅紧密联系、相互作用，而且价值标准的确立最终决定考评标准的确定。价值标准的选择和确立，事关把高质量发展考评的工作行为引导至什么方向的问题，这是各地政府开展高质量发展考评工作的核心基石。

一、高质量发展考评的价值意蕴

价值是指一事物对主体的积极意义，即一事物所具有的能够满足主体需要的属性和功能。价值观则是人们对客观事物有无价值和价值大小的一种根本观点和评价标准。价值评价是相对于真假评价而言的，指的是对事物或现象的真善美的有无、正负、优劣的认定或判断，是评价主体在对价值事实认识的基础上，借助于一定的评价标准，对价值主体与价值客体之间的价值关系进行的评价和判定。它是客体与主体之间的关系在主体意识中的反映，是对价值事实的理性判断、情感体验和意志保证的综合，并通过主体的态度、情感、意志等主观感受形式表现出来。

从价值评价上看，价值标准是考评高质量发展绩效的灵魂。首先，价值评价有利于在战略层面上促进高质量长远发展。高质量发展是全面协调可持续的发展。一个背离正义和公共利益的发展显然是不能长久的发展，而价值评价则在很大程度上能够体现和保证政府的高质量发展的价值取向，有利于党委和政府在最大程度上代表广大人民群众的根本利益，引导党员干部群众在高质量发展的正确轨道上前行。其次，价值评价有利于在精神层面上更好地激励各级干部群众一心一意谋发展。马斯洛需求层次理论认为，人的需求有生理需要、安全需要、归属和爱的需要、尊重需要、自我实现的需要。而价值评价有利于干部群众实现更高的需求，更有获得感、更有成就感和更有质感，从而实现更有效的激励，凝聚起共享发展的强大力量。第三，价值评价有利于党委、政府在各个层面上进行沟通。[①] 制度下的沟通并不是最好的沟通，文化背景下的沟通才是最有默契、成本最低的沟通。而价值评价在这里恰恰为我们提供了一种不需要沟通的沟通，从而更有利于政府施政上下步调一致。第四，价值评价有利于从根本上建立高效能政府。一个地方，有一个价值高度一致

① 参见兰庆博:《从行政管理的角度看绩效管理与价值评价》,《信阳农业高等专科学校学报》2008 年第 4 期。

的党委、政府,这里的干部群众的行为一定会高度自觉、步调一致,高质量发展一定会行稳致远。与绩效管理相比,价值评价才是实现高效能政府的最彻底、最持久的有效路径。第五,价值评价有利于从根本上建立一个公益型政府。公益性和正义性是高质量发展的内在要求,从行政的角度固然可以通过刚性的绩效管理来实现,但价值评价则可从根本上保证政府的本质属性,更有利于保证绩效评价为民的根本性质。

从价值依据上看,它是贯彻落实新思想新理念的时代需求。高质量发展考评是贯彻新思想新理念、把高质量发展落到实处的全局性战略性制度安排。高质量发展需要高质量评价,高质量评价的核心问题是价值标准。随着高质量发展进入新阶段,也随之出现了很多新情况新问题,高质量发展的内涵和外延也在不断地调整、丰富和发展。贯彻新发展理念、推动高质量发展的实际表现和工作实绩,作为评价干部政绩的基本依据,作为检验干部的政治忠诚、政治担当和政治能力的重要标尺,督促激励干部从政治高度深刻理解政绩内涵。作为掌握高质量发展状况的重要工具,高质量发展考评只有随着时代发展而不断调整,把握高质量发展中的变与不变,才能真正做到落实新思想新理念;只有对高质量发展给予准确的评价,才能真正把握高质量发展的阶段性特征;只有把高质量发展情况搞清楚,才能找到发展中的短板,才能找到可行的路径,才能把新思想新理念真正贯彻落实到位。推动高质量发展落地见效,关键是要牢牢抓住考核评价体系建设这个"牛鼻子",建立体现新时代、新思想、新理念要求的目标体系、考核办法、奖惩机制,以高质量的"标尺"引领和驱动高质量发展。

从价值主体看,它是落实以人民为中心价值取向的现实选择。高质量发展是以人民为中心的发展,是为满足人民需求的发展。"治国有常,而利民为本",增进民生福祉是发展的根本目的,是对微观个体人的基本关怀。从本质上看,我国的一切发展都应当是为了人。高质量发展以人为本不是空洞的,而是贯穿至高质量发展的各个环节各个阶段,涵盖了高质量发展各个方面各个领域，所以，以人为本也是高质量发展考评的根本价值取向。通过高质量发展考评，从工作导向上竖起“以人为本”的大旗，无论是在考评指标设定、方法手段、具体实施上，还是在结果运用上，都把人民群众的利益放在最高位置，从而促使高质量发展“不迷航”“不偏向”。高质量发展考评又是一把利剑神器，通过查找检测高质量发展中存在的问题，发现工作薄弱环节和短板，板子打在人身上，使人民群众满意，才能促使高质量发展真正“不走样”“真的高”。高质量发展考评通过具体化的指标勾勒高质量发展的脉络纹理，不断激发广大干部群众干事创业热情，营造形成社会强大的凝聚力和向心力，使人民群众聪明才智和积极性、创造性充分释放，真正实现高质量发展“靠人民”“为人民”。

从价值依归看，它的最终落脚点是实现高质量发展，最根本是满足人民群众生活需要。高质量发展考评，最直接的作用是衡量高质量发展的水平，为高质量发展聚力蓄能。从本质上看还是为高质量发展服务，通过发挥考评“指挥棒”导向作用，具象化高质量发展内涵，纠正发展中的偏差，补齐发展中的短板，并通过对考评理念、考评标准、考评手段、方式方法、结果运用等方面的不断修正、调整和更新，对干部群众施以积极的影响。虽然“高质量发展”之“高”暂时没有普遍认可的评判标准，但可以肯定的是，国家经济社会发展程度要从人民生活水平、人民生存状况、人民享有发展成果公正程度等多个维度进行考察，而党和国家将高质量发展与人民群众切实结合在一起，以人民对美好生活的需要成为高质量发展的主轴，以引领人民群众创造美好生活作为中国共产党的奋斗目标，切实体现了“人民利益是我们党一切工作的根本出发点和落脚点”。通过实践到理论再到实践这一个循环往复、螺旋上升的过程，最终实现高质量发展。从实践看，高质量发展考评秉承“请群众评判、让群众满意”理念，以群众满意为刚性要求和评判标尺，激励领导干部担当作为，把推动高质量发展走在前列、满足人民群众对美好生活的向往作为综合考核的价值追求不断提升高质量发展的质感和为人民群众带来的幸福感。

二、高质量发展考评的价值取向

发展为了谁？发展依靠谁？这是高质量发展的价值取向问题。高质量发展考核评价首先要坚持正确的价值取向，才能制定正确的考核评价标准。

1. 价值取向：体现以人民为中心的人民性。高质量发展是以人民为深厚根基的发展。人民性是马克思主义最鲜明的品格。在高质量发展新阶段，要深入贯彻以人民为中心的发展思想，把人民对美好生活的向往作为奋斗目标，并组织动员和依靠人民群众推动高质量发展，紧紧依靠人民创造历史伟业。高质量发展是从规模速度型转向质量效率型，从依靠资源投入转向创新驱动。这表明广大人民的创造能力和消费潜力在经济发展中的根基作用将越来越凸显，人民群众在经济建设实践中的意愿、经验、权利将得到更加充分的尊重。从供给端看，要激发全社会的活力，推动质量变革、效率变革、动力变革，提升产品和服务质量，需要人民群众改革创新实践来实现；从需求端看，要满足人民群众多样化、不断升级的需求，并以此引领和带动供给体系和结构的变化。高质量发展兼顾生态、社会、文化等各方面效益，使人民的生活越来越美好。高质量发展的人民性就在于将“以人民为中心”的根本原则转化为具体的生动实践，将发挥人民的主体性作为实现创新发展的根本动力，以实现人民的美好生活需要来推动人的全面发展。发展质量“高不高”，关键看人民日益增长的美好生活需要有没有得到满足。以人民至上为根本价值取向的高质量发展，就是要更加公平、更有效率、更为安全、更可持续，就是要实现好、维护好、发展好最广大人民的根本利益。①

2. 价值取向：体现驱动生产力发展的创新性。高质量发展是创新、协调、绿色、开放、共享的发展，其中创新发展是首位的，最根本的是以科技创新驱动生产力的发展。生产力是人们利用自然、改造自然、从自然界获取物质资料的

---

① 参见李敦瑞：《高质量发展也要坚持“人民至上”的根本价值取向》，上观新闻，2020 年 9 月 14 日。

能力，可以理解为“体力和智力的总和”。生产力的发展在经济发展中具有根本性的作用，搞活了生产力，也就抓住了经济社会发展的关键。从生产力的构成要素来看，主要是通过智能性要素的创新渗透到实体性要素中，主要是科学技术的创新、科学管理的创新和人力资本的创新。[①] 科学技术的创新是核心，让创新成为第一动力。在高质量发展的新阶段，我国的低成本优势正逐步弱化，亟须通过技术、品牌优势来提高要素生产率；大部分行业还处在中低端制造环节，附加值低，提高产业竞争力需要向产业链的中高端升级；消化过剩产能必须从依靠投资扩大规模转向依靠创新。解决这些问题，实现高质量发展，必须抓住科技创新这个“牛鼻子”，促进生产力的发展。科技创新具有几何效应，不仅可以直接转化为现实的生产力，而且可以通过生产力智能性要素的渗透放大各实体性要素的生产力。科学管理的创新是关键，人力资本的创新是支撑。产业转型升级提高了对劳动力素质的要求，中国正从“人口红利”向“人才红利”逐步转变。创新型人力资本具有社会稀缺的创新能力，促使一般性人力资本、专业性人力资本向创新型人力资本转化，是实现“创新驱动发展战略”的重要条件。高质量发展从本质上就是人才创新驱动发展，绩效评价的价值取向就是突出创新促进生产力的发展。

3. 价值取向：体现公平公正的公共性。[②] 马克思首次把公平正义的实现建立在科学的基础上，指明了社会不公的根源。公平是公正的外在表现，公正是公平的内在价值。高质量发展体现了更全面的价值取向。高质量发展的一个重要内涵，就是要求在经济社会发展中彰显“公平与正义”。高质量发展考评能否得到社会的普遍公认，能否得到广大群众的认可，最关键的是要在考评中体现公平公正的价值理念。公平公正是高质量发展考评的首要标准，也是考评体系建立的前提条件。考评中的公平性不仅要体现在考评的主体上，也

① 参见代贤萍：《论创新驱动发展中的生产力智能性要素创新》，《学理论》2016 年第 6 期。

② 参见卢佳妮：《我国政府绩效评估的价值取向和实践诉求》，南京航空航天大学 2011 年硕士学位论文，第 24 页。

要体现在考评指标、考评方式、考评结果上，只有在考评过程的每个环节上体现公平，考评才能真正实现公平公正的价值理念。公平是被考核对象主观的感受，只有被考核对象感觉自己受到了公平的对待，高质量发展才真正实现了考评的公平性。公平公正价值要求政府要更多地关注需要特别照顾的弱势群体的利益，关注是否社会每个成员都受到了公平的对待，关注人民群众是否都能有尊严、体面的生活。因此，在高质量发展的考评中，党委和政府在这些方面所提供的服务的质量成为体现公平公正价值取向的主要指标。只有党委和政府充分体现公平公正价值的时候，才能体现社会制度的合法性基础和优越性，公共精神才能得到发扬光大。通过考评中公平性的体现来引导政府和社会的价值取向，才能全面有效地促进高质量发展。

4. 价值取向：体现廉价高效的有限性。政府的有限性是指政府不是万能政府、全能政府，而是有限的。政府的有限是有所为有所不为，该管的坚决管好，不该管的坚决不予干预，政府权力是其提供服务的手段而不是目的，政府权力只能由提供服务的需要来确定，不能超出这个范围而无限扩大。高质量发展考评要坚持廉价高效的原则，突出高绩效、高效能、好效果。廉价就是政府花最少的钱办最好的事；高效就是以最小的投入获得最高的效率和效益。巴黎公社时期，马克思指出："公社实现了所有资产阶级革命都提出的廉价政府这一口号，因为它取消了两个最大的开支项目，即常备军和国家官吏。"①他认为廉价政府是消除官僚特权的政府、减轻人民负担的政府、人民自己的政府，其中深深地蕴含着廉价高效的价值。我们党在革命战争年代就提出"不拿群众一针一线""精兵简政"的政策，尽量减小人民的负担。新中国成立以来，我国进行了很多次行政体制改革，精简组织机构、转变政府职能、优化管理体制等，都是为建立一个高效、廉洁、廉价的政府而服务的。高质量发展必须以廉价高效的价值导向，牵引地方党委和政府把有限的优质资源精准有效地

① 《马克思恩格斯文集》第 3 卷，人民出版社 2009 年版，第 157 页。

用在推动和服务高质量发展的实践中，在经济调控、市场监管、社会管理和公共服务方面，该政府管的管住管好，该放给市场的交给市场，该社会治理的由社会治理，该归还群众的归还群众，充分运用绩效考核评价这个“指挥棒”“风向标”作用，力求从源头上解决发展不计成本、不讲质效的“顽症”。要正确处理政府与市场的关系，让有形的手和市场这只无形的手各司其职，共同谋求高质量发展。只有建设高绩效政府，才能保证其在运行的过程中以较低的成本实现高质量的发展目标，制定出高质量发展的好政策，并有效地执行这些政策，最大限度地满足社会各个阶层的利益需要。廉价高效的价值取向对高绩效政府现代治理能力提出了新的更高要求，要具有良好管理能力、社会治理能力、执行能力和自我监督能力，为高质量发展行稳致远保驾护航。

5. 价值取向：体现责任诚信的公权性。高质量发展考评是增强政府责任意识、完善政府责任机制的重要手段。责任诚信的价值理念是高质量发展考评的重要追求，是考评顺利展开的思想指导。责任价值一方面帮助政府践行以人民为中心的发展思想，增强为人民服务意识，另一方面增进党委和政府与人民群众之间的良好沟通和信任。高质量发展考评的责任价值是在高质量发展中必须遵循的公共价值，不仅给人民群众提供高质量的公共产品和公共服务，而且要使人民群众具有评价党委和政府提供的这些公共产品和公共服务的权利和路径。只有这样才能促进党委和政府提高工作绩效，增强服务意识，赢得人民群众的信任。考评是人民群众与党委和政府之间形成的具有“公约”性质的政府行为约束标准体系，人民群众通过考评来监督和约束政府，确保政府对人民群众负起相应的责任。只有责任诚信的考评目的与目标，才能科学完善定义服务的产出与结果，以及这些产出和结果的质量水准。考评要提高公众参与程度，使人民群众更直观地了解党委和政府在推动和服务高质量发展的运行情况，更积极主动地参与到高质量发展实践之中，实现人民群众与党委和政府之间的相互交流、互动。同时，民主法治是考评过程中建设法治政府的题中应有之义和内在必然要求，是现代法治政府的基本构成要素。考评的立法，是考评法治化的首要环节，是整个考评的重要保障。

三、高质量发展考评的价值标准

从政府绩效评估的角度研究高质量发展考核评价，是新发展阶段亟待研究探讨的重要课题。价值标准决定绩效评价标准。随着绩效观念对效率观念的逐步替代，单纯的效率测量已不能体现高质量发展绩效的多元目标的价值标准，提高绩效评价的质量，首先要建立一套体现新发展理念、考评目标多元的价值取向和价值标准，以取代传统的、单一的"效率取向"标准。从国内近年来高质量发展考评价值标准和价值取向研究成果看，主要有以下几个方面值得学习研究思考。

一是用好高质量发展考评"指挥棒"。"标准决定质量，有什么样的标准就有什么样的质量。"加快创建高质量发展的指标体系、政策体系、标准体系、统计体系、绩效评价和政绩考核办法，这六个方面构成了一套完整的链条：指标体系明确高质量发展的方向和目标，政策体系支撑高质量发展稳步推进，标准体系引领和规范各类主体行为，统计体系及时准确反映高质量发展进展情况，绩效评价和政绩考核形成有效激励约束。有了这个考核评价体系，可以将高质量发展质的规定性量化为具体的指标，使高质量发展的理念从无形变为有形，从而促进新决策导向和新政绩导向的转变，引导各方面把工作重点更多放在推动高质量发展上。

二是坚持质量高、效率优先的价值标准。杨伟民认为，中国经济发展要坚持质量高、效率优先的原则，不再以 GDP 论英雄，不过于在意短期经济增长速度的起伏。① 从宏观指标看，是增长、就业、价格、国际收支等比较均衡；从供给体系看，是产业体系、现代化、生产方式、平台化、网络化、智能化、创新力、品牌力、影响力、核心的竞争力比较强；从经济结构看，是农民、工业、服务业以及

① 参见杨伟民：《高质量发展要坚持质量高、效率优先的原则》，人民网，2018 年 3 月 24 日。

实体经济与金融、实体经济与房地产等的比例协调;从空间布局看,是实现人口、经济、资源环境的空间均衡。从“规模速度至上”全面转向“质量效益优先”。衡量综合质量效益提升的指标将会被放在更加重要的位置,诸如人均国内生产总值、全员劳动生产率、营商便利度、宏观杠杆率等指标的权重将会显著提升。效益优先是经济高质量发展指挥棒的“第一铁律”。

三是转向以价值链为核心的新产业政策。[①] 中国人民大学经济学院教授贾根良认为,过去以产业为核心的传统产业政策将逐步转向以价值链为核心的新产业政策,新产业政策扶植和支持的对象应集中在产业价值链的高端。而掌握和广泛推广自主核心技术是新产业政策成功的关键。社会政策方面,要坚持就业优先战略,加强再分配调节,建立基本公共服务清单动态调整机制和政府投入机制。要抓紧研究修订战略性新兴产业、“三新”经济、节能环保产业等统计分类标准,进一步提高统计数据质量,全面准确反映高质量发展情况。

四是考评体现效率与公平并重。效率是指单纯的投入和产出之比,但高质量发展的政府行政以提供公共服务为主旨,政府所提供的公共服务只有满足了社会、企业和公众的需要,其价值才能得以实现。公平是指将运用社会稀缺资源所获得的成果公平地分配给全体社会成员,所以是政府必须追求的价值。同时,公平还是高质量发展的应有含义,共享发展是中国特色社会主义的本质要求。评价高质量发展只有体现公平的价值理念,才能做到发展成果由人民共享,使全体人民在共建共享发展中有更多获得感,增强发展动力。失去了公平的效率是没有意义的,提高效率有利于加快高质量发展,能够更好地解决做大“蛋糕”的问题,坚持公平的价值理念有利于实现合理分好“蛋糕”的问题,这两者相辅相成、缺一不可。

五是考评体现效益与民主兼顾。追求效率、效益是政府绩效管理的核心,

---

① 参见《高质量发展指挥棒:标准怎么设? 干部怎么考? 行政运行逻辑怎么变?》,《瞭望》2019 年第 2 期。

高效的政府意味着运作更好、耗费更少。高质量发展是更有质量、更有效率、更有效益、更可持续、更加安全的发展。但追求效率、效益并不意味着高质量发展考评应采取唯效率主义。高质量发展考评要有主观感受,要有群众的满意度。群众满意是高质量发展的价值追求。因此,考评要将效率与民主相结合,及时听取民众的意见,接受民众的监督,加强政府的透明度,缩短政府与公众之间的距离,使公众的意志和利益能及时体现在政府的公共行政中。

六是考评体现经济增长和社会发展同步。① 高质量发展不仅包括经济增长,还包括就业、教育、科技、环保、文化、卫生、社会保障和社会公正等内容。经济增长强调经济量的扩大和物质资本的积累,社会发展强调以人为本和公众的精神满足程度,两个标准是互相融合的,贯彻效率价值可以促经济增长,加快社会发展的进程;提倡公平和民主价值可以全方位调动公众参加经济建设的积极性,也可以有效促进社会发展。

七是统筹好发展与安全两件大事。党的十九届五中全会首次把统筹发展和安全纳入"十四五"时期我国经济社会发展的指导思想,突出了国家安全在党和国家工作大局中的重要地位。没有国家安全和社会稳定,一切发展都无从谈起。发展是我们党执政兴国的第一要务,国家安全是安邦定国的重要基石。"安全和发展是一体之两翼、驱动之双轮。"高质量发展和安全相辅相成,辩证统一。统筹好发展和安全这两件大事,关系到实现中华民族伟大复兴中国梦这一宏伟目标。安全是发展的前提,任何一个领域出现安全隐患,都有可能损害群众切身利益,甚至影响到国家根本利益。发展是安全的保障,在新时代的伟大征程上,破解突出矛盾和问题,防范化解各类风险隐患,归根到底要靠发展。

八是高质量党建就是看得见的生产力。把准高质量发展"方向盘"。推动高质量发展,任何时候都不能偏离正确的方向。强调高质量党建对高质量

① 参见张小峰、刘显睿:《高效能政府绩效评估体系》,复旦大学出版社 2020 年版,第 97、98 页。

发展的引领作用，正是为了确保发展方向不跑偏。锚定高质量发展，离不开营商环境的优化、政商关系的“亲”“清”，更离不开更加清朗的政治生态的养成。构建“亲”“清”新型政商关系，不仅是营造良好政治生态的迫切需要，也是以党的建设高质量推动经济发展高质量的现实需要。政商关系“亲”，领导干部就能主动为企业提供服务、雪中送炭，企业投资创业热情就足；政商关系“清”，领导干部与企业主就会划清公私界限，不“勾肩搭背”，企业便可一心一意谋发展。

第三节　考评的价值评判与价值实现

高质量发展考评的价值实现机制是对考评绩效评价价值实现的内在机理、内在联系和运动规律等问题的研究。高质量发展需构建高质量发展的评判体系，需要研究高质量发展的价值实现机制。评判体系旨在对经济是否遵循高质量发展作出监督和评价。现阶段，关于评判体系构建的研究还较少，此外由于不同学者研究的角度以及分析的层次不同，因此，当前评判体系的标准不统一，仍有很长的路要走。根据我国高质量发展绩效评价文献综述，研究高质量发展的价值评判和价值实现机理。

一、高质量发展考评的价值评判体系

高质量发展考核评价是价值取向维度下的价值标准和价值实现的评判结果。根据现有研究文献进行梳理，结合高质量发展考评的特点，在学习借鉴我国相关专家学者研究成果的基础上，①从三个方面研究高质量发展考评的价值评判体系。

一是多层次的指标体系与政策体系。高质量发展的价值取向是多元的，

① 参见许思雨、薛鹏：《中国经济高质量发展的内涵与评判：一个文献综述》，《商业经济》2019 年第 5 期。

指标体系以建立多层次的目标,以多维度价值标准引导高质量发展。基于社会矛盾转变与新发展理念的角度对指标进行研究,明晰其总体目标是满足人民日益增长的美好生活需要,具体内容要体现创新、协调、绿色、开放、共享的新发展理念。基于新常态角度进行研究。过去的指标体系重视经济增长速度、经济总量以及财务指标;新发展阶段,要增加反映产业、行业、区域性结构协调的指标,增加质量效益指标和新动能指标。高质量发展要统筹各项政策,实现政策协同。宏观层面上政策体系的建设主要在于财政政策、货币政策、人才政策和金融政策。要在重视财政政策、货币政策、金融政策等数量型政策的作用之外,更重视人才政策、技术创新政策等质量型政策。中观层面上要完善产业政策、区域政策,以创新推动产业升级、以政策带动区域差距缩小。在微观政策上重视对企业产品质量的监管,提升企业竞争力,同时更注重民生。

二是全面协调可持续的价值标准体系与统计体系。有的学者提出按照横向纵向分类或按照宏中微观分类。从纵向看,形成涵盖企业标准、地方标准、行业标准、国家标准和国际标准的多层次标准体系。从横向看,要全面涵盖技术标准、管理标准和工作标准三大类。从中观看,高质量发展的标准体系是产业优化升级的产业体系和区域差距缩小的区域体系;从微观看,表现为产品和服务的质量系统化和品牌系统化。高质量发展的统计体系以指标体系为基础,新时代经济发展指标要集中体现经济发展质量、效益和动力变革。同时应重视民生加强“人”的统计,比如就业、失业、居民消费行为等反映社会效益的方面。同时具体指标的数据的收集及分析要利用大数据、云计算和互联网等新兴技术,从而提升统计数据的准确性和及时性,提高统计效率。

三是指标明确的考核评判体系与公平高效。高质量发展考核的评判体系在于公正地评价发展取得的成效,应以指标体系和统计体系为基础。有的学者在顶层设计上进行了划分,认为要优化包括考评目标、范围、指标、主体以及结果等在内的高质量发展考评流程,有效地从多方面为制定具体的考评体系提供指导。也有学者认为应重视经济增长速度、经济结构、创新成果和质量经济可持续性四个细化的方向。高质量发展考评体系主要是制定衡量政府工作人员在促进高质量发展过程中表现的指标，并进行省际之间的对比。政绩考核体系是评判体系建设的最后一步，前提是将指标标准统计体系实施到位，最后对政府行为进行监督、评价以促进政府之间的良性竞争和高质量发展的实现。这就要求政府抛弃以往的经济增长速度、总量观念，摒除唯 GDP 论，坚持质量第一、效益优先的原则发展经济，经济的显性和潜在性都应得到充分重视和体现。

总之，目前我国学界对于高质量发展内涵研究的文献较多，且较为完整。但是对于评判体系的研究，不论是理论方面还是实证研究方面都相对匮乏，而且学术界目前的理论研究不多，所提出的体系标准不统一，标准的可实施性尚未得到保证，当前只能为后续的理论或实证研究提供参考。一些学者对相关指标进行了实证性研究，但总体上指标不统一，侧重点不同。因此，对评判体系的构建需要进行深层次的研究，通过理论分析与实证性的研究为指标体系的确立奠定基础，理论性研究为实证研究及标准制定提供理论建议，为丰富和完善高质量发展评价体系提供理论和实践支撑。

二、高质量发展考评的价值载体分析

高质量发展考评的价值载体是承载考评的价值理念的具体行政行为、行政活动等，它是价值理念最终落实的保证。从地方党委和政府角度看，它为推动和服务地方高质量发展所制定的政策措施和为经济社会发展提供公共物品和公共服务，蕴含着考评的价值理念，在这些政策或物品供给的同时，也向社会供给着价值理念。因此，党委和政府供给公共物品的一系列政策和行为就是价值的供给载体。从党委和考评活动本身看，高质量发展考核评价的组织实施，即由谁来组织实施评价活动，是整个高质量发展考核评价的核心，不同的组织模式反映出了不同的价值追求，因此，组织是高质量发展考核评价的价值载体。

（一）高质量发展考核评价的价值供给载体

高质量发展考评的价值供给载体，是地方党委和政府为高质量发展供给的蕴含有各种价值理念的公共物品和服务，它包括两个层面内容：一方面，地方党委和政府基于高质量发展价值的战略定位，选定高质量发展目标要求、政府职能、工作领域、组成部门以及具体行政行为；另一方面，基于党委和政府职能、工作领域、组成部门与具体行政行为制定的高质量发展考评指标体系。前者是管方向和目标，是后者的基础，后者是前者在考核评价中的操作化体现。

高质量发展考评的价值供给传递。党委和政府的职能定位、工作领域、组成部门和具体行政行为四者的价值供给传递，是从宏观到微观、从抽象到具体的实践。工作领域是党委和政府职能的分解，党委和政府职能层面所确定的价值理念，细化分解到不同的工作领域。组成部门所承担的工作又是党委和政府工作领域的再分解、再细化，同时各个工作领域所承载的价值理念也进一步融入其涵盖的不同组成部门的工作职能中。组成部门通过制定可操作化的政策、直接或间接地为高质量发展提供社会供给公共物品和服务、为公民办理具体事务等具体的行政行为，履行部门的法定职责，完成价值理念的供给。反过来，通过党委和政府组成部门具体的行政行为可综合归纳得出该部门的工作职责和承载的价值理念。对部门的工作职责和其承载的价值理念综合归纳，又可以得到工作领域的工作职责和承载的价值理念。以此类推，还可以得到政府向社会供给的价值理念。两个过程遵循着“解构—分析—综合”的思考逻辑，可理清高质量考评价值理念的承载传递过程。[①] 从江苏省对设区市高质量发展综合考核看，省委组织部、省发改委、省统计局是为制定和实施地方高质量发展考核评价指标和政策的主要组成部门，由于考评指标涉及方方面面，对地方考核评价涉及省直机关主管部门的考评认定。如重大项目、新兴

---

① 参见周云飞：《中国地方政府绩效评价的价值体系研究——以县级政府为例》，兰州大学2011年博士学位论文，第55页。

产业、环境治理、科技创新、人民生活、文明指数等60多个指标等，其数据来源和初步评估都要经过江苏省发改委、工业和信息化厅、科技厅、教育厅、生态环境保护厅、宣传部等几十个部门管理和验证，从上到下形成高质量发展考评价值理念的承载传递过程。如图2-1所示。

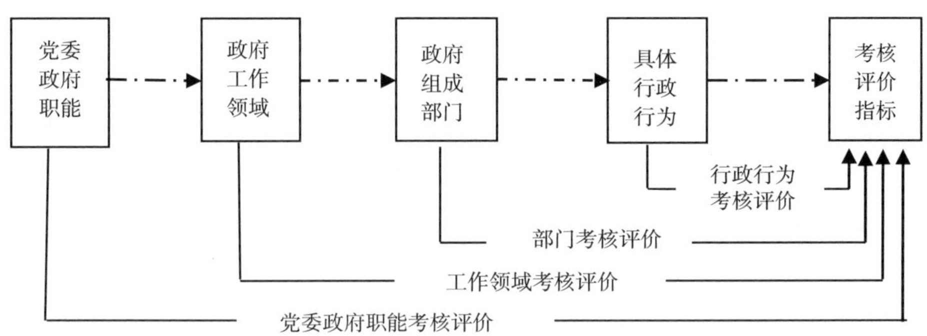

图2-1　高质量发展考评价值供给传递链条

在图2-1中，直接根据党委工作部门和政府工作部门职能设计评价指标而开展绩效评价，称为党委和政府职能考核评价；直接根据政府工作领域设计考核评价指标，并开展考核评价则称为工作领域绩效评价。直接根据政府组成部门考核评价，则称为部门绩效评价和行政行为绩效评价。从党委政府职能—政府工作领域—政府组成部门—具体行政行为，前三者可以跳过"分解—综合"的传递链条，直接由党委政府职能到评价指标，但实际上不管是进行党委政府职能考核评价还是具体行政行为绩效评价，都必然要把工作分解到微观，能够设计出内涵具体、对象明确的评价指标，也就是从左到右沿虚线传递。因此"分解—综合"的链条是高质量发展考核评价价值从宏观抽象层面到微观具体层面的纽带。

高质量发展考评的价值供给过程。高质量发展的根本目的是实现创新发展、协调发展、绿色发展、开放发展和共享发展，体现新发展理念的价值追求，满足人民群众对美好生活的向往。这是各级地方党委和政府制定和实施高质量发展政策措施的价值准则和根本遵循。党和国家确定的新发展理念和高质量发展的大政方针,成为地方发展的公共价值,需要各级地方党委和政府贯彻落实,地方在新发展理念的指导下,结合地方的实际情况进行再分解、细化和可操作化。新发展理念是党和国家向地方输入的价值理念,地方党委政府职能、工作领域的工作、政府组成部门及其具体行政行为等都承载着这些价值理念,并进行设计不同层面的考评指标和制定考评标准,从而反映出其承载的价值的供给水平实现程度。简单地讲,就是高质量发展考核评价的价值理念输入,党委和政府考核评价价值供给载体的承载传递,输出党委和政府考核评价的价值供给水平。如图 2-2 所示。

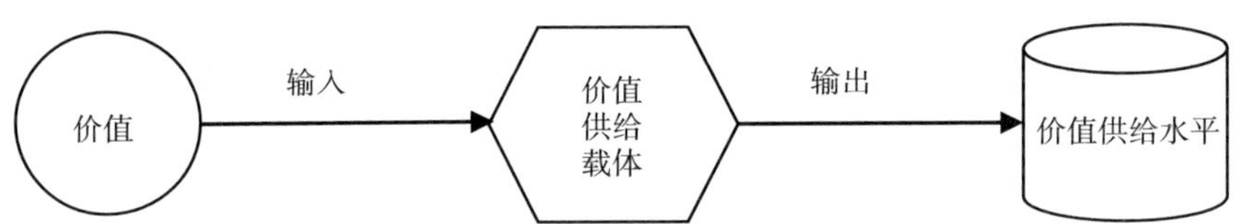

图 2-2　高质量发展考评的价值供给过程

(二)高质量发展考评价值的组织模式载体

高质量发展考核评价组织可以从动态和静态两个方面理解。从静态看,指高质量发展考核评价的组织实施机构;从动态看,指实施高质量发展考核评价的过程以及对各个环节进行规范的规则。高质量发展考核评价的组织模式应当是考核评价中的组织权力归属不同而形成的实施考核评价可供"模仿"或比较的一个标准或范例。从组织实施考核评价的权力归属角度看,组织权力可以属于党委和政府内部机构,也可以属于独立于党委和政府之外的学术研究机构。根据组织权力的不同可把考核评价模式分为不同的类型,不同的组织模式代表着开展考核评价的一种标准或范例,也可供其他绩效评价借鉴。

第一,高质量发展考评组织模式的划分依据。主要是评价主体、评价管理者、评价组织者和被评价者。评价管理者,就是地方组织内部成立的高质量发展考评领导小组或委员会，负责对考评活动宏观管理，拥有评价管理权。评价组织者是组织实施评价的机构，主要负责组织评价过程和对评价信息科学处理并获得最终评价结果，拥有评价组织权。评价主体在组织机构的组织协调下对绩效作出判断，拥有具体评价权；评价组织者负责评价活动策划、执行以及指导评价主体作出评价等。评价管理者主要负责监督评价过程和为评价活动提供相关必要的服务，起着保障的作用。

第二，组织权一维视角下的考核绩效评价组织模式类型。① 组织实施高质量发展考核评价的机构，既可以是组织的内部机构，即体制内部机构，也可以是独立于组织外部的机构，即体制外部机构。评价组织权既可以属于党委、政府内部的某一职能部门或专门的评价机构，也可以属于党委和政府外部专业性评价机构。体制内部评价模式是指由党委和政府及其部门组织实施的评价，一般包括第一方评价和第二方评价。第一方评价是指党委和政府部门组织的自我评价；第二方评价是指组织系统内，上级组织对下级的评价，通常由代表上级的考核办或评价办组织实施。体制外部评价也称为第三方评价，是指由独立于党委和政府及其部门之外的机构组织实施的评价，一般由独立第三方评价和委托第三方评价。独立第三方评价是指体制外部机构自己负责组织实施的评价；委托第三方评价是指体制外部机构受政府或其部门委托开展的评价。目前我国相关省份高质量发展考核评价的模式是多种多样的，关于评价的主体和评价的组织者以及方式方法不尽相同，从一维组织评价总体上可以分为以下几个方面。如图 2-3 所示。

组织权一维视角下的高质量发展考核评价组织模式可以把各种实践形式归类，提炼出承载的价值理念。每一种评价实践形式的价值理念主要从评价的组织者、评价者、评价目的、评价内容、主要特点等提炼概括出来。考核评价的目的集中反映了价值理念，但两者并不是完全一致的。目的是一种价值，但

① 参见周云飞：《中国地方政府绩效评价的价值体系研究——以县级政府为例》，兰州大学 2011 年博士学位论文，第 67 页。

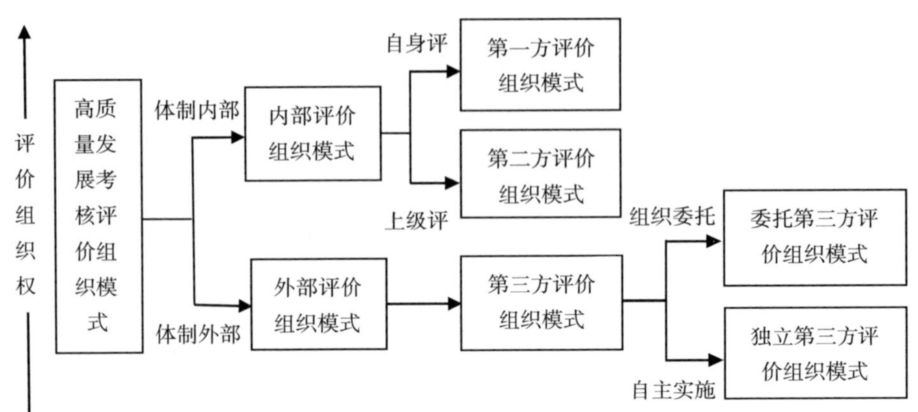

图 2-3　组织权一维视角下的高质量发展考核评价组织模式

是价值理念不仅仅是目的,因为价值具有目的性,也具有无目的性,具有娱乐性,具有抽象性。正因为如此,价值是多元的,目的是唯一的。把目的当作价值是不全面的,价值可能不是目的。价值是对目的判断,符合目的的是有价值的,但是目的是对价值的限制,只有符合自己需要的价值才符合目的。这样目的是对价值的剪裁,价值是目的的基础。任何目的已经包含着价值,但是任何目的都是对别的价值的抛弃。因此,高质量发展考核评价的价值理念是蕴含在评价组织者、评价者、管理者以及评价目的、评价过程等要素中的,是一个综合的体现。

第三,组织权与评价权相结合二维下的考核评价组织模型类型及价值。依据"解构—分析—综合"的思维逻辑,组织权一维视角下的考核评价组织模式分类未能满足需求时,需要加入新的维度,使得各类考核评价组织模式的分类更加全面和直观。现在一些省份在高质量发展评价中,引入了一些公众评价指标,有的被称为"主观感受"等指标,这些评价指标落实到具体的实际工作中,就形成了高质量发展考评的基础模型。高质量发展考核评价的具体评价者可以简单地分为顾客和专家。顾客又可以进一步分解为两个组成部分,顾客和准顾客,人大代表、政协委员、居民代表等可参加高质量发展考评,准顾客是体制内部存在的上下级之间以及平级之间相互提供服务和进行评价的评价主体。专家则成为独立于顾客之外的一个相对独立的评价主体。这三类评价主体与两类组织机构相互组合,可以得到六种不同的形式,即六种不同的组织基础模型。① 如图 2-4 所示。

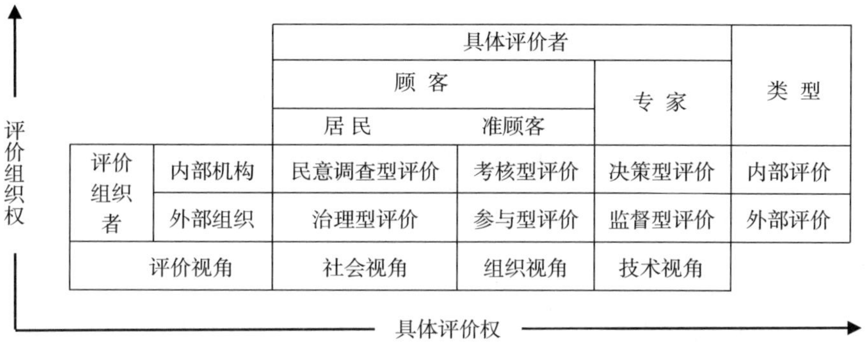

评价组织权

		具体评价者			类型
		顾客		专家	
		居民	准顾客		
评价组织者	内部机构	民意调查型评价	考核型评价	决策型评价	内部评价
	外部组织	治理型评价	参与型评价	监督型评价	外部评价
评价视角		社会视角	组织视角	技术视角	

具体评价权

图 2-4　组织权与评价权结合的高质量发展考核评价组织基础模型

第二维具体评价权有六个方面。一是民意调查型评价,以居民为主要评价者,其核心的功能是对居民所感知到的高质量发展的大体状况作出大致的理解与判断。由于居民不能掌握政府部门的所有信息,只能通过主观感知来作出评价,而不可能通过更详细的信息收集来完成评估选择。比如江苏省的满意度评价,社会公众满意度采取调查问卷的方式进行,将收集的问题及建议,以适当方式向考核对象反馈,作为提升工作水平、改进工作作风的重要参考;其他满意度采取评价表的方式进行,分别赋予一定分值。二是治理型评价是由独立或委托的第三方负责组织高质量发展评价的过程,其体现的基本价值是居民与党委和政府之间的合作沟通,突出效益、参与、公平等。在实践中,治理型评价主要采用问卷调查、入户访谈、网络投票等方式进行。三是考核型评价是由党委和政府组织的,是机关内部上级对下级、平级部门之间所进行的

① 参见周云飞:《中国地方政府绩效评价的价值体系研究——以县级政府为例》,兰州大学 2011 年博士学位论文,第 71 页。

各种绩效评价。考核型评价模型的基本价值为:促进部门间的竞争,提升工作效率和工作作风,从而创新服务方式,提升服务质量,更好地服务高质量发展。譬如,江苏省机关单位服务高质量发展考核,由江苏省编制办牵头组织每年考核,以单位承担的工作任务为基本考核单元,构建“绩以事考”的评价体系,有力地激发了机关各单位服务高质量发展的积极性和创造性。四是参与型评价是由第三方组织对高质量发展效率进行的绩效评价,是一种咨询、顾问、培训式评价,是吸收智库专家的力量为地方党委和政府解决发展中的问题提供智力支持。参与型评价模型的基本价值是促进管理流程重塑、输入现代行政价值,吸收专家参与评价发展绩效,为党委和政府工作提出改进的建议与意见。五是决策型评价,一般是党委和政府组织的,由外部专家所组成的,对发展绩效的评价。其核心功能是对具有专业领域问题的决策提出决策咨询的意见和建议。譬如,江苏省在制定高质量发展考核指标之前,专题召开指标设置评估论证会,广泛听取专家的意见和建议。六是监督型评价,通常是由第三方组织的,评价主体由体制之外的专家构成,评价目的是从专家的专业角度来审视施政行为,以此起到社会监督和反馈的作用。它只适用对具体项目、政策等的评价,如核电站建设过程、环境治理过程等。监督型评价主要功能是监督,追求效率、效益、公平、参与、回应等价值。

从组织权和评价权两个维度分析高质量发展考核评价的组织模式及其承载的价值,与从组织权单一角度的分析是相互联系的。二维视角下的六种组织模型抽象程度更高,体现的价值更具体,但与客观实体的真实情况存在差距。实践中开展的高质量发展考核评价往往涉及多个评价基础模型,是几种基础模型的组合。譬如,江苏省机关单位服务高质量发展的考核评价,运用了民意调查型、考核型、决策型、监督型等多种组合的评价模型。在实践中采用从组织权一维视角的分析,还是从组织权与评价权二维视角的分析,要根据实际的需求选择确定。

三、高质量发展考评的价值实现机制

价值实现机制是对高质量发展考核评价价值实现的内在机理、内在联系和运动规律等问题的研究。高质量发展考核评价的价值理念通过价值载体的承载，遵循什么内在机理和运动规律最终转化为现实，是决定价值理念内化为日常工作和行为方式的关键，是高质量发展考核评价价值体系的重要内容。高质量发展考评的价值实现机制的基本要素是动力、目标和过程。高质量发展考评的价值实现目标、价值实现过程和价值实现动力在实际的工作中不是独立的内容，而是分别蕴含在绩效评价的目标或目的以及评价过程、开展绩效评价的动力中，并伴随着考核评价活动的开展而发挥作用。

高质量发展考评的目标是地方政府在一定时间周期内所取得的发展的最终结果，是激励地方又快又好发展的引擎。高绩效组织的基本原则之一就是任务清楚、明确规定结果目标。高质量发展考评的价值目标通常蕴含在考核评价活动的目标和目的的表达中，甚至没有明确表达出来，只是体现在评价内容与指标体系上，其价值目的就是要实现创新发展、协调发展、绿色发展、开放发展和共享发展。实现价值目标各地需要制定相关的制度措施，形成考核评价全过程监督反馈的机制，保证预期价值目标的实现。

高质量发展考评的价值实现过程，是价值理念经由价值载体得以实现所经过的环节。价值实现的过程与高质量发展考核评价的过程是重叠的。在考核评价的每一个阶段都反映着和实现着一定的价值。高质量发展考核评价的过程在各地没有一个统一的规定，各有不同的评价步骤和要求。从总体上看，一般考评分为前期准备阶段，包括确定考核评价项目、考评方案、评价指标等，明确评估什么、参照什么标准、运用什么方法等；评价实施阶段是按照评估指标体系和评估标准、实地采访、调查问卷、现场测评、全面收集有关信息、整理加工处理信息、全面综合研判，得出评价结论，有的地方根据考评结果划分绩效评价的等次；结果运用阶段是对考核评价结果进行反馈、兑现奖优罚劣，实行正向激励和反向鞭策。考评并不是单一的行为过程，而是由考评目标体系设计、考评标准设计、绩效考核、绩效评估结果反馈等所组成的行为系统。

高质量发展考评的价值实现动力。唯物辩证法认为，事物的发展是内因和外因共同起作用的结果。内因是事物变化发展的根据，外因是事物变化发展的条件，外因通过内因而起作用。高质量发展考评发展的动力也可以据此分为内部动力和外部动力。内部动力主要是改进和提高地方党委和政府高质量发展的政策措施，提高发展的质量和效益，提高领导者政绩的需求。外部动力主要是公众对开展高质量发展考评的需求、外在的示范效应及中央政府的重视。高质量发展考评的价值就是通过内部动力与外部动力共同作用下开展考评活动，且最终得以实现。内生动力是高质量发展考评价值理念实现的源头活水，有了动力，价值理念就有实现的可能，再经过制度规则约束下的考评过程，价值就能实现。动力和过程的协调配合，才能保证价值目标实现。

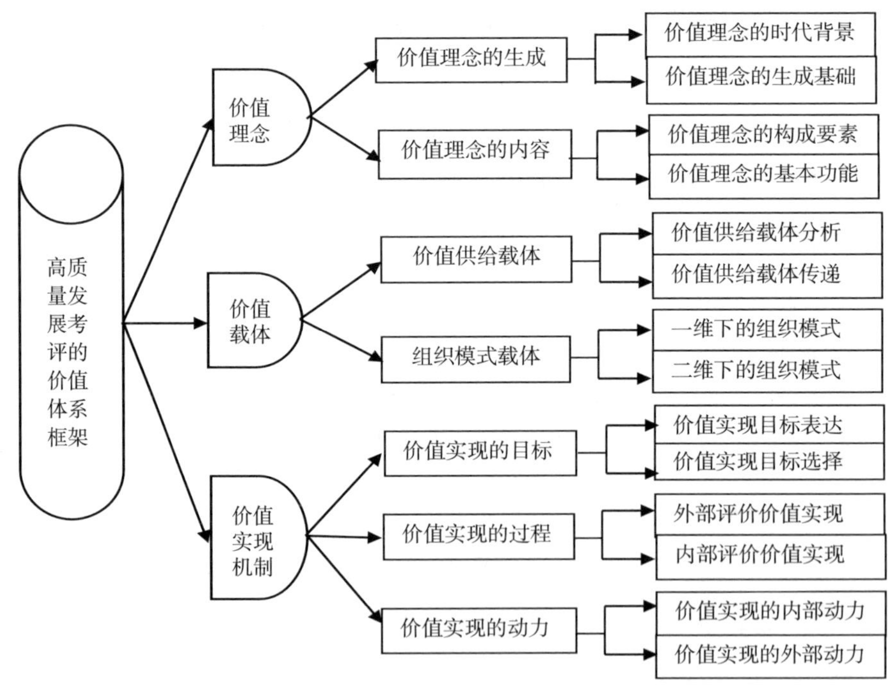

图 2-5　高质量发展考评价值体系框架图

综上所述,高质量发展考评的价值体系框架,应当是由价值理念、价值载体和价值实现机制等三个层面构成。价值理念是灵魂,管方向、管目标,起根本性作用;价值载体承载考评的价值理念的具体行政行为和行政活动,把价值生动地表现出来;价值实现机制是考评活动中采用一定的方式和形式体现价值理念,它是价值理念通过价值载体的承载,最终转化为现实的手段与机制,主要包括考评目标、过程与动力等。高质量发展考评的价值体系框架,如图 2-5 所示。本图的设计主要参考了兰州大学周云飞的博士学位论文《中国地方政府绩效评价的价值体系研究——以县级政府为例》,并在此基础上结合高质量发展的特点,进一步阐述了高质量发展考评价值体系框架结构和要素构成以及价值体系的作用机理。在这个价值体系的架构中,价值理念要解决价值指导和融入绩效评价的实践活动问题,涉及价值理念的生成和价值理念的内容问题;价值载体需要解决的问题是如何在价值载体供给和组织模式载体过程中体现价值行为目标追求;价值实现机制需要解决的问题是价值实现的目标、过程与动力,这是一个相互联系、相互作用的有机整体。

随着高质量发展考评主体的变化,带来了理论新发展和现实新需求,在价值取向、价值标准、价值结构、价值评估等方面形成了新认知。高质量发展考评的价值体系由价值理念、价值载体和价值实现机制三个层次构成。本章系统阐释了政府绩效评价价值理念的演进与启示、高质量发展考评的价值取向与价值标准、价值判断与价值实现的基本内涵与内在逻辑。一是政府绩效评价价值理念的演进与启示:政府绩效评价价值理念的变迁与考评理念的拓展、政府绩效评价价值理念的构成要素与考评价值理念的提升、政府绩效评价价值理念的功能与考评价值理念的深化。二是考评的价值取向与价值标准:高质量发展考评的价值意蕴、高质量发展考评的价值取向、高质量发展考评的价值标准。三是考评的价值评判与价值实现:高质量发展考评的价值评判体系、高质量发展考评的价值载体分析、高质量发展考评的价值实现机制。价值评价是高质量发展考核评价的灵魂,价值取向是考核评价的基本理念和评判标准,其作用在于确定应采用什么样的观念对高质量发展进行考核评价。

第三章　高质量发展考评功能

政府绩效管理是公共管理及变革的核心工具，政府考评功能国内外有关绩效管理文献皆有明确阐述，而高质量发展考评功能则是一个新的概念，从现有相关文献搜集中尚未查到这方面的专题论述。建设高质量发展考评功能体系，作为一种服务高质量发展的新观念、新的管理工具，将为地方党委和政府科学执政带来新的变化，为政府职能转变、提高发展质量效益带来新的突破，把高质量发展成果普惠于民，为社会公众带来新的激励。因此，从高质量发展考评的功能界定、功能设置和功能创新等三个维度，系统研究高质量发展考评体系建设，具有十分重要的现实意义。

第一节　考评功能的特征与效应

高质量发展考评功能的概念和基本含义是什么，它有哪些基本特征和实践效应，现有的功能发挥还有哪些问题和不足，是值得重视和研究探讨的几个重点环节，也是构建高质量发展考评功能体系的基础。

一、高质量发展考评功能的主要含义

考评功能的概念。事物的功能，表明的是事物的功用和效用，或者说功效

和能量。它是一事物自身存在的效用，一事物对它事物的影响力，一事物与它事物之间内在联系的实践显现。考评就字义讲是考核和评定。具体来讲，就是围绕既定目标，选用特定的考评尺度，运用系统的方法、原理来评定和测量个人在职务上的工作行为和工作效果，并运用评估结果对工作行为和工作业绩产生正面引导的过程和方法。考评的功能，从本体上看，其自身存在就是事物本身必不可少的组成部分，指的是其功能性的作用；从作用主体上看，是指考评本身对其考评对象在一定范围内产生的精神意识和行为实践上影响，这种影响的大小与客体的认知水平和能力有一定相关性；从内在联系上看，考评只是事物本身的一部分或者一个环节，其具体实施方式方法甚至结果运用都会向与其有联系的其他部分和环节进行传导，使本不应有其直接产生的效用通过这一行为显现。总的来讲，考评的功能是指事物通过考评的方式，对与其作用和联系的对象所施加的功效和能量。

高质量发展考评功能要义。高质量发展考评功能是在高质量发展进入新阶段大背景下，理论探索上的新成果。即通过高质量发展考评目标原则、指标体系、手段方式等要素设定主动干预和引导，对高质量发展考评在推动高质量发展，凝聚广大干部干事创业力量，实现治理能力和治理体系现代化实践过程中所产生的功用和效能进行的综合揭示。考评是指通过量化指标和评价标准，采取一定的评价方法，对高质量发展目标的完成度和为实现这一目标所进行的项目措施成果所进行的一种科学的综合性评价。高质量发展下的考评就是对其完成程度及投入与效益进行的结果分析，追求这一效益意味着要在一定程度上淡化对经济增长速度和数量的追求，而重视质量与效益的提升，更加重视经济建设与社会建设、生态建设的协同发展。① 基于对高质量发展的新趋势新要求，建立高质量发展评价指标要实行总量指标和人均指标相结合、效率指标和可持续发展指标相结合、经济高质量发展指标与社会高质量发展指

① 参见任保平、李禹墨：《新时代我国高质量发展评判体系的构建及其转型路径》，《陕西师范大学学报》（哲学社会科学版）2018 年第 3 期。

标相结合，充分体现经济发展活力，注重经济结构和效率的指标，提高要素生产率，增加经济活跃程度的指标，主要包括创业和投资；充分体现创新驱动能力，创新不仅要看 R&D 投入、专利产出，还要看对经济的带动作用，增加衡量新经济的发展指标，体现产品质量和竞争力的指标；充分体现人民生活共享，提高生产质量和幸福感的指标，如就业、人均可支配收入、人均公共产品的拥有量、社会消费总额水平、人均寿命、出生率等直接反映人民生活水平和公共服务的指标，还有环境质量等方面的指标，体现了人民群众的生活环境。高质量发展的这些新变化、新取向，为考评功能的配套和完善提出了新的更高要求。从考评的功能上研究高质量发展，既是一个新的思路，也是一项新的探索。关键是要把高质量发展的深刻内涵、内在要求、价值取向、作用机理搞清楚、弄明白，明晰高质量发展考评管理功能的构成要件和运行原理。高质量发展考评功能是高质量发展考评本身所具有的属性和效果，是高质量发展考评本质的外在集中表露，是高质量发展考评新的探索尝试，是高质量发展考评价值得以实现的重要基础。

高质量发展考评的管理功能。绩效管理作为一种新的管理工具，已成为高质量发展绩效评价的重要内容。从西方政府绩效看，把绩效称为"公共生产力""国家生产力""公共组织绩效""政府业绩""政府作为"等，体现政府在社会管理中的业绩、效果、效益及管理工作的效率和效能，是政府在行使其功能、实施其意志的过程中体现出的管理能力。高质量发展考评，在功能管理上要运用科学的方法、标准和程序，对高质量发展的综合质效、质量效益、主观感受作出客观准确的评价，并对今后发展把脉问诊，开出改进工作、提质增效的好"药方"。

在绩效管理的构成要件上，要完善高质量发展的绩效目标设置，根据新发展理念的要求，设定清晰、可测的年度绩效目标，据此制定年度绩效目标的绩效指标；按照科学合理的程序和标准进行绩效评估，获得客观准确的绩效评估信息；根据绩效信息向社会公众发表绩效信息，接受社会监督，修正绩效目标，改进绩效管理，为优化高质量发展提供客观依据，最大限度发挥绩效评估的重要功能。

在绩效管理的基本流程上，完善目标形成机制，针对目标如何确定，明确工作重点、界定目标标准、科学设定目标值；完善指标建立机制，根据形成的目标，细化具体执行的指标，指标包括一级、二级、三级或四级指标等，明确各指标的名称，明晰权重、评价标准、考评主体、责任部门和分管领导等指标要素；完善过程管理机制，抓好数据采集关口，抓好整合督查，抓好过程纠偏；完善察访核验机制，通过现场调查、访谈、勘验、实地取证等方式，摸清绩效指标的实际完成情况，建立察访核验标准，健全察访核验规范，改进核验过程中出现的问题；完善考核评价机制，由组织者对高质量发展综合质效、创新发展、协调发展、绿色发展、开放发展、共享发展和主观感受作出客观评价，以及开展群众满意度测评等；完善结果运用机制，做好绩效评价结果信息反馈，加强正向激励和反向鞭策，不断改进促进高质量发展的各项工作。

在绩效管理保障上，首先要加强组织保障，建立领导机构、执行机构和协助机构，明确由谁来牵头组织领导，由谁负责执行落实，怎么配套协助；其次要加强制度保障，建立考评的基本制度体系，完善目标分解、指标建立、过程监督、察访核验、考核评价、结果运用等相关制度，并健全系列配套的管理规范和规则，包括绩效指标设计标准规范、考评结果反馈规定、绩效管理整改管理规定等系列配套的管理体系；第三要加强技术保障，考评需要对考核的各种任务流、数据流、政策流等进行有效监管，需要对各种数据资源进行有机整合、统筹分析，为绩效管理提供决策支持。同时，绩效指标的建立需要运用专业的技术手段，过程监管需要专业的工具方法，数据的采集需要专门的设备与平台，考核评价需要高效准确的运算工具。考评不仅要运用行政学、管理学、经济学、财政学、计算机科学知识，而且要运用现代管理方法和信息科技手段，确保考评全链条的科学化，通过绩效管理信息化构建一套考评的流程和标准。

二、高质量发展考评功能的基本特征

高质量发展的内在基本特征，是与高速度发展的基本特征比较得出来的。高质量发展是速度与质量的协调，是短期利益与长期利益的平衡。高速度发展的评价标准很简单，就是一维的评价，以数量有无和多少作为评价的主要标准。但是对高质量发展考评来说，评价标准是全面的、多维的、综合的，评价标准中新加上综合质效和主观感受的因素。这样评价的复杂性，不仅需要现代管理方法，而且要运用大数据、云计算等信息科技手段，通过提高绩效管理信息化水平，构建一套精准高效的考评流程和考评标准。因此，从考评的功能上研究高质量发展，既是一个新的思路，也是一项新的探索。就其考评功能特征讲，大体上有如下六个方面。

一是鲜明的导向性特征。我国经济转型主要有两条主线，一条是从旧动能转向新动能，另一条是从高速增长转向高质量发展。在高质量发展阶段，不是单纯地追求经济发展的高速度，而是追求效率更高、供给更有效、结构更高端、更绿色可持续以及更和谐的增长，甚至可以部分放弃对经济增长速度的追求，而达到更高质量的发展。① 通过高质量考评指标设定及考评结果运用，向被考评者传达出肯定什么、鼓励什么、制止什么、否定什么的信号，确立一个标准，指引被考评者不断调整思路理念、完善政策措施，修正纠偏，补短板、强弱项、创特色，推动高质量发展更加精准科学。以江苏构建高质量发展绩效评价指标体系实践探索为例，主要突出以中央对高质量发展提出的明确要求为根本遵循，立足新发展阶段，贯彻新发展的理念，构建新发展格局，以充分调动广大干部群众干事创业的积极性和主动性为鲜明导向，以国内外既有的先进的评价指标体系为重要参考，紧扣加快建设"强富美高"新江苏目标，把握"争当表率、争做示范、走在前列"总要求，立足省情实际和阶段性特征，力求系统反

---

① 参见魏杰、汪浩:《高质量发展的六大特质》,《北京日报》2018 年 7 月 23 日。

映各地高质量发展情况。

二是现代的治理性特征。党的十八届三中全会提出推进国家治理体系和治理能力现代化战略目标,为绩效考核评价机制研究的发展提供了强大的推动力。但总体而言,绩效考核评价机制的理论研究与实践应用还较为薄弱,政府绩效考核评价的制度化、规范化和科学化水平还有待提高。科学、有效的高质量发展考核评价机制的缺位,使形式主义、官僚主义的畸形政绩观在一定范围屡禁不止。以科学发展为指向的正确政绩观往往流于形式,干部工作作风不严不实,政府职能缺位、越位、错位问题就显得较为突出。这不仅使形式主义、官僚主义问题长期不能有效得到解决,而且严重制约着高质量发展。形式主义和官僚主义对高质量发展的影响是无时无处不在的,过去采取了诸多办法力求解决,但是一些措施并没有收到好的效果。如果我们从考评的功能运用来探索解决这个问题,将是一个好的思路和方法。解决这些问题,既需要加强干部思想教育和工作作风建设,也需要出台具体的行政措施来加以纠正,更需要通过建立高质量发展考核评价机制进行完善。加强考核评价机制建设,是全面落实新发展理念,推进国家治理体系和治理能力现代化的必然要求,有利于全面提升行政管理科学化水平,提高高质量发展的能力。推进考核评价工作的制度化进程,应着力实现政绩考核评价的法律化。政绩考核是一种政治活动,影响因素众多。它既关系到党和国家的形象和声誉,也关系到各级干部的工作方式和工作作风,更关系到政策目标人群的切身利益,因此必须保证考核评价具有充分的权威性和严肃性。应通过行政法规的形式,规范政策评估主客体的权力与责任,保证考核评价信息不失真,使政绩考核评价真正能够落到实处。① 因此,应针对我国政绩考核评价的制度化缺陷,尽快出台相关制度规范,使考核评价能在一套明确的制度框架下运行,尽可能地减少人为因素的干扰,提高这项工作的制度化、规范化水平。高质量发展考评是推动政府治

① 参见贠杰:《关键在优化完善考核评价机制》,《中国领导科学》2020 年第 5 期。

理体系和治理能力现代化的重要环节。高质量发展考评注重定期考核与日常考核相结合，以考评为牵引明确工作重点和发展方向，以考评为标尺衡量发展质量和水平，以考评结果运用为抓手调整干部培养使用，不断推动治理水平和治理能力的提高。

三是科学的检测性特征。高质量发展考评通过综合信息研判、先进信息技术手段的应用、立体式全方位考评方式查找发展中的问题短板，查找不足和薄弱环节，力求实现对高质量发展态势的全面把握、对干部能力水平的深度勘察，"全天候"为地方高质量发展"巡诊把脉"。2018 年 6 月，江苏省统计局牵头制定的《江苏高质量发展监测评价指标体系与实施办法》《设区市高质量发展年度考核指标与实施办法》正式出台实施。这项检测措施的实施，能够有效推动高质量发展各项部署落地，监测评价和考核各地各部门推进高质量发展的实际成效，推动全省高质量发展走在全国前列，充分发挥了监测考核的"晴雨表"和"指挥棒"作用。高质量发展监测评价和考核，坚持系统思维，体现省情实际，充分体现"五个聚焦"，导向鲜明、特点突出。主要是聚焦"强富美高"新江苏建设，省情特点凸显、重点任务明确、职责分工清晰；聚焦发展的新要求，着重体现高质量发展新任务、新要求、新动力；聚焦群众的获得感，在各指标体系中，反映公用设施、生活环境、就业收入、教育文化、健康养老等公共服务和民生保障类指标均占总指标数的一半以上；聚焦区域的差异性，对设区市、县（市、区）、城区设置基本架构相同、指标有所区别、数量有所不等的指标体系，对设区市考核采取共性指标和个性指标相结合的方式；聚焦考核的合理化，指标数量适度、简明直观，绝大多数指标选取结构、比重、强度，计算水平指数和发展指数，既考虑到发展水平较高的地区，也兼顾到发展速度较快的地区。高质量发展考核检测功能，可以有效监测评价江苏全省及各设区市、县（市、区）和城区高质量发展水平和总体情况，也可以用于考核衡量各设区市年度推动高质量发展进展情况，为精准引导和科学检测高质量发展提供了更为科学有据的参考。

四是适度的管控性特征。加强常态化风险防控是高质量发展的基本前提,在转向高质量发展的新阶段,伴随我国社会主要矛盾的变化,经济工作的重心也将转向满足人民日益增长的美好生活需要,而不再像过去那样集中于追求经济增长的速度。重点要从传统稳增长向质量提升、结构改进等方面转移,向高质量发展和防控风险上转移。从外部环境看,世界百年未有之大变局和新冠肺炎疫情的严重影响,全球有关产业链和供给链断裂,贸易争端不断升级,国际环境更加错综复杂和不确定性增多,为我国高质量发展带来风险和挑战。从国内看,经济结构不优、发展动力不足、政府债务和金融风险增高,尽管杠杆率水平趋稳,但一些高风险的杠杆融资活动仍需高度警惕;生态环境改善和污染防治任务艰巨,都迫切需要对高质量发展进行阶段性跟踪和监控,及时预警高质量发展情况。怎样才能做到及时预警呢?只有对高质量发展进行跟踪考核和评价,才能更加科学有效地发现高质量发展的短板和弱项,明确高质量发展调整和努力的方向。未来的发展一定是坚持高质量的发展,高质量发展一定要有高质量考核评价。要注重在稳增长的基础上防风险,强化财政政策、货币政策的逆周期调节作用,确保经济运行在合理区间,坚持在推动高质量发展中防范化解风险。因此,高质量发展考评注重采用谁监控、谁分解、谁评价的办法,明确考核的责任主体和职责分工,健全完善监控办法,及时掌握跟踪指标的运行进度和完成程度,以确保责任到人、步骤到位、可追责、能问责,使高质量发展保持在常态化的跟踪监测和跟踪监控之中,确保高质量发展健康发展。

五是正向的激励性特征。实现高质量发展,根本上是要在量的积累的基础上实现质的提升,推动经济发展质量变革、效率变革、动力变革,提高全要素生产率。粗放式发展不会自动转向高质量发展,简单的行政命令也无法催生高质量发展的内生动力。为此,建立与高质量发展相匹配的利益激励、政绩考核等机制尤为重要,有利于释放积极性,促进广大基层和企业主体自觉推动高质量发展。其中的关键,则是形成与高质量发展利益相融的激励效应。高质量发展不仅是一场深刻的质量变革、效率变革和制度变革,更是一场利益关系的变革。让各级机构和地方真正聚焦到高质量发展上,不仅需要厘清粗放发展带来的各种问题,分析清楚解决这些问题的制度方案,更为重要的是要从根本上动摇粗放式发展背后所潜伏的利益基础,构建出社会各阶层共享高质量发展的利益关系和制度体系,形成鼓励高质量发展的荣誉制度和道德体系,从而使社会主体具有全面改革、全面创新、走高质量发展道路的内生动力。① 高质量发展考评注重对领导班子运行情况、领导干部干事创业能力进行考核和衡量,并把考核结果作为干部调整培养使用的重要依据。通过压力传导,进一步增强领导干部工作积极性、主动性和创造性,激发广大领导干部干事创业的热情。

六是精准的智能性特征。以"互联网+"、物联网、移动应用、大数据技术等信息技术为支撑,围绕考核导向、问题导向和目标导向,以服务、决策为核心,进一步转变综合考核理念,改进思维方式,突出综合考核系统性、牵引性、精准性,充分发挥综合考核的引导、激励、约束作用。实现考核工作现代化、管理科学化和服务精准化,全面推动考核工作提质增效。通过数字画像,充分发挥考核的"风向标""指挥棒"作用,实现对各级组织、党员、干部、人才、公务员等数据的科学建模、智能分析,形成可视化预判结论,为决策提供全方位支撑,实现由"点状分析"向"多维分析"转变,实现由"经验决策"向"科学决策"转变,从而实现"智慧考核"。高质量发展考评更加注重网络、大数据、物联网和人工智能等新信息技术手段的运用,更大范围采集运用覆盖更广数据,更多依靠技术手段进行综合分析和研判,减少人为干预和影响,得出更为精准科学的结果。基于综合考核数据标准,打通数据壁垒,提升各业务环节之间的协同互通,通过数据给单位、干部画像,找出并解决工作中的难点、堵点、痛点,推动相关重点领域、关键环节的制度和能力建设。结合实际的场景分析需求,定义业

① 参见刘元春:《形成高质量发展的激励效应》,《人民日报》2018 年 7 月 17 日。

务分析模型，对源数据经过抽取、清洗和转换之后加载到数据仓库，形成综合考核指标分析模型，形成最有价值的数据资产。

三、高质量发展考评功能的应用效能

2018年，江苏省在设区市和省级机关中开展高质量发展综合考核，紧扣“高质量发展走在前列”的目标定位，展开了“六个高质量”的工作布局，突出以党建高质量保障和推动发展高质量，在全国率先建立综合考核制度，经过两年多的实践探索，取得了“四个进一步”明显成效。①

一是好共识进一步凝聚。通过综合考核“指挥棒”，进一步把全省党员干部思想凝聚到推动习近平总书记对江苏工作重要指示精神的落实，践行新思想、落实新理念，奋力走在高质量发展前列，已经成为江苏上下的广泛共识和自觉行动。综合考核考出了差距、短板和弱项，各地对标找差、比学赶超，思想认识更深、努力方向更明、追赶措施更实，干部群众高度统一的思想共识转化为高质量发展的精神力量。问卷调查显示（以下问卷显示类同）②，59%的受访者认为综合考核对引领推动高质量发展的作用大，36%的受访者认为作用较大，两者合计达95%。

二是好态势进一步增强。通过综合考核“助推器”，在宏观环境趋紧的情况下实现了经济社会发展“稳中有进”，主要经济指标保持平稳增长、处在合理区间、好于全国平均水平。2018年，全省地区生产总值增长6.7%、总量突破9万亿元，一般财政公共预算收入增长5.6%，高新技术产业和装备制造业增长明显快于整体工业。破解了一批长期积累的瓶颈制约和发展中不平衡不充分问题，创新体系建设、“一带一路”交汇点建设、现代综合交通运输体系建

① 参见《建立推动高质量发展的综合考核制度研究》，南京邮电大学高质量发展评价研究院课题组。

② 课题组面向江苏省级机关、设区市、县（市、区）干部群众进行了问卷调查，收回有效问卷844份（2019年10月）。

设、“三大攻坚战”等一批重大战略得到加速推进。党建高质量保障推动发展高质量的作用进一步巩固,取得了党建业务“两手抓两手硬”的初步成效。13个设区市村级运转经费标准均达到28万以上,社工队伍职业化体系建成率均达到100%,开始从村社区层面逐步实现党建工作全面进步、全面过硬。问卷显示,认为综合考核对推动省委、省政府重点任务落实的作用大的占比65%,作用较大的占比31%,两者合计占比96%。

三是好作为进一步激励。通过综合考核“体检表”,提振了干事创业的精气神、激发了担当作为的正能量、造浓了奖优奖勤的好氛围,各级干部竞争意识、超前意识、创新意识和求实意识显著增强,推动高质量发展走在前列的自信与自觉空前高涨,保证了省委、省政府各项工作目标、各个承诺事项的全面完成。2018年领导班子测评“好和较好”的比例较往年有大幅提升,反映出政治生态明显改善;2019年上半年,各部门既定职责完成率达94.7%,报送承担省委、省政府任务比去年增加2.74倍,干部凝聚力战斗力明显增强。问卷显示,认为综合考核对激励干部担当作为的作用大的占比48%,作用较大的占比40%,两者合计占比88%。

四是好口碑进一步塑造。通过综合考核“试金石”,各级干部运用群众观点、群众立场和群众路线解决问题以及推动工作的自觉性、主动性明显改进。增加群众收入、发展社会事业、实施民生工程、加强生态环境保护等事关群众切身利益的重点工作持续提升。基层群众对江苏省级机关单位工作实绩的综合满意率从2016年的84.81%提高到2018年的91.39%。力戒形式主义为基层减负得到有力贯彻,督察检查考核数量从237项压缩到65项,省级考核、“一票否决”和签订责任状事项压减比例分别达到62.1%、77.8%、71.9%,使基层干部从名目繁多的考核中解脱出来。问卷显示,认为通过推行年度综合考核,把“多考”变“一考”,2019年的半年评估简化程序、优化流程,采取“不见面”方式,通过填写表格、信息化等形式,了解考核指标推进完成情况,这种做法效果好的占比63%,效果较好的占比33%,两者合计96%。

如图 3-1 所示。

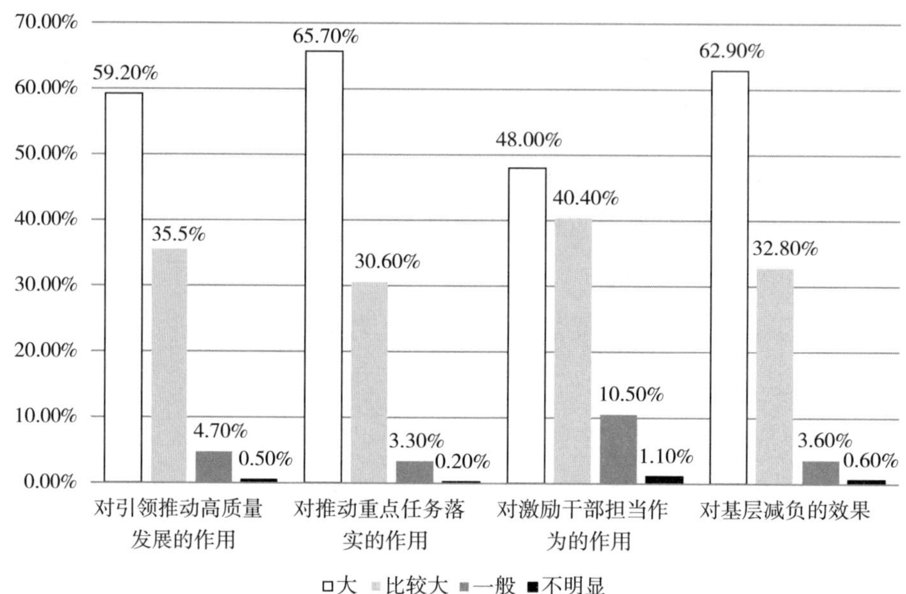

图 3-1　江苏高质量发展综合考核成效图

虽然江苏高质量发展综合考核进行了多方面的实践探索,并建立了相对成熟的综合考核制度,取得了很大的成效,但由于推行综合考核在全国尚属首次,缺少成熟的经验,其功能和价值还不能完全充分发挥,加之体系建设需要一个长期的积累过程,江苏高质量发展考评功能与价值体系建设难免存在一些问题和短板,需要加以重视、着力解决。

一是考评功能定位模糊和边界不清。江苏已形成了以高质量发展综合考核为代表的高质量发展考评制度,有力促进了全省高质量发展向纵深推进。但单从其考评功能定位上看,还存在定位模糊和边界不清的情况。调研发现,有个别参与考核指标制定的干部讲不清楚考核的功能;有的干部错误地认为高质量综合考核是促进高质量发展的“万能药”,什么东西都想往里装;也有的干部认为,有了高质量综合考核,其他的考评就是“做无用功”“形式主义”。究其原因,主要是对高质量发展考评研究不够,特别是对高质量发展考评功能研究还不够深入，认知有偏差，深层次原因是能力不足，缺乏学习的主动性，存在懒政思想。

二是考评功能设置不够科学和全面。高质量发展考评功能的发挥主要依靠考核指标的设置和拉动，但在实际实行的过程中，指标在设置上还不够科学和全面，不够多元和精细，影响了其功能的发挥。“考核指挥棒层层传导，到了基层仍然还是老几样。”调研发现，当前统计指标体系设置在测量重点上仍以经济发展方面的指标为主，反映社会民生、生态环境等方面综合性统计指标仍然不足。在测量维度上仍以反映总量、速度等规模性指标为主，反映发展结构、效率以及发展融合度、协调性的统计指标仍然不足。在针对性上，考核指标的地区、行业差异性不够明显，有的地方指标设置“一刀切”“一锅煮”，用相同的指标考核不同类别、不同层级、不同岗位的干部，“一把尺子量到底”“一套衣服大家穿”，让“不同起跑线上的干部同场竞技”。在覆盖面上，仍以反映传统行业及传统经济形态较多，反映新兴行业及经济发展新动能发明的统计指标仍然不足。究其原因，一是惯性思维，在指标的设置上，习惯性地以老思维来解决新问题，在指标设置上自然而然地按照老办法、老套路去分解。二是客观上对高质量发展规律把握的还不够精准。高质量发展考评是个新生事物，尚处于探索阶段，把其量化成各项指标去考核衡量，只能建立在自身当前的认知基础之上，最终难免存在认知上有疑惑，理解上有偏差等现象，而且还要考虑其可行性和可操作性，反应在指标设置上就会出现不够科学和全面。如图3-2所示。

三是考评功能作用发挥不够和薄弱。调研发现，江苏实施高质量发展考评后，绝大多数地区领导干部对高质量发展考评作用发挥都比较认可，也确实起到了推动地区工作高质量发展的目的，但也存在作用发挥不够和薄弱的环节。高质量发展考评的最直接的功能就是通过考核结果的使用最终作用于从事高质量发展实践的人，对人的影响是其功能作用发挥的最直接表现。问卷调查结果显示，从考核结果运用看，48%的受访者认为运用还不够有力，一定

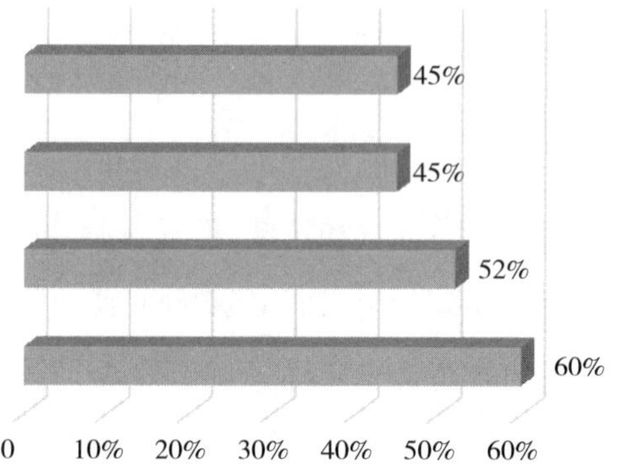

图 3-2 考评功能设置存在问题分析

程度上存在"考用脱节"问题，导向性、实效性有待进一步增强。在考核意见征集中，建议集中在考核结果运用还不够充分，作用发挥还相对单一，44%的受访者认为激励面还不够深入广泛等，50%的受访者认为考核结果与干部管理契合不够紧，激励效果不够明显。究其原因，主要是高质量发展考评作为指挥棒的牵引导向作用向各部门、各地区传递被完全消化吸收还需要一个过程，还需要从顶层设计上进行丰富和完善，更需出台配套的相关政策予以支持配合，同时，人才工作也有其自身规律性，这是一个需要科学论证、反复实践的过程，需要大胆尝试，但不能操之过急，更不能一蹴而就。如图 3-3 所示。

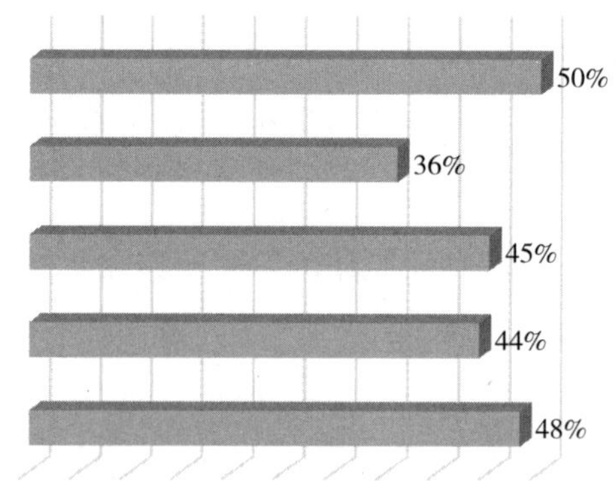

图 3-3 考评功能作用存在的问题分析

第二节　考评的功能定位与建设

高质量发展绩效考核是在一定时期内科学、动态衡量一个地区高质量发展情况和工作效果的考核方法。通过建立有效、客观的考核标准,对高质量发展进行综合考核评估,把脉问诊找原因,补短补弱强特色,改进和提高高质量发展的质量和效益。根据高质量发展的考评的功能特点和要求,对高质量发展的考评功能定位、系统管理和功能安全进行研究。

一、高质量发展考评的功能定位

与政府绩效管理相比,新时代的高质量发展考评功能应有诸多先进的管理手段和新的管理功能。

第一,牵引功能,高质量发展的"指挥棒"。牵引功能是"指挥棒",有什么样的"指挥棒"就有什么样的发展模式。构建符合发展高质量与党建高质量目标相适应的综合考核体系,才能把调稳平衡、均衡发展、生态优先、绿色发展、人民富裕的要求具体化、明确化,引导各级以系统思维抓发展。要重点处理好四个方面关系:一是"总量"与"质量"的关系。考核中加大转型升级、科技创新、绿色发展等方面指标的赋分权重,其他方面的考核指标设置也要体现注重质量的导向和要求。二是"水平"与"发展"的关系。考核工作中既要看既有水平高低,否则缺乏说服力;又要关注发展变化,否则起不到鞭策促进的作用。三是"固强"与"补弱"的关系。持续做好固优、补短、强弱的工作,在进一步巩固扩大领先指标优势的同时,有针对性地加大短板指标考核权重,推动形成整体发展的良好局面。四是"对上"与"对下"的关系。主动加强对上沟通衔接和对下服务指导,及时优化完善高质量发展考核指标设置,发挥好考核体系对全局工作的引领作用,推动干部担当作为。

第二,激励功能,高质量发展的"加压阀"。激励功能是"助推器",把考核结果作为干部鼓励激励、容错纠错、能上能下即“三项机制”的基础工程和前置环节，通过奖励重用与治懒治庸、鼓励先进与鞭策后进、定量评价与定性分析“三个结合”，引导党员干部比学赶超、进位争先。从激励主体来看，要正确引导社会舆论对领导干部的认知，积极为敢于担当、勇于作为的干部正名、正声、正形，加大对先进典型的宣介力度，以构建和谐互信的干群关系。从激励程序来看，要妥善调整领导干部激励过程的各环节，如政策的制定、执行到意见反馈、评估的激励过程，重点抓住关键环节，以实效化的激励过程推动激励效果的提升。从激励方式来看，要平衡正向激励与严格约束之间的关系，实施分层分类分岗位激励机制，采取多元化的激励方式，注重加强人文关怀式的激励方式运用，增强干部的组织归属感、集体荣誉感和心理获得感。

第三，检测功能，高质量发展的“体检表”。检测功能是“体检表”，注重对综合考核的分析研判，强化对数据资源的深度挖掘，把准发展态势、寻找问题短板、瞄准主攻方向，通过“精准把脉”，找准“症结”，为地方高质量发展开出“良方”。检测规则上，应坚持上下互动、综合评估，告别传统的“内部实施”的评估方式，积极推动由上级评估转向群众参与评估、由专项评估转向综合评估、由运动式评估转向常规化评估、由平面化考量转向立体式考量。检测办法上，实现定性分析与定量分析相结合的同时，综合运用静态分析和动态考核办法，将现代科学研判方法与传统选人用人、政府绩效考核等方式融为一体，通过客观真实数据的实时汇集，如实反映各项工作进展，让考核数据“可监测、会预警、善分析、能指挥”。检测手段上，可采用先进的信息技术手段，积极开发网络平台，充分发挥网络传媒在绩效评估中低成本、广覆盖、高效率的技术优势，使更多的人参与评估，使发展指标更加注重“科学性”，干部考察更加突出精准“微观察”，选人用人更加体现考量“集成化”。

第四，治理功能，高质量发展的“施工图”。综合考核是推进社会治理体系和治理能力现代化的一部分，其治理功能是绘出高质量发展的详尽“施工图”。要通过创新考核方式，增强考核实效，建立和完善各有侧重、各具特色的考核内容和指标体系，把“考什么”告诉大家，明确考核工作的重点，让地区、部门工作起来有方向、有重点，实现“考核目标层层分解、考核责任层层落实”。在标准化上更进一步，在目标设定、过程控制、综合评估、结果运用等各个环节创设标准、落实标准，推动各地各单位以标准自我规范、以标准总结经验、以标准树立标杆。在社会化上更进一步，坚持开门搞评价，完善社会评价机制，不断提高社会公众参与考评的广度和深度。在实效化上更进一步，加大考评结果运用力度，树立重实干重实绩的用人导向，不断放大考核效应，更加充分地调动积极性。同时，要宽容干部在工作中特别是改革创新中的失误错误，旗帜鲜明为敢于担当的干部撑腰鼓劲。

第五，监控功能，高质量发展的“传感器”。监控过程促进综合考核由注重“事后总结”向“事前计划、事中监控、事后总结”的全过程管控模式转变。要强化过程管理，坚持定期考核与日常考核相结合，运用现代化信息手段动态跟踪、跟进纪实，分阶段考实绩、查进度，督促提醒任务缺项、责任缺位、进度缺时的地方和单位抓整改、促提升，以过程的合理科学保障结果的合理科学。按照“全面覆盖、突出警示、强化督导、预控风险”的原则，按季度将各项考核指标完成情况进行分析排序，多维度展示指标执行情况，通过动态预警力求把情况掌握在日常，把问题解决在平时，精准聚焦经济社会发展目标，为地方党委和政府综合施策、高质量发展提供决策参考。

第六，智能功能，高质量发展的“智慧云”。智能功能指综合考核在网络、大数据、物联网和人工智能等技术的支持下，避免全靠人脑决策导致可能存在的认知偏颇，使综合考核工作迈向精细化、标准化、信息化、智能化轨道，为高质量发展提供信息支撑。围绕“谁来考、考什么、怎么考以及结果怎么用”等关键环节，探索研究出较为科学、便于操作的考核机制，力求使考核做到主体与客体同步、定性与定量结合、过程与结果并重、事实判断与价值判断相统一。一方面，赋予考评技术以真正的智能化内涵，超越数据记录、提取对数据进行绩效统计、关系分析、行为决策等，使考评来源于考评系统的分析、推理、决策结果。另一方面,构建以高质量发展为核心的智能技术考评载体,以良好的指标体系、权重分布、测算方法等增强技术在考评中的推动力。

二、考评信息化平台的创建与探索

绩效考核系统是现代组织不可或缺的管理工具。它是一种周期性检讨与评估员工工作表现的管理系统,是指主管或相关人员对员工的工作做系统的评价。党的十九大报告指出:“善于结合实际创造性推动工作,善于运用互联网技术和信息化手段开展工作。”①近年来,信息化技术的发展迅速,改变了原来的工作思维和模式,充分提高了公共管理的工作效率,推动社会各领域发生了深刻变革,为高质量发展综合考核信息化建设提供了全新的视角。创建科学有效的高质量发展绩效考核系统,是一项以前没有做过的工作,在引进和开发绩效考核系统的过程中,有的地方已经有了新的实践探索,但是各地的发展状况、地理条件、组织文化、管理风格等各不相同,在建立绩效考核系统时,一定要构建一套符合本地实际的绩效考核系统。

根据网络和其他渠道获取的信息综合调研,目前全国范围内开展综合考核信息化平台建设的地方比较少,主要是高等院校较多,地方建设的很少。如贵州省、山东省等少数地区开展了综合考核信息化平台建设工作,普及面尚不广泛。个别地区虽然已经在辖区内建设了综合考核信息化平台,但实际上系统的使用率还不高。2018 年,江苏率先开展高质量发展综合考核实践探索,围绕经济发展高质量、改革开放高质量、城乡建设高质量、文化建设高质量、生态环境高质量、人民生活高质量等“六个高质量”和加强党的建设高质量,对全省设区市、省级机关单位、领导班子和领导干部开展年度综合考核。2019 年 1 月 18 日,江苏综合考核信息化平台正式上线运行。该平台按照“一个网站、一套系统、三大功能”的“113 架构”设置,经过一年多的实践探索,开发建

① 《党的十九大报告辅导读本》,人民出版社 2017 年版,第 67 页。

设了综合考核信息系统基础信息、指标管理、设区市考核管理、省级机关单位考核管理、等次评定、系统设置等六个模块及 47 个子功能，实现了高质量发展、党建、领导班子和领导干部三套考核内容上报、审核、发布功能，可对 13 个设区市、100 多家省级机关单位进行考核评分，还可以根据综合考核和民主测评结果评定等次，同步进行综合考核大数据的分析。未来将逐步完善数据分析处理、监测预警管理、领导决策支持等功能，推动信息化平台延伸到市、县（区）两级，实现全省综合考核“一张网”、共用共享一个平台。江苏综合考核信息化平台上线运行一年多来，系统功能模块不断完善，平台稳定性不断增强，用户覆盖面不断扩大，取得了良好的效果。主要是通过省综合考核信息化平台的运行，有效地提升了省级层面综合考核工作的效率；通过省综合考核信息化平台数据的不断积累，为下一步省综合考核大数据分析打好了基础；通过省综合考核信息化平台的建设运行，为设区市、市（县、区）两级以及高校、国企等综合考核信息化建设提供了路径，对在全省范围内铺开综合考核信息化建设起到了积极推动的作用。

无锡市“智慧党建”系统的开发为综合考核信息化建设提供了重要支撑。① 自 2017 年起，无锡市组织系统主动适应新时代新要求，依据《2016—2020 年江苏省组织系统信息化工作规划》《无锡市推进新型智慧城市建设三年（2018—2020 年）行动计划》要求，开展了以数据中心、公共服务平台、综合业务平台、干部管理监督平台、决策支持平台为主要内容的“智慧党建”信息化项目一期建设。2019 年起，又根据机构改革后组织部门工作的新定位、新要求，以一期建设成果为基础，通过建设更广泛更高效的组工数据中心、更完善更深入的业务应用、更整合更便捷的服务平台，构建全市组织工作信息化体系，并将综合考核作为子系统之一，紧密对接省综合考核系统，增加考核结果分析研判能力。综合考核的数据积累为无锡市综合考核信息化建设提供了重

① 参见崔国荣：《无锡市综合考核信息化建设研究》，2020 年江苏省高质量发展综合考核专项课题报告。

要内容。无锡市年度综合考核涉及 8 个板块、12 个省级以上开发区、71 个市级机关单位、91 个市管领导班子、近 1300 名市管干部,市(县)区、省级以上开发区、市级机关单位高质量发展考核指标分别为 79 个、24 个、105 个,党的建设考核计分细则分别为 75 项、45 项、37 项,全年开展半年评估、季度监测、年度考核各 1 次。自综合考核开展以来,已汇聚各类数据 1 万多条、计分情况 8000 多条,班子和个人述职报告 1650 多篇、业绩采集表 1470 多张、测评数据 5 万多条、考核报告近 200 篇。大量数据和资料的积累,为无锡市综合考核信息化建设提供了丰富的可利用的资源,为数据资料的分析运用奠定了良好的基础。

无锡市强化高质量发展综合考核信息化平台功能建设。崔国荣认为应突出“四化功能”:一是全程纪实力促考核工作规范化。省综合考核系统将综合考核实施过程划分为指标上报、审核、发布、实施到结果汇聚、分析和运用等若干步骤进行规范管理,实现考事的全程纪实;无锡“综合考核分析研判系统”建立了年度考核、专项考核、平时考核、任期考核等多类别考核全流程线上管理模式,并通过系统设定各个步骤时序要求、逐步推进,为各环节上报资料设计模板,严格规范按时序依次推进,强化领导班子和领导干部考核分析研判,力促考核工作规范化,实现考人的全程纪实。二是线上流转实现考核管理便捷化。利用信息化平台,采用“被考核单位⇆责任单位⇆牵头单位⇆考核办”双向互动方式进行流转,整个过程都在线上实现,基本达到“数据多往返、人员少走路”的目标,并通过数据和信息共享,强化上下沟通、实时交流,充分提高协同工作能力,有效提高工作效率。三是精准实施助力过程管理标准化。借助信息化手段,对被考核单位上报材料的类别、格式、字数等进行严格限定,杜绝责任部门材料要求格式多样,内容、字数等不统一的情况,以统一规划、统一部署的方式有效改变材料“多头报、重复报”的局面;将功效系数法、目标完成法、格次赋分法、加权计分法、乘数计分法等多种计分规则集成到系统内,实现考核指标计分方法的自主设置、自动计算和自动校验,有效改变以往手工计算复杂、易错且不规范的被动局面;同时,借助“格次管理”功能,实现指标评分结果的“强制分布”，确保评分结果拉开合理分差，避免了“打和牌”情况的发生，助力过程管理标准化。四是立体分析促进考人考事科学化。在分析内容上，初步设置了“指标分析”“民主测评分析”“考核结果分析”三个方面的内容。在分析方法上，采取了“描述性分析”“预测性分析”“指导性分析”三种手段，“描述性分析”指从大数据中总结抽取相关知识信息，分析情况，呈现事物发展历程；“预测性分析”指从大数据中分析事物之间的关联关系、发展模式等，并据此对事物发展的趋势进行预测；“指导性分析”指在前两个层次的基础上，分析不同决策将导致的后果，并对决策进行指导和优化。在结果呈现上，采用“全市宏观呈现”“个体微观呈现”两种方式，实现对考核结果按年度纵向比较和按指标横向、纵向比较等功能，对当年度考核情况、历年趋势一目了然的呈现，建立从单一到立体的分析研判模式。

通过信息平台建设与全面应用，能够解决综合考核业务协同，达到监测评价和考核各单位高质量发展与党建高质量的实际成效，实现考核结构的多维分析，充分发挥监测考核的“晴雨表”和“指挥棒”作用。

三、考评大数据库构想与安全防护

目前，我国从上到下对高质量发展综合考核信息化建设缺少具体的指导意见，既没有明确的建设时间要求，也没有可行的建设标准。有的地区想要推进综合考核信息化项目，但是担心与上级平台建设标准不一，导致信息化项目建设重复投资。还有的地区缺少既熟悉综合考核工作又精通信息化建设方面的人才。综合考核信息化建设在多数地方还未形成良好氛围，未形成普遍应用、深度应用。存在的主要问题是信息资源不能实现完全共享。随着信息化建设的推进，各地各部门、社会各行业对信息资源采集的数量、质量、时效性以及采集的广度、深度等要求越来越高，而当前的社会信息资源中存在数据简单堆砌、共享应用程度低等问题，直接影响到信息资源的综合应用效益。同时，信息化应用管理机制不够健全，信息化建设的管理权限和资源比较分散，影响了信息资源的整合共享和应用。信息孤岛现象在一定程度存在。各个信息化系统建设并不统一，导致各个系统之间数据格式、标准存在一定的不一致性，使得部门之间的信息共享、互联互通存在困难。从制约因素看，一些地方不熟悉综合考核信息化建设，自上而下推动力不足，线上考核替代不了线下考核等要素，成为综合考核信息化建设过程中的主要制约因素。在顶层设计与职能设置方面，缺乏高位统筹，关注点不稳定，前瞻性不强。这些都与领导重视程度不够高、体制机制建设缺失、信息化人才短缺等因素有关，已成为综合考核信息化建设等需要着力突破的瓶颈和关键环节。

构建高质量发展综合考核大数据库与考核数据安全防护是一个新的课题。目前江苏省委组织部涉及三个网络，分别为组工内网、政务外网和互联网。组工内网属于政务内网，是涉密的党政机关办公业务网络，与国际互联网物理隔离，在满足工作需求的前提下，覆盖范围尽可能少。政务外网与互联网之间通过防火墙进行逻辑隔离。政府其他单位部门也有类似的网络结构，而且除了互联网外，其他两个网络在单位部门之间也是相互隔离的。考核相关支撑数据源系统，分布在这三个网络中。系统之间网络相互隔离，是推进跨系统数据共享和全方位考核数据网构建的难点。需综合考核主管部门综合考虑评估考核相关支撑数据源系统的数据共享范围、程度以及网络安全等问题，在确保安全的基础上逐步增加系统活力，构建江苏省综合考核系统一张网。如图 3-4 所示①。

经过调研分析，初步构想在安全防护的前提下把“三网”有机结合起来构建，在组工内网的系统，可通过系统间接口调用进行数据共享和数据采集工作；系统之间网络不互通的，则可先行在同一网络内进行数据共享和数据采集，再人工定期进行数据摆渡完成数据同步过程，实现数据采集和数据的汇集，人工数据摆渡过程需考虑结合操作授权、审批、审计、查杀病毒等管理手段确保操作安全。在全方位考核数据网构建的基础上，构建综合考核数据仓库，

① 参见许秋霜、葛启斌、孙源等：《综合考核大数据分析应用研究报告》，2020 年江苏省高质量发展综合考核专项课题报告。

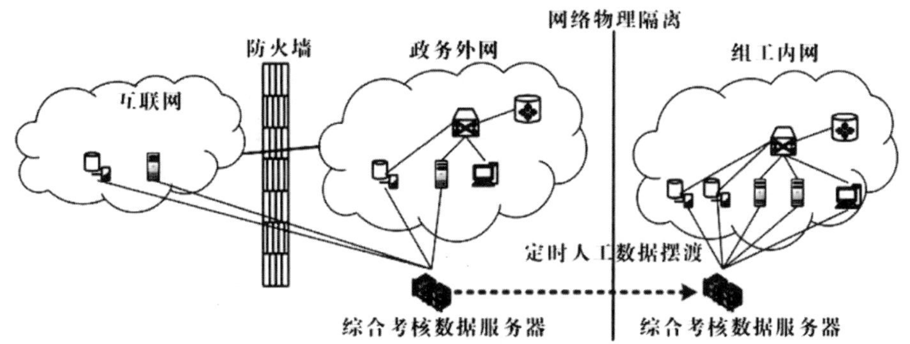

图 3-4　综合考核数据源系统网络结构示意图

初步实现数据统一分类、统一采集、统一核查、统一存储，保证数据源的一致性，去冗去重，开展数据质量稽核，逐步厘清数据脉络，并结合《综合考核大数据分析应用研究报告》成果，进一步丰富完善具体的、可操作的江苏高质量发展综合考核大数据库设计构想，如图 3-5 所示。

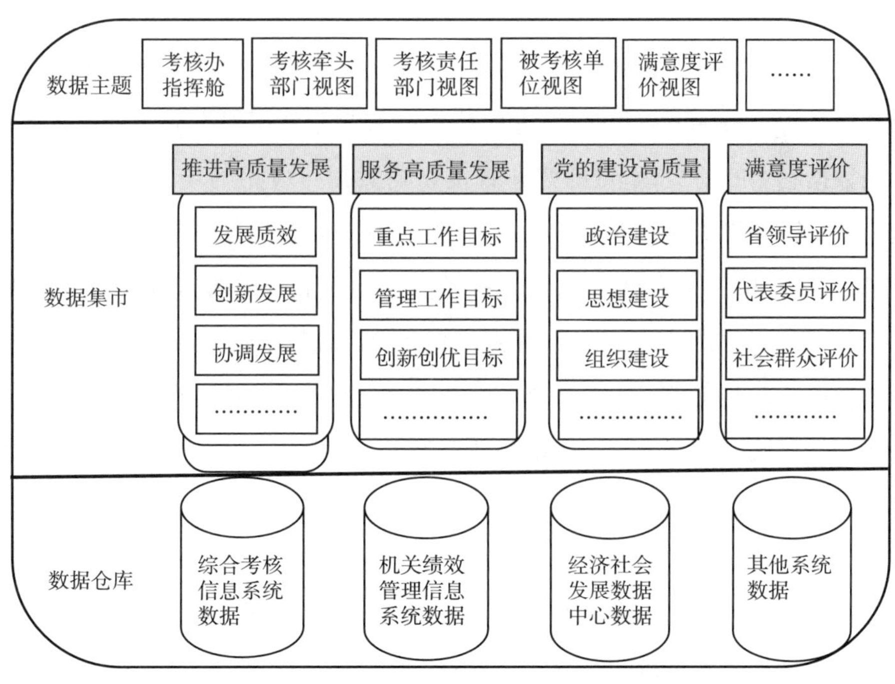

图 3-5　综合考核大数据库构想简图

围绕推进高质量发展、服务高质量发展、党的建设高质量和满意度评价四个方面，科学设置综合考核信息系统数据库。推进高质量发展主要考核设区市创新发展、协调发展、绿色发展、开放发展和共享发展的综合质效和社会群众的主观感受情况；服务高质量发展主要考核省级机关单位落实省委、省政府重点工作、按照"三定"规定履职、依法依规办事、财政预算绩效管理、服务基层服务群众和创新创优等方面取得的成效；党的建设高质量主要考核设区市和省级机关贯彻落实党的建设、民主政治等取得的成效；满意度评价主要把人民群众对高质量发展的获得感、幸福感和安全感作为评价的主要标准。领导班子和领导干部年度考核，主要体现政治性、时代性、针对性，推动考人与考事深度融合，把推进高质量发展、服务高质量发展和党的建设高质量三者有机结合起来，作为评价领导班子和领导干部年度考核评价的主要依据。根据上述考核评价内容要求，合理设置考核标准，分类采集和核查数据，构建高质量发展综合考核数据系统。

数据质量和安全是高质量发展综合考核功能的重要环节。数据质量是指当数据在指定条件下使用时，数据的特性能够满足使用要求的程度。数据质量是数据利用的前提，质量的好坏直接影响数据可应用的场景、可利用的深度。随着新一代信息技术的广泛普及，人们对政务信息化的期待也由过去支撑单一部门、单一业务的需求，向支撑政务部门开展跨层级、跨地域、跨系统、跨部门、跨业务的协同管理与服务需求转变，也可以说政务信息化已经由一个个小型的单元演变成了一个综合性的生命体，而数据就是支撑这个生命体健康运转的血液。数据质量直接影响政务行政管理和服务效能。另外，随着大数据、人工智能、区块链等技术的应用，以及"最多跑一次""一门一窗一网"等改革的推进，数据资源共享和多次开发利用的需求爆发式增长，数据应用场景更加复杂。数据质量的高低直接决定着应用成效、影响着数据价值的释放。在新一轮信息技术革命的浪潮中，做好数据治理、提升数据质量，是推进数据共享开放和开发利用、提升高质量发展绩效评价能力和服务效能、激发经济活力、释放数据红利的客观要求和必然选择。数据作为信息化应用的主体，它具有多重属性，其基本质量特性包括准确性、完整性、及时性、有效性四个方面。对数据质量进行较好的控制，必须认识数据的基本质量特性，多方面采取措施，杜绝数据质量问题出现，使数据监控工作能够真正达到控制数据质量的目的。

第三节 考评的功能拓展与创新

高质量发展综合考核的功能，从根本上解决的是“考成什么样”的问题。综合考核的功能是实现综合考核价值的基础，功能的实现是牵引、激励、体检、治理、监控、智能六个方面协调统一、齐头并进的结果，不是单一的某个方面的功能。高质量发展综合考核评价的功能拓展，首要的是运用大数据、人工智能等先进手段，推进“智慧考核”，赋予考核功能新内涵。

一、强化考评功能的基本理路

随着大数据、云计算、人工智能、移动终端等先进技术的不断推广和应用，高质量发展综合考核评价的功能发生了深刻变化，考核功能建设有了新的更高要求，主要体现在如下五个方面。

一是数据质量标准化。数据质量管理是组织变革管理的关键支撑流程，是根据组织业务需求制定标准，并确保得到遵守的持续动态过程。运用数据质量管理，有助于将高质量发展综合考核的组织注意力、资源和行动集中于提高大数据产品和服务质量上。高质量发展考核数据要加强质量管理，对数据生命周期的每个阶段的数据质量问题识别、度量、监控、预警等进行跟踪系列管理，包括过程、方法、标准、准则、体系和质量参数等核心内容。基于数据特点和质量可变性，数据质量管理的重点聚焦于对数据集的评估和对数据的纠正措施，以确保数据符合其最初任务目标、应用情境和预期。目前，北京、上海、贵州等10个地区专门针对政务数据制订了综合管理办法。例如,上海市明确,公共数据质量管理遵循“谁采集、谁负责”“谁校核、谁负责”的原则,由公共管理和服务机构、市级责任部门承担质量责任。上海市大数据中心负责公共数据质量监管,对公共数据的数量、质量以及更新情况等进行实时监测和全面评价,实现数据状态可感知、数据使用可追溯、安全责任可落实。① 福建省规定,数据管理机构应当会同数据生产应用单位建立政务数据质量管控机制,实施数据质量全程监控、定期检查。数据生产应用单位应当在其职责范围内负责保障政务数据质量和数据更新维护,开展数据比对、核查、纠错,确保数据的准确性、时效性、完整性和可用性。②

二是流程管理一体化。高质量发展综合考核要实现全流程管理、一体化运作,实现考核手段从单一到集成的转变。充分发挥信息化技术在综合考核工作中的指令传达、执行监督、问题发现、反馈整改、交流沟通、分析研判等作用,加强综合考核工作全覆盖、全流程、精准性三大管理,综合运用平时监测、半年评估、年终考核、综合评估等形式,跟踪了解、一线考察、动态纪实、谈心谈话、民主测评等方法,传统载体、信息化平台、大数据建模分析等工具,将“定期考核和平时考核、专项考核相结合”“变事后考核为事前、事中监督”,实现“考事与考人”相结合,“结果控制”与“过程管理”相统一。

三是资源成本节约化。高质量发展综合考核涉及面广、工作量大,需要投入大量的人力和物力。有的地方在考核中对文字材料的报送和一些台账的设置和考核的接待调查访问过多,无形中增加了基层的负担,不但增加了基层的行政管理成本,而且耗费了大量的精力。如何减少考核成本,提升工作效能,除了减少线下频繁调研督察,减少接待和文字材料报送之外,最关键的还是要增强考核功能,大力推进智慧考核。譬如,能在线上考核完成的就在线上完成

---

① 参见《上海市公共数据和一网通办管理办法》,上海市人民政府令第9号,2018年9月26日发布。

② 参见《福建省政务数据管理办法省政府令第178号》,2016年10月15日发布。

考核;能用电子版报送的材料就用电子版报送;能用大数据研判和评价的考核事项就不用召开会议和接待采访;能用第三方考核评估机构考评的就不要安排体制内考核评估。高质量发展综合考核的目的是降低行政成本、提高工作效能、促进高质量发展。如果考核成本过大、耗费人力物力过多,带来行政成本过高,那么这样的考核也不可持续,也就失去了考核的生命力。因此,要把推进智慧考核、节约行政成本作为高质量发展综合考核评价工作改革创新的一项重要任务,以深化综合考核工作改革创新,科学合理设置考核指标和考核内容,优化和精简考核流程和考核事项,提高考核评价的质量和效益。

四是考评分析多样化。高质量发展考核分析的目的是检查、评估和预知。检查是对高质量发展的考核结果进行检查验证,分析高质量发展的综合质效;评估是对高质量发展的考核方案、工作行为是否具有科学性、精准性、引领性和拓展性进行评价、估量;预知是对质量发展的生产力和阶段性发展目标的达成率进行预估,前瞻未来高质量发展的趋势和不足。目前,国内考核评价分析高质量发展的方法很多,但每种评价方法都有利和弊,这就要求各地要结合本地实际情况进行优选。譬如,指标体系法,以提高发展质量和效益为立足点,创建适应高质量发展考评的指标体系,使评价指标具有导向性、代表性和可操作性。定性定量分析法,将高质量发展的质性、定量分析相结合,质性分析注重理论,定量分析强调数据可靠,把两者有机结合起来进行评价。TOPSIS 法,运用 TOPSIS 法对高质量发展指标进行多目标决策分析评价,优化评价方案,并与其他评价方法进行优劣对比。权重赋值之“熵权法”,运用熵权法科学合理地对高质量发展综合指标权重进行计算,根据权重计算结果作出综合评估。多维评价模式法,将组织权一维视角下的高质量发展评价模式与多元评价权相结合的绩效评价模式结合起来,运用民意调查型评价、考核型评价、治理型评价(独立或委托第三方)、参与型评价、决策型评价、监督型评价,从多角度、多层面进行综合比较评价并相互验证。智能评价法,在网络、大数据、物联网和人工智能等技术的支持下,运用 SPSS、STATA 等软件技术,推进智能化考核，实现更加精准、更加科学、更加高效的综合考核。

五是精准考核智能化。有的地方年终考核看看资料、听听汇报，走走过场，“工作做得好，不如总结写得好”，以材料厚度作为成绩标准，考核成了“材料秀”。这种“变了味”的考核既考不到实处，核不出实效，与年终考核的初衷背道而驰，又浪费各级资源，增加基层负担，反而滋生了形式主义，造成了考核不够精准、不能公认和大多数人不服气。因此，要实现高质量发展综合考核精准化，就要综合运用大数据、云计算、移动计算等技术手段，充分运用大数据技术，开展大数据分析研判，不断提高考核大数据的智能化水平。在顶层设计的基础上，建设覆盖各级各部门的综合考核工作，实现综合考核的信息化、规范化、流程化，提高综合考核工作质量和效率，集成内外数据源，形成考核大数据，实现对考核信息的综合查询分析和对考核结果的充分运用，为高质量发展综合考核评价提供多渠道、多层次、多侧面的决策支持。在综合考核信息化建设的同时，建设和完善信息化运行工作机制，促进综合考核信息化走上一条可持续发展的道路。

二、强化考评功能的体系构想

高质量发展考核评价功能体系建设是一个系统工程，要从综合考核的功能特点、功能要求、功能作用出发，系统设计功能体系。以江苏为例，江苏各地在高质量发展综合考核的实践探索中，有的已经对综合考核信息化进行了初步探索，有的取得了明显成效。在不断总结这些实践探索的基础上，学习借鉴先进地区经验，初步提出高质量发展综合考核功能体系建设的构想，即形成“一张网”、创建“一个库”、突出“六个维度”、构建“四个平台”、完善“一个运行系统”的体系框架。

首先，形成“一张网”。充分利用互联网、政务外网和组工内网的现有条件，在进行技术处理确保安全保障的前提下，将这三个网进行有机组合。政务外网与互联网之间通过防火墙进行逻辑隔离，与国际互联网物理隔离。组工内网与政务外网之间不互通，则可先行在同一网络内进行数据共享和数据采集，再人工定期进行数据摆渡完成数据同步过程，实现数据采集和数据的汇集，人工数据摆渡过程需考虑结合操作授权、审批、审计、查杀病毒等管理手段确保操作安全。要把互联网、政务外网和组工内网有机地结合起来，提供综合考虑评估考核相关支撑数据源系统的数据共享范围、程度以及网络安全等问题，在安全的基础上逐步增加网络系统活力，构建高质量发展综合考核系统“一张网”。如图 3-4 所示。

其次，创建“一个库”。就是高质量发展综合考核大数据仓库。在全方位考核数据网构建的基础上，构建综合考核数据仓库，初步实现数据统一分类、统一采集、统一核查、统一存储，保证数据源的一致性。数据仓库包括一个地区的综合考核信息系统数据、机关绩效管理信息系统数据、经济社会发展数据中心的数据、第三方考核评估机构数据、社会满意度评价数据和社会舆论焦点数据以及其他数据源数据等。数据仓库参见图 3-5 所示。

第三，突出“六个维度”。一是围绕推进高质量发展，科学设置考核指标、考核内容，在综合质效、创新发展、协调发展、绿色发展、开放发展、共享发展、安全发展和主观感受等方面提供数据支撑和绩效情况。二是围绕服务高质量发展，对机关单位完成重点工作、管理工作和创新创优等方面进行综合质效评估。三是围绕党的建设高质量，全面系统考核评价各地各单位的政治建设、思想建设、组织建设、纪律建设、作风建设、制度建设和反腐败斗争的工作成效，重点考核抓党建促发展情况。四是围绕满意度评价，从在职领导评价、社会公众（含两代表一委员，即党代表、人大代表和政协委员）评价、考核组评价等，按加权分值进行综合。五是围绕综合质效评价，对上述四个方面的考核评价情况进行总体评价测算研判。六是围绕技术保障，对考核评价方案及数据安全等进行维护和提供保证。

第四，构建“四个平台”。一是信息共享平台。建立健全从指标设计、目标分解、过程管理、考核评价到反馈整改全过程的工作流程。建设综合考核大数据仓库,推进考核信息化,实现在“一张网”上数据共享和信息共享。提高平台建设规范标准,使工作人员按照设定的流程开展工作,主要工作精力集中到对具体考核工作的研究与优化中,做到每一步操作的合理性、合规性有据可查,有规可循,有效实现综合考核工作的规范化、精准化。二是互动交流平台。逐步实现在高质量发展综合考核“一张网”上交互,初步做到考核材料网上填报、考核评议网上参与,相关考核数据网上采集,考核建议网上对接,逐步将传统的纸质化办公改变为网上办公,减少大量纸质材料及相关台账的报送,考核数据可直接从网上实现传递和汇总,减少大量收集、统计时间,节约人力、物力、财力,达到扩大民主、强化智能、提高效率、促进发展的考核目的。三是预警监测平台。加强考核各项指标推进情况动态管理,健全各单位考核工作电子台账,逐步实现对各项考核指标进展程度早研判、早预警、早督促。为方便服务高效运行,创建虚拟专用通道,为领导和考核工作人员配置 pad,逐步实现实时查看各项指标的推进程度,并可及时作出处理或领导批示,领导或考核工作人员外出随身携带、随时可用,减少线下请示汇报、批示件流转等环节。四是研判分析平台。充分利用高质量发展综合考核大数据仓库,通过对各项考核指标数据梳理、汇总,以及历史数据的累积、分析,为科学考核评价提供数据支撑。通过历史数据的积累和对现实数据的分析,对被考核地区和单位高质量发展情况和政绩考核,为科学考核评价进行综合分析研判,为领导综合决策分析提供精准数据支撑。

第五,完善“一个运行系统”。现在的综合考核运行系统与过去的考核系统最大的区别就是信息化水平和智能化水平明显提高。从操作功能看,要创建一个由地区考核委领导、考核办统筹、各牵头部门推进、各责任部门落实的信息化、一体化综合考核工作运行机制,改变通常存在的行而不通、运而不畅、量而不足等问题。从管理功能看,要制定综合考核的制度和系列政策文件,完善配套文件,加强文件管理。从技术功能看,要健全综合考核大数据仓库,提高数据质量;利用好中间件功能,运用系统软件提供基础服务,衔接网络上应用系统的各个部分或不同的应用，使其能够达到资源共享、功能共享的目的；在 Web 服务（Service）方面，能使得运行在不同机器上的不同应用无须借助附加的、专门的第三方软件或硬件，就可相互交换数据或集成。依据 Web Service 规范实施的应用之间，无论它们所使用的语言、平台或内部协议是什么，都可以相互交换数据。从安全功能看，要建好容灾系统和系统缓存等，应对各种自然灾害和计算机犯罪、计算机病毒、掉电、网络/通信失败、硬件/软件错误和人为操作错误等人为灾难的发生，确保用户数据的安全性（数据容灾），使完善的容灾系统提供不间断的应用服务。

高质量发展考评功能，从根本上解决的是“考成什么样”的问题，考评功能的优劣决定考核评价的水平和质量。从某种程度上说，考评功能体系建设事关整个综合考核的成败，要以系统化思维高标准建设好。高质量发展考评功能怎么建、建什么，目前国内还没有先例可循，只能根据江苏省高质量发展综合考核的实践经验，在广泛借鉴先进地区经验的基础上，创造性地构思和创新设计江苏高质量发展综合考核功能体系。如图 3-6 所示。

三、强化考评功能的策略选择

政务信息化水平的快速提高和“数字政府”建设的加快，为高质量发展综合考核功能体系建设带来了新机遇。要运用互联网、大数据思维，着力打造科学化、智能化高质量发展考核信息化平台，满足高质量发展综合考核要求和群众期盼，形成上下“一张网”“一盘棋”格局，深入谋划“一体化”政务高质量发展综合考核信息化建设新思路，构建“统筹规划、共建共享、业务协同、安全可靠”的考核信息化建设管理机制，推动基础设施集约建设、考核信息系统互联互通、考评数据资源汇聚共享和应用考评业务协同创新。

一是规划设计上，把新发展理念融入考评功能和价值实践。新时代高质量发展是在创新、协调、绿色、开放、共享的发展理念引领下的发展，是全面的发展。要深刻领会习近平新时代中国特色社会主义思想的时代背景、核心要

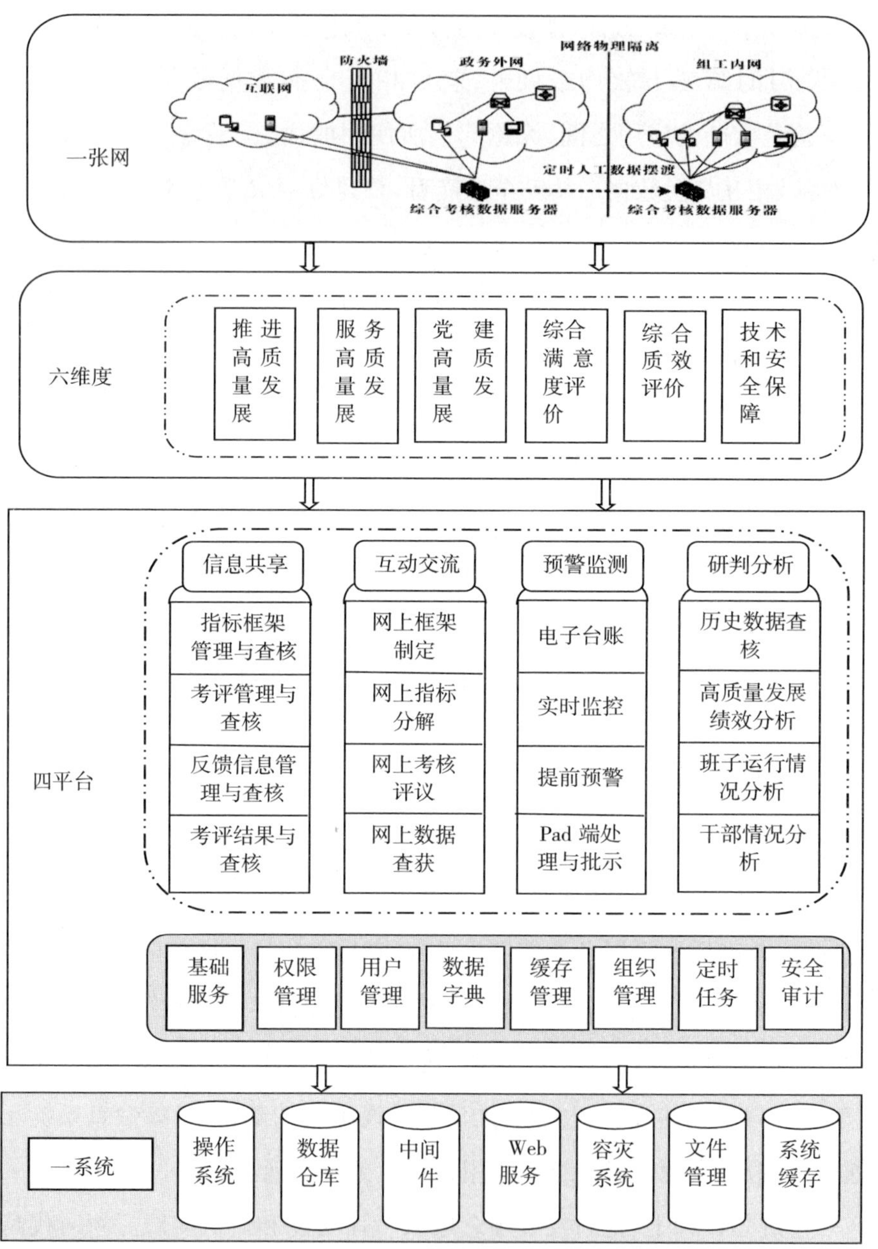

图 3-6　高质量发展综合考核功能体系构想框架

义、创新观点和实践要求，从历史和现实相贯通、国际和国内相关联、理论和实际相结合的宽广视角，对高质量发展综合考核的关键问题进行思考和把握。一方面，要以科学管用为首要，在尊重客观发展规律的基础上，对已有的综合考核体系进行不断的创新探索，合理进行制度改进，不墨守成规、不本本教条。另一方面，要加强对来自基层和实践的成功案例进行规律性分析，总结综合考核工作的特殊规律与普遍规律，把这些规律认识提炼为综合考核的思路、机制、方法、流程的规章制度，与时俱进加以完善，保证综合考核既上承上级文件精神，又下接地气。

二是机制完善上，使考核功能体系规范、制度、科学。为适应新时代新任务新要求，完善综合考核机制，切实解决干与不干、干多干少、干好干坏一个样的问题势在必行。要根据实际情况合理设置考核指标，增强考核的科学性、针对性、可操作性，调动和保护好各地区、各部门、各层级的积极性。要畅通考用转换渠道、推进考用良性互动，进一步通过改进反馈方式、全面兑现奖惩、用活用好结果，做到正向激励要适度，反向约束不倒挂，使考核结果从“软参考”变“硬依据”，真正释放考核的最大效用。要强化奖惩激励，把考评结果作为管理干部的重要手段，使实绩突出的单位有成就感、荣誉感，使实绩一般的单位有压力感、紧迫感，使实绩较差的单位有危机感，从而激励各级干部爱岗敬业，营造比学赶超的浓厚氛围。要进一步向社会开放，不能“自说自话、自弹自唱”，真正做到让群众参与、让群众监督、让群众评判。

三是平台建设上，推进全省综合考核信息化平台“一张网”建设。在高质量发展综合考核信息化建设过程中，如何打破条块数据分割、实现全省跨界共享融合是重要环节。需要进行高位统筹协调，形成各系统平台统一、高效、畅通的参与共建推进机制。依托现有成熟的互联网、政务外网和组工内网的运行环境，运用安全技术构建全省高质量发展综合考核信息化“一张网”大平台，由省平台加快建立省—市—县（区）三级指挥联动平台，有条件的地区可根据实际需要建立省—市—县（区）—区镇（部门）四级指挥联动平台，实现从上至下的全流程打通。在健全安全技术和管理体系方面，通过网络安全等级保护和密码应用测评，达到一体化平台安全接入标准；建设全省一体化在线综合考核信息化平台安全管理中心，实现三级（四级）平台安全管理中心上下联动。在建设一体化在线考核平台运维管理体系方面，要全面加强网络设备、计算和存储设备、安全设备等硬件基础设施以及操作系统、中间件、数据库、容灾系统、数据备份与恢复、系统缓存等软件基础设施，并且对应用系统的运行状态进行监控和综合管理。在建立支持运维服务流程标准化管理体系方面，达到一体化平台综合运维要求，实现一体化平台运维统一监控和协同管理。

四是智能赋能上，运用大数据实现人、机、智三位一体化。智能化是现代人类文明发展的趋势，智能化考核是在网络、大数据、物联网和人工智能等技术的支持下，推动传统考核数字化转型，实现更加精准、更加科学、更加高效的综合考核。要整合各地各部门的数据资源，真正发挥数据共享作用，全方位、宽领域、多维度应用大数据，实行数据源单位一次报送，做到让数据多跑路、为基层多减负，促进政府管理和服务流程再造。大力推进“智慧考评”建设，创新运用现代科技手段，借助互联网、大数据，加快建设地域综合考核信息化平台，完善基础支撑、公众参与、目标管理、智能分析、统一互联网应用等子平台，持续提升考评工作的数字化水平。通过深度挖掘考评相关指标数据，为各考评单位和领导干部“画像”，量化展示工作动态和实绩水平，以加强过程管理，激励争先进位。有条件的地方在建立综合考核数据库的基础上，要开发新的软件平台，让考核聪明起来。

五是动态预警上，逐步实现全方位动态预警信息发布。南通市海门区委组织部高洪军、尹建东在《综合考核信息化建设研究报告》中提出，高质量发展综合考核要加强动态预警，这是平时考核的一种重要形式。动态预警信息的发布有三种方式。一是系统自动预警。为提高系统效率，对于规则确切、依据明确的预警，由系统自动发布。二是系统提示预警。为慎重起见，某些预警规则由系统自动计算得出，但不是直接发布，而是由考核办或考核牵头部门审核后发布。三是人工预警。某些预警的情况不能由系统自动计算得到，而是由考核办或考核牵头部门在审核的基础上，进行人工判断作出的，比如非定量指标的完成情况，可以进行人工预警。动态预警可按单位展示所有指标完成情况和按指标展示每个单位完成情况进行预警信息展示，被预警单位接到预警信息后，对相关工作进行整改，并随时报告进展情况，以便考核办或考核牵头部门掌握情况并对所有预警单位和预警指标的情况及时跟踪。对于已经脱离预警条件的预警项目，根据预警单位的反馈，或者根据新的进展报告，由考核办或考核牵头部门取消预警。

六是功能配套上，构建组织健全、执行有力的保障体系。作为地方政府应当加强对综合考核，特别是对社会评价工作的组织领导，配足配强力量，做到思想认识、工作精力和责任措施“三到位”。在实施考评过程中，负责考核的主管部门应当紧紧围绕高质量发展这个根本目的，严格执行党委、政府有关文件规定，进一步加强对考核的统筹协调和管理，坚决防止和克服形式主义、官僚主义。考核实施单位要牢固树立规矩意识，严格遵守考核管理规范，着力推动重大工程、重点项目、重点工作、重大任务的落地落实的同时，自觉控制考核项目、简化考核方式、规范考评行为，实事求是地反映各项指标任务的完成情况，切实减轻基层负担。各地各部门要如实提供各项考核验证材料，客观反映单位工作业绩，不得弄虚作假，不得浮夸业绩亮点，不得采取不正当手段影响社会评价。所有工作人员要严谨细致、扎实工作，不怕吃苦、不怕烦琐，做深做细做实综合考核工作。

高质量发展考评功能是在发展进入新阶段大背景下，理论探索上的新成果。本章从高质量发展考评的功能界定、功能设置和功能创新等三个维度，系统研究高质量发展考评体系建设问题，弥补了高质量发展考评功能建设的不足。一是考评功能的含义与特征：阐释了高质量发展考评功能的主要含义、基本特征和应用效应。二是考评的功能定位与建设：论述了高质量发展考评功能定位、考评信息化平台的创建与探索、考评大数据库构想与安全防护等内容。三是考评的功能拓展与创新:研究了强化考评功能的基本理路、体系构想和策略选择:基本理路是数据质量标准化、流程管理一体化、资源成本节约化、考评分析多样化、精准考评智能化;体系构想是形成“一张网”、创建“一个库”、突出“六个维度”、构建“四个平台”、完善“一个运行系统”的体系框架;策略选择是在规划设计、机制完善、平台建设、智能赋能、动态预警、功能配套上全面发力。

第四章 高质量发展考评政策

政策体系是政府为解决公共问题、达成公共目标、实现公共利益而实施的一系列法律法规和行政规定。高质量发展的政策体系作为公共政策体系的重要组成部分,是由不同类别、不同层级组成的相互补充、相互配合、相互协调的政策系统。随着经济已由高速增长阶段转向高质量发展阶段,为适应高质量发展的新趋势和新要求,与之相适应的政策应尽快转向质量型发展政策。推动高质量发展需要明确政策体系,政策体系是规范、引导和保障高质量发展的必然要求。构建科学合理的政策体系,要通过推进政策的规范、创新与协调配合,提高政策的系统性、整体性和全局性,能够切实反映出高质量发展阶段政策体系中尊重市场、尊重规律、尊重趋势的发展要求,在完善市场机制、维护公平竞争、促进包容性发展等方面切实发挥好宏观战略导向作用。同时,要结合高质量发展阶段的新需求与新特征,以政策制定的科学性、稳定性和精准性为主导方向,提升政策体系的法治化、透明化与规则化水平。

第一节 高质量发展考评的政策取向

新阶段、新格局、新发展大背景下的高质量发展的政策与速度增长阶段的政策导向有着明显区别。速度增长强调的是数量扩张,高质量发展强调的是质量第一。构建基于双循环的新发展格局，推进高质量发展，需要以提升产业基础能力和产业链水平来做支撑。新型消费发展能否持续、能否发展壮大主要有赖于实体经济的发展，而实体经济发展取决于产业基础能力和产业链水平。近年来，我国产业基础能力和产业链水平有了很大提高，但在技术水平的先进性、性能的稳定性和可靠性等方面与世界先进水平仍存在差距。从我国的实际出发，新发展格局的构建需要提升产业基础能力的发展质量、可持续性以及国际竞争力，着力补齐高质量发展的产业链短板。因此，在高质量发展的政策取向上要进行新调整和完善。

一、深化对高质量发展政策的认识

在新科技革命与产业变革历史条件以及新时代高质量发展战略导向下，信息化降低了社会交易成本，市场化提高了资源配置效率，国际化推进了中国制造走向全球。这其中最大的变化就是在产业跨界融合下，需要通过高端链接与高手过招，再通过高端辐射整合资源在本地实现高附加值，最终到全球产业价值网上配置资源、创造财富、分配财富。最根本的是产生全新的生活生产方式，最直接的是生产新经济的产业创新体系，产生新型的创新发展模式，形成新的治理结构。在此背景下，以产业新体系、企业新梯队、要素新源头、服务新供给、开放新格局、发展新治理为代表的"新逻辑"，成为了重要的组织动员机制，体现了生态的开放、多元、活力、共赢、高效的特点。① 在进入高质量发展新阶段、践行新发展理念、构建新发展格局的大背景下，要对现有的政策如何调整、怎样调整，新的政策逻辑是什么呢，是摸着石头过河，还是要有顶层设计；是坚持问题导向为主，还是坚持发展导向为主；是扶持性政策多，还是探索制度性政策；是坚持公共行政，还是趋向于公共治理；是坚持质量第一，还是坚持"高"是第一；是坚持把质量变革、效率变革、动力变革作为高质量发展的动

① 参见徐苏涛：《高质量发展的核心是把握新的发展逻辑、新的组织逻辑与新的政策逻辑》，《科技与金融杂志》2020 年第 4 期。

因，还是以产业规律、市场规则为动力等等，这些都是在发展新阶段、构建新格局时必须深入研究探讨的问题。这些问题不研究清楚和透彻，随着质量强国战略和高质量发展的深入推进，很可能在政策扶持上形成一些盲区和误区，从而影响政策发挥的效力，甚至导致政策目标的落空。主要反映在如下三个方面①。

一是高质量发展的核心落脚点是质量第一，而不是“高”是第一。要清醒地认识到，我国进入了高质量发展的新阶段，但并不意味着已经达到了高质量发展水平，只能说我们还在推进高质量发展的路上，距离实现高质量发展还有较大差距。在质量水平未能有效提升并达到准入标准之前，普遍性地提升质量，并基于质量开展生产管理、市场拓展和模式创新是重中之重。在这个发展阶段，除了部分示范性因素和项目之外，过分强调“高”的质量往往不够现实，因为这种“高”缺乏真正的市场，也无法获得自足性的发展，政府的奖励和补贴也许恰恰就是“高”要获取的目标。因此，高质量发展首先完成的是质量的标准化和规范化建设，没有质量的标准就难以评价质量的优劣，首先发展标准要与通常的国际标准比较，制定实施符合我国高质量发展标准体系建设的政策文件，指导基层高质量发展。在标准化建设的基础上，基于智能化的市场和高效率的生产形成差异化供给体系，在差异化的基础上追求“高”的质量提供，从而形成良好的市场支撑。譬如，北京在全国率先印发了《推动首都高质量发展标准体系建设实施方案》，②这是指导首都高质量发展标准体系建设的顶层设计方案，为全国高质量发展标准化建设提供了北京经验。该《方案》围绕首都高质量发展 6 大方面 35 项指标，研究提出了推动首都高质量发展标准体系整体架构。分为三个层级，一级为首都减量发展、创新发展、协调发展、绿色发展、开放发展、共享发展等高质量发展的六个方面；二级为城市发展总量

---

① 参见闫坤、张鹏：《构建推进质量强国战略的宏观政策支持框架》，《财会月刊》2019 年第 7 期。

② 首都标准化委员会：《推动首都高质量发展标准体系建设实施方案》，北京市市场监督管理局政务公开，2020 年 1 月 14 日。

控制、高精尖产业、城市精细化治理、京津冀区域协同发展、生态环境保护、优化营商环境、高品质人居生活等 18 个重点领域；三级为战略性新兴产业和涉及接诉即办、污染防治、“七有”“五性”民生建设、冬奥会筹办保障等全市重点工作的 67 个具体标准体系。北京将由首都标准化委员会牵头，42 个市级部门、16 个区政府分工负责，瞄准国际先进水平，充分体现首都特色，充分激发市场活力，打造“北京标准”，并促进主导技术标准走向国际，以此引领提升城市规划建设管理水平，助力首都高质量发展。到“十四五”末将首都建设成为高精尖产业和现代服务业标准引领区、城市规划建设治理标准先进区、京津冀区域协同发展标准示范区、生态治理绿色标准样板区、营商环境标准友善区、民生保障标准模范区。

二是“三大变革”是高质量发展的结果，而不是发展的原因。三大变革是质量变革、效率变革、动力变革。质量变革是主体，高质量是经济发展的基本目标，目前我国经济发展面临的主要挑战是质量不高，所以加快提升供给质量，促进经济迈向中高端水平，推动中国制造向中国智造、中国速度向中国质量、中国产品向中国品牌升级，已成为我国转向高质量发展的主要任务。效率变革是重点。效率是经济发展的永恒追求。经济增长中的低效率问题仍然比较突出，是我国经济发展质量不高的重要表现。效率变革，是要坚持创新驱动发展，实现实体经济、科技创新、现代金融和人才资源的有效融合，提升生产效率、协同效率等。动力变革是关键。动力变革是高质量发展的关键，也是实现质量变革、效率变革的前提条件。转向高质量发展的“三大变革”，就是要以动力变革来推动效率变革，进而促进质量变革。创新是动力变革的有力支撑，还需要加强科研成果的转化。高质量发展是按照市场规则和经济规律的高效率、低成本和高质量的经济发展。产业有自身的发展规律，市场有自己的运行规则，资源有自我的配置方式，创新有自有的动力机制，这些高质量发展要素形成了一整套客观、有机、协调的发展模式。因此，质量变革、效率变革和动力变革并不是高质量发展的动因，动因是遵循产业规律和市场规则，而不是高质量发展的成果表征，在规律和规则的引导和推动下，实现了具有“三大变革”特征的发展模式创新。

三是高质量发展是政策的目标，而构建现代化经济体系则是政策的“工具箱”。政策目标是通过刺激需求，使增长速度回归到潜在增长能力上面，以保障生产要素的充分利用。目前，一方面，我国所处经济发展阶段决定了潜在增长率趋于长期下降，政策调控目标不能一成不变，要避免刺激过度从而超过潜在增长率；另一方面，存在的体制机制弊端阻碍着生产要素充分供给和有效配置，因而有着提高潜在增长率的空间，改善生产要素供给和配置的改革，应该进入政策工具箱。但是，工具箱中这个特殊内容不在于刺激需求侧因素，而是从供给侧提高潜在增长率。高质量发展是政策的目标，构建现代经济体系是政策的手段即“工具箱”。目标和手段是容易错位的思维逻辑，并容易导致政策出现扭曲。首先，目标强调长期稳定发展，并保持各阶段性目标的衔接和一致性，而手段强调问题的针对性和有效性，两者一旦错位，容易将灵活性和针对性的手段僵化，进而与形势和矛盾相脱节，或脱离必要的约束条件而形成盲目扩张。其次，目标是发展的愿景，而手段是推动发展的工具，如果将手段当成目标把两者颠倒，就会把问题表面化，甚至使目标与初始愿景出现全面背离。如我国部分地方政府的房地产“去库存”改革就出现了目标与手段的错位。第三，目标不是操作项目和具体的实施措施，而手段恰恰是用于操作的措施体系。也就是说，高质量发展不能进行自我循环式的“自证”，而需要通过质量提升、与高质量发展相关联的生产要素和政策措施体系进行支持和推进。因此，在推进高质量发展的政策制定和措施实施过程中，不能以高质量作为施力的直接对象和措施体系的建构基础，而应当把着力点放在现代化经济体系的建构和完善上。

二、宏观调控质量型发展目标取向

传统的宏观调控是以经济增长、充分就业、物价稳定和国际收支平衡为目标,这一目标体系相对易于评价和考核。但是高质量发展阶段还要重视环境治理、风险防控和精准脱贫等诸多问题。传统宏观调控体系难以符合新时代高质量发展的要求。新发展阶段的宏观经济运行显现出由高速增长向高质量发展转变、经济结构持续优化以及创新驱动等新的趋势和规律,宏观经济运行表现出经济增长减速、结构变迁和动力转换的特征,需要形成调控有度、引领创新和政策成本可控的高质量调控体系。因此,高质量发展要立足新发展格局,以创新发展、协调发展、绿色发展、开放发展、共享发展为目标,适应新时代高质量发展的趋势和特征,加快宏观调控目标的转型。①

一是注重质量型发展这个鲜明的取向。传统宏观调控体系通过追求短期的经济增长,能够在生产力相对较低的状态下提供足够的物质产品和社会服务,从而满足人民群众日益增长的物质文化需求。现在我国仍处于社会主义初级阶段,是世界最大发展中国家的国际地位也没有改变。从发展总量上看,我国稳居世界第二大经济体,人均 GDP 已进入中等偏上收入国家行列。但是,从发展质量上看,与发达国家相比还存在较大差距。我国改革开放 40 多年从短缺经济起步,解决了物质短缺问题,用了 40 多年把数量的缺口基本填满了,但是我国质量的缺口依然非常大,我们的产品和服务的质量与国际先进水平相比还有很大的差距。我国的劳动生产率和全要素生产率与国际的先进水平相比,同样也有非常大的缺口,怎么去填补质量的缺口实现质量指标的追赶呢?高质量发展的核心指标之一是提高生产率,提高全要素生产率。佩恩世界表显示,2014 年,我国全要素生产率(简称 TFP)只相当于美国 43%的水平。1980 年日本在基本完成工业化后,TFP 达到美国的 81%。1991 年韩国 TFP 达到美国的 60%。如果假定中国 TFP 增速在未来几年会明显提高到 2.0%,并且在 GDP 增速趋缓的情况下还可以维持这个 TFP 增速直到 2035 年,而美国仍然以 0.76%的速度提高,那么到 2035 年,中国 TFP 将是美国的

① 参见师博:《中国特色社会主义新时代高质量发展宏观调控的转型》,《西北大学学报》(哲学社会科学版)2018 年第 3 期。

56%。如果将超过美国TFP水平的60%作为我国2035年的目标，那么只有当中国和美国分别以2.5%和0.76%的年均增速提高TFP，这个目标才可以实现，那时中国TFP为美国的62%。① 这说明在高质量发展中提升全要素生产率增速是不容易的，并非易事。构建新发展格局是为了更好地推动经济高质量发展，要通过进一步解放生产力、发展生产力和保护生产力，实现经济社会结构的平衡和资源利用效率的充分提升，来满足人民日益增长的美好生活需求。当前经济增长速度下降属于结构性减速，是淘汰落后产能和低效产能的结构性调整的结果。加快发展现代经济体系是抵消经济减速不利影响的必然选择。这需要将互联网、大数据和人工智能与实体经济相融合建设制造业强国，加快发展以先进科学技术为支撑的现代服务业，最终通过产业优化升级和建设现代化经济体系实现高质量发展。追求高质量发展并不意味着放弃经济增长。一方面，高速和低速增长都不利于转方式、调结构和深化改革；另一方面，中国已有的增长红利趋于弱化，维持传统高速增长的条件难以满足，以创新驱动和提高供给体系质量为核心的质量型发展将会为未来长期稳健的经济增长创造新红利和新动能。

二是注重把高质量充分就业作为优先导向。就业一头连着经济，一头连着民生。稳住了就业就稳住了经济的“基本盘”，稳住了社会的“基本面”。就业是最大的民生工程、民心工程、根基工程。我国是一个人口众多的发展中国家，解决好就业问题事关经济社会发展全局。就业问题不仅是重大的经济问题、社会问题，也是重大的政治问题。就业不仅是劳动者生存的经济基础，也是其融入社会、共享发展成果的前提。我国是世界上劳动力资源最丰富的发展中国家，解决就业问题具有长期性、艰巨性、复杂性。我国就业总量压力和结构性矛盾并存，经济发展中的不稳定、不确定因素增多，稳定和扩大就业面临较大压力。与此同时，结构性就业矛盾更加突出，适应产业转型升级需要的

---

① 参见张文魁：《高质量发展与生产率重振》，《新经济导刊》2018年第8期。

高层次研发人员、高技能工人和创新型复合型人才不足，部分新成长劳动力的实践能力还难以跟上市场变化，大龄低技能劳动者就业难题或将持续存在。保证劳动者的充分就业，要使劳动这种创造财富的最能动的要素能够充分发挥作用，充分发展生产力。建设实体经济、科技创新、现代金融与人力资源协同发展的现代产业体系，在这四个方面协同中劳动者居于核心地位。实体经济的发展离不开大量熟练的产业工人，科技创新和现代金融的发展需要人力资源的支撑。因此，只有实现高质量充分就业才能够最广泛地发挥劳动者的作用，也只有高质量充分就业才能够有效地提升劳动者的生产技能和经验，激发人民的创造活力，服务高质量发展。我国“十四五”时期应当突出就业优先导向，将就业作为经济社会发展的优先目标，将保就业作为经济运行合理区间的下限，通过发展增岗位，筑牢就业基础。完善实施就业影响评估机制，在组织实施发展规划、优化产业布局、实施重大工程项目过程中，注重强化对就业影响的评估。坚持实施以稳定和扩大就业为基准的宏观调控，推动财政、消费、产业等政策聚力支持就业，形成经济就业双增长的良性循环。充分发挥市场在人力资源配置中的决定性作用，更好发挥政府作用，破除妨碍劳动力社会性流动的体制机制弊端。持续激励企业等各类市场主体更多吸纳就业，深化“放管服”改革，综合运用资金补助、减税降费、金融支持等政策，稳定现有市场主体，催生新的更多的市场主体，以政府收入的“减法”，换取企业效益的“加法”和市场活力的“乘法”。通过零成本创业、零收费服务，强化灵活就业人员扶持政策，支持自谋职业、自主创业，推动多渠道灵活就业。全面实施就业精准帮扶行动，扎实做好农民工、高校毕业生、失业人员、就业困难人员等重点群体就业。充分就业要保障劳动者的权利，更高质量和更充分就业才能使得居民收入与经济增长同步，使经济增长的红利充分外溢到每一位劳动者。充分就业能够最大化地保障劳动者的个人收入，最广泛地实现个体和家庭的全面发展以及充分体现以人民为中心的发展宗旨。

三是注重把创新作为高质量发展的第一动力。党的十九届五中全会提出,“十四五”时期经济社会发展要以推动高质量发展为主题。党的二十大报告进一步指出,高质量发展是全面建设社会主义现代化国家的首要任务。这是根据我国发展阶段、发展环境、发展条件变化作出的科学判断。当前和今后一个时期确定发展思路、制定经济政策、实施宏观调控都要围绕高质量发展这个目标要求。国家统计局、科技部和财政部联合发布《2019 年全国科技经费投入统计公报》显示,我国研发经费 2.2 万亿,连续 4 年保持两位数增长,总量居世界第二位。据世界知识产权组织《全球创新指数报告》,2019 年,中国创新指数排名第 14 位,连续 4 年保持上升势头,是中等收入经济体中唯一进入前 30 名的国家。中国科学技术发展战略研究院《国家创新指数报告》及相关创新指数年度报告,均显示我国已进入“创新型国家行列”,处于中等收入经济体前列,正向“跻身创新型国家前列”目标迈进。① 我国发展阶段、环境、条件发生变化,迫切需要强化科技创新驱动引领能力。坚持创新在我国现代化建设全局中的核心地位,把科技自立自强作为国家发展的战略支撑,强化国家战略科技力量,提升企业技术创新能力,激发人才创新活力,完善科技创新体制机制。以创新为第一动力推进产业结构升级、重塑经济发展新优势,不断创造新的需求、拓展新的就业空间,明显提高劳动生产率、增加人民收入,着力破解资源环境约束、实现绿色发展,有效保障国家安全。要从要素驱动和投资驱动转向创新驱动,实现发展动能的根本切换,推动经济发展质量变革、效率变革、动力变革。要以创新作为高质量发展的第一动力,动员相关要素围绕科技这一核心要素进行配置,动员相关改革围绕创新这一核心引擎进行协同。创新驱动高质量发展,要提升企业技术创新能力,加快建立健全企业主导产业技术创新的机制。切实发挥市场的探索试错功能,更好保护、激发企业家创新积极性,加快完善市场导向、企业主导,产学研用结合的技术创新体系。创新驱动高质量发展,要提升产业基础能力和产业链现代化水平,打造一批有国际竞

① 参见万劲波:《以科技创新驱动引领高质量发展》,《人民日报》(海外版)2020 年 9 月 7 日。

争力的先进制造业集群。以技术创新提升产业基础能力，在产业链、价值链上游自主可控，特别是关键性产业不依赖于人，不受制于人；要以全面创新提升产业配套能力，从原材料供给、生产、经营到销售，从上游、中游到下游等环节配套不“掉链子”，产业链之间高效分工协作。创新驱动高质量发展，全面提高经济整体竞争力，建立现代化产业体系。以智能制造为主攻方向推动产业技术变革和优化升级，推动制造业产业模式和企业形态根本性转变。夯实现代化制造业基础，才能带动农业现代化，才能推动生产性服务业向专业化和价值链高端延伸，推动生活性服务业向高品质和多样化升级。

四是注重把防范和化解重大风险作为重中之重。从全球看，世界正经历百年未有之大变局。大变局往往孕育着大挑战，但危和机往往相伴相生，挑战前所未有，应对好了，机遇也前所未有。新科技革命和产业变革是影响百年变局的重要变量。新科技革命的核心是数字化、网络化、智能化。网络互联的移动化、泛在化和信息处理的高速化、智能化以及计算技术高能化、量子化，促使人类生产生活方式全面数据化。新科技革命正在重塑各国经济竞争力消长和全球竞争格局，改变原有国际分工的“中心—外围”结构。争夺科技制高点的竞争日趋激烈。美国为控制国际竞争的制高点，将不惜成本和代价对我进行围堵和打压，以延缓我国的科技进步和现代化进程。美国“技术脱钩”对中美双方的影响具有不对称效应，将增大我技术路线选择的成本和风险。全球产业链、供应链在持续 30 年扩张势头后已开始收缩，主要国家将进一步在“效率”与“安全”之间寻求新的平衡，全球产业链供应链区域化、近岸化、多元化特征更趋明显，北美、欧洲、东亚三大生产网络内部循环强化。美国对我国战略遏制日趋强化是最大的不确定因素。美国对我国的战略遏制日趋强化，单方面挑起经贸摩擦、科技脱钩、金融施压，并在其他领域频频对我发难，在香港、新疆、南海、台湾等问题上制造事端。中美之间角力将伴随我国社会主义现代化建设的全过程，“十四五”时期是我国应对中美关系不可逆变化并进行战略性布局的关键期。新冠疫情推动世界进入动荡变革期。疫情冲击的不对称和再分配效应凸显，地缘政治更趋复杂。全球产出缺口短期内难以填补，经济复苏可能漫长曲折。疫情后的“K”型复苏，造成收入差距扩大，进一步加剧社会不平等，强化本已上升的保护主义、民粹主义和逆全球化倾向。从国内看，中国经济的结构性减速、经济结构变迁以及经济增长动力转化，都为宏观经济带来了较大的不确定性，如何化解实体经济、金融体系以及全方位对外开放中面临的重大风险也将影响中国经济的高质量发展。在制造业方面，中国经济增长出现结构性减速，部分行业出现产能过剩，不通过以创新驱动为核心的供给侧结构性改革，就难以使制造业攀升到国际产业价值链的高端，进一步将阻碍质量强国和制造强国的建设，诱发产业空洞化的风险。在金融业方面，近年来地产过热引发的资产价格泡沫和不良贷款、地方政府债务违约、人民币贬值压力以及互联网金融违约频发，金融系统流动性的压力增大，金融风险爆发概率增加。在竞争能力方面，改革开放以来中国不断融入全球经济，中国制造也凭借低成本奠定了全球竞争优势。然而低成本也导致了中国制造的产品质量不高、品牌溢价较低，长期来看此类风险将侵蚀新时代中国推动全面开放新格局的基础。不仅如此，中国企业走出去的过程中所面临的商业、政治和生态环境风险也在逐渐增大。这就要求在构筑人类命运共同体、凝聚共识的基础上，提升对外直接投资质量，化解国际风险。总之，我们既要高度警惕“黑天鹅”事件，也要防范“灰犀牛”事件；既要有防范风险的先手，也要有应对和化解风险挑战的高招；既要打好防范和抵御风险的有准备之战，也要打好化险为夷、转危为机的战略主动战。

五是注重把保护和改善生态环境作为保护生产力和发展生产力的重要举措。在经济高速增长阶段，粗放型增长导致了对生态环境的破坏，我国也成为全球碳排放量最大的国家之一。推进高质量发展是人与自然和谐共生的发展，既要创造更多物质财富和精神财富以满足人民日益增长的美好生活需求，也要提供更多优质生态产品以满足人民日益增长的优美生态环境需求。马克思主义政治经济学的研究对象是在一定生产力水平基础上的生产关系。

邓小平指出“应该把解放生产力和发展生产力两个讲全了”①。习近平总书记提出:“要正确处理好经济发展同生态环境保护的关系,牢固树立保护生态环境就是保护生产力、改善生态环境就是发展生产力的理念,更加自觉地推动绿色发展、循环发展、低碳发展,决不以牺牲环境为代价去换取一时的经济增长。”②中国特色社会主义政治经济学中的生产力应当是解放生产力、发展生产力和保护生产力。绿色发展方式和生活方式是永续发展的必要条件和人民对美好生活追求的重要体现。进一步从生产关系的角度,马克思主义认为,环境问题不能脱离一定的社会生产关系来解决。人与人的关系和人与自然的关系是互为中介的,人的全面发展必须合乎生态规律,良好的自然环境是人全面发展的源头活水,也是全人类解放的基本标准之一。实践证明,脱离环境保护,高质量发展就是“竭泽而渔”,离开高质量发展抓环境保护则是“缘木求鱼”。高质量发展决定人们的生活水平,生态环境决定人们的生存条件。生态问题不能用停止发展的办法解决,保护优先不是反对发展而是更好地高质量发展,关键是要正确处理保护与发展的关系,在发展中保护生态环境,用良好的生态环境保证可持续发展、高质量发展。因此,无论从践行绿色发展理念、保护生产力的视角,还是从协调人与自然的关系、促进高质量发展的角度而言,要解决社会主要矛盾必须保护和促进绿色生产力发展,污染防治和生态保护都是新时代高质量发展宏观经济调控的根本目标和政策调整的首选目标。

三、高质量发展宏观调控方式转型

践行新发展理念、构建新发展格局、推进高质量发展,需要建立宏观调控有度的经济体系,不断增强我国的经济创新力和竞争力。围绕推进高质量发展主题,逐步实现经济质量型发展、高质量充分就业、创新驱动发展、化解重大

① 《邓小平文选》第三卷,人民出版社 1993 年版,第 370 页。

② 《习近平谈治国理政》第一卷,外文出版社 2018 年版,第 209 页。

风险、保护生产力和发展生产力，高质量发展的宏观调控原则和调控方式都要适应新的更高要求，应当遵循间接引导、固定规则和存量调控的新原则，避免过度调控和干预成本过高，引导公众的理性预期，从而不断提升宏观调控的长期政策效果。新发展阶段的高质量发展宏观调控应当以直接干预为辅，也就是说以微刺激替代强刺激辅助经济平稳运行；固定规则为主、相机决策为辅的调控原则能够界定宏观调控的适用范围和界限，其目的也在于确立调控有度的宏观调控；宏观调控体系应以存量调控为主、流量调控为辅，物质资本、人力资本和文化资本作为经济最主要的存量，对创新驱动具有重要影响。高质量发展宏观调控的目标体系和长期性原则与传统的经济增长、充分就业、物价稳定和国际收支平衡目标以及短期直接刺激经济的原则有实质性的差异，并主要体现为数量型发展与质量型发展理念的冲突。相应地，宏观调控方式需要以推动经济的高质量发展为核心，以供给侧结构性改革为主线，以促进创新驱动为导向，在调控方式上进行必要的转型，以适应构建新发展格局、推进高质量发展的宏观经济运行的需要。高质量发展宏观调控的方式主要有如下几个方面。①

一是从数量调控向质量调控转变。在生产力水平偏低和城镇居民人均可支配收入水平较低的发展阶段，我国的宏观调控的主要任务是促进经济高速增长、服务 GDP 倍增计划，淡化甚至忽视了经济增长质量的提升和效率的改进。但是数量型的宏观调控牺牲了经济结构的优化升级、收入分配的公平性、非生产性公共产品和服务的投入以及生态环境质量。数量型宏观调控虽然能在短期有效刺激经济增长，但从长期看无法优化经济结构和培育经济增长的新动能。我国经过 40 多年的改革开放，生产力水平有了显著提高，但积累下来的经济结构性矛盾和问题也十分突出，原有的粗放型经济增长模式难以为继。为了满足人民日益增长的美好生活需求，应当实施质量型的宏观调控方

① 参见师博：《中国特色社会主义新时代高质量发展宏观调控的转型》，《西北大学学报》(哲学社会科学版)2018 年第 3 期。

式。从数量增长转向质量发展的主要任务是提高产品和服务质量，提高产业价值链，提高劳动生产率和全要素生产率，不断增强我国的发展质量优势。与此同时，经济发展宏观调控也要随之适应，质量型的宏观调控不仅服务经济增长数量，更是一种综合型的调控方式，并主要体现在：①从经济增长的稳定性、增长动力的强劲性、经济结构的合理化以及经济的开放性的维度进行调控，促进全要素生产率的提升、构筑稳定的发展基础。②优化教育和公共医疗卫生投入，以不断提升人力资本水平、培育劳动力的就业能力和自我发展能力，服务以人民为中心的利益诉求。通过实现人的全面发展，增加经济发展的社会成果。③推进绿色发展、低碳发展和循环发展，防治和减少气体污染、液体污染和固体污染，提升环境和资源综合利用效率。通过促进人和自然的和谐发展，增加经济发展的生态成果，提高发展质量。

二是从总量调控向结构调控转变。传统的宏观调控关注的重点是对经济总量的调控，主要是解决有没有的问题。生产力水平较低时，首先要解决总量问题，实现规模扩张才能有效保障民生和就业问题，宏观经济才有稳定发展的环境。目前我国宏观经济运行中的矛盾已不是总量性矛盾，也不是周期性矛盾和短期需求矛盾，而是长期结构性矛盾。马克思提出的社会再生产理论是马克思主义政治经济学的一个重要组成部分，揭示了要保证社会再生产能够顺利进行，社会生产两大部类之间必须保持适当的比例关系，必须保持均衡关系，即经济结构的平衡性在宏观经济运行中具有重要作用。马克思社会再生产理论，对于我国目前加强和改善宏观调控，促进社会市场经济平稳发展，实现充分就业，经济稳定增长，推进高质量发展等具有重要的理论意义和现实意义。我国宏观经济的长期结构性矛盾是传统宏观调控的后遗症，具体表现为经济社会结构的不平衡性：①需求结构不平衡，投资需求过于旺盛，而消费需求不能有效充分释放，特别是我国人均国民总收入已突破 1 万美元的背景下居民对高质量产品和服务的消费需求没有得到满足。②产业结构不平衡，服务业发展相对较快，工业特别是高端制造业发展速度相对较慢，实体经济对经济增长支撑不足。③收入分配结构不合理，总收入中资本要素报酬占比远高于劳动要素报酬占比。在构建新发展格局的大背景下，要在解决了有没有的问题基础上，进一步解决好不好的问题，对应宏观调控而言，就是从总量调控转向结构调控。高质量发展新阶段的宏观经济调控应更注重结构性调控。一应逐渐减少政府导向的投资，通过完善市场机制激发民间投资的活力。加快对落后产能的淘汰和僵尸企业的断血，将经济社会资源投向创新能力更强、经营品质更高的企业，提升对高质量产品和服务的供给。二应加大对制造业尤其是先进制造业的支持力度。在加大税收和信贷支持以及知识产权保护力度的同时，推动互联网、大数据、人工智能和实体经济的深度融合，以技术进步促进产业迈向全球价值链中高端，防范和化解产业空洞化风险和企业对内和对外投资的低质量风险。三应矫正要素市场尤其是资本市场由垄断势力造成的各类扭曲，完善要素分配的体制和机制以及加强金融市场监管，预防系统性金融风险。坚持按劳分配的原则，综合利用财税工具扩大中等收入群体、增加低收入劳动者报酬、调节过高收入。四应加快计划、财税、金融这三大调控杠杆形成合力，有计划提出需要调控的方向、目标、重点，主要运用财税杠杆，包括贴息、资本金补助、降税等等手段来引导社会资金的投向，特别是引导银行贷款的投向。五应从选择性的调整政策向功能性的调整政策转变。所谓选择性结构调整政策，就是挑选几个产业，对它实施优惠政策，支持它的发展，这样的政策应当越来越少，应当更多地是发挥功能性的结构调整政策的作用。

三是从需求调控向综合调控转变。需求调控是通过压缩或扩张总需求的办法，实现总供给与总需求的平衡。需求调控便于运用价格、利率、税率、汇率等市场参数和经济杠杆的传导作用，实行弹性控制，避免一刀切，不仅可以控制需求总量，而且可以控制需求结构。宏观综合调控是国家利用经济政策、经济法规、信息导向、规划引导和必要的行政干预，促进市场发育、规范市场运行，对社会经济进行总体的调节与控制，实现资源的优化配置，为微观经济运行提供良性的宏观环境，使市场经济得到正常运行和均衡发展。

建立在凯恩斯理论基础上的宏观调控在实质上是逆经济周期的需求管理,也就是说通过财政政策和货币政策刺激总需求,实现干预和调节宏观经济运行的目的。但是以需求管理的方式来进行宏观调控只适合于短期,长期调控会造成政策成本较高以及与公众预期相关的政策失灵问题。在高质量发展新阶段,宏观调控要服务于现代化建设,既需要关注短期经济波动,更需着眼长期经济的高质量发展,在整体上综合需求管理和供给管理。

高质量发展新阶段宏观调控的供给管理,是以提高供给质量作为主攻方向的。①坚持去产能、去库存、去杠杆、降成本、补短板,淘汰落后产能,减少无效供给,从生产领域增加高质量供给。提高供给体系的适应性和创新性,优化供给结构,优化存量资源配置,扩大优质增量供给,实现供需动态平衡。②优化生产领域的供给,以供给侧的产业结构优化、保障高质量供给。大力发展智能制造业、共享经济产业、绿色低碳经济产业和生产者服务业,加快构筑实体经济、科技创新、现代金融与人力资源协同发展的现代产业体系。③增加激励创新的制度供给,以制度引领创新、以创新支撑高质量供给。加大知识产权的保护力度,强化对侵权行为的监督和惩处,保证创新企业能够获得超过平均利润的报酬,激发创新行为。增加对高质量创新的补贴、信贷和资格认证等方面的倾斜政策,将创新活动的外部性内部化,激励知识和创新在各区域和各领域的充分外溢。④激发和保护企业家精神,保证高质量供给能够在微观经济层面落实。营造保护企业家财产权、自主经营权、创新权益的法治环境,更要营造促进企业家公平竞争、诚信经营的市场环境,强化企业家公平竞争权益保障,健全企业家诚信经营激励约束机制,持续提高监管的公平性、规范性和简约性。

四是从“强刺激”政策搭配调控向货币政策和宏观审慎政策双支柱调控转变。面对错综复杂的严峻国际形势和新冠肺炎疫情推动世界进入动荡变革期,立足新发展阶段、构建新发展格局,推进高质量发展,宏观调控政策应从“强刺激”转向健全货币政策和宏观审慎政策双支柱调控框架,在有效调控经济的同时防范和化解各类风险。实施货币政策的目标在于保持物价稳定和充分就业，为高质量发展营造稳定的经济环境。宏观审慎政策则直接并集中作用于金融体系本身，通过抑制杠杆过度扩张，进而防范系统性风险、维护金融稳定，最终避免或减少由于金融不稳定造成的宏观经济成本。搭建货币政策和宏观审慎政策双支柱调控的重点在于：①处理好货币政策和宏观审慎政策的关系。明确固定规则的货币政策，抑制货币政策调节可能产生的顺周期效应，减缓宏观审慎政策的使用频率。确立合理的宏观审慎政策框架，优化货币政策的传导机制。②加强数据搜集和处理，尤其是经济金融大数据，通过模型化分析有效识别系统性风险。③结合国际经验和中国国情，建立起涵盖风险计量、财务报告、资本监管、风险集中度限制以及保险机制等一整套宏观审慎政策工具箱。构建新发展格局、推进高质量发展，要着力“四个转变”。一是由全球高增长中心向全球创新创业中心转变。未来只能靠创新取胜，而不是低价倾销产品。要建立大量创新中心，形成在全球有影响力的创新创业创意中心。二是由世界工厂向世界市场转变。未来中国经济的一个很重要的任务就是实现消费追赶。我国已经在工业贸易、能源消费上超过了美国，但是市场消费方面，我国跟美国的差距还很大。向世界市场转变，现在最需要的是在消费上超过美国。三是由二元经济结构向一体化协调发展转变。这是解决发展不平衡不充分问题，释放国内需求的过程，也使我们的社会更加稳定，发展更加协调、均衡、一体化。四是社会主义市场经济体制由中低级向高级转变。坚持和完善中国特色社会主义制度、推进国家治理体系和治理能力现代化。制度现代化讲的就是制度的升级，包括社会主义市场经济体制由中低级向高级的转变。

第二节　高质量发展考评的政策逻辑

构建新发展格局、推进高质量发展，与之相适应的政策也要转向质量型发展政策。构建高质量发展的政策体系，才能更好地推动经济社会不断朝着更高质量、更有效率、更加公平、更可持续、更加安全的方向发展。政策体系是政府为解决公共问题、达成公共目标、实现公共利益而实施的一系列法律法规和行政规定。高质量发展的政策体系作为公共政策体系的重要组成部分，是由不同类别、不同层级组成的相互补充、相互配合、相互协调的政策系统，是促进经济发展实现质量变革、效率变革和动力变革的重要保障。高质量发展政策体系中的宏观政策主要是来自中央政府制定出台的促进经济社会发展的管方向、谋全局的政策；中观政策主要来自各省（区、市）和中央政府有关部门制定出台的支撑服务高质量发展的政策；微观政策主要是来自设区市及以下行政主体制定出台的贯彻落实高质量发展的政策。三者相互联系，构成了一个服务高质量发展的综合性、全方位，并由不同方面不同层级政策构成的有机统一体。

一、构建考评政策体系的更高要求

新阶段高质量发展的内在要求。我国由高速增长阶段转向高质量发展阶段，其实质是发展方式的转型。高质量发展主要是两个转向，一个是由高速度转向高质量，另一个是由增长转向发展，具体而言就是由旧的“三高一低”即高投入、高消耗、高污染、低效益，转向新的“三高一优”即经济体系质量高、经济体系效率高、经济体系稳定性高、经济发展动力优。这实际上是从“数量速度型”增长转向“质量效益型”发展，从“规模扩张型”增长转向“结构升级型”发展，从“依靠生产要素驱动型”增长转向“依赖科技创新驱动型”发展。[①] 我国经济社会发展从过去的“有没有”转向现在的“好不好”。在高质量发展新阶段，发展的目标不再片面追求规模和增长速度，而是对经济社会发展的结构、动力、效率提出了更高要求。发展的内涵不再一味强调经济效益，而是在

① 参见马润凡、刘子晨：《论高质量发展政策体系的目标取向与执行环境营造》，《河南师范大学学报》（哲学社会科学版）2020 年第 2 期。

对经济效益重视的同时，更加注重经济效益与社会效益、生态效益的统筹发展。发展的方式不再是高投入、高消耗、高污染、低效益的粗放型经济增长方式，而是低投入、低能耗、低污染、高效益的集约型发展模式。发展的目的不再是解决有与无的问题，而是要解决好与坏的问题、公平与不公平的问题、质量高与低的问题、发展安全与不安全的问题、发展是否可持续的问题。发展的考核评价不再按照快和慢、多和少、大和小的标准评价判断，而是按照好和坏、优和劣、公平和不公平、高效和不高效、持续和不持续、群众满意和不满意的标准进行价值判断。由此可见，与高速增长阶段相比，高质量发展阶段的内在要求发生了根本变化。从质量变革看，投入和产出要高，要素投入包括人、技术、资本以及新的要素如数据和信息，投入要高效；在要素投入以后，中间品零部件质量要好。从效率变革看，分为宏观效率和微观效率，宏观效率变革表现为劳动生产率、资本产出率和全要素生产率的提高；微观效率变革表现为行业层面和企业层面，如工业增加值率、利润和效率指标等。从动力变革看，要从长中短期来考量，即长期指一个国家的增长潜力，包括人口数量、质量，土地、资金，可以转化为生产力的技术；中期取决于一、二、三产业的增长态势；短期取决于现实生产的实现，包括消费、投资与出口。高质量发展阶段这些新的变化和新的更高要求，需要通过政策体系的建立去规范和引导高质量发展，从完善宏观政策、产业政策、微观政策、改革政策、社会政策等多个方面健全更高质量发展的政策评估体系。

构建新发展格局的现实需要。加快形成以国内大循环为主体、国内国际双循环相互促进的新发展格局，是推进高质量发展的重大决策部署，事关全局的系统性深层次变革。新发展格局回答了未来的走向和实现奋斗目标的路径问题。构建新发展格局，才能促进经济持续健康发展，推进高质量发展，顺利实现现代化建设目标。因此，要加快形成与之相适应的政策体系，着力点在于以供给侧结构性改革为主线的更深层次政策创新，充分打开科技创新和管理创新的潜力空间，推动构建更为完整的经济内外循环体系。围绕构建新发展格局,完善高质量发展政策体系,必须坚持扩大内需这个战略基点,首先是释放我国本土雄厚的市场潜力;其次,以国内大循环为主体体现了更好把握防风险、稳增长、追求发展升级主动权的战略思维,要着力抓好两个方面。①

一方面,创新发展政策,完善内循环体系,以畅通国内大循环为主体。一是抓好有效投融资,通过创新发展中的有效投融资形成有效供给,不仅可以回应和满足需求,而且可以拉动和创造新的需求,不断满足人民对美好生活的向往。二是优化收入再分配,释放消费潜力,推进优化收入再分配的相关改革与相关政策的合理设计与施行,进一步打开消费潜力空间,增进人民福祉。三是积极推进户籍制度改革。我国城镇化还有相当可观的空间。配合这一发展进程,未来在户籍管理方面要积极推进改革,进一步放松城镇区域的户籍限制、最终消除"城乡分治"格局和弥合"二元经济"。四是以"新型举国体制"攻关支持形成高端产出的内循环。当前我国在部分核心、前沿、关键技术上仍依靠外部供应,高端芯片等面临被"卡脖子"的局面。要突破困局,必须以"新型举国体制"攻关,争取在5年左右或再长些时间内突破高端芯片的关口。

另一方面,以政策引领高水平开放推进外循环。一是推进高水平对外开放。我国应在加入世界贸易组织(WTO)、亚太自贸区和"区域全面经济伙伴关系协定"的基础上,积极和有关各方沟通、磋商,争取加入跨太平洋伙伴关系协定的升级版(CPTPP)。积极参与按照高标准自贸协定形成重大的区域合作计划,正是以高水平开放挖掘双循环潜力,使内、外循环相互促进,催化一系列的改革攻坚而解放生产力,实现高质量发展。二是继续降低外资准入和鼓励本土企业"走出去"。我国形成了与全世界绝大多数经济体"共享一条产业链"的外循环路径,以国内大循环为主体绝不是闭关锁国,而是为适应升级发展和对冲不确定性的需要,在增量上更多考虑内循环。具有主动权、支撑力的内循环,将使对外招商引资和本土企业在商品输出、劳务输出、技术输出乃

① 参见贾康、刘薇:《加快形成新发展格局的政策建议》,《经济日报》2020年12月18日。

至资本输出方面，更具有动力、配套条件和取得更高的成功率。三是以推进粤港澳大湾区、海南自贸区和本土自贸区的建设，开创内外贸一体化、外向型经济升级和内外互动的新局面。在新发展格局下，在以高水平开放催化、倒逼改革的进程中，要继续培育强劲的经济增长点。

高质量发展政策创新的必然选择。改革开放初期，我国主要通过资本、劳动力及自然资源等传统生产要素的大规模投入，解决了"无"的问题。客观地说，经济高速增长时期的相关政策曾经在短缺时代发挥过重要作用。但与之相对应的是其发展政策是数量型经济增长政策，衡量指标大多是单维度、数量型的政策指标。在发展政策考评上存在"四多四少"问题，即反应速度、总量的指标多，体现质量、效益的指标少；反映发展水平的指标多，体现人民群众可观可感的指标少；反映经济建设的指标多，体现其他领域建设的指标少；反映传统发展方式路径的指标多，体现新发展方式路径的指标少。在我国经济进入高质量发展阶段背景下，原来的许多政策越来越不适应发展的需要，应尽快构建与之相匹配的政策考评体系，为促进经济高质量发展、更好地满足人民群众多样化、多层次的需求提供有力支撑。

一是从高质量发展政策考评引导上创新思路。围绕科技创新供给侧结构性改革，突出创新驱动发展，立足于"转观念、改体制、重激励、去约束、补短板、锻长板"的基本思路。① 转观念应当强调文化价值观念转变、经济发展观念转变、科技成果观念转变。改体制应当突出抓好三个方面深化科技管理体制改革，即明确政府职能定位的改革起点；建立以企业为主体的科技创新体系的改革中心环节；明确科技与经济融合的改革目标。去约束应当解除抑制科技创新有效供给能力的影响因素、放松科技创新行政性供给约束，解除科技创新投入供给抑制，解除科技创新体制机制供给抑制。补短板应当强调补齐三个方面的科技创新短板，即补齐核心技术缺失短板、科技创新动力不足短板、

① 参见朱喜安：《提高科技创新供给质量，助推中国经济实现高质量发展》，《湖北经济学院学报》（人文社会科学版）2021 年第 5 期。

科技成果转化效率低短板。锻长板应当主要“提升增量、激活存量、优化结构、提高质量”：提升增量就是加大对科技创新短板及优化结构上的投入力度，注重对科技创新人才的培养，强调政产学研的协同创新。激活存量的实现路径是明确产权收益，加强政策激励机制保障，加强科技成果转化能力建设。结构优化路径主要从有效知识产权制度保护创新、强化科技资源开放共享机制和落实科技创新政策保障机制三个方面优化我国的科技创新供给结构。质量提高路径主要从大数据与信息技术支撑机制、协同合作机制和科学技术预见能力培养三个方面提高我国的科技创新产出成果供给质量。

二是从政策上培育支撑高质量发展的生产要素。在考评上，要注重支撑高质量发展生产要素方面的评价指标权重。具体而言，要加速培育战略科技人才、科技领军人才、青年科技人才和高水平的创新团队。推动基础教育的创新发展和均衡发展，高等教育的普惠化、普遍化和普及化发展，职业教育多元化、高质化的发展，以此全方位提升人力资本质量。积累高水平、高质量的技术装备和基础设施，尤其需要加大高科技革命和产业变革的新基础设施的投资。对标国际完善标准，设立红线标准和高线标准，注重品牌的创建和质量的管理。强调农产品的标准化生产、品牌创建和质量，从田间到餐桌，进行全方位质量的安全监管。规范服务业发展标准，践行和完善标准。攻克一批关键核心技术，提高科研成果质量；扩大高质量的产出和服务供给，增品种、提品质和创品牌，打造一批百年品牌的产品，提高信誉度和美誉度。注重产品中科技含量和人文含量，打造中国精品培育工程，弘扬工匠精神，培育百年老店和民族品牌。

三是从政策扶持上全面提高全要素生产率。提高全要素生产率是高质量发展的动力源泉，也是高质量发展的核心指标之一。全要素生产率本质上是一种资源配置效率，产业结构优化、企业竞争、创新竞争带来的资源重新配置都能提高全要素生产率。以提高全要素生产率推动高质量发展，关键在于处理好政府和市场关系，完善有利于资源优化配置的体制机制和政策措施。长期以来，通常把提高劳动生产率即单位劳动投入创造的产值作为衡量经济发展水平、质量及可持续性的重要指标。这个指标具有高度综合性，可以作为衡量经济发展质量的重要标准。同时还应看到，全要素生产率能够更好兼顾高质量发展的目的与手段，提供了可持续提高劳动生产率的途径。[①] 一要提高资本—劳动比。通过使用更有科技含量、更有效率的机器设备可以提高资本—劳动比，进而提高每个工人创造的产值。二要提高人力资本水平。经济学家通常用劳动者的平均受教育年限来度量人力资本，提高劳动者的平均受教育年限可以显著促进经济增长。三要提高全要素生产率。经济学家在分解决定经济增长的因素时发现，资本、劳动、人力资本等生产要素投入的增长并不能完全解释产出的增长，因而把生产要素贡献之外的那部分增长源泉归结为全要素生产率的提高。由于全要素生产率的提高是在要素投入既定的条件下，通过更有效地配置和使用这些要素实现的，因此它是提高劳动生产率和实现高质量发展的动力源泉。借鉴发展经济学研究成果，总结发展中经济体推动发展的成功经验和失败教训，可以发现，全要素生产率本质上是一种资源配置效率。产业结构优化、企业竞争带来的资源重新配置能够提高全要素生产率。在市场竞争机制下，有竞争力的企业生存壮大、没有竞争力的企业萎缩消亡能够促进资源优化配置，提高全要素生产率。创新竞争带来的资源重新配置能够提高全要素生产率。经济学研究发现，创新会带来规模收益递增，企业能否扩大规模进而获得更多的生产要素等资源，在根本上取决于其创新能力。

二、构建考评政策体系的组织生态

组织生态是指组织及其环境所构成的体系，是经济学对象的现象形态。组织生态也可分为个体组织生态、行业组织生态、社会组织生态。这里讲的组织生态是指推进高质量发展的各类组织发展的环境。从高速增长阶段转向高

① 参见蔡昉：《以提高全要素生产率推动高质量发展》，《人民日报》2018 年 11 月 9 日。

质量发展阶段，发展的方式、发展的政策、发展的组织形态都发生了新的变化。在高增长发展阶段，一些地方追求的是速度和规模扩张，在产业战略导向及组织动员上往往是“大产业、大企业、大平台、大项目”，因为只有大才能快，只有速度才有规模。因此，诸多地方政府把集聚大产业、构筑大平台、培育大企业、招引大项目作为推进经济社会发展的中心工作。在这样的大背景下，一些地方产生了“低成本、低技术、低价格、低利润、低端市场和高能耗、高物耗、高污染、高排放”的“五低四高”的工业化产业发展模式，还有的地方形成了“出口拉动、划地成园、招商引资、规模制造”的园区发展模式，这样的发展主要表现为要素驱动、投资驱动、外生发展、外延增长。

突出速度和规模的增长，同时也为一些地方政府带来了自身的困惑，主要体现在如下方面：①无限的权力导致无限的责任，各种社会矛盾和问题的解决最终都找到政府；②政商关系处于两难困境，企业往往感到与政府有隔阂、有距离，而实际上处于经济高速发展、矛盾临界发展阶段的政府亦有自身的困惑、困境；③产业发展大破大立，一些新产业、新业态、新商业模式层出不穷，但政府的统计体系还在沿用计划经济时代工业经济的统计，以至于很多时候产业企业的群众都过河了，政府还在摸着石头；④一些产业跨界融合了，但政府还在条块分割，跨地域、跨行政系统配置资源、整合资源的难度较大；⑤政绩考核周期与创新周期不相适应和不匹配。[①]

新发展阶段的发展是体现五大发展理念的发展，发展更加强调发展的内生性与自生性，更加强调自组织自成长。过去的工业化、信息化，基本上体现为产业数字化，与“创新”相呼应；过去的城镇化，加速向城建都市化方向发展，主要与“协调”相呼应；过去的市场化，即政府、企业、市场、社会的关系，逐步向治理现代化方向发展，与“共享”相呼应；过去的国际化，逐步走向发展国际化，与“开放”相呼应；再加上生态绿色化，体现“绿色”发展理念。与此同

① 徐苏涛：《高质量发展的核心是把握新的发展逻辑、新的组织逻辑与新的政策逻辑》，《科技与金融》2020 年第 4 期。

时,在以往发展过程中,从国家到地方、从政府到企业,大家都在寻求从“推拉并举”型的发展结构及其发展机制,向“生态赋能”型的发展结构及其发展机制系统转换。什么是“推拉并举”型的发展呢？就是过去经常讲的企业是经济发展的选手,市场是经济发展的拉手,政府是经济发展的推手。现在的高质量发展,越来越强调经济发展、产业发展的内生性与自生性、自组织与自成长、闭环与循环的联系,这种政府是推手、市场是拉手、企业是选手的发展结构已经不适应新发展的需要。这种转变的核心是对新经济创新生态及新时代组织动员机制的共识,那就是“政府搭建平台、开放市场赛道、产生企业赛手”。因此,必须打破以往的政府是推手、市场是拉手、企业是选手的发展结构,通过政府搭建平台、开放市场赛道,让更多的企业成为自组织自成长的赛手,最终形成能够产生爆发增长的创新生态。

新发展阶段经济创新生态已经初步显现出如下基本特点。[①] ①产业跨界融合成为新趋势,只有多个产业之间的跨界融合,才能不断衍生全新的业态、发育全新的产业,才能突破产业界限、商业疆域、企业边界与技术锁定。产业跨界融合并不是简单地跨越两个完全不同的领域,而是由新需求驱动,以新科技和新平台为依托,将现有产业领域和要素资源,经过相互渗透、融合或裂变,整合利用到一起,实现产业价值链的延伸或突破。②企业互联融通更为明显,伴随产业链、人才链、创新链、资本链、服务链的互联互通,企业加速平台化、生态化,通过生产设备联网实现生产智能化,逐步形成你中有我、我中有你、共生共荣的竞合发展态势。作为一种新的经济形态,工业互联网依托物联网,利用信息技术与互联网平台,对设备类产品的在线维护实现智能化,充分发挥互联网在生产要素配置中的优化和集成作用,实现互联网与传统产业深度融合,将互联网的创新应用成果深化于国家经济、科技、军事、民生等各项经济社会领域中,最终提升国家的生产力。③资源要素聚合效应彰显,围绕创新资源的优

① 参见徐苏涛:《高质量发展的核心是把握新的发展逻辑、新的组织逻辑与新的政策逻辑》,《科技与金融》2020 年第 4 期。

化整合，政产学研联合创新优势进一步发挥，不断加快“政产学研金介用”等创新主体之间的高效对接及双向循环，推动产教才融合发展。④空间服务耦合凸显，高质量发展更加强调产业功能、城市功能、创新功能在空间的耦合，以及科、产、城等元素的有机结合。⑤开放协同合作和协调创新，一方面为“政产学研金介用”六位一体的开放式创新，另一方面为区域一体化、跨区域一体化、创新全球化背景下的高水平开放式合作和开放式协同创新。在高质量发展新阶段，以产业新体系、企业新梯队、要素新源头、服务新供给、开放新格局、发展新治理为代表的“新逻辑”，正在成为推进高质量发展的主要组织动员机制，体现了质量、效益、高效、开放、多元、活力、共赢、安全的鲜明特点。

三、构建考评政策体系的制度优化

高质量的发展需要有高质量的政策支撑，构建与高质量发展新变化、新要求相适应的政策体系，必须加强政策沟通，协调好各项政策之间的关系，形成政策合力，共同推动高质量发展。要全面系统研究建立产业政策、改革开放政策、乡村振兴政策、文化政策、生态环境政策、社会政策的有效协调机制，通过建立健全以宏观、产业政策为基础，以绿色政策为引领，以开放、社会等政策为支撑，达到各方面政策协同配合、良性互动的政策体系，只有不断优化政策供给，提升政策质量，才能更好地服务于高质量发展的实际，为提高经济效率、促进社会公平、增强可持续发展提供可靠保障。

构建与高质量发展相适应的政策体系，必须深入研究宏观政策、中观政策和微观政策衔接问题。高质量发展政策体系中的宏观政策，主要是来自中央政府制定出台的促进经济社会发展的管方向、谋全局的政策。中观政策主要来自各省（区、市）和中央政府有关部门制定出台的支撑服务高质量发展的政策措施。微观政策主要是来自设区市及以下行政主体制定出台的贯彻落实高质量发展的政策。这三者相互联系、相辅相成、相得益彰，是由不同方面、不同层级政策构成的有机统一体，加强宏观政策、中观政策和微观政策的有效衔接，对于促进政策推动高质量发展、提高政策效能具有重要的现实作用。高质量发展要统筹各项政策，加强政策协同。稳中求进工作总基调是治国理政的重要原则，要长期坚持。积极的财政政策取向不变，调整优化财政支出结构，确保对重点领域和项目的支持力度，压缩一般性支出，切实加强地方政府债务管理。稳健的货币政策要保持中性，保持货币信贷和社会融资规模合理增长，保持人民币汇率在合理均衡水平上的基本稳定，守住不发生系统性金融风险的底线。结构性政策要发挥更大作用，强化实体经济吸引力和竞争力，优化存量资源配置，强化创新驱动，发挥好消费的基础性作用，促进有效投资特别是民间投资合理增长。扎实推进供给侧结构性改革，促进新动能持续快速成长，加快制造业优化升级，深化简政放权、放管结合、优化服务改革。

科学把握高质量发展的政策体系与评价指标之间的内在联系。建立高质量发展评价指标要实行总量指标和人均指标相结合，效率指标和持续发展指标相结合，经济高质量发展与社会高质量发展相结合。在这一过程中，应当考虑建立三类指标。① (1)反映要素生产率的指标，提高全要素生产率，尤其要提高稀缺生产要素的投入产出率，如劳动、资本、能源、土地、环境、水资源产出率等。(2)经济活力指标。包括创新创业，不仅看注册量，还要看成长性或成活率；投资增长，重点看民间投资和制造业投资；体现产品质量和竞争力等指标。(3)体现以人民为中心，提高生活质量和幸福感的指标。如就业、人均可支配收入、人均公共品的拥有量，以及寿命、出生率等。需要注意的是，我国是人口和经济总量大国，要多采用人均指标。我国区域间经济社会发展不平衡，评价指标不能一刀切，应允许在总体框架下，各地因地制宜突出重点，使评价指标真正起到风向标和助推剂的作用。高质量发展的政策体系是一个系统工程，涉及宏观、中观、微观等多个层面和经济、社会、文化、生态等众多领域。因此，高质量发展评价指标的设定需要通盘考虑、着眼长远，突出重点、抓住关

---

① 吕薇：《打造高质量发展的制度和政策环境》，《经济日报》2018 年 4 月 27 日。

键，结合实际、注重实效，既要对标国家指标，体现新发展理念和中央要求，又要体现地方发展的实际情况和反映地方高质量发展的生动实践。从宏观政策看，高质量发展的评价指标要紧扣国家“十四五”发展规划和2035年远景发展目标，坚持全面性、系统性、协调性原则，体现前瞻性、战略性、整体性要求，突出评价指标的导向性和牵引性。从中观政策看，高质量发展的评价指标要聚焦地方经济社会发展中的重要领域、重大事件，对标制约地方经济社会发展的体制性障碍、机制性梗阻，科学设定指标，突出指标的问题指向，既能锻长板补短板，又能增动能提质效。从微观政策看，高质量发展的评价指标要坚持以利民便民为导向，围绕均等化保障、多元化供给、品质化生活，以满足人民群众美好生活需要为根本出发点，把人民生活高质量通过当前民众关切的教育、住房、医疗、养老等指标体现出来。

完善高质量发展考评制度体系需要从如下四个方面着力。① (1)加快建立完善新经济制度。不是拘泥在一、二、三产业之间，强调农业现代化、工业现代化以及现代服务业，而是在产业跨界融合之间寻找爆发点。探索建立完善“点、线、面”结合的新经济制度，破除制约自主创新与新兴产业发展的体制机制障碍，建立完善促进自主创新与新兴产业发展的政策体系，符合新经济形态与新经济模式发展规律的制度安排，带动以制度创新全面走向新经济。(2)坚持高质量发展导向。强调发展是硬道理，不是“头疼医头、脚痛医脚”地一个个解决问题，而是抓住新的发展机会让长板更长地发展，通过发展系统性地解决相应的问题、转移有关矛盾。所以整个政策着力点，不仅仅满足于当前，更是要顺应未来、适应未来、引领未来。(3)建立符合创新规律的资源配置方式。以公共财政建设为核心，强化财政资本对产业资本、金融资本、社会资本的引导作用与杠杆作用，形成直接支持与间接支持相结合、事前支持与事后支持相结合、软性支持与硬性支持相结合、支持需求与支持供给相结合、形态服

① 徐苏涛:《高质量发展的核心是把握新的发展逻辑、新的组织逻辑与新的政策逻辑》,《科技与金融》2020年第4期。

务与生态服务相结合、政策支持与制度支持相结合的政策体系。进一步将企业主导的市场资源配置、产业主导的全球资源配置、政府主导的跨行政系统配置资源相结合,提升自主创新资源配置能力。(4)形成新的社会治理结构。政府加快从经济建设型政府向创新建设型政府方向转变、从公共行政型政府向公共服务型政府方向转变,从社会控制到公共治理方向转变、从单向的管理到双向的互动转变,全面强化服务意识与创新能力。政府加快成为创新生态顶层设计者、建设者、维护者,加快从第二方科技行政服务向第三方创新服务集成、第四方新兴产业组织方向发展。

第三节　高质量发展考评的政策质量

高质量发展是经济的总量与规模增长到一定阶段后,经济结构优化、新旧动能转换、经济社会协同发展、人民生活水平显著提高的结果。从某种程度上讲,政策质量往往决定着发展的质量,因此,高质量发展需要高质量发展政策支撑。

一、系统提高考评政策质量

高质量发展政策质量的提高,要从政策的引导上重点解决创新能力和人力资本不足的问题,重点解决产业价值链提升和产业转换能力提高问题,重点解决现代制度体系完善和从数量追赶向质量效益战略转变问题,重点解决资源开发利用、经济发展与提高居民生活有机结合问题,重点解决市场与政府结合起来建立高质量发展的生态环境基础问题。解决这些问题应当用系统思维,从明确政策的价值取向和完善政策体系方面提高政策的质量。概括起来主要有如下几个方面。①

① 参见马润凡、刘子晨:《论高质量发展政策体系的目标取向与执行环境营造》,《河南师范大学学报》(哲学社会科学版)2020 年第 2 期。

一是产业发展考评政策要突出引导性。围绕国家发展战略、弥补市场缺陷、强化功能性政策、优化选择性政策、兼顾政策协调性的要求，研究如何以建设现代化经济体系推动产业由大变强，培育与完善市场功能，减少政府对特定产业的直接干预，将产业政策的作用严格限定在确实需要重点发展的产业或领域，不断增强创新引领力、国际竞争力和可持续发展力。在产业政策评价的导向上，要突出新发展理念的落地、突出全要素生产率的提高、突出产才融合等创新发展、突出新发展格局构建、突出绿色循环低碳发展。要把握全球产业发展趋势，积极引导战略性新兴产业发展和传统产业改造升级，把政策重点放在培育科技创新上，并以此促进战略性新兴产业发展与传统产业升级转型相结合，以数字化、网络化、智能化、绿色化促进产业转型升级。要根据世界新兴产业发展趋势和中国产业在全球价值链中的地位，确立升级战略，主动参与国际分工，广泛开展国际合作，在全球范围内配置资源，提升在全球价值链中的地位。

二是创新发展考评政策要突出先进性。创新政策是地方党委和政府引导、激励和规范创新活动的措施和行为。创新是引领发展的第一动力，是建设现代化经济体系、实现高质量发展的战略支撑和根本要求。高质量发展的政策创新必须建立健全支持创新驱动发展的政策措施。不仅要重视创新政策激励作用的发挥，而且要注重政策的先进性。在政策扶持上推进中国制造向中国创造、中国速度向中国质量、中国产品向中国品牌、制造大国向制造强国的转型升级，立足于世界科技创新前沿，完善以企业为主体的产业创新体系，把应用创新、集成创新、产业创新作为主攻方向，围绕重点产业发展中的关键核心技术、“卡脖子”技术等问题，集中科研资源实施突破。建立完善产学研协同、部门协同、区域协同的创新机制，推动企业与高校、科研院所、社会组织等携手构建创新联盟，突破制约重点产业发展的技术瓶颈问题。增强政府在平台建设、人才培养、公共服务等方面的职能，发挥财政科技资金的引导和撬动作用，发展完善科技金融，综合运用贷款贴息、风险补偿、创投引导、保费补贴、科技服务补贴等多种方式，建设多元化、多层次、多渠道的科技投融资体系。倡导创新文化，加强知识产权保护，健全人才保障机制，在全社会形成鼓励创新、包容创新、尊重创新的宽松环境，为促进高质量发展提供强大动力。

三是绿色发展考评政策要突出共生性。绿色发展是构建高质量现代化经济体系的必然要求，生态文明建设是关系中华民族永续发展的根本大计。研究制定绿色政策，目的是促进绿色发展、实现经济增长与资源环境负荷的脱钩，使生态优势转化为经济优势，让可持续性成为生产力和保护生产力。目前，我国生态文明建设正处于压力叠加、负重前行的关键期，也到了有条件有能力解决生态环境突出问题的窗口期。在政策扶持上，要鼓励产业生态化和生态产业化，构建绿色经济体系，拓展绿色发展的实现路径。构建绿色发展政策体系，必须坚持“绿水青山就是金山银山”的发展理念，坚持人与自然和谐共生的基本方针，坚持良好生态环境是最普惠的民生福祉的宗旨精神，坚持山水林田湖草沙是生命共同体的系统思维，树立生态治理的大局观、全局观，形成系统性的治理，实现生产、生活、生态的和谐统一。深化生态文明建设的体制机制创新，构建以治理体系和治理能力现代化为保障的生态文明制度体系。推动外部环境成本内部化的政策创新，实施绿色认证制度，使绿色、生态成为附加价值的组成部分。加快建立健全以生态价值观念为准则的生态文化体系，倡导简约适度、绿色低碳的生活方式。

四是协调发展考评政策要突出统筹性。统筹城乡、区域、行业协调发展，是解决发展不平衡不充分问题的关键，核心是逐步缩小城乡、区域发展差距，实现城乡平衡、区域协调充分发展。在城乡区域要素流动政策上，必须清理废除妨碍统一市场和公平竞争的各种规定和做法，清除各种显性和隐性的市场壁垒，打通国内资源配置的障碍，促进生产要素跨区域有序自由流动，提高资源配置效率和公平性，进一步增强区域发展的协调性。在城乡区域合作政策上，创新健全区域合作的组织保障、规划衔接、利益协调、激励约束、资金分担、信息共享、政策协调和争议解决等机制，支持产业跨区域转移和共建产业园区等合作平台,更加有效地深化区域合作。在城乡区域互助政策上,坚持农业农村优先发展,促进农村一、二、三产业融合发展,加快农业转移人口市民化。健全城乡融合发展体制机制,探索共同繁荣的新型城乡关系的途径,促进城乡公共资源均衡配置,健全农村基础设施投入长效机制,推进城乡融合发展。

五是开放发展考评政策要突出包容性。在构建新发展格局的大背景下,实施更高水平对外开放,推动开放型经济由成本、价格优势为主向以技术、标准、品牌、质量、服务为核心的综合竞争优势转变,实施更高水平的开放政策,加快形成以国内大循环为主体、国内国际双循环相互促进的新发展格局。①构建新发展格局就要畅通国内国际双循环。国内循环与国际循环是相辅相成、不可分割的。加快推进规则规制等制度型开放,构建与国际通行规则相衔接的制度体系和监管模式,进一步缩减外资准入负面清单,落实准入后国民待遇,促进内外资企业公平竞争,更好发挥外资企业“外引内联”的独特作用。②提升贸易便利化水平。顺应国内消费升级趋势,进一步降低关税,深入推动通关环节清收费、优流程,降低通关成本,提高通关效率,加快跨境电子商务等新业态新模式发展,促进对外贸易发展。有序扩大金融、医疗、养老等服务业对外开放,深化境内外资本市场互联互通。加快对外开放高地建设,完善自由贸易试验区布局,赋予其更大改革自主权,深化首创性、集成化、差别化改革探索。③营造法治化、国际化营商环境。要尊重国际营商惯例,对在中国境内注册的各类企业一视同仁、平等对待,在政府采购、标准制定、产业政策、科技政策、资质许可、注册登记、上市融资等方面保障外资企业公平待遇。要完善外商投资法规,形成公开、透明的涉外法律体系,保护外资企业合法权益,提高知识产权审查质量和审查效率,引入惩罚性赔偿制度,显著提高违法成本。

六是社会发展考评政策要突出公平性。社会政策是政府和社会为解决社会问题以实现公正、福利等特定的社会目标而制定的各种法律、条例、措施和办法的总称。随着人民对美好生活期望和追求的提高,对社会政策创新发展也提出了新的更高的要求。建立新时代社会政策体系,坚持以人民为中心的发展思想，尽快改变过去分门别类解决民生问题的思路，改革以往部门分割和地方分立的碎片化的社会政策决策和实施体制。要改变社会政策只是被动地去满足穷人的基本需要和被动地应对社会问题的状态，采取积极的措施去预防和解决各种经济和社会问题。既要与时俱进地满足困难群体的民生需要，又要注意提高经济发展的活力；既要发挥市场机制的作用，又要针对市场和社会的不足发挥政府的干预和弥补作用；既要托社会稳定的底，又要托社会公平的底，在更高水平上推动经济社会高质量发展。要推动社会政策由附属于经济政策的边缘化角色走向社会发展的中心地位，从原有的补缺式、差异式社会政策，转变为适度普惠型社会政策，使社会政策兼具解决社会问题与促进社会公平正义的双重职能，普惠性地增进社会成员福祉。

二、全面优化考评政策环境

加快推进数量型政策向质量型政策转变，必须全面优化政策环境，构建高水平市场经济体制，建设更高标准的产权制度，以竞争政策为基础，加强政策协同，创新体制机制，构建有利于高质量发展政策顺利实施的良好氛围。在优化高质量发展政策环境方面，主要有以下几个方面。①

一是强化竞争政策的基础性地位。竞争是市场制度的灵魂，公平竞争是市场经济的基本原则，也是市场机制高效运行的重要基础。竞争政策是保护和促进市场公平竞争的政策、法律和监管机制的总和，是更好地发挥政府作用的基本政策，其作用在于为市场在资源配置中起决定性作用提供保障，并依据市场规则、市场价格、市场竞争实现资源高效配置。推动高质量发展离不开相关政策的有效实施，需要依靠市场功能和竞争机制的健全，必须强化竞争政策的基础性地位，创造公平竞争的制度环境。强化公平竞争审查的刚性约束，建立健全第三方审查和评估机制。统筹做好增量审查和存量清理，逐步清理和

① 参见马润凡、刘子晨：《论高质量发展政策体系的目标取向与执行环境营造》，《河南师范大学学报》（哲学社会科学版）2020 年第 2 期。

废除妨碍全国统一市场和公平竞争的存量政策。对现有的违背公平竞争的政策，要进行清理，而新出台的政策，必须经过公平竞争的审查。加强和改进反垄断和反不正当竞争执法，加大执法力度，提高违法成本。对有损公平竞争原则的所有经济主体包括政府、企业和消费者，都要受到竞争政策的约束，现行的经济政策及法律法规，也都必须经过竞争政策的审查。宏观调控政策要以公平竞争为前提，遵守竞争政策，对所有经济主体一视同仁。竞争政策要为宏观经济的健康运行提供公平的竞争环境，为宏观经济政策的有效实施提供可靠保障。创新政策既要为经济主体提供足够的创新激励，保护和鼓励创新，又不能为创新主体提供过多的垄断地位以至于妨碍竞争。

二是有效发挥市场作用和规范政府行为。构建高质量发展的政策体系，发挥好政策的保障作用，既需要建设高标准的市场经济，又需要规范高效的法治政府，核心问题是处理好政府与市场的关系。运用负面清单制度规范市场和政府行为，是处理好政府与市场关系的有效路径。负面清单管理制度是对市场准入管理的一种方式，是实现对市场主体进入市场时的规制。我国的市场准入负面清单制度采取“非禁即入”的管理理念和模式，对于列入市场准入限制的事项，政府必须履行好相应“看门人”角色，根据市场主体的申请依法做好限制准入类事项的审批。要营造公平竞争的市场和法治环境，进一步放松市场准入限制，有效发挥市场机制配置资源的作用，使不同规模、不同所有制、不同技术路线的企业能够公平获得生产要素，真正形成优胜劣汰的竞争机制。为适应高质量发展的要求，进一步健全市场准入负面清单制度，尽快完善制度体系。为保证清单制定过程的科学化和精准化，应按照清单事项的合法性、必要性、合理性、可行性和可控性原则，适时对清单内容进行“减”“补”“改”，把不符合市场准入负面清单定位的事项删除，把与清单定位相符且现行有效的事项补充进来，对已列入清单但根据改革发展形势需要重严或放松准入的做相应调整，使清单内容处于动态变化之中。建立高标准的市场体系，需要产权制度，首先要有明晰的产权，单个公有或私有产权并不是最佳的选择，应该是多个混合的产权为好；其次是市场准入制度，市场准入应有规范化制度，各种所有制平等准入；第三是公平竞争制度，这是最重要的市场制度，所有市场主体公平竞争。

三是转变政府职能和完善公共服务政策体系。① 要切实转变政府职能，构建现代治理体系，提高经济社会治理能力，打造具有国际竞争力的营商环境。继续推进政府职能转变，深化简政放权，处理好政府和市场的关系。要加强政务服务标准化建设，优化政务服务，可考虑将营商环境评价纳入各级政府考核体系。改进市场监管方式，进一步完善标准、检验检测和认证体系，健全激励创新、包容审慎的市场监管体系，促进微观主体的创造力和活力。进一步完善公共服务政策体系，优化政府财政支出结构，提高公共资金使用的社会效益。加快推进中央政府和地方政府的事权和财权划分，明确责任，提高支出效率。公共支出重点保民生，增加教育、医疗卫生和养老等公共产品的有效供给，深化公共服务体制改革，提高公共产品的供给质量和效率。完善社会保障制度，增强社会保障体系的保障能力和可持续性。完善促进消费的体制机制，进一步优化消费环境，增加有效供给，满足人民群众日益增长的对美好生活的需要。支持社会力量进入医疗、养老、教育、文化、体育等领域，满足不同层次收入群体多样化的需要。加强一定的质量、风险和收费标准监管，使其与政府投资形成良好的互动和补充。

四是加强各项政策之间的协同配合。构建并完善与高质量发展相匹配的政策体系，实现既定的政策目标，必须统筹各项政策，加强政策沟通，协调好各项政策之间的关系，形成政策合力，共同推动高质量发展。在产业政策与宏观政策的协调上，宏观政策应符合产业中长期发展需要，合理确定企业的税负水平，为产业转型升级、技术创新、竞争力提升、国际化和可持续发展营造良好环境；产业政策要减少政府对特定产业的直接干预，将产业政策的作用严格限定

---

① 参见吕薇：《打造高质量发展的制度和政策环境》，《经济日报》2018 年 4 月 27 日。

在确实需要重点发展或解决问题的产业或领域。在人才政策与薪酬激励政策、财税金融政策、环境保护等政策的协调上，建立多层次的人才政策，构建适应各类人才的薪酬和激励机制，调动各类人才的创造性和积极性。深入推进户籍制度改革及公共服务等相关配套改革，促进人才的合理流动；加强金融体制改革，健全多层次的资本市场，完善监管体制，促进金融为实体经济服务；加强对生态环境保护的监管，加大执法力度，通过税收、绿色信贷、生态补偿、排放交易等政策工具，建立严格监管与有效激励相结合的生态保护长效机制。在产权保护政策与促进企业高质量发展政策协调上，进一步完善产权制度，完善和细化相关法律，全面落实支持非公有制经济发展的政策措施；严格执行产权保护的法律，依法平等保护各类所有制经济产权。要推进以产权保护为重要内容的政务诚信建设，强化知识产权保护，提高侵权成本，降低维权成本；有效运用财税、金融、汇率等政策工具，多措并举切实降低实体经济的运营成本和创新成本，提高实体经济的竞争力。

三、加强考评政策评估研究

政策预评估是在政策出台前，通过特定的方法和程序，对政策可能的影响和后果进行分析、预测和事前控制，从而提高决策质量，降低政策执行成本的过程。发达国家普遍注重在公共政策出台之前进行预评估，美国、加拿大、日本、韩国、法国等，一般会在起草新政策的初期阶段，评估出台法规是否必要、是否合法，怎样的措施才最有效果和效率。在高质量发展的新阶段，国家和地方都出台了许多新的政策，这些新政策是否有效可行，效益、效率和效果如何，都要在政策的实践中检验政策效应如何，也就是政策的有效性；政策的效率如何，也就是政策成本与风险；政策的可行性如何，也就是政策的认同度和执行性，评估政策的科学性与可执行性。

我国政策评估与高质量发展的新要求还不够适应。概括起来主要是“五个缺乏”：一是缺乏高质量发展政策评估的标准和方法。由于我国高质量发展从概念提出到实践探索时间较短，对高质量发展的评价体系尚未健全，包括指标体系、统计体系和绩效评价等都不完善，与之相对应的政策评价体系也同样没有较为完整的评价标准和方法。虽然我国各地对高质量发展进行了综合考核和评价，并取得了明显成效，但对相关的政策评估尚未有大的突破。一方面这些新政策还在不断制订出台之中，另一方面评估这些新政策定量分析难度较大，往往是用定性分析取代定量结论，用价值判断代替事实分析，用主观感受评判客观实际，时常出现考核评价的认同度较低。二是缺乏独立的高质量发展政策评估组织。在一些地方的政策评估实际工作中，往往是体制内的组织也就是政府组织部门内部自己评估自己制定的政策，不同程度地存在着主观向好的评估倾向，这样的评估往往脱离实际。民间政策评估研究组织和社会中介评估组织，是我国主要的非官方政策评估组织，在实际运行中，这些机构往往摆脱不了对政府的依赖，非官方政策评估组织在我国仍然缺乏。三是缺乏对高质量发展政策评估的系统理论体系指导。我国公共政策评估起步较晚，20 世纪 80 年代才起步，现阶段我国为数不多的政策评估在实践中具有很大的盲目性，特别是高质量发展政策评估的理论体系尚未建立起来，对高质量发展政策的优劣得失仅仅停留于一般的理论分析，不确定评估的具体内容，不肯定评估结论的实际作用，主要表现为经验总结、工作汇报和座谈研讨等形式，实际上与真正意义上的高质量发展政策评估还有较大差距。四是缺乏对高质量发展政策评估的内涵认知。在一些地方还没有搞清楚什么是高质量发展，对政策评估的意义认识不足，还没有形成科学的政策评估机制，评估工作往往主观随意性的因素较大。这不仅造成政策资源的大量浪费，而且不利于认识政策的优劣和成效以及补充、修正、完善后续政策，决策主体往往视政策评估为可有可无的工作。五是缺乏对高质量发展政策评估的有效制度保障。政策（预）评估的缺失或流于形式，加之缺乏听证会等必要制度保证，带来了政策执行的高成本和政策实施效果受损。由于缺少追问实施效果的机制设定，使得无法根据评估结果及时对政策进行相应调整和完善，从而影响了政策预期目标的实现。即使一些政策进行了实施效果评估,但也较多的是关注政策的“产出”,如覆盖范围、项目数量等,而缺乏更深入的“结果”和“影响”的评价,即政策对它所要解决的原始问题的回应程度。

深入研究制定高质量发展政策评估取向和评估标准。政策是有目的行动,高质量发展的政策制定者要有明确的出发点和政策目标。[①] 一是围绕高质量发展政策的有效性,研究政策的目标、措施和预期结果,对这些政策要素是否具有内在的逻辑性和一致性以及这些政策需要什么配套政策支撑进行论证。二是高质量发展政策的设计方案要有较高的认可度。政策设计方案是否会被接受并成功实施,一定程度上取决于政策的认可度和可执行性。政策不仅要考虑政策制定者的政策诉求,使政策能成功推行下去,而且要考虑政策相关利益方的诉求,即政策的执行者、政策受影响者的诉求,多吸纳社会公众意见和反馈。三是政策的成本与风险要有明确的预判。任何政策的决策都要考虑其实施的成本和投入,尽可能以低的成本达到政策目标,既要防止配套政策浪费,也要避免政策措施不足带来的前期沉淀损失,还要充分预测政策实施可能的代价和负面影响及严重程度,并提出防范风险的措施。一项好的政策,不仅仅是一项可以达到目标的政策,同时也应该是一项低成本和可执行的政策。四是建立科学的高质量发展政策评估标准。大力加强对公共政策评估的理论和实践研究。政府要加大对公共政策评估的资金投入。不论是组织第三方对公共政策进行评估,政府行政人员对公共政策进行评估,还是专家学者做研究,都需要人力、财力和物力的支撑。要研究用来指导高质量发展政策评估实践的标准,引导实践功用的政策评估标准。评估标准的多层次性,需要高质量发展政策评估具有多样性,多样化的评估标准可以对政策进行多角度分析考察,在对高质量发展政策进行评估的过程中,一方面要有利于保证评估结果的公正性和客观性,另一方面也要有利于对公共政策进行综合全面的评估。

---

① 参见王志锋:《加强政策评估　提升决策科学化》,《中国社会科学报》2019 年 3 月 6 日。

注重研究高质量发展政策评估的重要环节和基础工作。在高质量发展政策制定初期,应对拟出台政策进行前期评估,在政策执行过程中,应对政策执行过程和效果进行中期评估,在最后阶段应对政策的产出、结果和影响进行终期评估。在利益格局多元化和经济内外环境复杂化的背景下,公共决策的难度加大了,政策的相关利益方由于资源、职能和角色的不同,对待同一政策的看法也不相同,容易产生矛盾和冲突。要深入研究政策在决策、制定、执行过程中存在的问题。我国经济已由高速增长阶段转向高质量发展阶段,高质量的发展需要有高质量的政策支撑,只有不断优化政策供给,提升政策质量,才能更好地服务于高质量发展的实际。要着力研究解决在高质量发展过程中存在的政策缺乏一致性、政策滞后性、政策功利性、政策支持存在"租金"效应、政策支持存在"指挥棒"的问题,为高质量发展打造更加公平合理的政策环境。具体地讲就是要做到高质量发展政策制定的优化和平衡,平衡就是平衡相关利益方。在政策执行中要强化过程评估,即对政策在实施过程中的各个阶段所产生的实际效果和发挥作用的评价,这是调整、修正、延续和终止相关政策的重要依据。只有这样才能避免政策受阻、政策反复带来的不利影响,防范政策执行中的高成本,从而增强政府决策的科学性,满足高质量发展的需求。同时,为改变我国政策评估的体制性弊病,要培育政策评估类的社会中介组织,逐渐增加政策评估由政府外的中介组织和科研机构承担的比重,中介组织是独立于政府的外部评估机构,一定程度上能保证评估的客观性。要重视高层次政策评估专业人才和独立的第三方政策评估组织,以及高质量发展政策评估的信息化建设。

高质量发展考评政策质量往往决定着发展的质量,高质量发展需要高质量发展政策支撑。构建科学合理的考评政策体系,要通过推进政策的规范、创新与协调配合,提高政策的系统性、整体性和全局性。本章从高质量发展考评的政策取向、政策逻辑、政策质量三个维度研究探讨高质量发展考评政策体系。研究考评政策取向，需要深化对高质量发展政策的认识、宏观调控质量型发展目标取向和高质量发展宏观调控方式转型；研究考评政策逻辑，需要明晰构建政策体系的更高要求、构建政策体系的组织生态和构建政策体系的制度优化；研究考评政策质量，需要从系统提高政策质量、全面优化政策环境和加强政策评估研究上下功夫。

第五章　高质量发展考评指标

在立足新发展阶段、贯彻新发展理念、构建新发展格局的大背景下，加快健全和完善一套符合我国国情的高质量发展指标体系，具有重大而迫切的现实意义。高质量发展评价指标要在精准、贵在牵引、落在实效。在发展实践中，如何测度和衡量高质量发展，怎样设计指标评价发展质量，考核指标如何体现科学性、牵引性、导向性和可操作性，是值得重视和研究解决的重点问题。基于此，应当在现有发展指标成果研究的基础上，正确处理好高质量发展总量指标和人均指标、效率指标和持续发展指标、经济高质量发展指标与社会高质量发展指标、生态保护指标与安全发展指标之间的逻辑联系，通过构建科学高效管用的指标牵引，充分体现更有质量、更有效益、更可持续、更为公平、更加安全的发展，实现政治建设高站位、经济发展高质量、文化事业高品牌、社会治理高水平、生态环境高标准、人民生活高品质，让人民群众生活更加美好。

第一节　考评指标的研究与比较

高质量发展应该从哪些维度进行评价，如何科学选取评价指标？从高质量发展评价的研究成果看，党的十九大之前主要是关注经济增长质量、绿色GDP、可持续发展、区域竞争力等指标体系研究，并形成了较完善的研究框架；

党的十九大之后,虽然诸多专家学者从不同的角度对高质量发展指标体系进行研究,但仍然存在许多问题和不足,尚未形成较为完善的指标体系。因此,从理论和实践两个维度对党的十九大以来有关探讨构建高质量发展指标体系的文献进行梳理和总结是必要的,并对未来高质量发展评价指标的研究进行展望。

一、我国改革开放以来发展考评指标体系的演进

从改革开放40多年不同的发展历程看,对各个不同发展阶段的测度和评价是有所不同的。高质量发展是新时代新阶段提出的社会经济发展的新目标,其评价体系无疑具有延续性和传承性,系统梳理国内相关发展评价研究发现,我国不同发展阶段经济社会发展的评价演化大体经历了四个阶段。①

第一,1978—1993年对外开放起步阶段:经济增长评价。1978年党的十一届三中全会作出了把党和国家的工作重心转移到社会主义现代化建设和实行改革开放上来;党的十二大把经济建设作为一项核心任务加以强调,提出到20世纪末基本实现工农业总产值翻两番的目标;党的十三大进一步指明了党在社会主义初级阶段基本路线的核心内容是以经济建设为中心。这一阶段对经济发展的评价主要聚焦于经济发展的程度,特别是对区域经济发展水平的考核评价。在此期间有代表性专家观点有,1989年朱乐尧认为,可通过区域社会总产品占全国社会总产品的比重、地区国民收入增加额占全国国民收入增加额的比重、区域货币投放与回笼量占全国货币投放与回笼总量的比重等一系列相对指标来衡量区域经济发展效果及贡献。1990年郑魁浩和张红营认为,可分别从农村经济发展、城市经济发展和区域经济综合发展3个方面来设置区域经济综合评价指标体系。1992年国务院发展研究中心设置了一套包括社会结构、人口素质、经济效益、生活质量、社会秩序5个子系统的城市经

① 参见李金昌等:《高质量发展评价指标体系探讨》,《统计研究》2019年第1期。

济社会发展评价指标体系。1993 年朱庆芳选择人均国民生产总值、社会劳动生产率、人口自然增长率等 19 项经济社会重要指标来评价区域经济社会发展的综合水平。

第二,1993—2007 年全面发展阶段:经济社会发展评价。这一阶段以党的十五大和十六大召开为标志,强调以科学发展观为统领,突出推进经济增长方式转变、切实加强和谐社会建设等 6 大重点,发展不再单一强调经济建设,而是注重以人为本的科学发展,推进经济建设、文化建设、政治建设、社会建设等全面发展。其评价指标体系大体归为 3 类:①基于科学发展观的社会经济发展评价指标体系。2006 年邵腾伟和丁忠民认为,科学的发展观应体现在经济发展、社会进步和生态良好 3 方面。2008 年周长城和谢颖认为,构建科学发展观的综合评价指标体系应聚焦于民生、教育和环境。②和谐社会评价指标体系。2005 年张德存构建了覆盖民主法治、公平正义、充满活力、安定有序、人与自然和谐相处 5 个方面的和谐社会评价指标体系。2006 年国家统计局课题组构建了涉及民主法治、公平正义、诚信友爱、充满活力、安定有序、人与自然和谐 6 个方面的和谐社会统计监测指标体系。③全面建设小康社会评价指标体系。2008 年国家统计局课题组构建了由经济发展、社会和谐、生活质量、民主法制、文化教育、资源环境 6 个方面的全面建设小康社会统计监测指标体系。2010 年宋林飞将生态环境作为小康社会指标体系的一级指标,以人均公园绿地面积、工业废水排放达标率、生活垃圾无害化处理率等指标予以评价。

第三,2007—2016 年创新发展阶段:可持续发展评价。这一阶段对发展评价体系进行了三个方面的实践探索。党的十八大提出“五位一体”的战略布局;党的十八届五中全会明确贯彻“五大发展理念”,发展评价指标体系更加注重发展的平衡性、协调性和可持续性,强调人与自然、生态环境与经济增长的协同关系,大体划分为三类:①“国民经济又好又快发展”的经济增长质量评价指标体系。2011 年钞小静和任保平建立了包含经济增长的结构、经济增长的稳定性、经济增长的福利变化与成果分配等 11 项分项指标、28 项基础指标的经济增长质量评价指标体系。②“五位一体”发展的评价指标体系。2013 年国家统计局课题组根据党的十八大精神，将 2008 年的全面建设小康社会统计监测指标体系修改为全面建成小康社会统计监测指标体系，包含了经济发展、民主法制、文化建设、人民生活和资源环境 5 个方面。2017 年朱启贵提出了由经济建设、民主法制建设、人民生活、文化建设和生态文明建设 5 个一级指标构成的全面小康评价指标体系。③“五大发展理念”评价指标体系。2016 年易昌良以“五大发展理念”核心内容为指导，编制了中国发展指数体系，设置了创新发展指数、协调发展指数、绿色发展指数、开放发展指数、共享发展指数 5 个一级指标、37 个二级指标。2017 年杨新洪构建了包含创新、协调、绿色、开放、共享 5 部分的社会经济发展评价指标体系。

第四，2017 年至今进入高质量发展阶段：高质量发展评价。高质量发展是 2017 年党的十九大首次提出的新表述。高质量发展这一概念提出以来，探讨高质量发展评价的文献如雨后春笋般出现。2018 年殷醒民认为，可以从全要素生产率、科技创新能力、人力资源质量、金融体系效率和市场配置资源机制 5 个维度构建高质量发展评价指标体系。2018 年吕薇认为，应建立三类指标：一是反映经济结构和效率的指标，二是体现以人民为中心、提高生产质量和幸福感的指标，三是体现经济活力的指标。2018 年朱启贵提出了由动力变革、产业升级、结构优化、质量变革、效率变革和民生发展 6 个方面的评价指标体系。2019 年李金昌、史龙梅等构建了由经济活力、创新效率、绿色发展、人民生活、社会和谐 5 个部分构成的高质量发展评价指标体系。2020 年冯志峰将高质量发展指标体系分为综合发展质量指标、创新发展质量指标、协调发展质量指标、绿色发展质量指标、开放发展质量指标、共享发展质量指标等 6 个方面。

二、国外同类典型考评指标体系的简况综述

虽然各个国家的社会制度、基本国情不同，发展方式和发展水平不同，但

基于人类经济社会发展的基本规律，各国之间依然具有很多共同的发展之处。譬如追求发展的质量效益、效率、公平和可持续发展等。因此，系统梳理发达国家或经济体一些典型的同类评价指标体系，对于构建我国“具有国际视野”的高质量发展评价体系具有一定的借鉴意义。有的专家经过文献梳理和筛选，选择四个较为典型的评价体系作为参考①。

一是欧盟可持续发展评价指标体系。2001 年欧盟委员会发布《可持续的欧洲使世界变得更美好：欧盟可持续发展战略》，首次提出了可持续发展的战略构想，阐明了构建经济繁荣发展、资源有效管理、环境充分保护、社会和谐发展等美好规划愿景。此后，经过 2006 年的修订和始于 2007 年的定期评估，欧盟可持续发展战略于 2010 年被纳入“欧洲 2020 战略”，2015 年被纳入联合国“2030 年可持续发展议程”，现已成为推动欧盟国家经济社会发展的重要指引。在 2017 年发布的监测报告中，欧盟统计局对沿用了 10 年的评价主题作出了较大幅度的调整，由社会经济发展、气候变化和能源、全球合作等 10 个主题，拓展为没有贫穷、没有饥饿、健康幸福、优质教育、性别平等、干净的水和卫生设施、可支付的清洁能源、经济增长、产业创新和基础设施、减少不平等、可持续发展的城市和社区、负责任的消费和生产、气候行动、水下生物、陆地生物、和平公正和强大的机构等，为实现目标进行合作等 17 个主题。

二是荷兰绿色增长评价指标体系。2011 年经合组织（OECD）部长理事会通过了《经合组织绿色增长战略》，提出了环境生产率、自然资产基础、生活环境质量、经济机遇和政策回应 4 个项目，以及碳和能源生产率等 14 个主题，还有能源生产率等 25 项指标的绿色发展评价指标框架。荷兰统计局基于上述 4 个项目调整了部分指标，确定了一个由 20 项指标构成的荷兰绿色增长评价指标体系，并发布了经合组织成员国的第一份绿色增长报告。2012 年，为了更加完善指标体系，荷兰统计局对绿色增长评价指标体系进行了细化和改进。

① 参见李金昌等：《高质量发展评价指标体系探讨》，《统计研究》2019 年第 1 期。

环境生产率项目被细化为环境生产率和资源生产率 2 个子项目；经济机遇和政策回应项目被细化为经济机遇和绿色发展政策工具 2 个子项目。荷兰统计局 2015 年发布的最新一期绿色增长评估报告，仍旧沿用了 2012 年的指标体系。

三是德国国家福利测度评价指标体系。德国联邦环境部于 2008 年启动了福利和可持续发展核算研究项目，推动了福利测度研究的进一步发展。2010 年德国联邦环境、自然保护与核安全部联合发布了国家福利指数（National Welfare Index，NWI）。这个福利指数更加关注社会公平、环境破坏、自然资源损耗等 GDP 度量的缺失面，选取了包含贫富差距、消费支出、福利增加、福利降低、环境损害、国家实力等 6 大类共 21 项指标。其中，贫富差距和消费支出分别通过收入分配指数和调整的私人消费支出 2 项指标展现；福利增加由家务劳动的价值、志愿工作的价值、用于医疗保健和教育的公共开支 3 项指标展现；福利降低由耐用消费品的成本和收益差额、家和工作场所间的交通成本、交通意外、犯罪、酗酒和药物滥用、环境影响造成的补偿性社会开支 6 项指标展现；环境损害由水污染的损害、土壤污染的损害、空气污染的损害、噪音的损害、湿地变迁造成的损害、丧失农业区的损害、掠夺非可再生资源的置换费用、二氧化碳排放的损害 8 项指标展现；国家实力由固定资本的净变化和国际地位的变动 2 项指标展现。

四是美国新经济评价指标体系。美国发展政策研究所于 1999 年和 2002 年发布了两期《美国各州新经济指数报告》。第一期报告的评价指标体系涉及知识型就业、全球化、活力与竞争、数字化转换和创新基础设施 5 项一级指标、17 项二级指标；第二期报告中的创新基础设施被更名为创新能力，数字化转换领域新增了农场主使用互联网和电脑情况、制造商使用互联网情况、居民和企业接入宽带电信情况 3 项二级指标。2007 年开始，《美国各州新经济指数报告》的发布机构调整为美国信息技术与创新基金会，相继发布的 6 期报告尽管评价指标体系始终围绕知识型就业、全球化、经济活力、数字经济和创新能力5项一级指标，但二级指标的选择不断调整。如2007年新增创办新公司和企业家数、独立发明人获得的专利数、快速发展公司数3项指标以评估企业活力，新增制造业增加值以评估制造业竞争力，新增制造业服务出口等8项指标以强调服务经济的重要性。2017年的知识型就业指标下设置非IT行业中的IT岗位就业等7项二级指标，全球化指标下设置国外直接投资等3项二级指标，经济活力指标下设置就业波动等4项二级指标，数字经济指标下设置农场主互联网和计算机使用情况等4项二级指标，创新能力指标下设置高科技就业人数等7项二级指标。

综合上述4个典型的同类评价指标体系状况可知，发达国家或经济体比较早地关注人民福利提升和身体健康保护，更多关注可持续发展和绿色发展，更强调创新技术、新经济发展和生态环境保护。虽然他们没有提及高质量发展这一概念，尽管我国与他们的社会制度和发展路径有所不同，但这些正是我国高质量发展亟待加强和所要追求的。同时，这些发达国家或经济体的评价指标体系所包括的指标数量并不是很多，重点突出，很有针对性，对我们深入研究高质量发展评价指标体系的构建具有重要的借鉴价值。

三、省域高质量发展考评指标体系研究成果

根据有关学者对党的十九大以来高质量发展评价文献在中国学术期刊（网络版）数据库检索梳理，发现共有39个文献专门对高质量发展指标体系进行了探讨。从一些地方政府高质量发展考核评价的实践成果看，相较于学术界的研究，在指标选取方面更能体现国家高质量发展战略和政策取向，更符合实际。立足于学术研究成果和地方实践成果的梳理，进一步研究高质量发展评价指标体系的设计和构建。

从学术研究成果看，在39篇高质量发展评价指标文献中，其中有11篇直接采用了创新、协调、绿色、开放、共享等五个维度作指标，体现了以新发展理念作为高质量发展的基本准则；有41个指标出现5次以上，R&D经费投入强

度、外贸依存度和万人专利授权数出现次数位于前三,且都属于“创新”方面的指标;在“共享”方面有12个指标出现5次以上,包括教育、医疗、居民收入、保险、消费、物价、就业等民生指标,说明高质量发展的出发点和落脚点在于人民生活质量的提高,最终目的是要保证人民共享发展成果;在“绿色”相关指标中有12个指标出现5次以上,其中空气质量优良天数出现6次,与大气污染状况相关的$PM_{2.5}$年平均浓度在39篇文献中出现2次,说明学者们更加关注大气环境质量,环境治理投资占GDP比重出现10次,反映生态文明建设、打赢“蓝天保卫战”等专项工作力度的显著增强。① 如表5-1和表5-2所示。

表5-1 经济高质量发展评价一级指标汇总表

文献编号	评价维度
1—11	创新、协调、绿色、开放、共享
12	创新、协调、绿色、开放、共享、有效性
13	创新、协调、绿色、开放、共享、综合性
14	创新、协调、绿色、开放、共享、收入与劳动产出水平
15	创新、协调、绿色、开放、共享、质效提升
16	经济发展、创新发展、绿色发展、协调发展、民生发展
17	创新驱动、增长效益、增长动能、绿色水平、发展共享
18	经济发展、人口发展、社会发展、生态环境
19	高质量供给、高质量需求、发展效率、经济运行、对外开放
20	经济活力、创新效率、绿色发展、人民生活、社会和谐
21	经济活力、创新效率、绿色发展、人民生活、社会和谐
22	动力变革、质量变革、效率变革、产业升级、结构优化、区域协调、经济发展、社会进步、生态文明
23	创新驱动、结构优化、经济稳定、经济活力、民生改善、生态友好
24	经济发展动力、新型产业结构、交通信息基础设施、经济发展开放性、经济发展协调性、绿色发展、经济发展共享性

① 参见黄顺春等:《高质量发展评价指标体系研究述评》,《统计与决策》2020年第13期。

续表

文献编号	评价维度
25	经济发展、结构协调、创新驱动、开放升级、生态文明、成果共享
26	发展基本面、发展的社会成果、发展的生态成果
27	有效性、稳定性、创新性、协调性、绿色性、分享性
28	产业转型升级、供给侧结构性改革、社会平衡发展、环境治理、保障民生
29	创新驱动、协调发展、绿色生态、开放稳定、共享和谐
30	经济增长动力、经济增长结构、经济增长稳定性、福利与成果分配、资源利用与环境保护
31	经济发展水平、创新驱动能力、生态文明建设、社会民生发展、基础设施完善
32	基本面、社会发展、环境保护
33	经济增长、创新发展、生态文明、民生发展
34	发展质效、创新驱动、结构优化、绿色发展、民生共享
35	生产环节、分配环节、交换环节、消费环节
36	有效性、协调性、创新性、共享性、持续性
37	有效性、协调性、创新性、共享性、持续性
38	经济增长、公共福利、生态环境
39	经济结构优化、创新驱动发展、资源配置高效、市场机制完善、经济增长稳定、区域协调共享、产品服务优质、基础设施完善、生态文明建设、经济成果惠民

注：本表来自《统计与决策》2020年第13期第27页。

表5-2　39篇文献中二级指标出现次数

指标	次数	指标	次数	指标	次数
R&D经费投入强度	31	单位产出工业废水排放量	13	资本生产率	8
外贸依存度	28	经济波动率	13	居民消费水平	7
万人专利授权数	27	产业结构高级化	12	社会保障投入水平	7
单位产出工业废气排放量	24	医疗卫生投入水平	12	万人拥有医生数	7
城镇登记失业率	23	环境治理投资占GDP比重	10	万元GDP电耗	7
单位产出能耗	23	科技支出占财政比	10	产品质量合格率	6
城乡收入比	21	通货膨胀率	9	空气质量优良天数	6
人均GDP	20	消费率	9	居民人均可支配收入	5

续表

指标	次数	指标	次数	指标	次数
教育投入水平	18	单位产出固体废物排放量	8	人均绿地面积	5
劳动生产率	18	第三产业占 GDP 比重	8	森林覆盖率	5
城镇化率	15	高技术产值占比	8	万人拥有医院床位数	5
外资依存度	15	技术市场成交额	8	污水处理率	5
建成区绿化覆盖率	14	全要素生产率	8	医疗保险覆盖率	5
万人 R&D 人员全时当量	14	工业固体废物综合利用率	8		

注:本表来自《统计与决策》2020 年第 13 期,表里只列出出现次数 5 次以上指标。

总之,我国学术界在高质量发展指标体系方面做了大量的研究和探讨,进一步丰富了高质量发展考核评价理论体系,提供了一些新的研究思路和有效方法路径,主要体现为以下 5 个方面的基本特点:①以“满足人民日益增长的美好生活需要”为根本目的;②以“五大发展理念”为根本理念,创新、协调、绿色、开放、共享缺一不可;③以“高质量”为根本要求,既涵盖微观层面的产品和服务也涵盖宏观层面的结构和效率,既涵盖供给环节也涵盖分配环节、流通环节和需求环节,既涵盖经济领域也涵盖其他各个领域;④以“创新”为根本动力,不断提升综合效率;⑤以“持续”为根本路径,不断优化各种关系。这些将是科学构建高质量发展评价指标体系的基本前提。但是,从这 39 篇文献的具体指标设定方面,仍然有需要改进和完善之处。一是现有研究对微观企业相关指标的关注不够。实体经济尤其是制造业是立国之本、强国之基,要提升我国竞争力,必须在制造业上提升国际影响力,打造世界一流制造企业和品牌。尽管在 39 篇文献中共出现了 6 次产品质量合格率指标,但未出现体现制造业竞争力的相关指标,如驰名商标数、中国(制造业)企业 500 强数、最具价值 500 品牌数等指标。二是现有文献很少有考虑人文环境质量的相关指标。社会人文环境是区域经济高质量发展的重要支撑,具有持久竞争力,同时也是判断区域经济高质量发展水平重要因素。

从实践研究成果看，自党的十九大以来，我国各地党委和政府积极探索高质量发展评价指标体系构建，可以说各地指标设计因地制宜、各有所长，突出牵引、注重导向，强化质效、以人为本，指标考评工作取得了明显成效。

1. 江苏省2018年率先在全国构建高质量发展绩效评价指标体系，并开展高质量发展综合考核。江苏省立足省情实际，以经济发展、文化建设、城乡建设、生态环境、改革开放、人民生活“六个高质量”发展为思路框架，建立高质量发展指标考核体系。2020年度江苏高质量发展绩效评价指标体系共三套：一是设区市绩效评价考核指标，由六大类68个共性指标和若干项个性指标两部分组成，另设加减分项；二是县（市、区）绩效评价指标，由六大类37个指标构成；三是城区绩效评价指标，由六大类24个指标构成。每个指标设置相应权重。江苏高质量发展绩效评价指标的主要特色①：一是导向性突出。遴选能够更好反映高质量发展新任务、新要求、新动力的指标，引导各地提升发展的“含金量”“含新量”“含绿量”，如设置“工业战略性新兴产业总产值占工业总产值比重”“高技术产业投资占比”等指标，促进制造业转型升级。选择让人民群众对高质量发展看得见、摸得着的指标，反映生活环境、就业收入、健康养老等民生类指标占总指标数的一半以上。设置体现补短板强弱项要求的指标，如安全生产水平、乡村振兴实绩水平等。二是精准性突出。有针对性地设置共性指标和个性指标及加减分项，充分发挥核心指标的引领作用。比如，针对人民群众期待解决普通高中升学难问题，纳入“普通高中资源供给比例”指标。设置扎实做好“六稳”工作、全面落实“六保”任务相关指标，如为稳投资，设置投资规模与结构指标；为稳金融，设置金融支持实体经济水平指标；为稳就业，设置城镇新增就业人数指标等。三是实用性突出。创造性落实中央决策部署，既“能落全落”吸收国家指标，又设置江苏特色指标，全面优化评价指标和评价方法，指标数量更适度，指标来源更清晰，计算方法更科学，做到对上

① 参见刘兴远：《以绩效评价赋能高质量发展的江苏探索》，《中国社会科学报》2021年3月3日。

有衔接、基层可操作。比如，提高发展指数权重，将水平指数和发展指数权重调整为40%和60%，既重“优”又突出“勤”，对基础较弱发展较快的地区更公平更客观。

2. 广东省开展高质量发展绩效评价。2018年广东省人民政府办公厅印发《广东高质量发展综合绩效评价体系（试行）的通知》。这项综合绩效评价体系，根据广东省主体功能区规划和“一核一带区”区域发展新格局，分为珠三角核心区、沿海经济带、北部生态发展区3个评价区域类型。三个区域的评价体系均包括综合、创新、协调、绿色、开放、共享6个一级指标和39个二级指标。其中适合于三个区域的共同指标33个，适合于不同区域的差异化指标12个。此外，还设置了重大生态破坏事件等“红线”“底线”减分项。珠三角核心区、沿海经济带、北部生态发展区分别突出开放创新、城镇化水平提高及协调发展、绿色发展和环境保护，因此相应的指标权重较高，并专门设置了少数指标，如三个区域分别专设了国家级高新区综合排名指标、城镇化率与脱贫攻坚绩效指标、生态保护指数指标，同时北部生态发展区不设置GDP和财力相关指标。广东省发布的高质量发展绩效评价体系遵循了对标国家标准、体现当地实情、分类指导和问题导向的评价原则。

3. 上海市构建了各区高质量发展综合绩效评价指标体系，着力发挥高质量发展绩效评价的指挥棒、晴雨表和助推器作用。上海市指标体系按照综合质效、创新发展、协调发展、绿色发展、开放发展、共享发展和主观感受“1+5+1”框架设计，综合考虑指标导向性、代表性和可操作性等因素，选取33项主要指标，其中包括16项核心指标。一是在指标设计上，注重对标对表与联系实际相结合。在指标设计中既充分与国家要求对标对表，又适当结合上海实际创设地方特色指标。比如，针对部分区提出的人均地区生产总值不能完全反映区域发展实际情况，上海创新性设计“地区生产总值增长复合指数”指标，以充分体现对各区经济发展量的合理增长和质的稳步提高的目标导向。又如，为引导各区注重特色差异化发展，在指标体系中单独设立了1类各区特色优势指标，由16个区各2项指标组成，强化锻长板、强优势、重特色的发展导向。二是在综合绩效最终评价上，注重绩效评价指数与发展进步指数相结合。为综合反映各区高质量发展总体水平，按照指标体系、权重和指数计算方法，计算形成绩效评价指数。同时，为更好动态反映各区当期努力程度和进步状况，结合上海各区发展实际引入了发展进步指数，重点评价各区评价指数比上期提升幅度，充分体现各区推动高质量发展的工作力度、进步速度。三是在结果使用上，注重绩效评价与考核应用相结合。将高质量发展综合绩效评价结果作为各区党政领导班子和领导干部政绩考核的重要组成部分，在年度绩效考核的基础履职部分充分吸纳高质量发展综合绩效评价指标，强化指挥棒、晴雨表、助推器作用，引领全市各区形成高质量发展“比学赶超”的浓厚氛围。

4. 浙江省对高质量发展水平和进程进行评价考核。2019年浙江省委、省政府办公厅印发《浙江省高质量发展指标体系实施办法》。指标体系由六个方面66个指标组成，以全省和11个市为对象，以2022年为目标期，对全省高质量发展水平和进程进行评价考核。具体为：质效提升，10个指标，主要含人均GDP等；结构优化，12个指标，主要含数字经济增加值占GDP比重等；动能转换，18项，主要含每百元固定资产投资产出的GDP等；绿色发展，9项，主要含能源消费总量增速、单位GDP能耗降低率等；协调共享，10项指标，主要含常住人口城镇化率等；风险防范，7项指标，主要是金融风险、食品药品安全等。

5. 湖北省、湖南省、成都市等地积极探索构建高质量发展评价指标体系。湖北省按照体现区域差异、因地制宜、分类指导的要求，共设定了包括22个二级指标的省内各市高质量发展考核指标体系。湖南省制定了包括综合质量效益、创新、协调、绿色、开放、共享6个一级指标和34项二级指标的高质量发展指标体系。成都市按照“质量效益好、产业结构优、科技含量高、资源消耗少、发展可持续、环境影响小”的总体要求，结合成都发展实际，构建了高质量发展指标体系，其中一级指标包含质效提升、动能转换、结构优化、风险防控、绿色低碳、民生改善；二级指标包括6个一级指标下设的52个指标。

总之，学术界对指标体系的研究成果具有普遍性，但未考虑不同地区的特色，因而不具备针对性。我国各地的实践探索的指标体系侧重点不同，主要是各地的发展水平和发展要求不一样，发展指标的侧重点就不一样，不应采取“一刀切”的方式，不应统一采取同一标准和指标体系。高质量发展指标体系应综合考虑国家的政策和定位以及不同地区的发展实情，例如国家对长江经济带的“不搞大开发，共抓大保护”、黄河流域生态环境治理国家战略。这些地区应当重视绿色发展和环境治理方面的指标。有的地方应当根据发展需要合理设计一些个性指标，实施差异化考核，运用高质量发展考评“指挥棒”牵引地方平衡发展和充分发展。

第二节　考评指标的设计与要求

构建高质量发展评价指标要在精准、贵在牵引、落在实效。习近平总书记指出：“要改进考核方法手段，既看发展又看基础，既看显绩又看潜绩，把民生改善、社会进步、生态效益等指标和实绩作为重要考核内容，再也不能简单以国内生产总值增长率来论英雄了”①，明确提出了构建高质量发展绩效评价指标体系的新要求和有效衡量和评价高质量发展的科学方法。高质量发展依靠科技进步提高生产效率从总量扩张向结构优化转变，实现内涵式的、集约式的、效率提升式的发展，出发点和落脚点是实现人民对美好生活的向往。高质量发展评价指标体系的设置必须体现高质量发展内涵，以新发展理念为基准，围绕“综合质效、创新发展、协调发展、绿色发展、开放发展、共享发展、安全发展和主观感受”等 8 个方面的要求，重点研究指标设置的科学性、牵引性、实效性问题，探索解决绩效评价考不准、考不实、考核结果难以让大家公认等问题。

---

① 《习近平谈治国理政》第一卷，外文出版社 2018 年版，第 419 页。

一、指标设计的理路

高质量发展指标体系设计选择最关键一步，是一级指标分类，分类要以高质量发展的内涵为基础。从概括来看高质量发展指标设计理路有3个方面的表述：一是从贯彻落实新发展理念出发，围绕“创新、协调、绿色、开放、共享”的发展标准设计指标体系；二是从高质量发展特征出发，围绕高质量的供给、高质量的需求、高质量的投入产出、高质量的分配和高质量的经济循环等方面进行指标体系设计；三是从高质量发展要求出发，围绕质量变革、效率变革、动力变革3个方面进行指标体系设计。这3种体系设计理路各有所长。第一种方案是体现新发展理念，突出创新、协调、绿色、开放、共享等5个二级指标。第二种方案是体现高质量发展5个特征，突出供给、需求、投入产出、分配、宏观经济循环等5个方面要求，包含5个二级指标。第三种方案是体现高质量发展要求，突出质量、效率、动力等3个方面，包括3个二级指标。

上述3种指标设计体系分类方案各具特色。第一种方案指标选择明确而且相对容易，近年来不论是学术界的研究成果还是地方政府的实践探索，都对创新、协调、绿色、开放、共享发展的指标进行了有益尝试，有诸多类似指标体系可以参考。依据新发展理念还可以清晰地界定分领域指标，方便在实践中操作。第二种方案反映了高质量发展特征，供给、需求、投入产出、分配和宏观经济循环5个方面环环相扣，对每个发展环节都提出了实现高质量发展的具体要求。宏观经济循环又从经济健康可持续发展角度，为实现高质量发展提供了总体保障。同时，有利于高质量发展指标体系与政策体系相辅相成、互为支撑。第三种方案分析相对简洁明快，但是在选择下一级指标时难度较大，归类相对困难。如何从这3种方案中进行取长补短、相互融合，从而进一步优化指标，应当成为高质量发展指标体系设计的新思路。在以第一种方案为主体的基础上，科学设计创新发展、协调发展、绿色发展、开放发展和共享发展5个二级指标，再增加“综合质效”和“主观感受”的绩效评价指标，能够更好地体现高质量发展的质量特征，形成“综合质效”+“创新、协调、绿色、开放、共享”+“主观感受”的即“1+5+1”指标体系。

深化高质量发展特征指标内涵，体现“综合质效”和“主观感受”。针对高质量发展的5个特征，即高质量的供给、高质量的需求、高质量的投入产出、高质量的分配和高质量的宏观经济循环，①系统研究指标体系。(1)突出供给高质量，构建与国际接轨的一流水平营商环境，提高为企业提供服务的水平和效率，加大知识产权保护力度，促进企业公平竞争。优化供给结构，保持产业利用率在合理水平，降低宏观杠杆率，降低地方政府负债水平，防止发生系统性金融风险，降低企业经营成本。建设实体经济、科技创新、现代金融、人力资源协调发展，高技术产业、先进制造业和现代生产性服务业协同发展的现代产业新体系。提高企业核心竞争力，在关键技术、关键装备、关键新材料等方面提高自给率，提高产品质量和培育企业品牌和产品品牌。(2)突出需求高质量。积极推进消费升级、投资升级和进出口升级。在消费升级方面，提升对高质量产品和服务的需求，不断提高文化产品消费水平。在投资升级方面，完善国有企业混合制改革，优化投资方向和结构，积极推进高技术产业和先进制造业投资，提高民间投资在固定资产投资中的比例。提高贸易水平，提高出口产品品牌附加值和技术附加值。(3)突出投入产出高质量。提高科技在经济发展中的作用，提高全要素生产率。提高工业产值效率，最大化投入产出经济收益。在保证安全生产的前提下，全面提升土地效率、资本效率、人力资源效率、技术效率、资源效率和环境效率。(4)突出分配高质量。提高居民收入水平，扩大中等收入群体；在注重分配效率的同时，更多关注分配公平，降低行业之间、城乡之间、地区之间的收入差距。打赢脱贫攻坚战，建立脱贫的长效机制。切实提高社会保障水平，在住房、教育、医疗、养老等方面进行全方位改革。(5)突出宏观经济循环高质量。保持宏观经济平稳增长，就业率和物价保持在合理

① 参见张焕波：《高质量发展特征指标体系研究及初步测算》，《全球化》2020年第2期。

水平，实际经济增长率基本保持在潜在经济增长率水平；注重宏观经济内外平衡发展，保证财政收入与财政支出、进口与出口、投资率与储蓄率基本平衡。促进区域发展平衡。

优化高质量发展指标体系必须注重“三个结合”。建立高质量发展评价指标要坚持总量指标和人均指标、效率指标和持续发展指标、经济高质量发展指标与社会高质量发展指标等“三个结合”①。实现这三个结合，首先要反映经济结构和效率的指标，提高要素生产率。制定要素生产率指标，比如劳动、资本、能源、土地、水资源等产出效率。要素指标要反映其稀缺性，产出指标要反映对社会的贡献，包括国家、企业和个人的收入等，如工业增加值率能较好反映工业企业的综合效率。结构优化的指标，进一步完善一二三产业的统计指标，加强对服务业的核算和度量；加强防范风险的指标，不仅要看杠杆率高低，还有看资产的质量，建立资产负债率指标。其次要体现以人民为中心，提高生产质量和幸福感的指标比重。要有可量化的社会指标。一方面是就业、人均可支配收入、人均公共产品的拥有量、社会消费总额水平、人均寿命、出生率等直接反映人民生活水平和公共服务的指标；另一方面是环境质量等方面的指标，体现了人民群众的生活环境。第三要体现经济活力的指标。经济活跃程度的指标，主要包括创业和投资。创业不仅看注册量，还要看成活率；投资反映了经济社会的未来预期，体现经济活力的投资主要是民间投资和制造业投资，以及营商环境指数等。反映创新的指标，创新不仅要看 R&D 投入、专利产出，还要看对经济的带动作用。如新产业、新模式和新业态的发展，因此，要增加衡量新经济的发展指标，如新经济增加值占 GDP 比重等。实体经济竞争力的指标。如体现产品质量和竞争力的指标，包括世界知名品牌等。

高质量发展指标选择要从实际出发、因地制宜。从全国层面看，我们是一个人口大国和经济大国，可以说在世界上是一个超大规模的发展体，总量肯定

① 参见吕薇：《探索体现高质量发展的评价指标体系》，《中国人大》2018 年第 11 期。

是排在全球前面，但是如果采用人均指标，就可能排到中下游了。人均指标是我们的短板，所以要多采用人均指标，以指标牵引补齐这个短板。从区域发展层面看，我国的地区经济社会发展不平衡，指标不能“一刀切”，应该在总体框架下允许各地因地制宜地突出特点，科学合理地设置一些具有地方需求的个性指标，并实行差异化考核，使评价指标真正起到风向标和助推剂的作用。譬如，浙江省为破解资源环境约束，将“亩产论英雄”改革试点拓展到全省 24 个县(市、区)，建立完善以“亩产效益”为导向，综合考虑亩均产出、亩均税收、单位能耗、单位排放等指标，分类分档、公开排序、动态管理的企业综合评价机制。同时，根据综合评价结果，完善落实差别化的用水、用地、用电、用能、排污等资源要素配置和价格政策措施，并探索区域性要素交易制度，破除要素配置中的体制性障碍，提高配置质量和效率。从指标质量的测试度看，反映高质量发展的指标体系要确保统计和度量的质量，统计数据的来源要准确易取，指标设置要客观、公正、可度量和可监测，要对考评的数据可验证、不易弄虚作假。提高指标的科学性，首先数据要体现真实性，推进智慧考核进程。横向上加快各地各职能部门相关基础数据的互联互通，纵向上将数据库延伸至市县乡并配套衔接，形成考核数据池，加强数据综合分析研究。优化完善综合考核信息化管理系统，加大线上考评、智能考评分量，加速“不见面考核”进程。加快运用区块链技术解决考核中的数据造假问题；运用 SPSS 分析软件在对已有数据分析的基础上解决指标相关性问题。

二、指标设计的原则

高质量发展评价指标体系的设置必须体现高质量发展内涵、彰显高质量发展特征、反映高质量发展绩效。高质量发展考核指标设置要坚持系统思维、全面考量，突出重点、兼顾差异；坚持问题导向、求真务实，科学合理、简洁实用；坚持对标国家、体现地方，综合评价、分类指导；坚持事实评价、价值评价，静态评估、动态评估，引领地方和党员干部树立正确的政绩观，抓重点破难题、补短板锻长板，有力促进经济社会发展提质增效，更好地发挥绩效评价的正向激励作用、发展引领作用、综合促进作用。系统综合我国各地高质量发展指标设置和实践探索的经验做法，学习借鉴国际相关发展评价的通用方法，构建高质量发展指标体系应当坚持如下几项基本原则。

1. 坚持系统思维、全面考量与突出重点、兼顾差异的有机结合。系统思维、全面考量是指高质量发展涉及经济、政治、文化、社会、生态等多个层面和领域。过去的指标体系主要体现速度指标体系、总量指标体系、财务指标体系等方面，反映经济建设方面的指标偏多，反映社会发展、人与自然和谐发展的指标少，并且在衡量经济高速发展水平时多采用单一指标，只能反映出某一方面的数量特征，缺乏整体性与全局观。指标体系要强化全面性、系统性、协调性要求，体现前瞻性思考、战略性布局、整体性思路，确保高质量发展各项工作协调有序、相得益彰。全面系统地反映出创新、协调、绿色、开放、共享五大发展理念和安全发展、综合质效、主观感受及其内在相互影响的逻辑关系，切实把各地经济社会发展情况考准、考实、考出成效。指标体系的全面性要能足够表达高质量发展的各个层面，进而度量高质量发展的综合水平。高质量发展评价指标体系是一个系统的整体，评价指标不应该是若干指标的简单编排，而应在遵循一定学理逻辑基础上，构建的各项指标要素之间具有显著相关性，在科学测度的基础上得出精准评价结果，供各地党政决策者决策参考。

突出重点、兼顾差异是指高质量发展绩效评价指标要在强化核心指标比例的同时，能够兼顾地方的差异性。绩效评价指标不再仅仅关注经济的总量和规模，而是要处理好“量”与“质”、“速”与“效”的关系，把指标的重点更多地放在“好不好”的问题上。譬如经济发展的高质量，要在经济结构的优化和改进上，指标应较多地体现技术结构、产业结构、收入分配结构、消费结构以及人口结构等经济结构的变化。还有城乡发展的高质量、改革开放的高质量、生态环境的高质量、人民生活的高质量等指标的选取，每一个高质量都应选取 3 个左右的共性核心指标，突出重点是强化指标的牵引作用。同时，要适应高质量发展阶段的新趋势和新特征要求，将包容性、多元化、差别化的发展理念融入新的评价体系。在优选关键性、支撑性指标的基础上，增强指标的差异性，通过设置个性指标，体现因地制宜、差别发展，个性化要在考核体系中预留空间，跳出过去从统一化、正向性量化角度构建评价指标体系的传统思维，大力破除单纯追求指标细化的固化模式。差异化需要我们尊重特色、遵循规律，厘清考核体系构建是为了履行战略实现高质量发展而不仅仅是为了完成指标。探索统一发展理念下各具特色的评价标准，最根本的是需要以创新的思路探索构建新阶段符合地域特色和发展需求的指标体系。

因此，系统思维、全面考量解决指标的系统性、全面性和协调性问题，突出重点、兼顾差异解决的是发展的包容性、多元化、差别化的问题，只有这两者有机结合起来，才能更好地体现新发展理念的要求和高质量发展的基本特征，指标设置才能反映高质量发展的内涵本质。

2. 坚持问题导向、求真务实与科学合理、简洁实用的有机结合。切实把握问题导向与求真务实的关系。发现问题、分析问题、研究问题和解决问题是高质量发展指标体系设计的前提条件，也是保障指标质量的重要环节。从地方的实践看，有的地方指标设置偏多带来了导向和牵引发展的作用不明显；有的指标设置不严谨带来了数据造假、评价失真；有的指标设置部门化带来了考核评价的不合理和不公平等等。解决这些问题要从本地实际出发，实事求是、求真务实，根据指标的实践应用情况进行对指标的改进和修正完善。指标的牵引作用不强就要增加引领发展的核心指标权重；指标的质量特征不明显就要强化发展质量效益和可持续发展的指标；指标的形成和退出不合理就要完善指标的形成和退出机制，对指标实现优胜劣汰。只有坚持问题导向与求真务实的结合，才能有效解决指标设置和指标应用中的实际问题，不断在解决问题中完善指标，在求真务实中提高指标质量。

切实把握科学合理与简洁实用的关系。高质量发展指标体系的科学性要建立在指标科学的基础上，指标概念明确、范围界定精准、测评监测易行，且有经济学内涵。指标体系的科学性是指评价体系的测度指标能够精确地反映高质量发展的本质要求、主要特征和发展状况，通过规律性认识来把握经济社会的发展趋势、发展战略和发展路径。发展的科学性，要求高质量发展评价指标的选取必须有科学依据，对各项指标的计算、含义、来源均有十分明确的规定，各项指标之间的关联性和稳定性要同时符合科学统计的要求，确保指标数据的真实性、有效性。高质量发展评价指标体系要做到简便易行、务实管用，就要通过选取有代表性的国内外通用指标反映一个地方的总体发展状况。选取的指标应具有较强的公认性、可用性和针对性，具备较为成熟的统计制度保障，使数据获取具有较好的延续性、可操作性。在选取指标时要考虑国内外一般通行的评价方法采用的通用指标，有利于国内外不同区域不同行业的纵向和横向比较，更好地测度一个地方发展状况的好坏。要根据各行各业发展的新趋势、新特点和新动能，选择最具代表性的综合性、典型性、约束性指标，做到少而精、重点突出，最大限度地促进评价测度与实际情况相适应、相吻合，全面准确地反映各地发展状况。

总之，坚持问题导向、求真务实解决指标设置的盲目性和脱离实际问题，科学合理、简洁实用解决指标设置和指标实践的应用效能和可行性问题，这两者的有机结合有利于指标的优化和完善，从指标的设计理念到指标的应用实践把好指标选取和甄别环节，增强指标的科学性和可行性。

3. 坚持对标国家、体现地方与综合评价、分类指导的有机结合。对标国家、体现省情，主要是绩效评价指标既充分体现新发展理念和中央要求，也要反映地方高质量发展的实际情况。我国经济社会发展不平衡不充分是客观现实，东、中、西部发展差距较为明显。对于发达地区而言，有些国家指标已经实现了，在考核中就不应作为考核的指标了；对于欠发达地区而言，有些国家指标不适宜现阶段的考核要求，应该结合本地实际作些调整；对于生态旅游地区而言，就应该强化生态环境指标，如单位地区生产总值能耗、地区 $PM_{2.5}$ 年平均浓度、固体污染源和主要大气污染物排放强度等指标。国家指标是方向性和指导性的，地方指标要根据国家要求结合本地实际进行调整，使之符合本地发展的实际需要，不能上下“一刀切”，要允许地方设置个性指标，进行差异化考核。这样才能把国家的方向性要求与本地的实际紧密结合，把中央对高质量发展的决策部署全面贯彻落实到位，并取得实效。

综合评价、分类指导，主要是指标选择兼顾普遍性和个性化要求，对地方高质量发展采用有差异的指标体系，分别采用共性指标和个性指标，分别计算水平指数和发展指数，客观评价各地高质量发展情况。绩效评价只有充分考虑各地差异性，才能使考核评价更“接地气”、更为有效，最大限度调动和激发各地发展活力。个性指标考核的制度安排重在比选量化任务，以定量指标为主，对于定性工作，要明确进度要求和计分办法，力争做到定性工作定量化。以计量考核为主，对所列事项尽可能做到：或纵向采取基本计分与难度计分的处理办法，更能体现高质量的要求；或横向采取比较计分的处理办法，力求考核指挥棒更具有效性、权威性和全面性。个性指标设置力求科学性、可测性和系统性，有利于把地方党政领导干部的精力引导到“专注高质量发展”上来。分类指导要因地制宜、分类施策。从全国看，各省市自治区发展条件和发展水平差异性较大，要对高质量发展综合绩效评价区域划分为多种类型，对每一类地区的考核评价权重有所不同。从省域发展看，各个设区市和县(市)区发展阶段和发展水平有所不同，对发展的侧重点和要求不一样，应当分类指导、差异考核，通过设置地方个性指标，进行绩效评价。要使层次科学化，按照经济体量考核，充分考虑了各地的自然禀赋、发展阶段与基础特征，综合考核各个地区未来发展方向、目标、地域结构、产业结构布局等个性特点。

对标国家、体现地方解决的是发展指标的上下贯通、融合发展问题，综合评价、分类指导解决的是发展指标通用性与个性化结合问题，只有这两者的有机结合，才能做到考核指标不“一刀切”、考核类别不“一锅煮”以及常规重点不“一把抓”等突出问题，有利于克服评价不客观、不全面的问题，有利于获得社会公众的广泛认可，有利于充分调动地方领导班子和领导干部干事创业热情，激发经济发展活力。

4. 坚持事实评价、价值评价与静态评估、动态评估的有机结合。首先从事实评价向价值评价攀升。综合考核最大的难题就是如何考得实、考得准。现在的考评之所以不够实、不够准，是因为我们还停留是事实判断上，而忽视了价值判断。事实判断是关于客体本身是什么的判断，它所揭示的是客体本身的性质和特点。价值判断是关于客体对主体的意义是什么、对主体意味着什么的判断，它所揭示的是主体的需要与客体的性质、功能之间的关系。这两者之间的根本区别就是价值判断中多了一种决定其本质的因素，即人的需要。我们高质量发展考核评价不仅要借助统计、测验等手段进行量的测定，而且要进行质的分析，也就是要把所有考查绩效的材料和分析综合起来，进一步研究在多大程度上能够达到预期的目的，由此作出价值性判断。价值判断的标准既要与国际接轨，又要体现地域特色。有什么样的考评价值，就有什么样的考评导向。因此，综合考核考得实不实、准不准，起关键性、根本性因素的是考评的价值体系。

其次，既要注重静态评估，更要重视动态评估。对一个地方高质量发展状况进行有效评价，不仅要科学制定评价指标体系，还要选取一个时间节点或一个时期来明确测度区间，譬如半年评估、年度评估、5 年评估等，才能顺利推进考核评价工作。在被选取的时间节点上反映实际情况的指标，可以称之为静态指标，反映一个地方某个特定时期的发展进度和发展变化情况的，这是一种人为的相对划分，可以称为动态指标。但从实际看，任何发展都是一个较长时期的动态过程，任何一项指标都会对不同时期的发展产生不同程度的影响。因此，构建高质量发展评价指标体系，必须坚持动态性和静态性相结合，统筹考核评价过去数据、现实数据和未来数据，以发展动态的眼光考核一个地方的发展情况。譬如，江苏省在对设区市推进高质量发展绩效评价时，采用水平指数与发展指数相结合的方法，实际上就是静态与动态的有机结合。水平指数根据各指标实际完成情况计算，反映各地高质量发展现实水平；发展指数根据各指标比上年的增减情况计算,反映高质量发展的进展情况;再根据不同的权重计算出综合指数。当然综合绩效评价还要按照不同的权重计算个性指标分值以及加减分项。

总之,只有坚持事实评价和价值评价的紧密结合,才能从高质量发展指标的价值导向、目标要求上科学设计指标;只有坚持静态评估与动态评估的有机结合,才能从各地实际出发设计出符合实际的共性指标和个性指标,以及有效地进行差异化考核,改变指标考核事实判断有余、价值判断不足、精准研判不准的现状,不断提高考核指标科学化水平。

三、指标设计的标准

习近平总书记指出:“标准决定质量,有什么样的标准就有什么样的质量,只有高标准才有高质量。”①标准化是质量提升的“牛鼻子”。评估我国经济是否是高质量发展,传统的统计指标、评价指标和方法已经不能反映我国经济发展的质量水平和结构化特征了,迫切需要建立一套新的指标标准体系,基于标准化、结构化的方式,从技术、管理、经济三个维度,再从量、质、效三个层面,研究探讨衡量高质量发展的统计和评价的指标体系,着力采集客观的经济发展的基础信息和数据,用这些客观数据真实反映各级党政部门工作的效果、领导干部的政绩以及用于对政策落地效果进行评价,并作为今后改进工作、调整政策、作出判断和决策的重要依据。可以说标准不仅是高质量发展的质量保证,同时也是评价高质量发展效果的有效工具。因此,研究指标的设计标准具有重要的理论意义和实践价值。

(一)评价指标的初选设计标准

高质量发展指标的初次选择是构建综合评价体系的一个重要组成部分,

---

① 《习近平关于党的群众路线教育实践活动论述摘编》,党建读物出版社、中央文献出版社 2014 年版,第 86 页。

在注重速度增长的发展阶段，指标初选方法多倾向于相对客观的指标，即注重经济指标的可计量性，而忽视指标的全面性。随着高质量发展的深入推进，综合评价体系在应用中不确定性的增加，指标的设计要求更加全面、更加系统、更有质量、更有效益、更加公平、更可持续、更加安全，可计量的指标受到了限制，从而导致评价指标的先天不足。发展指标标准要基于因子的选取。指标的提出和筛选，要由分管职能部门和权威科研机构在充分调查研究的基础上，紧紧围绕新发展理念的根本要求和高质量发展的内涵，紧密结合本地实际，突出质量效益、均衡协调、公平和安全等发展因子，明确高质量发展指标的基本要求。从国内外先进地区指标设计的实践看，高质量发展的指标设计主要有以下基本要求。

在横向标准参考上，指标要充分学习借鉴国内外高质量发展地区高质量发展的指标标准，结合本地具体发展情况精心筛选和提出初步的指标，选取高质量发展的一些样本后，计算平均高质量发展指标制订标准。

在纵向标准参考上，充分学习和借鉴我国一些高质量发展比较好的地区情况，按照高质量发展较好地区情况，结合本地实际，计算制订高质量发展指标标准。比如，江苏“三张考卷”的指标体系，深圳创新活力的指标，浙江共同富裕的指标，上海综合绩效评价指标等，都具有较好的参考价值。

在历史标准参考上，不仅要研究我国历史高质量发展基本情况，而且要系统研究其他发达国家历史高质量发展的情况，还要系统研究本地区过去发展的指标情况，通过比较研究和深入分析，选取高质量发展样本，根据本地区高质量发展的战略目标定位，计算制订高质量发展指标标准。

在实践标准参考上，坚持实践所需、地方所能、群众所盼、未来所向，脚踏实地、久久为功，不吊高胃口、不搞“过头事”，尽力而为、量力而行，创造性系统性研究提出符合本地发展的指标体系，使提出的指标源于实践、服务实践和指导实践。

在定性定量标准参考上，任何定性指标的表述都必须有主要的定量指标，也就是说定性要有直接或间接、局部或全局的东西支撑,任何没有主要定量指标支撑的定性表述,从促进生产力发展的层面来看,没有多大价值。尽管定性与定量不是一一对应,但定量指标总是可以反映定性判断。总之,高质量发展指标的初选是至关重要的一环,要把发展的各项因子和各种因素全部考虑周全,然后作出指标初选的周密方案,确保初选指标的高质量。

(二)评价指标的测算及测度标准

一要体现新经济新动能的成果。指标内容设计的重点由如何满足人们日益增长的物质文化需要升华为如何满足人们日益增长的美好生活需要,由如何解决落后的社会生产力问题提升为如何解决不平衡不充分的发展问题,从"美好生活"和"不平衡不充分发展"这个社会主要矛盾的两个方面去全新设计和测算,能客观体现新经济、新动能的成果。

二要把握少而精、精而准。有的地方高质量发展考核指标100多个,没有主要的核心指标,因众多不重要的指标稀释掉了重要指标的意义。在现实的考核实践中,往往七八个指标与十几个甚至几十个指标的意义并无多大差异,因为这些指标之间往往都具有很高的相关性(至少在数据的表现上)。过多的指标,不仅弱化了真正重要指标的作用,而且增加数据收集、处理与综合计算的工作量,同时还会降低重要指标的牵引作用。现在世界通用的人类发展指数(HDI),即以"预期寿命、教育水平和生活质量"三项基础变量,按照一定的计算方法,得出的综合指标。世界第二次现代化评价包括知识创新、知识传播、生活质量和经济质量4大类指标和16个具体指标。从我国各地高质量发展考核评价的实践看,通常地方的高质量发展评价指标数量一般把握在35个左右为宜。

三要区分水平指标和发展指标。一般高质量发展的评价分为水平指数和发展指数,然后合成为综合指数。通常水平指数反映高质量发展现实水平,发展指数反映高质量发展进展情况,综合指数反映高质量发展总体情况。水平指标和发展指标之间并不是函数式的因果关系，而只是相关式的因果关系。从考核激励地方高质量发展的角度看，如果只考核水平指标，那么对于发达地区来讲，不论努力与不努力都是排在前面，这对于相对落后地区是不公平的。因此，应当设计发展指标，并且将发展指标的权重大于水平指标的权重，这样在考核中，相对落后的地区有可能因为发展进展突出而排在前列，目的是通过考核牵引地方高质量发展。

四要注重指标数值的实际区分度。对于发达地区而言，有些指标已经到了"天花板"，虽然这些指标都很重要，但若其数值已经充分接近目标值或可能值，变动的空间不大或区域差异很小，这样的指标纳入评价指标体系就没有实际意义了，因为无论是动态变化或横向比较都只有微小的差异，实际区分度很小，说明不了什么问题，失去了评价的价值。同时数据的获得要客观真实，要尽量避免替代数据或推算数据，除非该指标不可或缺并且替代数据或推算数据经得起质疑。若没有数据保障，再重要的指标也只能割舍放弃。

五要多种类型指标与多元测度方法有机结合。高质量发展评价涉及方方面面，较为复杂。综合客观评价高质量发展，不可能依赖某一类指标作出客观评价，而是要根据需要综合确定评价指标，做到总量指标与质量指标，水平指标与发展质量，事实指标与价值指标，正向指标、逆向指标与适度指标，客观指标与主观指标，增项指标与减项指标相结合。只有这样才能客观真实、全面系统综合评价高质量发展。多元测度方法就是要从单一指标测度转向综合指数测度。有些学者将高质量发展等价于经济增长质量，并且只以全要素生产率或劳动生产率等单一指标来度量经济增长质量。还有的仅以绿色全要素生产率来衡量测度经济高质量发展的现状，这是不全面的。综合指数测度就是通过构建高质量发展综合指标体系来测度高质量发展水平，并运用一种新的综合评价模型—组合加权主成分法，对不同地区的高质量发展水平进行测度与分析。

六要符合国情和体现国际视野。中国特色社会主义还处于初级阶段，相对于以往各阶段的发展，评价指标体系不能脱离我国国情，应当尊重历史和体现传承性。我国与发达国家发展质量和水平相比,还存在较大差距。我国人口众多,尤其是在人均指标方面,不应当与发达国家盲目攀比。但同时,也要充分吸收发达国家或经济体成功的经验和失败的教训,特别是在科教创新、人才培养、生态环境保护、可持续发展和人民福利健康等方面,要有国际眼光和国际标准,不能目光短浅,看不到未来高质量发展的新趋势。

四、指标论证与管理

高质量发展的指标初选之后,要进一步评选论证,建立指标“评、进、管、出”规范性操作标准,严把好新增指标“进口关”,规范指标的提出、论证、评估、决策、退出运行流程。指标的评选要进行技术性论证、规范性论证和可行性论证。

一是成立科学合理的指标评估论证小组。在一般情况下,通常优选 5 个具有高质量发展评估专业知识的知名专家,优选 5 个分管高质量考核的专家型领导,优选 5 个在基层一线从事高质量发展考核工作人员代表。这样的指标评估小组,既有专业知识的专家,又有实践经验的领导,还有在实践一线的工作人员,改变了过去只有专家评估而造成的指标脱离实际的弊端,提高指标优选的质量和水平。

二是对指标进行技术性论证。通过知名专家、专家型领导和工作人员代表对各项指标优劣进行打分。假设评估权重作为 1,三者的权重分配通常是:知名专家组评估权重 0.4、专家型领导 0.4、工作人员代表 0.2。三个小组中每一个小组去掉一个最高分和一个最低分,然后加权平均,测算出指标的排序和优劣,明确备选指标和淘汰指标。然后通过层次分析法(AHP)、病态指数循环分析法、Person 相关系数分析法等研究方法对各项指标进行综合论证,在评估小组评估的基础上,进一步完善和提出指标的保留、优化、退出建议。

三是对指标进行规范性论证。目前,地方政府对高质量发展指标的形成、优化、评估、决策和淘汰机制不健全、不规范,没有规范性的标准要求,不同程度地出现了一些指标质量较低、指导性和牵引性不强。因此，地方政府应结合本地实际，对高质量发展评价指标进行规范性论证，从多维评价的角度，对指标来源、指标提出的标准、指标产生的流程、指标产生的机制进行综合评估和规范。要修正和剔除一些明显不符合高质量发展内涵要求的指标，形成比较系统规范的指标体系。

四是对指标进行可行性论证。在对指标进行技术性论证和规范性论证的基础上，应对指标进行可行性论证。对地方而言，要把形成的指标体系方案提交给政府有关职能部门进行审核和讨论，认真听取部门的修改意见和建议；征求下一级地方政府的修改意见和建议；广泛征求有关企业、开发园区和基层单位代表的意见。在充分吸收和完善部门、地方、基层等意见建议的基础上进一步修改完善优化指标体系，并对指标的可行性指标作出评估。最后提请政府党务会议研究讨论和审定。

五是对指标进行年度综合评估。通过一个年度的指标考核实施情况，对指标质量进行评估。组成由专家学者、专家型领导和基层代表参加的评估小组，分别从指标的"必要性""合理性"和"实效性"等三个方面进行综合评估。"必要性"主要评估指标设计的依据和重要性，评估指标是否需要保留或优化完善；"合理性"主要是评估指标是否科学合理、标准明确，数据来源是否真实可靠，组织实施是否简便易行；"实效性"主要评估指标实施的实际成效和对高质量发展的牵引作用，以数据和案例形式展示。对每一个指标都要通过评估，提出是否保留、优化、退出的意见和建议，并说明理由和原因。

六是优化完善指标管理机制。建立个性指标"评、进、管、出"规范性操作标准，严把新增指标"进口关"，规范指标的提出、论证、评估、决策、退出运行流程。对指标的评估论证要实行主管部门领导、相关权威专家和基层代表综合评估，保障指标科学合理、务实管用。对指标的"进"，要经过评估论证和相关职能部门审核，提请地方党委或政府常务会议研究决策。对指标的"管"，制定详细的指标管理办法和规章制度，对指标实行刚性管理，从制度上避免指标设置的盲目性和随意性。对指标的“退”,要畅通被淘汰的劣质指标通道,经过评估认定为劣质的指标或者是天花板指标等,完善规范的淘汰退出机制。要结合高质量发展实践,培育一批优质指标,动态淘汰一批劣质指标,使指标处于良性循环的质态。

第三节　考评指标的内容与权重

科学构建高质量发展评价指标体系,要以高质量发展的核心内涵即五大发展理念为根本指针,“创新、协调、绿色、开放、共享”五个方面缺一不可;以“满足人民日益增长的美好生活需要”为根本目的,正确把握“发展不平衡不充分”与“人民美好生活需要”之间的内在联系;以发展的“高质量”为根本要求,涵盖微观、中观、宏观评价指标体系和分配环节、流通环节、需求环节,以及经济、文化、社会、生态和党建等各个领域;以“创新”为根本动力,全面提升综合效率;以“持续”为根本路径,系统优化高效能治理的各种关系。这些是科学构建高质量发展评价指标体系的基本前提和主要内容。在此基础上,进一步优化高质量发展指标评价方法和指标权重,形成科学的评价指标、合理的评价权重和精准的评价方法于一体的标准有据、规范有序、运行有效的考核评价指标体系。

一、指标体系框架

我国各地普遍建立了高质量发展考核评价指标体系,指标体系的框架结构和主要内容大多数地区主要体现在 7 个方面,综合质效、创新发展、协调发展、绿色发展、开放发展、共享发展和主观感受。由于各地发展阶段不同、资源禀赋各异、发展水平差距较大,在评价指标设计上因地制宜、各有所长,突出牵引、注重导向,强化质效、以人为本,有的地方还专门设计了个性指标,实行差异化考核,总体来看,指标考核评价工作取得了明显成效。要在此基础上不断总结指标体系的理论和实践研究成果,伴随着高质量发展的纵深推进,进一步丰富和完善高质量发展评价指标体系。围绕精准有效体现高质量发展核心内涵的要求，按照上述指标体系设计思路、设计原则和设计标准，确立以综合质效+“创新发展、协调发展、绿色发展、开放发展、共享发展、安全发展”+主观感受等八大模块为主体的高质量发展指标体系框架，如图 5-1 所示。

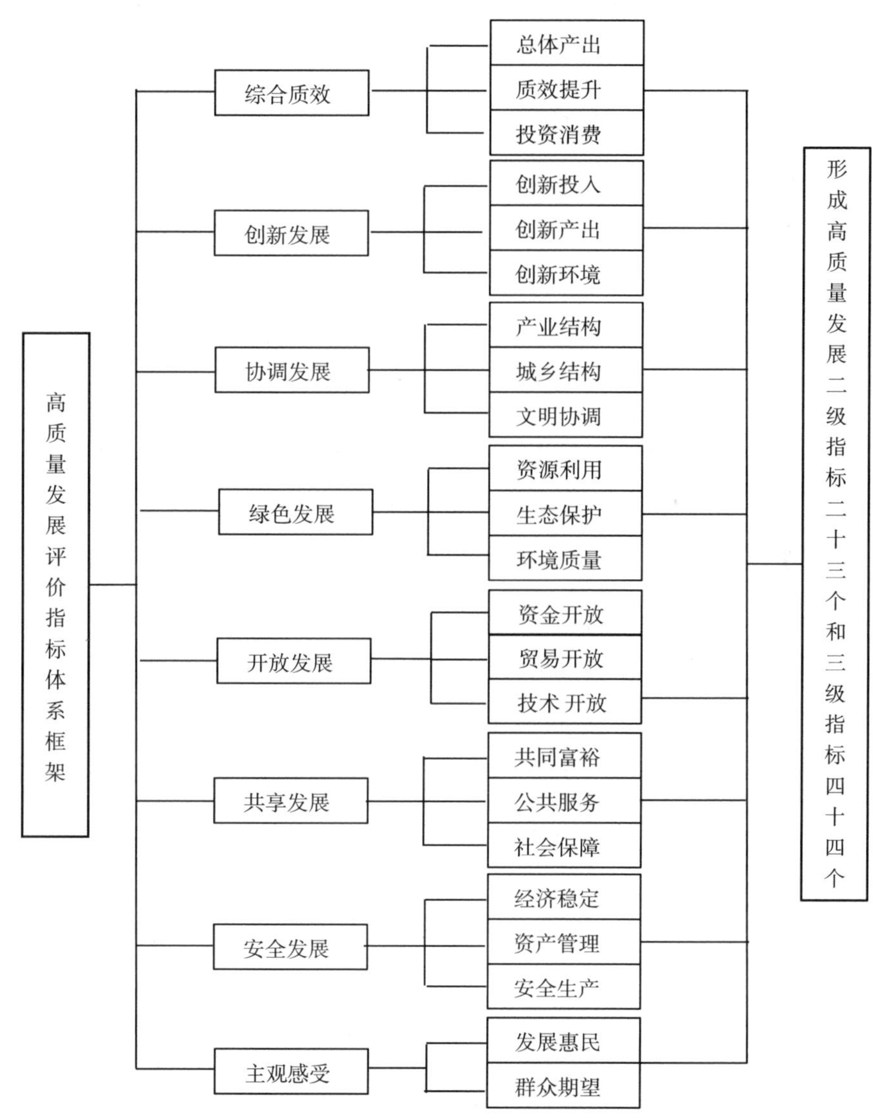

图 5-1　高质量发展指标体系设计框架图

1. 综合质效模块：主要从“总体产出、质效提升、投资消费”等 3 个方面进行考核评价，总体上反映一个地区的发展状况，集中体现一个地区高质量发展战略、发展方向和发展路径，有利于提高高质量发展的综合能力。

2. 创新发展模块：主要从“创新投入、创新产出和创新环境”等 3 个方面进行考核评价，体现政府、企业、社会和个人等多个行为主体，尤其是企业是自主创新的主体，在营造良好的创新环境、优化创新机制的基础上，不断加大创新投入力度，提高创新产出效能。

3. 协调发展模块：主要从“产业结构、城乡结构和文明协调（物质文明和精神文明协调，以下简称文明协调）”等 3 个方面进行考核评价，评价检测出一个地方发展存在的相互掣肘和明显短板的情况，注重解决一个地方发展不平衡问题，推动发展动态平衡，在有效化解各类发展矛盾中促进经济社会持续健康协调发展。

4. 绿色发展模块：绿色发展是新时代人民对美好生活的必然要求，是世界各国和地区发展的时代潮流，也是解决人与自然和谐共生的必由之路。该项指标主要从“资源利用、生态保护和环境质量”等 3 个方面进行考核评价，注重合理利用自然资源，注重生态环境保护，强化环境治理，不断优化环境质量。

5. 开放发展模块：开放发展注重解决一个地区的发展内外联动性问题。该项指标主要从“资金开放、贸易开放和技术开放”3 个方面进行考核评价，通过监测评价对外和对内资金投入，扩大高质量贸易开放与合作发展，注重技术开发并积极引进国外先进技术和高端人才，着力构建国内国际双循环相互促进的新发展格局。

6. 共享发展模块：共享发展旨在推动全体人民更加公平地共享发展成果，实现共同富裕的发展目标。该指标主要从“共同富裕、公共服务、社会保障”等 3 个方面进行考核评价，体现发展成果由人民共享，从整体上推进全体人民共同富裕，完善民生领域中的社会保障和公共服务机制，逐步实现高品质生活共享。

7. 安全发展模块：风险防控是统筹发展与安全两件大事的题中之义，也是高质量发展的基本要求。安全发展指标主要从“经济稳定、资产管理和安全生产”等 3 个方面进行考核评价，及时监测和评价发展的稳定性、安全性问题，进一步丰富完善发展“更有质量、更有效益、更可持续、更加公平和更加安全”体系，弥补多年来一些地方对高质量发展安全性和稳定性评价的欠缺和不足。

8. 主观感受模块：主观感受主要是测评社会和群众对高质量发展感知价值和群众满意程度，发展质量如何要从群众的幸福感、获得感和安全感等维度评价，改变过去一些地方很少让群众参与评价发展质量的不足，着力提高群众评价发展质量的知情权、参与权、表达权、监督权。该项指标主要从“发展惠民、群众期望”等两个方面进行考核评价，充分体现高质量发展工作的初衷和目的，实现人民群众感知的最终表达。

二、指标体系内容

按照“综合质效、创新发展、协调发展、绿色发展、开放发展、共享发展、安全发展和主观感受”等八大模块，设计高质量发展一级指标 8 个，二级指标 23 个，三级指标 44 个，充分体现高质量发展的核心内涵，形成“更有质量、更有效益、更加公平、更可持续、更加安全”的评价体系链条，弥补过去一些地方评价内容缺乏“公平和安全”的不足，这也是该指标体系的创新所在。

（一）综合质效指标

综合质效指标主要从经济社会发展的总体层面着眼，选取对发展质量、效益和消费等有重要影响的指标进行考察，进而把握经济社会发展的概貌。该指标主要包括“总体产出、质效提升、投资消费”3 个二级指标和 6 个三级指标。总体产出：主要从人均 GDP 和制造业增加值占 GDP 比重两个三级指标测算。质效提升：主要从地方一般公共预算收入与 GDP 比率、全员劳动生产率(包括农业劳动生产率、工业劳动生产率、服务业劳动生产率)两个三级指标进行测算。投资消费:主要从民间固定资产投资占固定资产投资(不含农户)比重和人均社会消费品零售总额两个三级指标进行测算。具体指标如表5-3所示。

表5-3 综合质效指标

<table>
<tr><th>一级指标</th><th>二级指标</th><th>三级指标</th><th>数据来源</th></tr>
<tr><td rowspan="6">综合质效</td><td rowspan="2">总体产出</td><td>1. 人均 GDP</td><td>统计局</td></tr>
<tr><td>2. 制造业增加值占 GDP 比重</td><td>统计局</td></tr>
<tr><td rowspan="2">质效提升</td><td>3. 一般公共预算收入与 GDP 比率</td><td>统计局</td></tr>
<tr><td>4. 全员劳动生产率</td><td>统计局</td></tr>
<tr><td rowspan="2">投资消费</td><td>5. 民间固定资产投资占固定资产投资(不含农户)比重</td><td>统计局</td></tr>
<tr><td>6. 人均社会消费品零售总额</td><td>统计局</td></tr>
</table>

(二)创新发展指标

创新发展质量的评价,主要从“创新投入、创新产出和创新环境”等3个二级指标及6个三级指标进行考量。创新投入:主要是从科学技术人员和经费投入情况反映创新投入的力度,两个三级指标分别是R&D经费支出占GDP比重和R&D人员全时当量;创新产出:通过有效发明专利和高技术产业(制造业)新产品销售收入等情况反映创新产出成果,两个三级指标分别是每万人有效发明专利拥有量(国内外)和高技术产业(制造业)新产品销售收入占营业收入的比重;创新环境:通过技术市场成交额和规模以上工业企业研发经费投入强度进行评价考量,两个三级指标分别是技术市场成交额占GDP比重和规模以上工业企业研究与试验发展(R&D)经费投入强度。总之,通过这些方面的考核评价,既可以有效衡量由技术进步因素带来的创新变革对经济发展贡献的大小,也可以增强各地推动创新发展的进度、力度和强度。具体指标如表5-4所示。

表 5-4　创新发展指标

一级指标	二级指标	三级指标	数据来源
创新发展	创新投入	1. R&D 经费支出占 GDP 比重	统计局
		2. R&D 人员全时当量	统计局
	创新产出	3. 每万人有效发明专利拥有量(国内外)	统计局 知识产权局
		4. 高技术产业(制造业)新产品销售收入占营业收入的比重	科技部 统计局
	创新环境	5. 技术市场成交额占 GDP 比重	科技部 统计局
		6. 规模以上工业企业研究与试验发展(R&D)经费投入强度	统计局

(三)协调发展指标

从解决地方发展不平衡、不充分问题的角度构建协调发展指标。通过“产业结构、城乡结构、文明协调”等三个二级指标考量协调发展质量。产业结构:主要考评产业协调发展质量,两个三级指标分别是第三产业占 GDP 比重和数字经济规模占 GDP 比重;城乡结构:主要考评城乡居民收入和城乡城镇化发展情况,两个三级指标分别是城乡居民人均可支配收入之比和常住人口城镇化率(户籍人口城镇化率);文明协调:主要从居民文化消费水平和学生与老师比例进行评价,两个三级指标分别是文化产业增加值占 GDP 比重和义务教育阶段生师比。虽然这些指标不能全部涵盖协调发展的内容,但这 6 个三级指标是精心筛选的主要指标,目的是解决过去评价指标过多过碎导致评价重点不突出问题。具体指标如表 5-5 所示。

表 5-5 协调发展指标

一级指标	二级指标	三级指标	数据来源
协调发展	产业结构	1. 第三产业占 GDP 比重	统计局
		2. 数字经济规模占 GDP 比重	信息通信研究院 统计局
	城乡结构	3. 城乡居民人均可支配收入之比	统计局
		4. 常住人口城镇化率	统计局
	文明协调	5. 文化产业增加值占 GDP 比重	统计局
		6. 义务教育阶段生师比	统计局

（四）绿色发展指标

从提高人民群众高品质生活水平和人与自然和谐共生的角度，构建绿色发展质量指标。通过对一个地区的“资源利用、生态保护和环境质量”3 个二级指标考量绿色发展质量。资源利用：主要考评资源消耗效率和碳排放情况，两个三级指标分别是万元国内生产总值能源消费量（标准煤）和单位 GDP 碳排放。生态保护：主要考评生态环境保护和治理情况，两个三级指标分别是造林面积和环境污染治理投资总额。环境质量：主要考评环境改善的质量情况，两个三级指标分别是 $PM_{2.5}$ 平均浓度和地表水达到或好于Ⅲ类水体比例。具体指标如表 5-6 所示。

表 5-6　绿色发展指标

一级指标	二级指标	三级指标	数据来源
绿色发展	资源利用	1. 万元国内生产总值能源消费量(标准煤)	生态环境部 统计局
		2. 单位 GDP 碳排放	统计局
	生态保护	3. 造林面积	统计局
		4. 环境污染治理投资总额	生态环境部 统计局
	环境质量	5. $PM_{2.5}$平均浓度	生态环境部
		6. 地表水达到或好于Ⅲ类水体比例	生态环境部

(五)开放发展指标

通过发展更高层次的开放型经济,更好地满足世界各国各地的利益需求,构建更高质量的开放发展质量指标。主要从“资金开放、贸易开放和技术开放”3 个二级指标进行评价。资金开放:主要从利用外资和对外投资两个方面反映资金开放情况,两个三级指标分别是实际使用外资占 GDP 比重、当年对外非金融类直接投资金额占 GDP 比重。贸易开放:主要考评一个地区的贸易依存度和货物出口额情况,两个三级指标分别是一般贸易进出口额占比和跨境电商市场规模占 GDP 比重。技术开放:主要考评技术引进和知识产权使用情况,两个三级指标分别是规上工业企业引进国外技术经费支出和知识产权使用费用进出口金额。具体指标如表 5-7 所示。

表 5-7　开放发展指标

一级指标	二级指标	三级指标	数据来源
开放发展	资金开放	1. 实际使用外资占 GDP 比重	统计局
		2. 当年对外非金融类直接投资金额占 GDP 比重	统计局
	贸易开放	3. 一般贸易进出口额占比	海关署 统计局
		4. 跨境电商市场规模占 GDP 比重	网经社 统计局
	技术开放	5. 规上工业企业引进国外技术经费支出	统计局
		6. 知识产权使用费用进出口金额	统计局

（六）共享发展指标

坚持以人民为中心的发展思想，通过衡量人民群众对经济社会发展成果的共享情况，反映人民群众的高品质生活水平，衡量全民共享、全面共享、共建共享，朝着共同富裕方向发展的情况。主要从“共同富裕、公共服务、社会保障”3 个二级指标进行考量。共同富裕：重点考核评价地方的全体人民群众的富裕程度，两个三级指标分别是居民可支配收入占 GNI 比重和中等收入群体占比。公共服务：重点考核评价地方公共服务共享的基本情况，两个三级指标分别是国家财政人均一般公共服务支出、社区服务机构和设施覆盖率。社会保障：重点考核评价地方的居民养老保险情况和基本就业保障情况，两个三级指标分别是城乡居民基本养老保险保障水平、社会保障和就业支出占一般预算支出比重。具体指标如表 5-8 所示。

表 5-8　共享发展指标

一级指标	二级指标	三级指标	数据来源
共享发展	共同富裕	1. 居民可支配收入占 GNI 比重	统计局
		2. 中等收入群体占比	CHIP 数据
	公共服务	3. 国家财政人均一般公共服务支出	财政部 统计局
		4. 社区服务机构和设施覆盖率	民政部 统计局
	社会保障	5. 城乡居民基本养老保险保障水平	统计局
		6. 社会保障和就业支出占一般预算支出比重	统计局

（七）安全发展指标

随着高质量发展向纵深推进，经济社会发展的风险与防控越来越重要。有的地方政府债务长期居高不下；有的地方商业银行不良贷款率很高，存在金融风险的爆发的危险；还有的地方安全生产事故频发，这样的发展绝不是人民群众期望的高质量发展。通过考量地方的经济稳定性、资产管理和安全生产情况，反映发展的质量情况。3 个二级指标分别是经济稳定、资产管理和安全生产。经济稳定：重点评价经济发展的稳定性问题，两个三级指标分别是区域发展差异系数和通货膨胀率（居民消费价格指数计算）。资产管理：由于一些地方真实的政府债务数据很难获得，该指标重点评价不良资产的基本情况，两个三级指标分别是商业银行资本充足率和规模以上工业企业资产负债率。安全生产：重点评价安全生产事故情况，两个三级指标是亿元 GDP 生产安全事故死亡率和亿元 GDP 较大以上生产安全事故发生率。具体指标如表 5-9 所示。

表 5-9　安全发展指标

一级指标	二级指标	三级指标	数据来源
安全发展	经济稳定	1. 区域发展差异系数	统计局
		2. 通货膨胀率	统计局
	资产管理	3. 商业银行资本充足率	财政部
		4. 规模以上工业企业资产负债率	统计局
	安全生产	5. 亿元 GDP 生产安全事故死亡率	安监局 统计局
		6. 亿元 GDP 较大以上生产安全事故发生率	安监局 统计局

(八)主观感受指标

人民群众满意度测评的是目标变量,是人民群众感知高质量发展水平,以及对高质量发展的主观意愿或期望值,两者共同构成了综合考核满意度,以此作为主观感受指标。主要从发展惠民、群众期望两个二级指标进行考量,通过群众生活环境满意度和基本公共服务满意度两个三级指标进行评价,这两个满意度数据通过《中国城市基本公共服务评价报告》、《中国城市生活质量报告》、地方调查队和统计局获得。具体指标如表 5-10 所示。

表 5-10　主观感受指标

一级指标	二级指标	三级指标	数据来源
主观感受	发展惠民	1. 群众生活环境满意度	调查队、统计局
	群众期望	2. 基本公共服务满意度	调查队、统计局

三、指标权重赋值

高质量发展评价指标体系建设科学与否,取决于其绩效评价结果与实际发展情况的吻合程度。为此，高质量发展评价指标体系研究确定之后，需要通过一系列指标赋权、无量纲化、计算合成等加工方法，将多指标数据构造成一个综合评价值，以此对各地高质量发展情况进行整体性研究评价。构建综合评价值的方法有许多，采用不同方法往往带来不同的结果，为保障评价指标体系的科学性、简便性和有效性，本研究结合各地实际，选择简洁实用的方法。

在指标权重赋值这个环节，主要采用主观赋值法与客观赋权法相结合设定各指标的相应权重。一些客观性较强的赋权方法包括主成分分析法、因子分析法、熵值赋权法等，并不适用于本书的研究目标。如主成分分析、因子分析要求样本数量要大于变量数量，而本研究的指标较多，而一个或几个地方评价样本又较少，为实际工作带来了难度。熵权法虽然符合数学规律，具有严格的数学意义，但往往不能反映高质量发展指标的导向性。因此，通常采用主观赋值与客观赋值相结合的方法，坚持客观为主、主观为辅的原则，尽量选取计算简单、抓取简便的“硬指标”，以保证指标数值计算结果的可信度和精确性。对于无法采用客观指标予以衡量的核算项目，一般采用德尔菲法（Delphi 法）和层次分析法（AHP 法）相结合，在集中专家的知识与经验的基础上进行定量判断，依据专家经验估值从主观上为指标设定权重，采用无量纲化处理来确保这些“软指标”的权重系数在合理的范围内，使数据具有可比性并保证核算“误差”降至最低。

上述高质量发展评价指标体系是从八大一级指标中设计出 23 个二级指标和 44 个三级指标。通过精选 7 名对高质量发展考核评价有深入研究和指标问题研究专家学者，对这些指标权重进行评估打分。7 名专家分别由专业技术型、管理型和部门分管业务的领导人员组成，从体现高质量发展内涵的重要程度、促进高质量发展的作用效果和提高群众生活质量情况等维度进行打分评估分配权重。通过对 7 名专家的打分计算处理，去掉一个最高分和一个最低分，取其平均值，最后得出 23 个二级指标权重值和 44 个三级指标权重值。如表 5-11 所示。

表 5-11　高质量发展评价指标体系及权重

一级指标	二级指标	序号	三级指标	单位	权重（%）	属性	数据来源
综合质效（20%）	总体产出	1	人均 GDP	元	5	正	统计局
		2	制造业增加值占 GDP 比重	%	4	正	统计局
	质效提升	3	一般公共预算收入与 GDP 比率	%	4	正	统计局
		4	全员劳动生产率	万元/人	3	正	统计局
	投资消费	5	民间固定资产投资占固定资产投资（不含农户）比重	%	2	正	统计局
		6	人均社会消费品零售总额	万元	2	正	统计局
创新发展（15%）	创新投入	7	R&D 经费支出占 GDP 比重	%	3	正	统计局
		8	R&D 人员全时当量	万人年	3	正	统计局
	创新产出	9	每万人有效发明专利拥有量（国内外）	件/万人	2	正	统计局 知识产权局
		10	高技术产业（制造业）新产品销售收入占营业收入的比重	%	3	正	统计局
	创新环境	11	技术市场成交额占 GDP 比重	%	2	正	科技部 统计局
		12	规模以上工业企业研究与试验发展（R&D）经费投入强度	%	2	正	统计局
协调发展（12%）	产业结构	13	第三产业占 GDP 比重	%	3	正	统计局
		14	数字经济规模占 GDP 比重	%	2	正	信息通信研究院 统计局
	城乡结构	15	城乡居民人均可支配收入之比	%	2	逆	统计局
		16	常住人口城镇化率	%	1	正	统计局
	文明协调	17	文化产业增加值占 GDP 比重	%	2	正	统计局
		18	义务教育阶段生师比	%	2	逆	统计局

续表

一级指标	二级指标	序号	三级指标	单位	权重（%）	属性	数据来源
绿色发展（14%）	资源利用	19	万元国内生产总值能源消费量（标准煤）	吨/万元	3	逆	生态环境部 统计局
		20	单位 GDP 碳排放	吨/万元	3	逆	统计局
	生态保护	21	造林面积	公顷	1	正	统计局
		22	环境污染治理投资总额	亿元	2	正	生态环境部 统计局
	环境质量	23	$PM_{2.5}$年均浓度	$\mu g/m^3$	2	逆	生态环境部
		24	地表水达到或好于Ⅲ类水体比例	%	3	正	生态环境部
开放发展（13%）	资金开放	25	实际使用外资占 GDP 比重	%	3	正	统计局
		26	当年对外非金融类直接投资金额占 GDP 比重	%	2	正	统计局
	贸易开放	27	一般贸易进出口额占比	%	3	正	海关署 统计局
		28	跨境电商市场规模占 GDP 比重	%	2	正	网经社 统计局
	技术开放	29	规上工业企业引进国外技术经费支出	亿元	1	正	统计局
		30	知识产权使用费用进出口金额	亿美元	2	正	统计局
共享发展（14%）	共同富裕	31	居民可支配收入占 GNI 比重	%	3	正	统计局
		32	中等收入群体占比	%	3	正	CHIP 数据
	公共服务	33	国家财政人均一般公共服务支出	元/人	2	正	统计局
		34	社区服务机构和设施覆盖率	%	2	正	民政部 统计局
	社会保障	35	城乡居民基本养老保险保障水平	%	2	正	统计局
		36	社会保障和就业支出占一般预算支出比重	%	2	正	统计局

续表

一级指标	二级指标	序号	三级指标	单位	权重(%)	属性	数据来源
安全发展(8%)	经济稳定	37	区域发展差异系数	—	2	逆	统计局
		38	通货膨胀率	—	1	逆	统计局
	资产管理	39	商业银行资本充足率	%	1	正	财政部
		40	规模以上工业企业资产负债率	%	1	逆	统计局
	安全生产	41	亿元 GDP 生产安全事故死亡率	%	2	逆	安监局 统计局
		42	亿元 GDP 较大以上生产安全事故发生率	%	1	逆	安监局 统计局
主观感受(4%)	发展惠民	43	群众生活环境满意度	分	2	正	调查队 统计局
	群众期望	44	基本公共服务满意度	分	2	正	调查队 统计局

四、指标解释说明

高质量发展指标体系分为一级评价指标 8 个、二级评价指标 23 个、三级评价指标 44 个，需要对三级指标的基本概念和计算方法作具体的解释和说明。

1. 人均 GDP：指一定时期内地区生产总值与同期平均常住人口的比值。计算公式：人均 GDP＝GDP÷年平均常住人口。

2. 制造业增加值占 GDP 比重：制造业增加值是指制造业企业在报告期内以货币形式表现的制造业生产活动的最终成果；是制造业企业全部生产活动的总成果扣除了在生产过程中消耗或转移的物质产品和劳务价值后的余额；是制造业企业生产过程中新增加的价值。制造业比重是指制造业对于国家经济发展的贡献占比，是衡量一个国家或地区制造业发展和工业水平的重要指标。这个指标能够反映发展的质量，而 GDP 增长率主要反映的是发展速度。

3. 一般公共预算收入与 GDP 比率：一般公共预算收入与 GDP 的比值，作为衡量政府对国民经济控制能力的非常重要的指标，能够反映政府调控经济运行的能力和影响社会资源配置的程度。一般公共预算收入占 GDP 比重越高，国家就越有能力为国民提供富足的公共服务。一般公共预算收入包括中央一般公共预算收入和地方一般公共预算收入。计算公式：一般公共预算收入与 GDP 比率 =（中央一般公共预算收入 + 地方一般公共预算收入）÷ GDP×100%。

4. 全员劳动生产率：指一定时期内平均每一个从业人员创造的生产活动最终成果。计算公式：全员劳动生产率 = GDP ÷ 年平均全社会从业人员 ×100%。

5. 民间固定资产投资占固定资产投资（不含农户）比重：民间固定资产投资指具有集体、私营、个人性质的内资企事业单位以及由其控股的企业单位在我国境内建造或购置固定资产的投资。计算公式：民间固定资产投资占固定资产投资比重 = 民间固定资产投资 ÷ 固定资产投资 ×100%。

6. 人均社会消费品零售总额：人均社会消费品零售总额 = 当年社会消费品零售额/平均常住人口。平均常住人口 =（上年末常住人口 + 今年末常住人口）/2。

7. R&D 经费支出占 GDP 比重：指统计年度内全社会实际用于基础研究、应用研究和试验发展的经费支出占国内生产总值（GDP）的比重，又称为投入强度。计算公式是：全社会 R&D 投入占 GDP 的比重 = R&D 投入 ÷ GDP ×100%。

8. R&D 人员全时当量：指 R&D 全时人员（全年从事 R&D 活动累积工作时间占全部工作时间的 90%及以上人员）工作量与非全时人员按实际工作时间折算的工作量之和。该指标是国际上通用的、用于比较科技人力投入的指标，反映自主创新人力的投入规模和强度。R&D 人员包括企业、科研机构、高等学校的 R&D 人员，是全社会各种创新主体的 R&D 人力投入合力。R&D 人员全时当量是指报告期 R&D 人员按实际从事 R&D 活动时间计算的工作量，以“人年”为计量单位。为国际上比较科技人力投入而制定的可比指标。R&D人员指报告期R&D活动单位中从事基础研究、应用研究和试验发展活动的人员。

9. 每万人有效发明专利拥有量：指每万人拥有经国内外知识产权行政部门授权且在有效期内的发明专利件数。该指标是衡量一个国家或地区科研产出质量和市场应用水平的综合指标。计算公式：每万人有效发明专利拥有量=年末有效发明专利拥有量/年末总人口×10000。

10. 高技术产业（制造业）新产品销售收入占营业收入的比重：指高技术产业（制造业）每年新产品销售收入占当年主营业务收入的比重。计算公式：高技术产业（制造业）新产品销售收入占营业收入的比重=新产品销售收入÷主营业务收入×100%。

11. 技术合同成交额占GDP比重：指经登记认定的技术合同中所约定的合同金额与地区GDP之比。计算公式：技术合同成交额占GDP比重=合同金额÷地区GDP×100%。

12. 规模以上工业企业研究与试验发展（R&D）经费投入强度：规模以上工业企业是指年主营业务收入人民币2000万元及以上的全部工业企业。研究与试验发展（R&D）经费投入强度是指规上企业投入的R&D经费与主营业务收入的比值。计算公式：规上企业R&D经费占主营业务收入比重=R&D经费投入量÷主营业务收入×100%。

13. 第三产业占GDP比重：第三产业增加值是流通和服务行业在周期内（一般以年计）比上个清算周期的增长值。第三产业增加值占GDP比重是可以衡量第三产业的发展状况。计算公式：第三产业占GDP比重=第三产业增加值÷GDP×100%。

14. 数字经济规模占GDP比重：是指通过大数据、云计算、物联网、区块链、人工智能、5G通信等新兴技术形成的经济产值与地区GDP的比值。计算公式：数字经济占GDP比重=数字经济产值÷地区GDP×100%。

15. 城乡居民人均可支配收入之比:是指城镇居民与农村居民人均可支配收入的比值。计算公式:城乡居民人均可支配收入之比=城镇居民人均可支配收入÷农村居民人均可支配收入。

16. 常住人口城镇化率:指一个地区城镇常住人口占该地区常住总人口的比重。计算公式:常住人口城镇化率=年末城镇常住人口÷年末常住总人口×100%。

17. 文化产业增加值占 GDP 比重:是指地区在考评期内文化产业增加值与地区 GDP 的比值。计算公式:文化产业增加值占 GDP 比重=文化产业增加值÷地区 GDP×100%。

18. 义务教育阶段生师比:是指义务教育阶段地区学生数量与该地区中小学教师数量之比。计算公式:义务教育生师比=义务教育阶段学生数量÷教师数量×100%。

19. 万元国内生产总值能源消费量(标准煤):单位国内(地区)生产总值能耗简称单位 GDP 能耗,是指一个国家或地区在一定时期内(创造)国内生产总值的计量单位(通常为万元)所消耗的能源。计算公式:单位 GDP 能耗(吨标准煤/万元)= 能源消费总量(吨标准煤)÷国内(地区)生产总值(万元)。

20. 单位 GDP 碳排放:GDP 碳排放指的是产生万元 GDP 排放的二氧化碳数量。计算公式:单位 GDP 碳排放=二氧化碳排放总量(万吨)÷GDP(亿元)。

21. 造林面积:造林面积指报告期内在荒山、荒地沙丘等一切可以造林的土地上,采用人工播种、植苗、飞机播种等方法种植成片乔木林和灌木林,经过检查验收符合《造林技术规程》要求,并按《中华人民共和国森林法实施细则》规定,成活率达到 85%及以上的造林面积。

22. 环境污染治理投资总额:是指在地区环境污染治理中投入的资金总额。

23. $PM_{2.5}$年均浓度:指环境空气中空气动力学当量直径小于等于

2.5μg/m^{3}的颗粒物，在一个日历年内各日平均浓度的算术平均值。按照国家《环境空气质量标准》《环境空气 PM_{10}和 $PM_{2.5}$的测定重量法》评价各城市$PM_{2.5}$年均浓度。计算公式：$PM_{2.5}$年均浓度=有效日 $PM_{2.5}$平均浓度的合计值÷全年有效监测天数。

24. 地表水达到或好于Ⅲ类水体比例：指地表水质达到Ⅰ、Ⅱ、Ⅲ类的断面数占断面总数的比例。计算公式：地表水达到或好于Ⅲ类水体比例=地表水质达到Ⅰ、Ⅱ、Ⅲ类的断面数÷地表水质断面总数。

25. 实际使用外资占 GDP 比重：指一个国家或地区实际使用外资额占地区生产总值的份额。计算公式：实际使用外资占 GDP 比重=实际使用外资额÷地区 GDP 总量×100%。

26. 当年对外非金融类直接投资金额占 GDP 比重：对外非金融类直接投资指的是境内投资者向境外非金融类企业的投资。对外金融类直接投资指的是境内投资者直接向境外金融企业的投资。统计口径上，非金融类企业投资包含股权投资和债权投资，但是金融类企业的债权投资是其主要的经营性业务，不计入实际投资额度。计算公式：当年对外非金融类直接投资金额占 GDP 比重=当年对外非金融类直接投资金额÷地区 GDP 总量×100%。

27. 一般贸易进出口额占比：一般贸易进出口占进出口总额的比重，能够反映我国的贸易结构。一般贸易是指中国境内有进出口经营权的企业单边进口或单边出口的贸易，与加工贸易相对而言。计算公式：一般贸易进出口额占比=一般贸易进出口总额÷货物进出口总额×100%。

28. 跨境电商市场规模占 GDP 比重：跨境电子商务是指分属不同关境的交易主体，通过电子商务平台达成交易、进行支付结算，并通过跨境物流送达商品、完成交易的一种国际商业活动。计算公式：跨境电商市场规模占 GDP 比重=年度跨境电商交易额÷地区 GDP 总量×100%。

29. 规上工业企业引进国外技术经费支出：指一个国家或地区的规模以上工业企业在引进国外技术方面的经费支出额。

30. 知识产权使用费用进出口金额：指一个国家或地区引进或出口专利、技术、管理、产品、设备等知识产权所产生的贸易额。

31. 居民可支配收入占 GNI 比重：指居民可支配收入占国民总收入的比重。居民可支配收入一般指人均可支配收入，是居民可用于最终消费支出和储蓄的总和，即居民可用于自由支配的收入。既包括现金收入，也包括实物收入。按照收入的来源，可支配收入包含四项，分别为：工资性收入、经营净收入、财产净收入和转移净收入。

32. 中等收入群体占比：中等收入群体是一个地域在一定时期内收入水平处于中等区间范围内的所有人员的集体，是随着经济社会发展改变而改变的中等收入群体的集体的总称概念，用物质财富和精神财富来衡量。计算公式：中等收入群体占比＝中等收入群体数量÷总人口数量×100%。

33. 国家财政人均一般公共服务支出：一般公共服务支出是指主要用于保障机关事业单位正常运转，支持各机关单位履行职能，保障各机关部门的项目的支出。

34. 社区服务机构和设施覆盖率：社区综合服务设施覆盖率是衡量城市社区服务体系建设水平的一个基本指标，社区综合服务设施覆盖率＝社区综合服务设施数量÷社区居民委员会数量。城市社区综合服务设施包括城市社区服务指导中心、城市社区服务中心和城市社区服务站等。

35. 城乡居民基本养老保险保障水平：指城乡居民中参加基本养老保险的比重。计算公式：城乡居民基本养老保险保障水平＝年末参加基本养老保险人数÷城乡居民总数×100%。

36. 社会保障和就业支出占一般预算支出比重：社会保障和就业支出主要包括社会保险基金补助支出、行政事业单位离退休支出、就业补助支出、城市居民最低生活保障支出、农村最低生活保障支出、自然灾害生活救助支出。一般预算支出是指国家对集中的预算收入有计划地分配和使用而安排的支出。计算公式：社会保障和就业支出占一般预算支出比重＝社会保障和就业支出÷

一般预算支出×100%。

37. 区域发展差异系数：是指各地区经济发展水平（人均国内生产总值）的差异系数。地区发展差异系数反映的是各地区之间发展差异情况，值越大，各地区之间发展差异程度越大；值越小，地区间发展差异系数越小。计算公式：区域发展差异系数=标准差÷平均值。

38. 通货膨胀率：通货膨胀率，是指一般物价总水平在一定时期（通常为一年）内的上涨率。反映通货膨胀的程度。通常用价格指数的上升和货币购买力的下降来表现。计算方法通过价格指数变化计算：通货膨胀率（物价上涨率）=（现期物价水平-基期物价水平）÷基期物价水平。

39. 商业银行资本充足率：资本充足率标准指银行的资产对其风险的比率标准，反映商业银行在存款人和债权人的资产遭到损失之前，该银行能以自有资本承担损失的程度。目的是抑制风险资产的过度膨胀，保护存款人和债权人的利益，保证银行等金融机构正常运营和发展。

40. 规模以上工业企业资产负债率：指年度内地区规模以上工业企业负债总额与该地区规模以上工业企业资产总额的比值。计算公式：规上工业企业资产负债率=规上工业企业负债总额÷规上企业资产总额×100%。

41. 亿元 GDP 生产安全事故死亡率：表示某时期（年、季、月）内，平均创造 1 亿元 GDP 因工伤事故造成的死亡人数。计算公式：亿元 GDP 生产安全事故死亡率=生产安全事故死亡人数÷亿元 GDP。

42. 亿元 GDP 较大以上生产安全事故发生率：表示某时期（年、季、月）内，平均创造 1 亿元 GDP 所发生的较大以上生产安全事故次数。安全事故分为特别重大事故、重大事故、较大事故和一般事故 4 个等级。计算公式：亿元 GDP 较大以上生产安全事故发生率=较大以上生产安全事故发生次数÷亿元 GDP。

43. 群众生活环境满意度：为主观调查指标，参考《城市生活质量调查报告》中对 35 个城市的生活质量进行调查的做法，通过对主要地区城乡居民随机开展网络问卷调查，了解公众对本地区生活环境的满意程度。计算过程：首先对各个选项赋值，“非常满意”=95 分，“满意”=80 分，“一般（说不清）”=65 分，“不满意”=50 分，“非常不满意”=35 分；其次计算满意分值，算出生活环境满意度分值；最后采用功效系数法处理数据，将 2013 年的结果作为基期，运用公式“生活环境满意度指数=（现期-基期）÷现期×40+60”，进行无量纲化处理，算出生活环境满意度指数。

44. 基本公共服务满意度：为主观调查指标，参考《中国城市基本公共服务满意度评估与发展报告》中从公共交通、公共安全等 9 个方面对全国 38 个主要城市的基本公共服务力进行全面评价的做法，通过对主要地区的城乡居民开展网络问卷调查，了解公众对政府提供的各类公共服务满意程度。计算过程：首先对各个选项赋值，“非常满意”=95 分，“满意”=80 分，“一般（说不清）”=65 分，“不满意”=50 分，“非常不满意”=35 分；其次计算满意分值，算出基本公共服务满意度分值；最后采用功效系数法处理数据，将 2013 年的结果作为基期，运用公式“基本公共服务满意度指数 =（现期-基期）÷现期×40+60”，进行无量纲化处理，算出基本公共服务满意度指数。

五、数据来源与处理

指标的设计要充分考虑可靠的数据来源，要有充分的数据支撑，否则，再好的指标也难以进行定量测算。通常情况下，对定量指标的数据来源主要是国家统计局官方网站，主要是《中国统计年鉴》《中国能源统计年鉴》《中国科技统计年鉴》《中国工业统计年鉴》《中国社会统计年鉴》《中国民政统计年鉴》《中国农村统计年鉴》《中国金融年鉴》《中国高新技术产业统计年鉴》《中国生态环境状况公报》《中国数字经济发展白皮书》《中国城市基本公共服务力评价报告》《中国城市生活质量报告》，以及从 31 个省（直辖市）的地方统计年鉴中获得。在具体的实践中，有些地方的考核数据从相关职能部门报送的数据获取；还有的从几个职能部门的综合数据中取得，对于这些数据统计测算部门要进行甄别，保障数据真实准确。为了提高考核评价数据质量，有些地方采用大数据，直接从互联网上获取，不仅减少了单位报送数据的负担，而且可以利用大数据、云计算的方法测算，省力省时和方便快捷。对于环保和安全生产的相关数据，可从地方政府公开发布的数据获取，不需要有关单位上报这些数据，逐步使数据获取的渠道多元化、开放化，提高数据获取的社会透明度。

定性指标的数据来源，在一般情况下从问卷调查、满意度评价、专家评估以及群众测评等量化数值中获得。问卷调查和满意度评价要有公认的权威机构按照科学合理可行方案实施，调查结果和满意度评价要真实可靠，具有一定的公认性。专家的打分和评估要严格标准、严格规范、严格流程，防止出现漏洞和打感情分数。要对专家的打分情况进行监督和评比，对个别专家打的分数与大家偏离度较大的，或者严重失实的，要实行黄牌或红牌告知制度。被评为黄牌专家的要告知本人评比度较差的情况，要求下次评比要注意把握好合理尺度；被评为红牌的要实行末位淘汰，下次不再安排参加评比。在打分评比中相关单位代表参加打分的，被评为最后两位的实行直接淘汰制，并告诉其所在单位，以后类似这样的评价打分不准参加。如此的打分评比机制能够有效解决专家或单位代表乱打分和打感情分的问题，大大提高评比的准确性。

数据预处理主要是两个方面，即缺失值处理和标准化处理。一方面，缺失值处理。在实际工作中，有些地方的一些指标所对应的数据在收集过程中无法获取或获取不全，因此需要进行缺失值补充。针对不同的数据缺失情况应用不同的填补方法：①有趋势倾向的数据缺失。对于这种类型数据缺失值，可通过计算其他年份指标值的平均增长率倒推出缺失年份的数据。②无趋势倾向的数据缺失。对于该类型的数据缺失值，可通过均值法进行填补。③对多年的指标数据完全缺失的，如能源消耗的数据缺失值，可通过相关公式计算获得的数值计算出一个地方的年度能源消耗总量。另一方面，标准化处理。在数据分析之前，通常需要先将数据标准化，利用标准化后的数据进行数据分析。数据标准化也就是统计数据的指数化。数据标准化处理主要包括数据同趋化处理和无量纲化处理两个方面。数据同趋化处理主要解决不同性质数据问题，对不同性质指标直接加总不能正确反映不同作用力的综合结果，须先考虑改变逆指标数据性质，使所有指标对测评方案的作用力同趋化，再加总才能得出正确结果。数据无量纲化处理主要解决数据的可比性。

评价指标的无量纲化处理，常用的方法有相对化处理法、功效系数法和标准化处理法。相对化处理法是先对每个评价指标确定一个标准值，而后计算参评单位的实际值与标准值之比（相对比值）。其中，标准值的选择取决于研究目的，既有采用参评单位某一时期的最优值作为标准值的，也有采用国际先进水平、历史最高水平或计划规定水平作为标准值的。功效系数法是先对每个评价指标确定一对阈值，包括一个下限值（不容许值）和一个上限值（满意值），之后计算出参评单位的各项指标的功效系数分值，实现对评价指标的无量纲化处理。标准化处理法是在假定各评价指标服从（或近似服从）正态分布的前提下，将参评单位的各评价指标都转化为数学期望为 0、方差为 1 的标准化分值，实现对评价指标的无量纲化处理。在具体处理时，这三种方法都需要区分正指标和逆指标。功效系数法和标准化处理法主要适用于截面数据，也就是各参评单位的横向比较，因为每个时期的下限值（如年度最低值）和上限值（如年度最高值）可能不同，从而每个时期依据当期的下限值和上限值计算得到的功效系数分值在不同时期不具有可比性；类似地，在进行标准化处理时，需要用到每个评价指标的均值和标准差，这在不同时期也是不同的，从而每个时期依据当期的均值和标准差计算得到的标准化分值在不同时期也不具有可比性。

高质量发展评价指标要在精准、贵在牵引、落在实效。本章从高质量发展评价指标的研究与比较、设计与要求、内容与权重等三个方面，全面系统地阐释了高质量发展的评价指标体系，研究提出“综合质效质、创新发展、协调发展、绿色发展、开放发展、共享发展、安全发展和主观感受”8 个一级指标、23

个二级指标和 44 个三级指标的体系，充分体现“更有质量、更有效益、更可持续、更为公平、更加安全”的发展，展示“政治建设高站位、经济发展高质量、文化事业高品牌、社会治理高水平、生态环境高标准、人民生活高品质”的“五更六高”的鲜明特点。在高质量发展考评指标的研究与比较上，系统阐述了我国改革开放以来发展评价指标体系的演进、国外同类典型评价指标体系的简况综述和省域高质量发展考评指标体系研究成果。在考评指标的设计与要求上，系统阐述了指标设计的理路、指标设计的原则、指标设计的标准和指标设计的论证。在考评指标的内容与权重上，系统阐述了指标体系框架、指标体系内容、指标权重赋值、指标解释说明和数据来源与处理。这些研究为科学评价高质量发展绩效和考核研判打下了坚实的基础。

第六章　高质量发展考评测度

高质量发展考评的测度是考核评价的核心环节、关键步骤。为增强考评的针对性、实效性、精准性和前瞻性，本章在构建高质量发展考评指标体系的基础上，从“综合质效、创新发展、协调发展、绿色发展、开放发展、共享发展、安全发展、主观感受”等八个模块，通过构建高质量发展指标体系，将“高质量”发展的抽象概念进行量化，测度我国高质量发展指数。2013 年是党的十八大开局之年，2020 年是我国“十三五”收官之年。2013—2020 年是我国高质量发展的先导期和起步期。从纵向上看，高质量发展指数反映 2013 年以来我国发展水平的变化，从而分析我国在“八个模块”等方面发展的优势与不足，评价政策实施效果；从横向上看，将我国东部、中部、西部地区的高质量发展指数进行比较，分析我国发展的地区差异，有助于针对发展不平衡不充分的问题提出对策建议。基于高质量发展指数，本章对影响高质量发展的关键因素进行实证分析，并对未来几年的发展做出预测，力求为我国高质量发展提供参考建议。从理论和实践结合的维度对我国高质量发展进行“八个模块”综合评价，是一项有益的探索性尝试，需要在尝试中探索完善，在探索完善中不断提高。

第一节　评价方法与综合评价测算

综合评价是对某事物进行多指标综合评价的过程，是一种科学研究和科学决策的过程。综合评价是对总体中各个个体多方面的特征指标的综合比较，基本方法是将反映每个个体的各个方面特征的多个指标综合为一个可以概括全面且便于比较的综合指标，以反映其综合水平。根据本书第五章高质量发展考评指标设计，从“综合质效、创新发展、协调发展、绿色发展、开放发展、共享发展、安全发展、主观感受”等“八个模块”，设定为 8 个一级指标、23 个二级指标和 44 个三级指标，并对我国高质量发展现状进行评分，然后进行指标的无量纲化处理，最后通过计算得到高质量发展综合指数。

一、指标的无量纲化处理方法

无量纲化的原则是最大限度地消除各指标间的差异，同时尽可能保留指标的内部信息，以使各变量能够在同一标准下进行比较，或者代入模型进行计算。常见的观测指标无量纲化方法包括线性无量纲化和非线性无量纲化，线性无量纲化与非线性无量纲化的最大区别在于是否会改变原始数据的分布特征。线性无量纲化是指通过线性函数建立原始数据与可比数据之间的关系，具体分为伸缩法、平移法和平移伸缩法，而非线性无量纲化是指通过非线性函数建立原始数据与可比数据之间的关系，比如正弦函数、反正切函数。2016 年李玲玉、郭亚军构建了选取无量纲化方法的三个原则，即变异性、差异性和稳定性原则，并通过仿真分析认为线性比例法是适合于拉开档次法的最佳无量纲化方法。本书基于变异性、差异性和稳定性原则，同时考虑高质量发展指数反映的直观性以及数据之间的线性关系，采用功效系数法进行综合评价。功效系数法根据多目标规划原理，能够将所要评价的各项指标分别对照标准，通过功效函数转化为可以度量的评价分数，再对各项指标的单项评价分数进行加总得出综合评价分数。

设定基期各项指标数值为60,对于正指标低于基期值的设为不允许值,对于逆指标高于基期值的设为不允许值,两类指标均不存在目标值所以不设满意值。将2013年的初始评价年份数值设定为60分,由于不存在满意值,分值无上限。因此,正指标若高于基期值则大于60分,低于基期值则小于60分;逆向指标若低于基期值则大于60分,高于基期值则小于60分。既能够从不同方面对高质量发展情况进行评分,满足多目标、多层次、多因素的考核要求,又能够直观反映纵向变化,为预测未来高质量发展指数变化情况打下基础。

正指标:

$$Z_i = \frac{x_i - \text{base}x_i}{\text{base}x_i} \times 40 + 60 \tag{6-1}$$

逆指标:

$$Z_i = \frac{\text{base}x_i - x_i}{\text{base}x_i} \times 40 + 60 \tag{6-2}$$

其中,x_i 为报告期原始值;$\text{base}x_i$ 为基期原始值;Z_i 为无量纲化后的评价值。

二、高质量发展综合评价测算结果

2013年作为党的十八大之后的开局之年,统筹推进“五位一体”总体布局、协调推进“四个全面”战略布局,经济社会发展稳中有进、稳中向好,实现了良好开局。2014年为提高经济发展质量和效益,着力激发市场活力,加强基本公共服务体系建设,改善民生,经济结构调整出现积极变化。2015年,党的十八届五中全会提出“创新、协调、绿色、开放、共享”五大发展理念,主动适应经济发展新常态,狠抓改革攻坚,突出创新驱动,经济保持中高速增长,经济结构得到优化。2016年着力加强结构性改革,在适度扩大总需求的同时,去产能、去库存、去杠杆、降成本、补短板，提高供给体系质量和效率，实现了“十三五”良好开局，生态环境有所好转，绿色发展初见成效。2017 年十九大报告中首次提出了“建设现代化经济体系”，指出我国经济已由高速增长阶段转向高质量发展阶段。习近平总书记指出，“我国经济已由高速增长阶段转向高质量发展阶段，正处在转变发展方式、优化经济结构、转换增长动力的攻关期，建设现代化经济体系是跨越关口的迫切要求和我国发展的战略目标”①。2018 年，着力实施乡村振兴战略和区域协调发展战略，激发各类市场主体活力，强调加快推进生态文明建设，在稳妥应对中美经贸摩擦的同时，实现了三大攻坚战的良好开局。2019 年，着重强调推动制造业高质量发展，促进形成强大国内市场。2020 年优先稳就业保民生，全面完成脱贫攻坚任务。“十三五”以来，我国经济社会发展取得新的历史性成就，经济实力、科技实力、综合国力和人民生活水平跃上新的大台阶。但也存在诸多问题和短板，如经济增速下降，产能过剩、政府性债务风险加大等，安全发展问题显得较为突出。习近平总书记指出，“要牢固树立安全发展理念，加快完善安全发展体制机制，补齐相关短板，维护产业链、供应链安全，积极做好防范化解重大风险工作”②。

2013—2020 年，我国经济发展经历了着手推进高质量发展的先导期。“十二五”时期，中国经济发展主要以调结构为主，开始着手转变经济发展方式，改变过去高投入、高消耗、高污染和低效益的快速发展模式。“十三五”时期，中国经济结构持续优化，新的产业结构与区域经济结构初步形成，深入推进供给侧结构性改革，全面深化改革和扩大开放，着力推动高质量发展，经济社会发展动力活力进一步增强。本书选取我国 2013—2020 年的经济社会发展数据，数据主要来自《中国统计年鉴》、《中国科技统计年鉴》、《中国火炬统

① 《习近平谈治国理政》第三卷，外文出版社 2020 年版，第 23 页。

② 《“十四五”〈纲要〉新概念——读懂“十四五”的 100 个关键词》，人民出版社 2021 年版，第 5 页。

计年鉴》、《中国高技术产业统计年鉴》、《中国生态环境统计公报》、CHIP 数据①、《中国城市基本公共服务力评价》、《中国城市生活质量报告》。

根据本书第五章设计的“高质量发展评价指标体系及权重”，选取 2013—2020 年我国经济社会发展数据，以 2013 年的数据作为基期，设定基期值为 60，采用综合评价法对我国高质量发展水平进行综合评价，综合评价结果如表 6-1 所示。

表 6-1　2013—2020 年我国高质量发展综合测度结果

年份	高质量发展指数	较基期增减点数	较基期增长百分比	较上年增减点数	较上年增长百分比
2013	60.00	/	/	/	/
2014	61.99	1.99	3.32%	1.99	3.32%
2015	64.10	4.10	6.62%	2.11	3.41%
2016	66.46	6.46	10.08%	2.36	3.68%
2017	68.20	8.20	12.34%	1.74	2.62%
2018	70.15	10.15	14.88%	1.95	2.86%
2019	72.29	12.29	17.52%	2.14	3.05%
2020	74.70	14.70	20.33%	2.41	3.33%

由表 6-1 可知，从综合评价结果来看，2013—2020 年我国高质量发展持续推进，高质量发展指数依次为 60.00、61.99、64.10、66.46、68.20、70.15、72.29、74.70，总体呈现稳步增长的好势头。

从数量上来看，2013 年基期值为 60，2020 年增长至 74.70，较基期增长了 14.70，增长幅度达到 20.33%；2013—2020 年基期值平均每年较上一年增长 2.10，平均每年增长幅度约为 3.18%。

从发展趋势来看，2020—2021 年虽受到新冠肺炎疫情的影响，但高质量

① CHIP 数据：中国家庭收入调查数据，为了追踪中国收入分配的动态情况，中国家庭收入调查已经相继在 1989 年、1996 年、2003 年、2008 年和 2014 年进行了 5 次入户调查。

发展指数仍取得不俗成绩，2015—2016 年在高速增长与中高速增长的转折期实现小幅度跳跃性增长，2016 年的环比增幅与环比增量均为阶段性最高点，2016 年之后每年增长较为稳定，尤其是 2019 和 2020 两年稳定增长在 3%左右。

按照上述同样的评价测算方法，从八个模块对我国 2013—2020 年高质量发展水平进行测度，测度评价结果如表 6-2 所示。

表 6-2　2013—2020 年我国高质量发展分模块综合测度结果

年份	综合质效指数	创新发展指数	协调发展指数	绿色发展指数	开放发展指数	共享发展指数	安全发展指数	主观感受指数
2013	60. 00	60. 00	60. 00	60. 00	60. 00	60. 00	60. 00	60. 00
2014	61. 73	62. 19	62. 94	62. 20	61. 49	61. 56	63. 15	59. 79
2015	63. 03	65. 18	64. 64	64. 91	63. 72	63. 43	65. 50	61. 78
2016	64. 43	68. 20	66. 43	66. 66	69. 36	65. 45	66. 81	62. 89
2017	66. 91	72. 03	67. 63	68. 47	68. 28	67. 08	69. 03	63. 03
2018	69. 10	77. 66	68. 84	69. 61	69. 40	68. 73	69. 19	62. 33
2019	70. 81	82. 74	70. 07	71. 06	70. 27	72. 51	68. 60	64. 71
2020	70. 63	89. 62	71. 13	73. 75	74. 36	73. 61	70. 23	66. 90
年均增幅	2. 37%	5. 91%	2. 47%	3. 00%	3. 16%	2. 97%	2. 29%	1. 58%

由表 6-2 可知，至 2020 年，按八个模块发展指数绝对数量排名，从高到低依次为创新发展指数 89. 62，开放发展指数 74. 36，绿色发展指数 73. 75，共享发展指数 73. 61，协调发展指数 71. 13，综合质效指数 70. 63，安全发展指数 70. 23，主观感受指数 66. 90。如图 6-1 所示。

从八个模块发展指数年均增幅来看，按 2013—2020 年年均增幅排名，从高到低依次为创新发展指数增长 5. 91%，开放发展指数增长 3. 16%，绿色发展指数增长 3. 00%，共享发展指数增长 2. 97%，协调发展指数增长 2. 47%，综

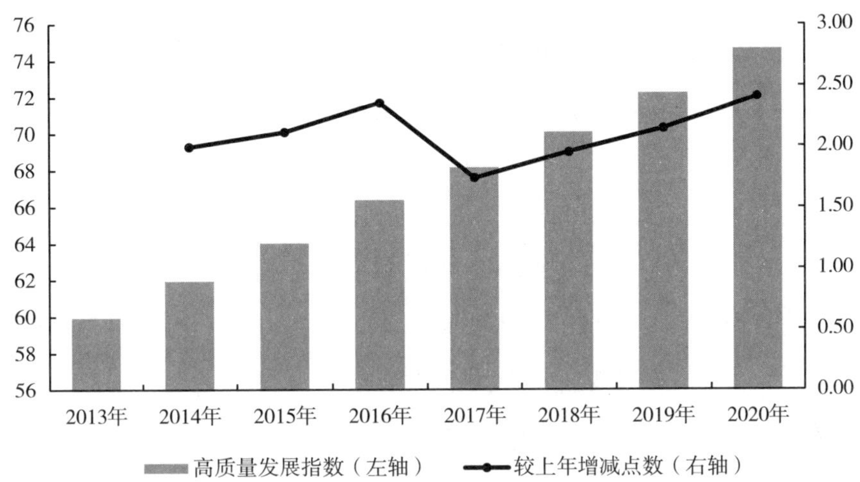

图 6-1　2013—2020 年高质量发展指数变化及较上年增减点数

合质效指数增长 2.37%，安全发展指数增长 2.29%，主观感受指数增长 1.58%。这说明创新发展对高质量发展的拉动力最强，其次是开放发展和绿色发展的拉动力较强。

2014 年高质量发展指数为 61.99，较基期增长了 1.99，增长幅度为 3.32%，2014 年安全发展指数为 63.15 最高，成为拉动当年高质量发展指数的主要动力，较基期增长 5.24%，而主观感受指数贡献最小，较基期 2013 年主观感受指数略有下降。

作为全面深化改革的关键一年、全面依法治国的开局之年，2015 年高质量发展指数变化可圈可点，八大发展模块指数均有较为大幅度的增长，2015 年各指数较上一年平均增幅达到 3.46%。对 2015 年高质量发展指数起最主要拉动作用的是安全发展指数 65.50 和创新发展指数 65.18，安全发展指数环比大幅增长的主要原因是通货膨胀率的降低。

2016 年高质量发展指数为 66.46，较上年增长 2.36，增幅为 3.68%，不管是绝对增量还是相对增幅在 2013—2020 年中均排名第一。除了每年较快增长的创新发展指数之外，开放发展指数在 2015—2016 年起到了主要拉动作用，其主要原因是当年对外直接非金融投资金额的大幅增加，在该年达到了2013—2020年期间的峰值，2016年之后有所回落。

2017年，我国首次提出高质量发展新概念，较2014年我国刚进入经济发展新常态时发展指数的61.99增加了6.21，增幅为10.01%，但2017年较上一年的增长点数为1.74，较2016年的增长点数2.36和增长百分比3.68%均有所轻微下降。在经历2013—2016年的快速发展之后，2017年高质量发展指数的增速首次出现减缓。2017年创新发展指数72.03为各模块同年的最高数值，其次是安全发展指数69.03、绿色发展指数68.47。

2018年是贯彻党的十九大精神的开局之年，也是改革开放40周年，经济运行总体平稳、稳中有进。由于公众对基本公共服务满意度的降低，2018年的主观感受指数较上一年略微下降了0.70，2018年其余发展指数均存在增长，当年的高质量发展指数首次突破了70，创新发展指数依然是推动高质量发展的主要动力。

2019年继续进行深化供给侧结构性改革，巩固“三去一降一补”成果，在“巩固、增强、提升、畅通”上下功夫，增强微观主体活力，提升产业链水平，畅通国民经济循环，推动经济高质量发展。2019年高质量发展指数增长情况基本与2018年增长情况相似，较上年增长指数和增幅分别为2.41和3.05%，高质量发展指数达到72.29。

2020年受到新冠肺炎疫情的影响，全球经济发展受阻，中国率先实现复工复产，经济恢复好于预期，GDP增长率虽然由6%左右降到2.3%，但依然能够保持正增长，较2019年相比，综合质效指数略微下降，其他发展指数均继续保持提升。综合质效指数主要是受到疫情影响，民间固定资产投资、人均社会消费品零售金额较上年降低。2020年创新发展指数89.62点为最高点，依然维持较高增长，成为主要拉动高质量发展指数的力量。由于防疫工作的及时有效开展，复工复产的率先实现，开放发展指数依然较上年实现5.8%左右的增长，与创新发展指数一起成为高质量发展的主要推动力。

三、高质量发展分模块综合评价测算结果

(一)综合质效指标:发展整体水平向好

综合质效指标由“总体产出、绩效提升、投资消费”3 个二级指标和 6 个三级指标构成。根据综合评价法测算,2020 年综合质效指数为 70.63,年均增幅为 2.37%,2013—2019 年综合质效指数稳步上升,2020 年受新冠肺炎疫情影响,综合质效指数与 2019 年大致持平。图 6-2 可以直观看出,党的十八大以来我国经济发展的质量整体向好,“十三五”期间的增幅明显高于“十二五”期间,综合质效增幅在 2016—2017 年达到顶峰,2018 年之后综合质效指数趋于稳定。总的来说,2013—2020 年我国综合质效发展情况:整体向好发展,增长幅度呈现先增后降,目前综合质效指数趋于稳定。

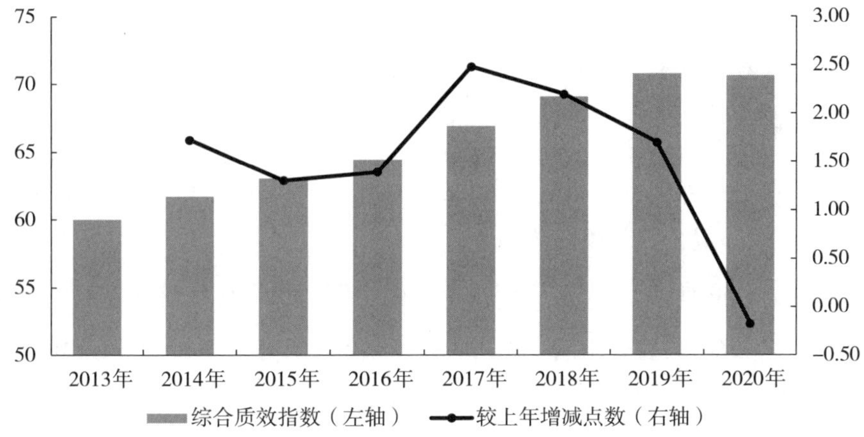

图 6-2　2013—2020 年综合质效指数变化及较上年增减点数

从总体产出看,代表经济数量增长的不变价人均 GDP 指标保持着持续稳定增长,2020 年人均 GDP 达到 7.2 万元,年均增幅为 5.33%,增幅在 2016—2018 年达到峰值且超过 7%,除去 2020 年受疫情影响国内生产总值增幅大幅下降,其余年份增幅在 5%左右,2020 年全国 GDP 增长 2.3%,在世界其他国

家 GDP 增长为负的艰难情况下，中国仍能保持正增长得益于对于疫情防控工作的努力。另外，制造业增加值占 GDP 的比重整体呈现下降趋势，年均降幅达到 1.45%，2015 年的降幅最为明显达到 3.16%，并从 2015 年起制造业增加值占比降到了 30%以下。制造业增加值比重下降的原因较多，其中重要一点是国内众多制造企业的加工技术水平相比前几年都有了新的进步提升，传统制造业中的部分环节被直接剥离出来划分成服务行业，引起了制造业占比结构下降。同时服务行业的发展速度较快，在科学技术带领下促进新兴服务业的增长处于高速发展状态。制造业作为实体经济中最重要、最基础的部分，需要给予重视，保证国内产业链、供应链的完整。

从质效提升看，突出表现在我国劳动生产率的大幅度提升，2017 年起劳动生产率超过 10 万元/人，2020 年虽然 GDP 总量增加较少，但是全员劳动生产率对应指数却超过了 90，2013—2020 年期间年均增幅达到 6.03%。在一般公共预算收入占比方面，2013—2020 年期间呈现出先增加后降低的趋势；2013—2015 年期间有过短暂增加，之后并按照 2.62%的降幅下降，2018 年起一般公共预算收入占比低于 20%，尤其在 2020 年降幅达到最高的 4.29%，其降低原因主要是由于实施增值税留抵退税、制造业中小微企业缓税等组合式税费支持，使一般公共预算收入减少。

从投资消费看，民间固定资产投资占固定资产投资比重整体略有下降，比重均值在 57.2%，对应的比重均分为 59.5，较基期有所下降，但变化幅度不大；民间固定资产投资占固定资产投资比重对高质量发展指数变化影响较小。从人均社会消费品零售金额看，消费对于经济增长的带动作用显著，从 2018 年起对应指数得分超过 80，从 2013 年到 2019 年，人均消费金额 1.78 万元提高到 2.9 万元，年均增幅达到 6.03%，2020 年因为疫情冲击人均消费相比降低 3.11%。

总体而言，2013—2020 年我国高质量发展综合质效指数稳步提升，各主要指标的发展程度不尽相同，其中制造业增加值占 GDP 比重较基期逐年下降的问题应引起关注，应加大对于实体经济发展的重视。

（二）创新发展指数：贡献程度相对最大

创新发展指标由“创新投入、创新产出、创新环境”3个二级指标和6个三级指标构成。根据综合评价法测算，2020年创新发展指数为89.62，较上年提高6.88，在八个模块中位居第一，远远超出排名第二的开放发展指数15.26，是推动我国经济高质量发展的最主要动力之一。从提升幅度看，2013—2020年创新发展指数平均每年增长点数为4.23，年均增幅为5.91%，在八个模块中均位列第一。从图6-3可以直观看出，创新发展指数呈现出稳定上升，与我国一直以来高度重视创新发展是密切相关的。科技创新是提高社会生产力和综合国力的战略支撑，居于国家发展全局的核心位置。如图6-3所示。

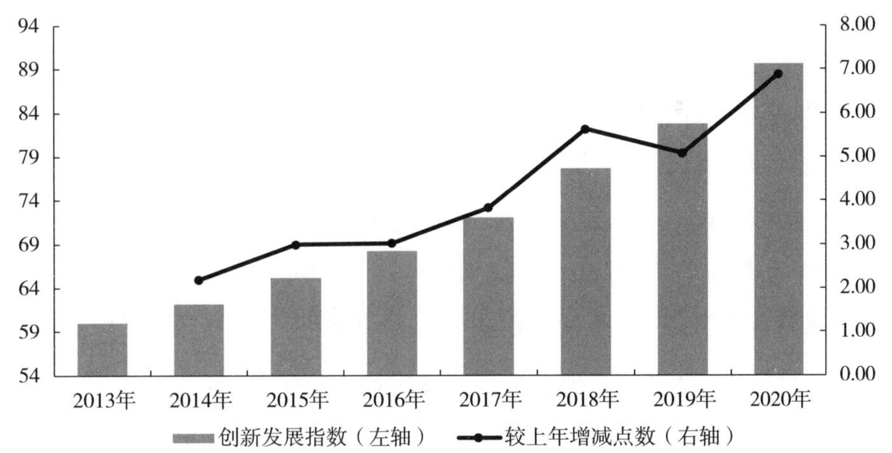

图6-3　2013—2020年创新发展指数变化及较上年增减点数

从创新投入看，投入力度不断加大。研发经费和研发人员是衡量创新投入的常见指标。在研究与试验（R&D）支出占GDP比重方面，由2013年的不足2%增长到2020年的2.40%，接近OECD国家疫情前的水平。在研发人员投入方面，国内R&D全时当量在2013—2020年期间按照4.08%的年均增幅增长，2020年突破500万人年。我国R&D人员全时当量快速增长的同时，科技人才的年龄结构也发生了变化，青年科技人才逐渐成为科研主力，不断为创新发展提供新的活力。

从创新产出看，创新投入的不断增加带来创新产出的累累硕果。在创新产出方面，把专利情况和企业新产品销售收入情况作为衡量指标。从国内每万人有效发明专利拥有量来看，经初步计算，2013—2020 年间的年均增长率达到 12. 25%，表明市场主体创新创造能力的不断增强。这一方面得益于企业、高校和科研院所对于创新的加大投入，创新能力的提升；另一方面得益于国内对于知识产权保护的完善，创新环境得到进一步优化。《“十四五”国家知识产权保护和运用规划》强调，要全面加强知识产权保护，高效促进知识产权运用，激发全社会创新活力，推动构建新发展格局。在高技术产业（制造业）新产品销售收入占营业收入的比重方面，经初步计算，从 2013 年的 26%左右增长到 2020 年的接近 40%，对于高技术产业而言，新产品占比提升迅速，在一定程度上说明了国内企业在自主创新能力方面的增强，新产品推出、产品换代升级逐渐成为高技术产业的主要增长点。

从创新环境看，技术市场成交额与企业研发投入强度作为反映出整体创新环境的指标。技术市场成交额占 GDP 的比重，从 2013 年的 1. 26%增长到 2020 年的 2. 78%，年均增长率达到 8. 94%，2019 年首次占比突破 2%。2017 年科技部发布的《“十三五”技术市场发展专项规划》中首次提出，“全国技术市场交易规模进一步扩大，技术合同成交金额保持平稳较快增长，到 2020 年力争达到 2 万亿元。”技术交易额持续较高速增长源于长期稳中向好的经济发展态势，同时也说明了国内市场对技术的需求，企业在技术研发上的加大投入、追求升级的意愿强烈。另外，技术成果转移体系的逐渐完善，创新环境得到优化，较为完善的服务体系为技术创新提供了支撑。规模以上工业企业研发经费投入强度从 2013 年的 0. 80%增长到 2020 年 1. 41%，年均增长率 6. 10%。在“大众创业、万众创新”的环境下，企业研发创新热情不断高涨，进一步增强发展动力。

总体而言,2013—2020 年我国创新发展指数增长较快,各主要指标均有较大程度的提升,成为驱动高质量发展的主要动力,创新环境的优化改善、创新投入的提高和创新产出的增加,是有力推动我国创新能力的主要因素。如果说过去几十年的快速发展得益于劳动力和资源环境的低成本优势,那么今天的高质量发展,创新驱动发展已经成为新发展阶段的关键因素之一,对于提高经济增长的质量和效益、加快转变经济发展方式具有重要的现实意义。

(三)协调发展指标:持续有效推进

协调发展指标由“产业结构、城乡结构和文明协调”3 个二级指标和 6 个三级指标组成。2020 年协调发展指数为 71. 13,在八个模块中处于中间位置,分别比位居前四位的创新发展指数低 18. 49、开放发展指数低 3. 23、绿色发展指数低 2. 62、共享发展指数低 2. 48。从提升幅度看,2013—2020 年间协调发展指数提升稳步,年均增长 1. 59 点,年均增长率为 2. 47%,2016 年之后增长率有所减缓,保持在 1. 80%左右,预计未来将继续保持上升态势,增长率也将趋于稳定。如图 6-4 所示。

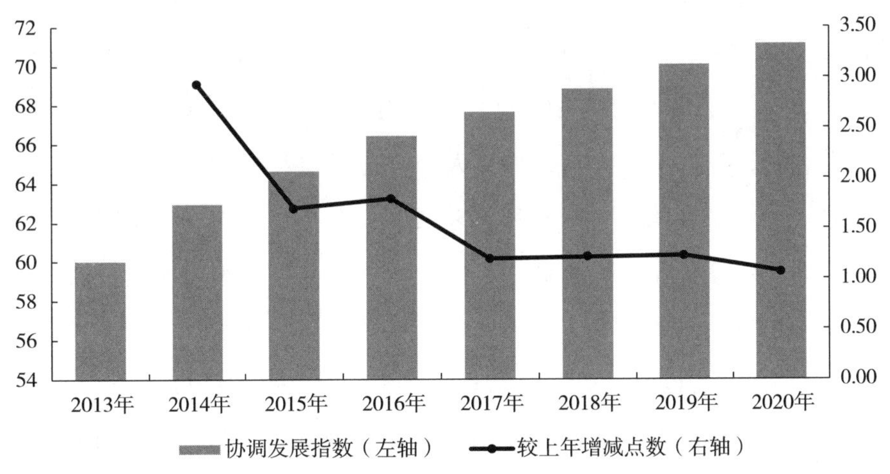

图 6-4　2013—2020 年协调发展指数变化及较上年增减点数

一是产业结构。产业结构优化升级一直以来是我国经济改革的重点，是提高我国经济综合竞争力的关键举措。从第三产业占GDP比重来看，由2013年占比46.9%增长到2020年的54.5%，年均增长1.48%，2015年第三产业占比首次突破50%。互联网、大数据、人工智能、区块链、物联网、5G等新技术迭代迅猛，共享经济、无人驾驶、数字货币等新业态层出不穷，数字经济逐渐成为各国经济发展和增长的新引擎和新动能。作为一种新的经济形态，数字经济能够促进产业结构调整，加速传统产业升级，助力经济可持续发展，推动经济向高质量发展转型。同时，在新冠肺炎疫情影响下全球经济下行压力加大，数字经济的持续稳定快速发展也成为稳定经济增长的重要动能。我国数字经济在2013—2020年间得到了飞速发展，数字经济规模占GDP比重由2013年的19%左右增长到2020年的39%左右，年均增长达到7.90%，2016年数字经济规模占比首次超过30%，成为拉动经济增长的重要推动力。

二是城乡结构。城乡结构一直以来都是研究热点，城乡差距成为现在经济结构的“硬骨头”，缩小城乡差距是实现共同富裕的关键。从城乡居民人均可支配收入之比来看，在2013—2020年间由2.81降到了2.56，城乡居民相对收入差距持续缩小，得益于脱贫攻坚的推进与完成以及农业农村改革发展、乡村振兴战略的深入推进。农村居民人均可支配收入增速也明显快于城镇居民，2013年农村居民人均可支配收入不足万元，而到2020年超过17000元，年均复合增长率达到8.91%，而城镇人均可支配收入在2019年时突破40000元，按照7.49%的年均复合增长率稳步提升。从常住人口城镇化率来看，由2013年的54.49%增长到2020年的63.89%，2013—2020年间按照年均1.57%的速度稳步增长，2017年国内年末城镇人口比重首次突破60%，虽然与目前发达国家超过80%的城镇化率仍存在一定差距，但随着城乡一体化发展的不断深化，城乡要素流动自由化程度提高，根据《人口与劳动绿皮书：中国人口与劳动问题报告》预测，到2035年我国城镇化进程将进入相对稳定发展阶段，中国城镇化率峰值大概率出现在75%至80%之间。

三是文明协调。物质文明与精神文明协调是协调发展的重要内容之一，强调在满足物质生活需求的同时加强精神生活、文化生活的建设。本书主要从文化产业的发展状况和义务教育的生师比两个指标反映文明协调程度。一方面，从文化产业增加值占GDP比重看，从2013年的3.6%左右增长到2020年的4.5%左右，年均增长率达到2%，并在2016年首次突破4%。除2020年文化产业增加值占GDP比重出现下降外，2013—2019年期间，文化产业稳定发展，占GDP比重不断提高。我国文化产业呈现蓬勃发展的势头，市场活力不断被激发，成为经济增长的重要推动力。另一方面，从义务教育生师比看，义务教育是国民素质提升的重要保障，可以反映我国基础教育的发展状况。2013—2020年间我国义务教育生师比总体保持稳定，维持在15.3：1左右。培养人才要高度重视中小学教育，要不断满足中小学生教师需求人数维持合理的生师比、保障基础教育的质量尤为重要。

总体而言，2013—2020年我国协调发展情况有效推进，其中除义务教育生师比保持稳定外，其余指标均存在不同程度的提升，尤其是数字经济规模的不断扩大，对于产业结构的调整升级贡献较大。全面脱贫的实现、乡村振兴的推进，进一步缩小了城乡差距，城乡间要素流动更加顺畅，促进城乡结构调整。针对不平衡不充分的发展现状，协调发展理念强调整体性、协调性和平衡性，是奠定共同富裕的基础，是实现共同富裕的必由之路。

（四）绿色发展指标：提升平稳环境改善

绿色发展指标由“资源利用、生态保护、环境质量”3个二级指标和6个三级指标组成。根据综合评价法测算，2020年绿色发展指数为73.75，较上年提高2.69点，在八个模块中位居第三，仅次于创新发展指数与开放发展指数。从提升幅度看，由图6-5可知，2013—2020年绿色发展指数平均每年增长点数为1.96，年均增幅为3.00%，较上年增减点数呈现U型变化，2013—2018年之间绿色发展指数每年分别提升2.20、2.71、1.74、1.81、1.14，2019年和2020

年分别提升 1.45、2.69,绿色发展指数增速明显加快,并在 2019 年绿色发展指数首次突破 70。绿色发展已经成为促进我国高质量发展的重要推动力。

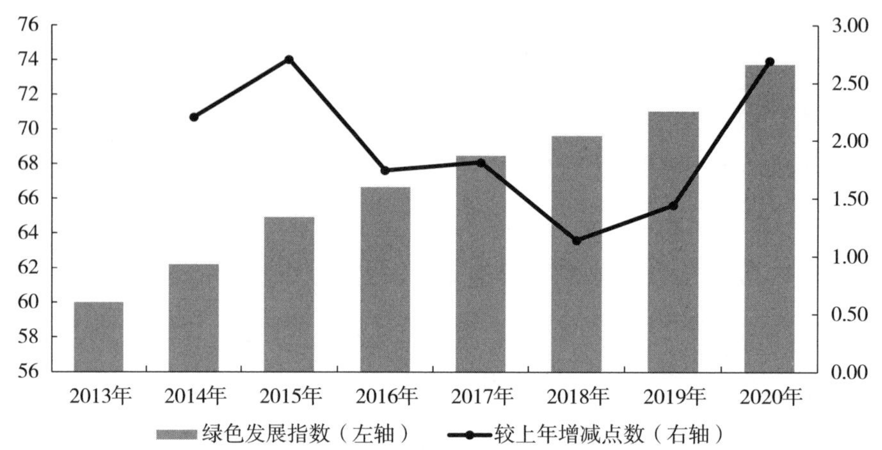

图 6-5 2013—2020 年绿色发展指数变化及较上年增减点数

我国人均资源不足的基本国情始终没有改变,人均资源占有量远低于世界平均水平,因而全面提高资源利用效率是我国推动绿色发展的必然要求。

从资源利用看,万元国内生产总值能源消费量在 2013—2020 年间逐年下降,年均降幅为 2.67%,2013—2017 年期间降幅在 3%以上,2018 年起降幅有所放缓,在 2019 年低于 0.5 吨标准煤/万元。另外,根据中国碳排放数据库(China Emission Accounts and Datasets,CEADs)计算单位 GDP 碳排放数据,2013—2020 年间单位 GDP 碳排放也逐年下降,2019 年起实现低于 1 吨/万元的单位碳排放量,年均降幅达到 3.79%。资源利用效率显著提高,体现了我国改革开放以来经济发展模式的转变,由大量消耗自然资源、破坏生态环境的粗放型发展向资源节约型、环境友好型转变。一方面,意味着经济产出的整体要素投入得到降低,在资源消耗不变的情况下能够创造出更多的财富,提高社会福利水平。另一方面,资源利用效率的提升能够大大减少环境压力,尤其是在“碳排放”方面,努力实现生态系统中污染扩散的最小化。

从生态保护看,我国造林面积和环境污染治理投资总额在 2013—2020 年间虽有所波动，但年均保持 1.7%的增速，体现出国家对于生态环境保护的愈加重视程度。根据中国统计年鉴数据，2014 年造林面积最少，约 555 万公顷，其余年份均超过 600 万公顷。2015—2019 年期间年均造林面积超过 720 万公顷。"'三北'防护林工程""退耕还林工程""京津风沙源治理工程""塞罕坝、库布齐沙漠治理"等工程的实施，以及对国家级森林公园的生态保护等，成为国内森林面积增加的主要因素，生态保护成果显著，为世界绿色面积的增加作出重要贡献。环境污染治理投资是改善环境质量的有效手段，从绝对规模看，2013—2019 年环境污染治理投资在 9000 亿元左右，2020 年投入首次突破万亿元，2019—2020 年投资实现了超过 10%的增长，占国内生产总值的 1.0%，占全社会固定资产投资总额的 2.0%。但从相对规模看，2013—2020 年间环境污染治理投资占国内生产总值的比例从 1.52%降到了 1.05%，说明环境污染治理投资的增长比不上国内生产总值的增长速度。根据国际经验，当治理环境污染的投资占 GDP1%—1.5%时，可以控制环境恶化的趋势，当该比例达到 2%—3%时，环境质量可有所改善。许多发达国家在 20 世纪 70 年代，环境保护投资占 GDP 的比例已达 2%。在这方面，与世界发达国家相比，我国绿色发展仍然存在较大差距，未来环保投资将会有大的提升空间。

从环境质量看，主要从空气质量和水资源质量两方面考评。一方面，空气质量监测。我国的空气质量监测分为两个阶段，2013 年之前的第一阶段，对京津冀、长三角、珠三角等重点区域及直辖市、省会城市和计划单列市共 74 个城市按照新标准开展监测。2014 年之后的第二阶段，新增 87 个城市进行监测，国内监测城市空气质量提升显著，达标城市比例由 2015 年的 21.6%，增长到 2020 年的 59.5%，2020 年首次突破 50%。作为衡量空气质量的重要指标，$PM_{2.5}$平均浓度从 2013 年的 72 微克/立方米，显著降低到 2020 年的 33 微克/立方米，年均降幅达到 4.55%，空气质量提升效果显著。另一方面，水资源质量监测，我国地表水达到或好于Ⅲ类水体比例，从 2013 年的 62.7%增长到 2020 年的 83.5%，按照 2.93%的年均增长率稳定增长，并在 2018 年首次突破了70%,其中,2019—2020年增长最为显著,增长率达到8.09%。这主要得益于国家对于环境保护政策措施的实施和落实。同时,也与新冠肺炎疫情期间各类生产活动的减少有关。

总之,2013—2020年我国绿色发展指数提升平稳,其中除去造林面积和环境污染治理投资总额有所波动外,其余指标均有不同程度的提升,呈现出改善趋势。资源利用效率的提升,现有环境质量的改善,是对我国绿色发展理念提出以来成果的验证,绿水青山就是金山银山的理念已经成为人们的自觉行动,绿色发展、循环发展、低碳发展逐渐成为我国经济发展的新动能,成为推动我国高质量发展的重要因素之一。

(五)开放发展指标:指数趋向波动提升

开放发展指标由"资金开放、贸易开放、技术开放"3个二级指标和6个三级指标构成。根据综合评价法测算,2020年开放发展指数为74.36,较上年提高4.09点,在八个模块中位居第二,并与绿色发展指数和共享发展指数差距不大,成为推动我国经济高质量发展的重要动力之一。如图6-6所示,从提升幅度来看,2013—2020年开放发展指数平均每年增长点数为2.05,年均增幅为3.16%,但开放发展指数的增幅相对波动,2013—2016年之间增长幅度逐年提升,2016年的增幅达到最高的8.85%,随后2017年开放发展指数出现回落,2018年起指数再次逐年增长,于2019年开放发展指数首次突破70点。

从资金开放角度看,把实际使用外资占GDP比重与当年对外非金融类直接投资金额占GDP比重作为考量资金开放水平的指标。在实际使用外资占GDP比重方面,从绝对值看,2013—2020年之间实际使用外资金额呈现增长趋势,并且增幅平稳,年均增长3.09%。但从占GDP的比重来看,2013—2020年间实际使用外资占GDP的比重逐年减少,GDP的增长幅度明显高于实际使用外资的增长,2018年起实际使用外资占GDP的比重开始低于1%。这是由国际及国内多种因素造成了该指标的下降。一方面,各国吸引外资竞争加

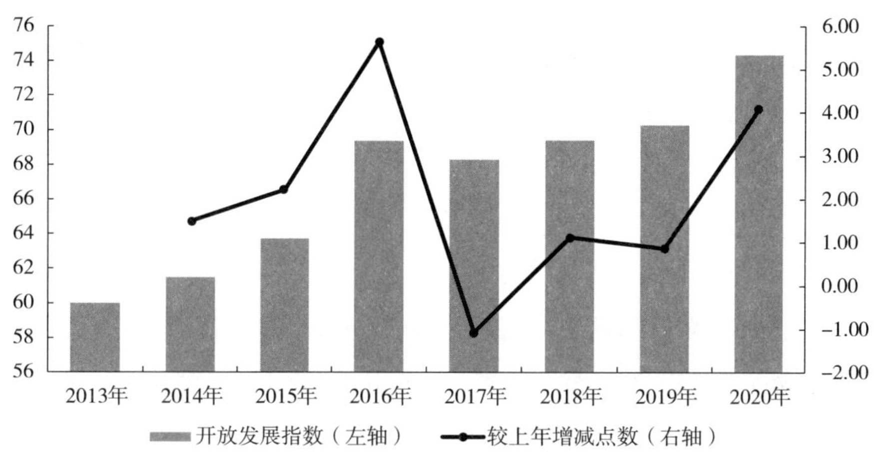

图 6-6　2013—2020 年开放发展指数变化及较上年增减点数

剧，新兴国家进一步发挥引资的竞争优势，"逆全球化"的趋势也抑制了对外投资的热度；另一方面，随着国内市场经济体制的不断完善，国内制造业的发展与国际水平差距不断缩小，对于外资的利用更加追求质量，与制造业相比，服务业逐步成为吸收外资的主要领域。部分外资撤出国内市场，既有受新冠肺炎疫情影响的因素，也有产业新旧动能转换的原因。在当年对外直接非金融投资金额占 GDP 的比重方面，发展走势呈现倒 U 型，根据中国统计年鉴的数据计算，2013—2016 年间逐年提升，在 2016 年达到峰值 1.61，随后出现回落，2017 年的降幅最为明显，并从 2018 年起当年对外非金融类直接投资金额占 GDP 的比重开始低于 1%。2016 年我国对外投资达到峰值，主要得益于与"一带一路"沿线国家的投资合作以及多领域的企业并购，众多的对外承包工程项目出口带动作用较为明显。此外，对外投资行业结构也不断优化，信息传输、软件和信息技术服务、新兴制造业受到重点关注。

从贸易开放的角度看，主要由一般贸易进出口额占比和跨境电商市场规模占 GDP 比重两个指标考量。一般贸易进出口额占进出口总额的比重，在 2013—2020 年期间呈现稳步提升的态势，从 2013 年的 52.90%逐步提升到 2020 年的 59.75，年均增幅 1.75%，同时，我国的贸易依存度逐年下降，从

2013 年 43. 5%下降到 2020 年的 31. 7%，国内产品的自主性越来越强，反映出国内的产业升级成效逐渐显现，产品竞争力逐步增强。另外，随着电子商务的兴起与快速发展，跨境电商也成为对外贸易的重要形式。根据网经社《中国跨境电商市场数据报告》的数据统计，2013—2020 年跨境电商市场规模增长迅猛，占 GDP 的比重从 2013 年的 5. 3%增长到 2020 年 12. 3%，于 2019 年首次突破 10%，跨境电商市场规模突破 10 万亿元。受到信息技术的行业发展以及政策红利的积极影响，跨境电商成为推动我国外贸发展的重要力量。跨境电商通过数字化拓宽销售网络，尤其是在近几年新冠肺炎疫情影响、全球经济下行的背景下，跨境电商大大降低了生产者与全球消费者的交易成本。同时，跨境电商企业的发展也推动着我国外贸发展方式由“制造驱动”向“服务驱动”转型。

从技术开放角度看，主要由规上工业企业引进国外技术经费支出和知识产权使用费用进出口金额等两个指标进行考量。2013—2020 年期间，规上工业企业引进国外技术经费支出呈现波动状态，尤其在 2016—2018 年间波动明显。2013—2016 年间，规上工业企业引进国外技术经费支出增长较为明显，由 2013 年的 390 亿元左右增长到 2016 年的 475 亿元，2016 年的增幅在 10 个百分点以上。但在随后的 2017 年，规上工业企业引进国外技术经费出现断崖式下滑，之后逐步稳定在每年 460 亿—470 亿元。“外源式”的引进创新方式虽然能够在较短时间内提升企业的技术水平，增强企业的自身实力，但由于受国外限制存在不确定性，不能从根本上解决“卡脖子”的技术难题。面对外部环境的压力，西方国家对国内企业的制裁愈加严重，我国在技术升级方面对自主研发的依赖度越来越强。另外，技术开放在知识产权使用费进出口金额上的体现更为明显。根据统计年鉴的数据，在 2013—2020 年期间，知识产权使用费进出口金额呈现稳步增长的趋势，由 2013 年的 219. 0 亿美元迅速增长到 2020 年的 463. 1 亿美元，年均增幅突破 10 个百分点，其中大部分为知识产权使用费进口额，2013—2016 年占比均在 95%左右，2017 年之后进口费用占比低于 90%，并呈现出下降趋势，反映出技术引进虽然是技术创新的重要方式，但自主创新能力逐渐显现并开始走出国门。

总体来看，2013—2020 年我国开放发展程度虽有波动但仍呈上升趋势，面对以国内大循环为主体、国内国际双循环相互促进的新形势，需要进一步提高外资利用的质量和效率，在引进技术的同时重视自主创新能力的培育。

（六）共享发展指标：指数逐年稳步提升

根据高质量发展评价指标设定，共享发展评价指标主要由“共同富裕、公共服务、社会保障”3 个二级指标和 6 个三级指标组成。根据综合评价法测算，2020 年共享发展指数为 73.61，较上年提高 1.10 个点。由图 6-7 所示，2013—2020 年共享发展指数逐年稳步提升，平均每年增长 1.94 个点，年均增幅为 2.97%，位列八个模块的第四位，较前三位分别低 2.94、0.19、0.03 个百分点，在 2019 年首次突破 70 点，实现了大幅度的提升。如图 6-7 所示，2016 年和 2019 年的增幅最为明显，2016 年实现 3.18%的增长，2019 年实现 5.51%的增长。

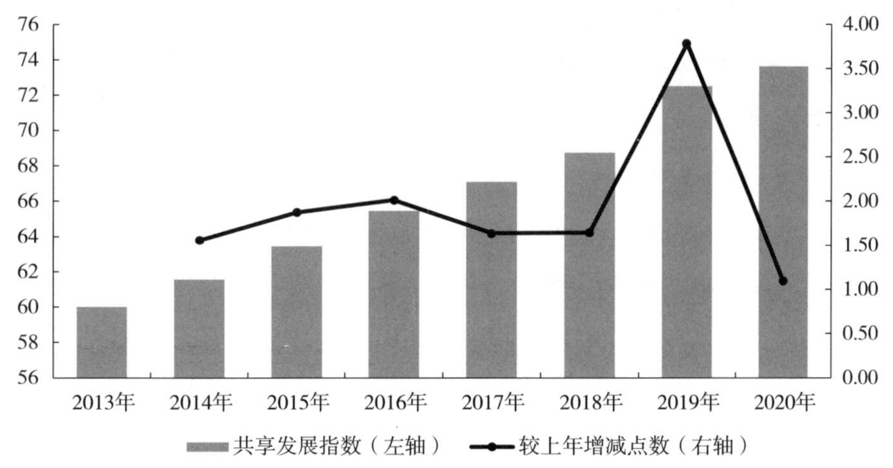

图 6-7　2013—2020 年共享发展指数变化及较上年增减点数

从共同富裕角度看，共同富裕是社会主义的本质要求、应有之义；共同富裕是社会主义现代化的重要目标和广大人民群众的共同期盼。[①] 共同富裕指标主要通过居民可支配收入和中等收入群体占比来考量反映。根据中国统计年鉴数据，2013—2020年期间，全国人均可支配可收入由2013年的18310.8元，增长到2020年的32188.8元，实现了超过1.5倍的增长。同时，城乡居民可支配收入之比由2013年的2.81降低到2020年的2.56，城乡居民可支配收入之比虽然存在差距，但相对比重不断降低，相对差距不断缩小。2013—2020年期间，全国人均GNI（国民总收入）由2013年的43143元增长到2020年的71489元，经计算可得，全国居民可支配收入占GNI的比重除2017年和2018年略有下滑外，其余年份均保持增长，2020年全国居民可支配收入占GNI的比重首次突破45%。居民可支配收入占比的提升主要得益于收入分配格局的不断改变，深化收入制度的改革，努力实现发展成果由人民共享，尤其体现在劳动报酬在初次分配中比重的提高。另外，关于中等收入群体，国内外暂且没有统一的界定，划分标准也分为“绝对标准”和“相对标准”[②]，本书在进行指标评价过程中主要参考李实等学者的研究成果，并参考了CHIP在国内的调研数据。2018年CHIP数据结果显示，我国中等收入群体的人口规模在全国仅占29.4%，但却贡献着全国大部分的消费支出，测算2020年中等收入群体占比突破30%。目前国内收入结构主要呈现以中低收入群体为主的金字塔形，如何扩大中等收入群体，将是未来实现共同富裕目标的努力重点。

从公共服务角度看，主要由国家财政人均一般公共服务支出与社区服务机构和设施覆盖率两个指标考量。2013—2020年期间，国家财政人均一般公共服务支出整体呈现上升趋势，年均增长率为5.23%，说明服务民生的职能作用在提高，收到了惠及民生、增进福祉的较好效果。在此8年间，国家财政

① 参见洪向华：《完整准确全面贯彻新发展理念》，人民出版社2021年版，第112页。

② 绝对标准，即通过确定收入水平或消费水平的上下阈值来界定中等收入群体；相对标准，即通过设定收入中位数的上下浮动比例确定中等收入群体。

人均一般公共服务支出虽有波动，除 2014 年和 2015 年服务支出 900 多元外，其余年份均在 1000 元以上，最高的 2019 年达到 1442.8 元。2017—2019 年，公共服务支出提升明显，分别以 7.47%、7.62%、7.48%的速度增长。2020 年由于抗疫防疫新冠肺炎疫情需要，公共服务支出与上一年变化不大。2013—2020 年期间，国内社区服务机构和设施覆盖率增长较快，便民设施不断完善，公共服务共享程度不断提升。在此 8 年间，社区服务机构和设施覆盖率由 2013 年的 36.89%增长到 2020 年的 83.07%，年均增长 12%，实现了跨越式的发展。综合服务供给由城市、乡镇进一步下沉到村，村级综合服务保障持续改善，农民生产生活需求得到进一步满足。国内社区服务机构和设施覆盖率直观反映了社区服务作用的不断增强，对社区物质文明、精神文明建设起到较好的推动作用。社区服务机构和设施覆盖率虽然在数量、广度上实现增长，未来应进一步关注质量上的提升。

从社会保障角度看，主要是从城乡居民基本养老保险保障水平与社会保障和就业支出占一般预算支出比重上考量。2014 年 12 月 23 日，国务院关于统筹推进城乡社会保障体系建设工作情况的报告中指出，中国将实施全民参保登记计划，加快实现城乡基本养老保险人员全覆盖。2020 年基本养老保险的覆盖率达到 91%。年末参加基本养老保险人数由 2013 年的 81968.4 万人增长到 2020 年的 99864.9 万人，年均增长率为 2.86%。企业职工月人均养老金由 2012 年的 1686 元增长到 2020 年的 2900 元，基本养老金不断增长并且预计未来的增幅会进一步提升。通过测算，2013—2020 年期间，城乡居民基本养老保险保障水平由 2013 年的 59.95%增长到 2020 年的 70.72%，年均增幅 2.39%。另外，社会保障和就业支出占一般预算支出比重在 2013—2020 年间逐步稳定提升，由 2013 年的 10.33%增长到 2020 年的 13.26%，年均增长 3.65%，在 2020 年增长幅度达到峰值 7.78%，这主要与新冠肺炎疫情的影响有关，在社会保障和就业支出方面提升较大，实施保就业、促民生政策，不断加强就业和社保体系建设，兜牢基本民生底线的政策措施，收到了较好效果。

总体来看,2013—2020年我国共享发展程度稳步提升,在共同富裕、公共服务、社会保障方面均有较大进步,虽然共享发展评价指数的增长相对较慢,存在不同步、不协调的问题,但整体稳中向好。未来应当继续在扩大中等收入群体、完善分配方式与分配制度、提高社会保障水平上下功夫。

(七)安全发展指标:指数基本趋向稳定

安全发展指标由“经济稳定、资产管理、安全生产”3个二级指标和6个三级指标构成。通过测算,2020年安全发展指数为70.23,较上年增加1.63个点,在八个模块中安全发展指数并不高,但安全发展涉及国家发展各个领域和方方面面,发展是安全的基础和支撑,安全是发展的前提和保障。面对错综复杂的国际形势和艰巨繁重的国内改革发展稳定任务,必须辩证地认识和把握国内外大势,要构建新发展格局,必须树牢总体安全发展理念。① 如图6-8所示,2013—2020年安全发展指数的增长幅度虽然存在波动,但指数总体上基本趋向稳定。2013—2017年期间,安全发展指数增长较为明显,年均增幅3.6%,2018年之后安全发展指数趋于稳定,并在2020年首次突破70点。

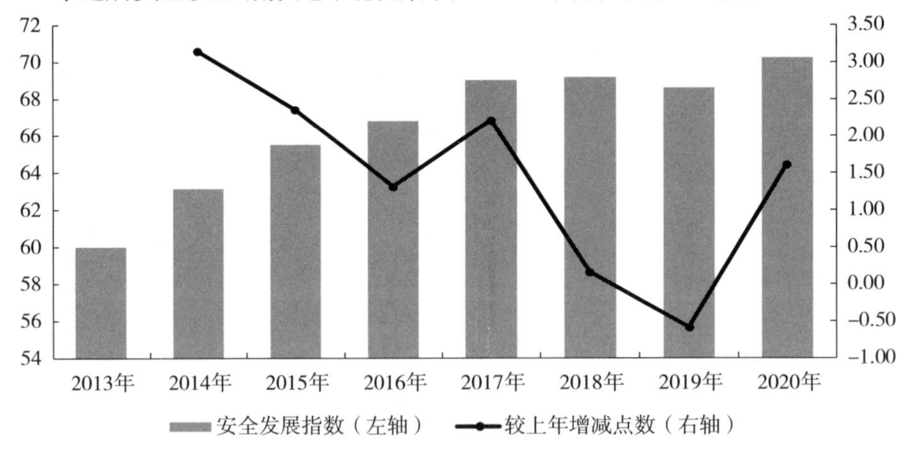

图6-8　2013—2020年安全发展指数变化及较上年增减点数

① 参见秦荣生等:《数字经济发展与安全》,人民出版社2021年版,第95页。

经济稳定指标,主要通过区域发展差异系数和通货膨胀率两个具体指标考量。区域发展差异系数是根据我国 31 个省、自治区、直辖市(不包括港、澳、台地区)的人均 GDP 计算而来,差异系数越小,说明我国各地之间人均 GDP 差距越小。通过测算,2013—2020 年期间,我国区域发展差异系数存在波动,但整体基本趋向稳定。2013 年和 2014 年差异系数大约在 0. 45 左右,之后略微增加,2016—2019 年均大约在 0. 47 左右,2020 年区域发展差异系数大幅度降低到 0. 4425。这其中的主要原因之一是新冠肺炎疫情对发达地区带来的影响较大,对发达地区人均 GDP 的降低相对明显,从而在一定程度上缩小了区域之间的差距。此外,通货膨胀率作为反映通货膨胀、货币贬值程度的重要参考,根据统计年鉴的消费价格指数计算,在 2013—2020 年期间,通货膨胀率平均值为 2. 1%,除 2015 年和 2017 年的通货膨胀率低于 2. 0%之外,其余年份均在 2. 0%以上,2019 年最高为 2. 9%。在多种新型贸易保护主义愈演愈烈、"逆全球化"趋势加重的大背景下,全球产业链中断风险加剧,加上新冠肺炎疫情加剧了贸易风险,生产成本、贸易成本提高,西方国家实行的宽松货币政策,全球进入高通货膨胀时期并可能进一步上升。我国应更重视价格稳定,保障国内关键民生商品和能源的供应稳定,降低国际环境对我国经济高质量、稳增长的不利影响。

资产管理指标,主要通过商业银行资本充足率和规模以上工业企业资产负债率两个具体指标来考量。从资产管理方面看,商业银行资本充足率和规模以上工业企业的资产负债率均保持较为稳定的状态。资本充足率是商业银行重要的安全性指标,资本充足率越低,意味着银行面临严重问题的可能性越高。① 根据《中国金融年鉴》的数据,2013—2020 年期间,我国商业银行资本充足率始终维持在 12%以上并呈现上升的趋势,2018 年、2019 年、2020 年我国商业银行资本充足率分别是 14. 2%、14. 6%、14. 7%,从整体上看,我国商业

① 参见刘学凯:《金融业外商直接投资对发展中东道国经济影响机制的研究》,人民出版社 2012 年版,第 100 页。

银行资本充足率始终保持较高水平，远高于监管标准。目前我国的金融体系仍然是以商业银行为主导，在加大金融支持实体经济力度的同时，加强风险防范，确保商业银行资产的质量安全为我国高质量发展提供支撑。另外，我国规模以上工业企业的资产负债率在2013—2020年间变化不大，略微呈现“U型”变化，其资产负债率从2013年的58.01%降低到2018年的55.8%，随后出现上升不过仍维持在56.5%左右。一般认为，工业企业资产负债率的适宜水平是40%—60%。整体来看，国内规模以上工业企业债务风险较小，基本符合安全发展的要求。

安全生产指标，主要由亿元GDP生产安全事故死亡率和亿元GDP较大以上生产安全事故发生率两个指标来考量。安全生产是保护劳动者的安全、健康和国家财产，促进社会生产力发展的基本保证。亿元GDP较大以上生产安全事故发生率由2013年的0.205%降低到2020年的0.052%，年均下降达到17%，生产安全事故的降低一方面得益于生产安全意识的提升、生产管理和监督的完善、企业与职工的重视，另一方面得益于科技水平的提高、生产技术的进步。从更为严重的死亡率数据来看，该指标的反映更为明显，每亿元GDP生产安全事故死亡率从2013年的11.7%迅速降低到2020年的2.7%，降低幅度显著，安全生产的重视与防范工作成效显著。虽然整体来看生产安全事故发生率与死亡率降低明显，但安全生产形势严峻复杂，每一次生产安全事故的发生都会带来巨大的危害。比如2015年天津港“8·12”危险品爆炸事故、2018年江苏响水“3·21”爆炸事故。高危行业领域的风险防控依然存在诸多短板，尤其是小微企业的安全保障能力亟需提高，在做好安全监管的同时，需要认真反思整改、总结经验、举一反三，深入细致排查风险，根治重大问题隐患。

总体来看，2013—2020年期间，我国安全发展程度趋向稳定，经济稳中向好、资产管理基本健康、生产安全基本高效。在百年未有之大变局的背景下，面对诸多的不确定因素，要把安全发展理念与创新、协调、绿色、开放、共享的新发展理念紧密结合在一起，牢固树立安全发展新理念，将保护人民生命安全摆在首位，全面提高公共安全保障能力。

（八）主观感受指标：指数反复波动提升

主观感受指标主要包括发展惠民和群众期望两个方面。主观感受指数的评价参考了《中国城市基本公共服务力评价》《中国城市生活质量报告》以及问卷调查的数据，测算结果由于与问卷调查的参与者有关，指数存在较大的波动，考虑主观感受指标量化存在难度，因而在高质量发展指数评价中的权重较低。如图 6-9 所示，2020 年的主观感受指数为 66.90，较上一年增长 2.19 点。2013—2016 年间主观感受指数上升明显，之后出现回落，2018—2020 年间再次呈现较快增长，三年间上升 4.5 点。

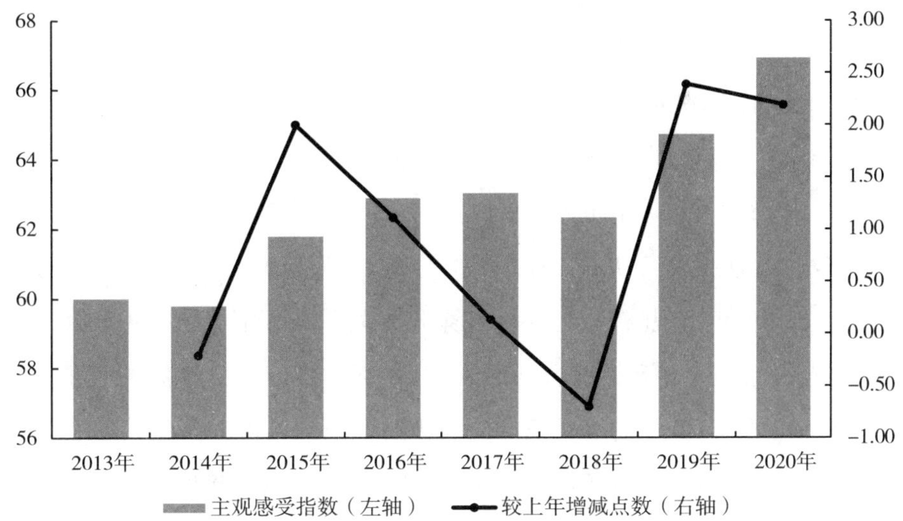

图 6-9　2013—2020 年主观感受指数变化及较上年增减点数

高质量发展与民生密切相关，能使群众获得感、幸福感、安全感不断增强。南京邮电大学高质量发展评价研究院从 2022 年 3 月至 5 月，在“问卷星”平台发布面向江苏 13 个设区市开展《江苏高质量发展满意度调查问卷》，收回问卷 11036 份,实际有效样本为 9130 份。调查对象分布广泛,调查结果具有较强代表性。调查结果显示,社会公众对江苏推进高质量发展的总体评价较好,高质量发展成效得到充分认可,经济社会高质量发展的总体满意度较高,群众安全感专项满意度达 85. 6%,居住条件和生态环境领域满意及以上问卷占比分别为 78. 9%、77. 4%,教育和精神文化领域满意及以上问卷占比分别为 75. 8%、75. 4%,社会保障等 3 个专项领域公众满意度相对偏低,收入水平专项领域满意度最低。因此,收入水平是满意度短板,需要加强富民增收力度;民生保障仍有差距,改善民生任重道远;文化需求聚焦更高层次,持续提升品质民生;生态环境拐点未至,久久为功建设美丽中国。

从群众对生活环境的满意度来看,《中国城市生活质量报告》基于对 35 个城市的问卷调查,2013—2020 年期间,群众对生活环境的满意度由 2013 年的 50. 87 分增长到 2020 年的 59. 89 分,年均增长 2. 40%,除了 2017 年满意度评分有所回落外,其余年份均呈现增长,2014 年和 2018 年的增长幅度最为明显,分别增长了 7. 39%和 5. 18%。

从群众对基本公共服务的满意度来看,《中国城市基本公共服务力评价》基于对国内 38 个主要城市进行的问卷调查,2013—2020 年期间,群众对基本公共服务的满意度由 2013 年的 58. 71 分增长到 2020 年的 68. 56 分,除了 2014 年和 2018 年出现略微下滑外,其余年份均呈现增长,尤其是 2018 年以后增长较快。由于 2018 年满意度的回落,2018—2020 年 3 年间增长了近 10 个点,2019 年和 2020 年的增长幅度分别达到了 9. 58%和 7. 78%。

总体来看,群众对生活环境和基本公共服务的满意度逐步提升,但满意度的提高需要较长的时间才能显现,并且需要多方面的共同推进,解决“满足人民日益增长的美好生活需要和不平衡不充分的发展之间的矛盾”这一主要矛盾的任务依然任重而道远。不仅仅需要坚实的经济基础为居民身心健康和生活质量水平提供物质保障,更要提供强有力的制度保障和政策保障。

第二节　模型选择与影响因素分析

根据上述对我国2013—2020年高质量发展指数评价和“八个模块”发展评价分析，需要进一步优选模型，研究探讨影响高质量发展的主要因素。影响因素分析的模型种类繁多，基于可获得的面板数据，本书认为选用个体效应模型较为合适，并运用此模型对我国2013—2020年高质量发展的影响因素进行分析，明晰影响我国高质量发展的主要因素及原因。

一、模型确立

根据高质量发展测度的特征和要求，可以选用面板数据进行回归建模，建模策略大致可以概括为3个方面。一是将面板数据直接视为截面数据进行混合回归，此种情况下每个个体都拥有相同的回归方程，此方法容易忽略样本异质性。二是每个个体都拥有一个独一无二的回归方程，这种方法一般也会忽视个体共性，并且在实际操作中可能无法获得足够大的样本容量。三是个体效应模型，可以看做是对面板数据所代表的模型的两种极端假设的折中，既假设所有不同个体都有相同的斜率，体现出所观测个体的共性，又假设不同个体有不同的截距，体现出个体差异。通过上述3个方面综合比较，本书认为采用第三个体效应模型较为合适，其模型表示为：

$$y_{i,t} = x_{i,t}\beta + z_i\delta + u_i + \varepsilon_{i,t}(i = 1,\cdots,n;t = 1,\cdots,T) \quad (6-3)$$

其中，z_i 为不随时间变化的个体特征，如性别；$x_{i,t}$ 可随个体及时间而变化；$(u_i + \varepsilon_{i,t})$ 为复合扰动项，截距 u_i 代表个体异质性，扰动 $\varepsilon_{i,t}$ 可随个体和时间改变；$\{\varepsilon_{i,t}\}$ 为独立分布，且与 u_i 不相关。

二、实证分析

根据上述对我国高质量发展的总体测度和分八个模块的测度情况，进一步专题研究 2013—2020 年期间，哪些因素对我国高质量发展产生影响，哪些因素影响较大。为此，采用实证分析的方法，紧扣高质量发展特质和内涵，研究分析影响高质量发展相关的相关因素。

在样本选取方面，一方面，由于时间序列短，全国数据无法构成有效样本；另一方面，省域面板数据的描述性分析能更加直观地反映出我国区域发展的不同，尤其是比较东部、中部、西部地区的情况。因此，本节采用 2013—2020 年我国 31 个省区市（不包含港、澳、台地区）的 248 条观测样本，对基于面板回归的影响因素进行探究。

在因变量选取方面，要充分体现以人民为中心的发展思想，选用“居民人均可支配收入”（2013 年城乡居民收入指标统计口径发生改变）作为经济高质量发展成果在人民生活上的体现，既能够与时俱进地反映人民群众的生活质量，又能够充分反映高质量发展的本质要求。因此，选取“居民人均可支配收入”作为因变量。

在自变量选取方面，从经济高质量发展的几个维度去考量，由于评测指标中的部分数据不便获取，并且评价指标多而复杂不适宜用于模型，同时，本节主要探究影响高质量发展方式的相关因素，包括生产效率、经济活力、环境保护和创新能力四个方面。因此，每个方面选取了 3 个代表指标，共计 12 个指标。如表 6-3 所示。

生产效率包含劳动生产率、资本生产率①和综合能耗生产率，主要从要素投入的角度出发，从资本、劳动力、能源三个要素的使用效率来探究生产效率对人民生活水平的影响，进而反映出对高质量发展的影响。

经济活力包含外贸依存度、电子商务占比和第三产业占比，分别代表了我国发展的对外活力、方式活力和结构活力三个方面，主要与开放发展指数、协调发展指数相关。

① 资本生产率是一定时期内（一年内）单位资本存量创造的产出（GDP），本书资本存量的计算参考了张军（2004）的计算方法，根据国家统计局数据计算而来。

环境保护分别从污染治理、环境质量和污染情况三个方面反映绿色发展的情况，分别用工业污染治理完成投资占生产总值比重、造林面积和环境污染排放综合指数单个自变量表示，探究可持续发展的影响因素。

创新能力包含 R&D 经费投入强度、技术合同成交额占 GDP 比重以及 R&D 人员全时当量，反映创新投入和创新环境对创新发展的影响，探索驱动经济发展的重要动力。

具体变量的数据主要来源于国家统计局《中国统计年鉴》《中国科技统计年度数据》、生态环境部《中国生态环境状况公报》以及科技部《中国火炬年鉴》，部分省份的部分年份数据存在缺失，采用线性插补法进行填补。

表 6-3　变量汇总

变量	一级指标	二级指标	二级指标名称	单位
因变量	人民生活	Y	居民可支配收入	万元
自变量	生产效率	X1	劳动生产率	万元/人
		X2	资本生产率	万元/万元
		X3	综合能耗生产率	万元/吨标准煤
	经济活力	X4	外贸依存度	%
		X5	电子商务占比	%
		X6	第三产业占比	%
	环境保护	X7	工业污染治理完成投资占生产总值比重	万元/亿元
		X8	造林面积	公顷
		X9	环境污染排放综合指数	/
	创新能力	X10	R&D 经费投入强度	%
		X11	技术合同成交额占 GDP 比重	%
		X12	R&D 人员全时当量	万人年

在建模前首先对变量进行描述性统计，具体结果如表 6-4 所示。面板数据样本由 31 个截面 8 个序列构成，每个自变量或因变量共计 248 个

观测值。通过表 6-4 可知，目前我国造林面积、工业污染治理完成投资占生产总值比重、R&D 人员全时当量和劳动生产率这四个方面存在较大的区域性差异，说明了我国高质量发展相关指标存在较大的地区差异性。

表 6-4　自变量、因变量描述性统计表

变量	均值	标准差	最小值	最大值	东部地区均值	中部地区均值	西部地区均值
Y	2. 511	1. 123	0. 974	7. 223	3. 450	2. 090	1. 920
X1	10. 03	4. 672	4. 28	28. 67	13. 34	8. 14	8. 26
X2	0. 334	0. 146	0. 171	0. 902	0. 430	0. 290	0. 270
X3	1. 677	0. 903	0. 000	5. 338	2. 210	1. 730	1. 100
X4	24. 6	0. 249	0. 7	127. 2	50. 0	12. 0	10. 0
X5	20. 0	0. 187	2. 6	113. 9	33. 0	12. 0	13. 0
X6	51. 0	0. 099	30. 5	87. 9	57. 0	48. 0	48. 0
X7	11. 890	13. 100	0. 086	110. 300	9. 240	10. 310	15. 840
X8	22. 440	17. 030	0. 086	80. 520	12. 950	24. 110	30. 560
X9	0. 300	0. 185	0. 000	0. 725	0. 330	0. 320	0. 260
X10	1. 680	1. 159	0. 190	6. 440	2. 560	1. 340	1. 070
X11	1. 634	2. 784	0. 000	17. 500	2. 690	1. 000	1. 090
X12	9. 196	12. 930	0. 004	70. 000	18. 320	6. 450	2. 320

首先，地区差异性在环境保护方面体现明显。由于地理因素影响，我国城市大多分布在东部沿海，天津、上海等市造林面积不及 1 万公顷，森林主要位于我国中西部地区，绝大部分森林资源集中分布于东北、西南等边远山区。因此，西部地区的造林面积均值是东部地区均值的两倍以上。①

其次，工业污染治理完成投资占生产总值比重存在较大的地区性差异。

① 东部地区包括北京、天津、河北、辽宁、上海、江苏、浙江、福建、山东、广东、海南等 11 个省市；中部地区包括山西、吉林、黑龙江、安徽、江西、河南、湖南、湖北、广西等 9 个省区；西部地区包括内蒙古、四川、重庆、贵州、云南、西藏、陕西、甘肃、青海、宁夏、新疆等 11 个省区市。

这不仅受地理位置因素影响，且由于我国东部、中部、西部地区生产总值存在差异，东部地区生产总值远高于中西部地区。

第三，在创新能力方面也存在不容忽视的区域差异。我国东部地区高等院校、科研院所数量远高于中西部地区，创新环境和创新条件均有较大优势，R&D 人员全时当量在东部、中部、西部地区呈现出明显的阶梯式下降趋势。经济发展越发达，科研机构越多的地方，创新能力越强，典型代表为“北上广”和江浙地区。R&D 经费投入强度与技术合同成交额占 GDP 比重也体现出东西部地区之间的差异性，东部地区远高于中西部地区，而中西部地区不相上下。

第四，生产效率方面我国东部、中部、西部地区也存在差异。这主要体现在劳动生产率上。劳动生产率的东部地区均值远高于中西部地区均值，中西部地区之间的差距不大。不同省区市之间的收入产出来看，虽然区域发展差异系数逐年减小，但人均可支配收入的走势依然存在一定差异。像“北上广”发达地区，在原有基础上，人均可支配收入保持高位的同时增长速度依然不减，而中西部地区省区市的增长趋势相对平缓。

首先，对面板数据选择混合回归还是固定效应回归进行判断。原假设为 $H_0: u_i = 0, i = 1, 2, 3\cdots, n$，检验结果输出如表 6-5 所示，所以拒绝不存在个体异质的原假设，选择固定效应回归。

表 6-5　F 检验结果

检验统计量	*P* 值
$F(30,205) = 45.69$	$P = 0.00$

其次，对面板回归选择混合模型还是随机效应回归进行判断。LM 检验的原假设为 $H_0 = 0$，检验结果输出如表 6-6 所示，所以个体异质方差为零的原假设，选择随机效应回归。

表 6-6　*xttest0* 检验结果

检验统计量	*P* 值
*chibar*2(01)= 312.03	*P*=0.00

第三,进行 Hausman 检验,原假设 $H_0: u_i$ 与 x_{it}, z_{it} 不相关,检验结果如表 6-7 所示。

表 6-7　*Hausman* 检验结果

检验统计量	*P* 值
*chi*2(13)= 55.68	*P*=0.00

所以应强烈拒绝原假设,即认为 u_i 与 x_{it}, z_{it} 相关,固定效应回归明显优于随机效应回归。因此,应该建立固定效应模型,对于这类回归模型一般使用组内 R^2 对模型拟合优度进行判断,模型输出结果组内 R^2 值为 0.9608,说明拟合效果较好。具体输出结果如表 6-8 所示。

表 6-8　实证模型结果

项目	*X*1	*X*2	*X*3	*X*4	*X*5	*X*6
参数估计 (*t* 值)	0.170*** (6.04)	−0.00387 (−0.01)	0.098 (0.80)	−0.974*** (−3.23)	0.544*** (2.81)	0.412 (1.19)
项目	*X*7	*X*8	*X*9	*X*10	*X*11	*X*12
参数估计 (*t* 值)	−0.00399 (−1.92)	0.000404 (0.34)	−0.281 (−1.69)	−0.0198 (−0.27)	0.101*** (3.16)	0.000437 (0.05)

注:N=248,F=419.26,R^2=0.9608。
* $p<0.1$, ** $p<0.05$, *** $p<0.01$。

参数估计的结果显示 *X*1,*X*4,*X*5,*X*11 四个自变量都对因变量具有显著的影响。在 0.01 的显著性水平下,劳动生产率(*X*1)、外贸依存度(*X*4)、电子商务占比(*X*5)和技术合同成交额占 GDP 比重(*X*11)对居民人均可支配收入有着显著的影响,可以认为,以上四个因素对经济高质量发展的影响是主要因素。

从生产效率角度看，劳动生产率和综合能耗生产率与居民人均可支配收入呈正相关，反而资本生产率与居民人均可支配收入呈负相关，但并不显著。根据参数估计结果，劳动生产率每增加10000元/人，居民人均可支配收入将平均增加0.17万元。劳动力作为重要的生产要素，劳动生产率的提高离不开劳动力素质的提升，与技术进步、教育水平提升密切相关。近年来我国人口红利优势逐渐减弱，二、三产业对于劳动人员的素质要求越来越高。在高质量发展的新阶段，对高技能、高素质、高水平劳动力的需求迅速增多，一方面，在创新驱动发展的环境下，高水平人才的劳动生产率对我国自主创新能力具有不容忽视的影响。另一方面，现阶段同样缺少专业的职业技术人才，需要通过提升职业教育水平和质量，切实满足经济社会发展的需求。综合能耗生产率在模型中的作用虽然不够显著，但不能忽视能源利用率提升的作用，我国正在经历从"高能耗、高污染、高排放"的粗犷式发展方式向"低能耗、低污染、高质量"的集约型发展方式转变。"双碳"目标背景下，传统企业的发展方式加速转型，新能源产业正在如火如荼开展，综合能耗生产率对于经济发展的影响将会越来越大。

从经济活力角度看，电子商务占比和第三产业占比与居民人均可支配收入呈正相关关系，外贸依存度与居民人均可支配收入呈负相关关系。外贸依存度与居民可支配收入之间明显呈负相关关系，说明国内经济发展对于国外的依赖程度有所降低，贸易类经济活动的拉动能力可能不如本土制造业和现代服务业的作用明显。根据模型估计的结果，贸易依存度每上升1个百分点，人均可支配收入将降低0.97万元。经济下行、"逆全球化"的全球大背景，影响了外贸依存度的下降，未来我国在继续秉持开放发展的同时，要重视国内产业链、价值链的完整性，加强"国内大循环"建设，减少对外贸易对我国的影响程度。同时，根据影响因素分析结果，电子商务占比对居民收入具有促进作用，参数估计的结果，电子商务规模占GDP比重每提高1个百分点，居民人均可支配收入能够增加0.5万元，虽然数据显示结果略有夸张，但可以反映出电子商务对于提高人均可支配收入的正向作用。电子商务作为数字经济的典型代表，既是实体经济与信息技术深度融合的体现，也是经济发展新业态的有效载体，为经济发展带来了新的活力。

从创新能力角度看，创新将是高质量发展的重要推动力，创新是未来发展的第一动力。技术合同成交额占 GDP 比重所反映的创新能力，与居民人均可支配收入呈现正相关关系。根据参数估计的结果，技术合同成交额占 GDP 比重每提高 1 个百分点，居民人均可支配收入能够提高约 0.1 万元。但技术合同成交额也体现出较大的差异性，由于人口和企业大部分分布在东部地区，东部地区技术合同成交额占 GDP 比重的均值是中部、西部地区均值的两倍以上，最高的省份可以达到 17%。未来应继续发挥技术成果转化的重要作用，在引进国外新技术的同时重视国内企业自主创新能力的提高。另外，根据模型的估计，各省区市的 R&D 经费投入强度与人均可支配收入存在一定的负相关关系，但并不显著，可能的原因是创新投入的回报周期长、风险系数高，尤其是基础研究投入，尽管如此，也不可忽视对于经济社会发展潜在的推动作用。

第三节　模型构建与发展指数预测

本章第一节对我国 2013—2020 年期间高质量发展总体情况测度和分八个模块发展进行测度，第二节对这些年来高质量发展影响的主要因素进行分析，在此基础上需要对我国未来几年高质量发展指数预测，研究分析未来高质量发展的基本趋势。为此，需要优选预测模型构建，对 2021—2023 年期间高质量发展指数及综合质效、创新发展、协调发展、绿色发展、开放发展、共享发展、安全发展以及主观感受指数进行测算。

一、预测模型的选择

预测模型的选择有多种，本节采用灰色预测模型，对我国高质量发展指数进行预测。灰色预测模型适用于对一个既含有已知信息系统,也含有不确定信息的系统进行预测,对数据的处理方法既包含了时间序列模型的序列的累加,又包含了回归模型的最小二乘法等方法,而且灰色预测模型对数据的要求并不是十分严格,有少量样本就可以可行建立模型。

从数据要求方面看,目前可以获得 2013—2020 年的中国高质量发展数据,比较适应于建立灰色模型预测①。有关其他的预测模型多数不适应高质量发展指数的预测。如多元回归模型的建立需要大量的样本才能保证回归系数的准确性;时间序列模型由于滞后项的存在,会对样本数据产生损耗;趋势外推模型一方面需要较多的样本,另一方面需要事物发展的影响因素不变,这一点在高质量发展这一复杂过程中很难保证;神经网络模型作为一种大数据应用方法,则需要非常大量的数据样本作为训练集。

从模型的特点看,与其他预测模型相比较,构建灰色预测模型并不需要过多的样本,针对时间序列短的样本分析具有其他模型不具有的优势,而且灰色预测模型较为适用于对具有一定不确定性的发展趋势、影响因素进行灰色系统建模。因此,相比之下灰色预测模型是最适用于现有样本数据的建模方法。并且随着经济的发展可能会有新的因素对高质量发展指数产生影响。总体来说,待预测系统是一个既具有模糊性、又具有未知性的复杂系统,因此采用灰色预测模型是相对合理的。

二、预测模型的原理

设原始序列

$$X^{(0)} = [X^{(0)}(1), X^{(0)}(2), \ldots, X^{(0)}(n)] \tag{6-4}$$

通过累加生成新序列

$$X^{(1)} = [X^{(1)}(1), X^{(1)}(2), \ldots, X^{(1)}(n)] \tag{6-5}$$

① 参见郭克莎等:《迈向高质量发展之路》,科学出版社 2020 年版,第 349—350 页。

令 $Z^{(1)}$ 为 $X^{(1)}$ 的紧邻均值生成序列

$$Z^{(1)}=[Z^{(1)}(2),Z^{(1)}(3),\ldots,Z^{(1)}(\mathrm{n})] \tag{6-6}$$

$$Z^{(1)}(\mathrm{k})=0.5[X^{(1)}(\mathrm{k}-1)+X^{(1)}(\mathrm{k})] \tag{6-7}$$

那么 GM(1,1)的灰色微分方程模型可以表示为:

$$X^{(0)}(\mathrm{k})+aZ^{(1)}(\mathrm{k})=b \tag{6-8}$$

其中,a 为发展灰数;b 为内生控制灰数。

设β为待估计参数向量,$\beta=(a \quad b)^{T}$ 可用最小二乘法求解,得 $\beta(B^{T}B)^{-1}B^{T}Y$,其中,

$$B=\begin{pmatrix}-Z^{(1)}(2) & 1\\ -Z^{(1)}(3) & 1\\ \vdots & \vdots\\ -Z^{(1)}(\mathrm{n}) & 1\end{pmatrix},\ Y=\begin{pmatrix}X^{(0)}(2)\\ X^{(0)}(3)\\ \vdots\\ X^{(0)}(\mathrm{n})\end{pmatrix} \tag{6-9}$$

称微分方程为 $\frac{\mathrm{d}X^{(1)}}{\mathrm{d}t}+a\mathrm{X}^{(1)}=b$ 灰色微分方程 $X^{(0)}(\mathrm{k})+aZ^{(1)}(\mathrm{k})=b$ 的白化方程的解,也称时间响应函数,其解为

$$\hat{X}^{(1)}(\mathrm{t})\ \left[X^{(0)}(0)-\frac{b}{a}\right]e^{-at} \tag{6-10}$$

累减后的预测方程为

$$\hat{X}^{(0)}(\mathrm{k}+1)=\hat{X}^{(1)}(\mathrm{k}+1)-\hat{X}^{(1)}(\mathrm{k})\ (k=1,2,\cdots n) \tag{6-11}$$

三、预测模型的检验

(一)残差检验

残差检验即对残差进行逐点检验,绝对残差序列为

$$\Delta^{(0)}(i)=|X^{0}(i)\ \hat{X}(i)|\ (i=1,2,\cdots,n) \tag{6-12}$$

相对残差序列为

$$\varphi_i = \frac{\Delta^{(0)}(i)}{X^{(0)}(i)} \tag{6-13}$$

平均相对残差为

$$\bar{\varphi} = \frac{1}{n}\sum_{i=1}^{n}\varphi_i \tag{6-14}$$

给定 a，当 $\bar{\varphi} < a$ 时，称模型为残差合格模型。a 值取值为 0.01、0.05、0.1 时分别对应优、合格、勉强合格。

（二）后验差检验

后验差检验是对残差分布的统计特性进行检验，计算原始序列标准差为

$$S_1 = \sqrt{\frac{\sum\left[X^{(0)}(i) - \bar{X}^{(0)}\right]^2}{n-1}} \tag{6-15}$$

计算绝对误差序列的标准差

$$S_2 = \sqrt{\frac{\sum\left[\Delta^{(0)}(i) - \bar{\Delta}^{(0)}\right]^2}{n-1}} \tag{6-16}$$

计算方差比

$$C = \frac{S_2}{S_1} \tag{6-17}$$

给定 C_0，当 $C< C_0$ 时，称模型为方差比合格模型。C_0 取 0.35、0.5、0.65 分别对应优、合格、勉强合格。

四、实证预测的分析

（一）我国高质量发展指数预测

在进行建模预测前，首先对待预测序列进行级比检验。给定序列

$$X^{(0)} = \left[X^{(0)}(1), X^{(0)}(2), \dots, X^{(0)}(n)\right] \tag{6-18}$$

则该序列的级比为

$$\sigma^{(0)}(\mathrm{k}) = \frac{X^{(0)}(k-1)}{X^{(0)}(k)} \tag{6-19}$$

若满足 $\sigma^{(0)}(\mathrm{k}) \in (e^{-2/(n+1)}, e^{2/(n+1)})$ ，则可以直接建模。若不满足需要对原始数据序列去适当的常数 c 做平移变换，$Y^{(0)}(k) = X^{(0)} + c$ ($k=1,2,\dots,n$)，使序列

$Y^{(0)} = [Y^{(0)}(1), Y^{(0)}(2), \dots, Y^{(0)}(\mathrm{n})]$的级比落入上述区间范围内。

首先计算 2013—2020 年我国高质量发展指数序列的级比，预测区间为 2021—2023 年，n=3，存在序列各级的级比在(0.61，1.65)的范围内，可以直接进行 GM(1,1)建模，如表 6-9 所示。

表 6-9　高质量发展指数 GM(1,1)输出模型

模型参数	输出结果
发展系数-a	0.03
灰色作用量 u	59.43

由于预测年份越近，数据越多，模型的预测精度就越高。本书选取了 2013—2020 年的数据，如表 6-10 所示。在此基础上，对 2021—2023 年 3 年的我国高质量发展指数进行预测，在一定程度上保证了预测数据的准确性。

表 6-10　2013—2020 年高质量发展指数实际值、预测值及残差相关数据

年份	实际值	预测值	残差	相对残差
2013	60.00	60.00	0.00	0.00
2014	61.99	62.19	-0.20	0.00
2015	64.10	64.11	-0.01	0.00
2016	66.46	66.10	0.36	0.01
2017	68.20	68.14	0.06	0.00
2018	70.15	70.24	-0.10	0.00
2019	72.29	72.41	-0.12	0.00
2020	74.70	74.65	0.05	0.00

表 6-11　模型的检验指标

平均相对残差	残差平方和	相对精度	*C* 值
0. 17%	0. 20	99. 83%	0. 01

如表 6-11 所示，所建立的模型的平均相对残差 a 为 0. 0017，a 取值为 0. 01、0. 05、0. 1 时分别对应优秀、合格、勉强合格，可知该模型为优模型。C= 0. 01，因此，模型的预测精度等级为优。综上所述，建立的该模型适用于高质量发展综合指数的预测。2021—2023 年 3 年的预测结果，如表 6-12 所示。

表 6-12　2021—2023 年高质量发展指数模型预测结果

年份	预测结果
2021	76. 96
2022	79. 34
2023	81. 79

2021—2023 年我国高质量发展指数预测情况，如图 6-10 所示。

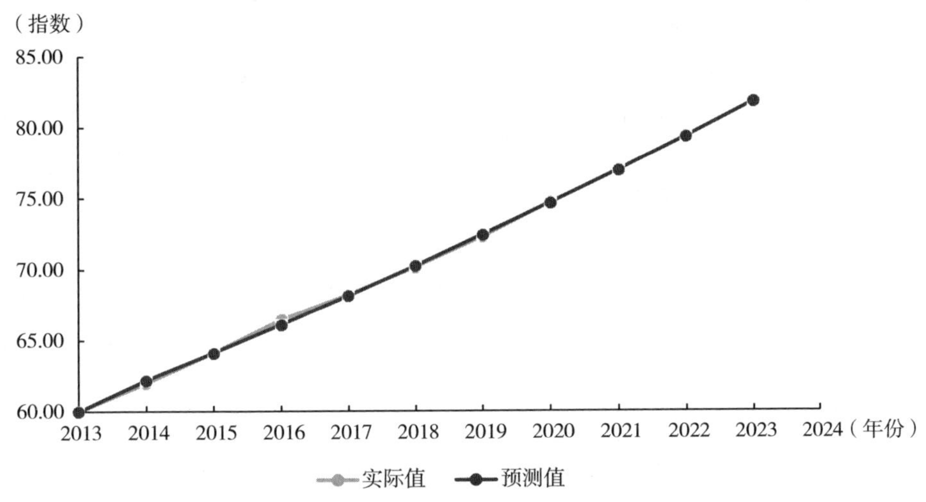

图 6-10　2021—2023 年高质量发展指数预测图

从图 6-10 可以看出,2021—2023 年,我国高质量发展指数将继续保持上升趋势,发展指数依次达到 76.96、79.34、81.79,年均增长 3.09%,到 2023 年末高质量发展指数将接近 82,发展质量将持续提高,经济发展总体向优质趋势延续。近几年虽受新冠肺炎疫情影响,但总体仍向着高质量发展趋势迈进,预测在未来几年我国将保持良好的发展势头。

(二)我国高质量发展八个模块的发展指数预测

在进行建模预测前,同样对综合质效、创新发展、协调发展、绿色发展、开放发展、共享发展、安全发展以及主观感受指数序列进行级比检验,八个发展指数序列的各项级比均在(0.61,1.65)区间,因此无须进行平行变换,可以直接用 GM(1,1)建模。

1. 综合质效指数预测

模型输出结果如表 6-13 所示。

表 6-13　综合质效指数 GM(1,1)输出模型

模型参数	输出结果
发展系数-a	0.03
灰色作用量 u	59.48

模型检验指标如表 6-14 所示。

表 6-14　模型的检验指标

平均相对残差	残差平方和	相对精度	*C* 值
0.72%	3.11	99.28%	0.33

由表 6-14 可知,所建立的模型的平均相对残差 a 为 0.0072, a 取值为 0.01、0.05、0.1 时分别对应优秀、合格、勉强合格,因此该模型为优模型。C= 0.33,略小于 0.35,该模型的预测精度等级仍然为优。因此该模型适用于综合

质效指数的预测。2021—2023 年 3 年的综合质效预测结果如表 6-15 所示。

表 6-15　2021—2023 年综合质效指数模型预测结果

年份	预测结果
2021	73. 59
2022	75. 46
2023	77. 37

从表 6-15 中可以看出，虽受新冠疫情影响 2020 年的综合质效指数有所下降，但接下来几年随着疫情的控制和经济的回复，预测 2021—2023 年，综合质效指数将继续保持上升的趋势，预测指数依次为 73. 59、75. 46、77. 37，年均增长速度大约 2. 5%，如图 6-11 所示。

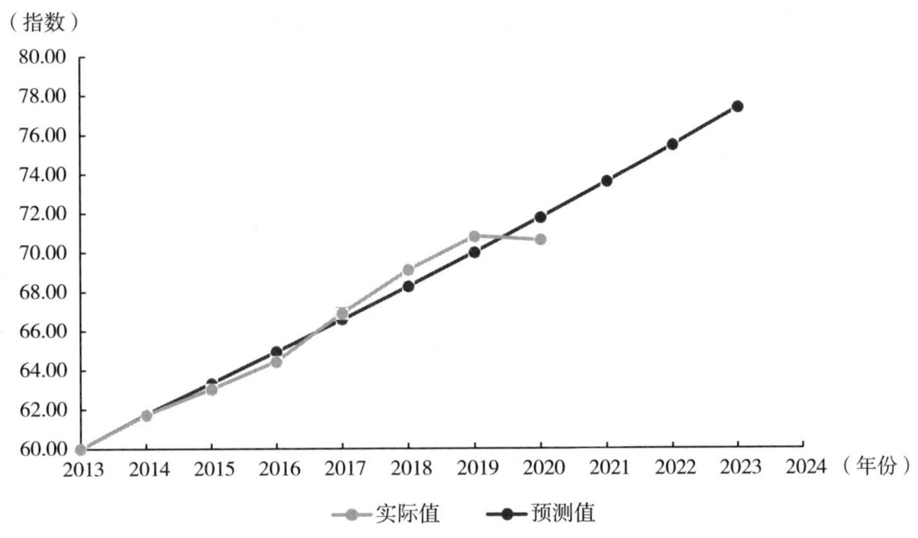

图 6-11　2021—2023 年综合质效指数预测图

2. 创新发展指数预测

模型输出结果如表 6-16 所示。

表 6-16　创新发展指数 GM(1,1) 输出模型

模型参数	输出结果
发展系数-a	0.06
灰色作用量 u	55.28

模型检验指标如表 6-17 所示。

表 6-17　模型的检验指标

平均相对残差	残差平方和	相对精度	*C* 值
0.98%	5.97	99.02%	0.004

由表 6-17 可知,所建立的模型的平均相对残差 a 为 0.0098, a 取值为 0.01、0.05、0.1 时分别对应优秀、合格、勉强合格,因此该模型为优模型。$C=0.004$,该模型的预测精度等级为优。因此该模型适用于创新发展指数的预测。2021—2023 年 3 年的创新发展指数预测结果如表 6-18 所示。

表 6-18　2021—2023 年创新发展指数模型预测结果

年份	预测结果
2021	94.01
2022	100.03
2023	106.44

从表 6-18 可以看出,2013—2020 年期间创新发展一直是推动高质量发展的主要推动力,在预测的 2021—2023 年创新发展指数依然保持较高增长,预测指数依次为 94.01、100.03、106.44;年均增长速度达到 6.21%,如图 6-12 所示。

3. 协调发展指数预测

模型输出结果如表 6-19 所示。

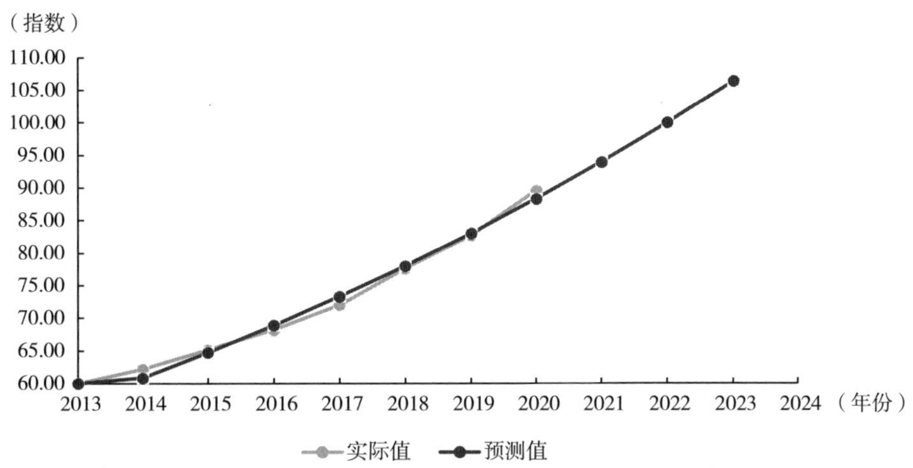

图 6-12　2021—2023 年创新发展指数预测图

表 6-19　协调发展指数 GM(1,1) 输出模型

模型参数	输出结果
发展系数-a	0.020
灰色作用量 u	61.57

模型检验指标如表 6-20 所示。

表 6-20　模型的检验指标

平均相对残差	残差平方和	相对精度	*C* 值
0.33%	0.66	99.67%	0.34

由表 6-20 可知，所建立的模型的平均相对残差 a 为 0.0033，a 取值为 0.01、0.05、0.1 时分别对应优秀、合格、勉强合格，因此该模型为优模型。$C=0.34$，略小于 0.35，该模型的预测精度等级仍然为优。因此该模型适用于协调发展指数的预测。2021—2023 年 3 年的协调发展指数预测结果如表 6-21 所示。

表 6-21　2021—2023 年协调发展指数模型预测结果

年份	预测结果
2021	72. 93
2022	74. 41
2023	75. 91

从表 6-21 可以看出，预测 2021—2023 年协调发展指数稳步提升，预测指数依次为 72. 93、74. 41、75. 91，协调发展指数将保持年均大约 2. 00%的速度上升。如图 6-13 所示。

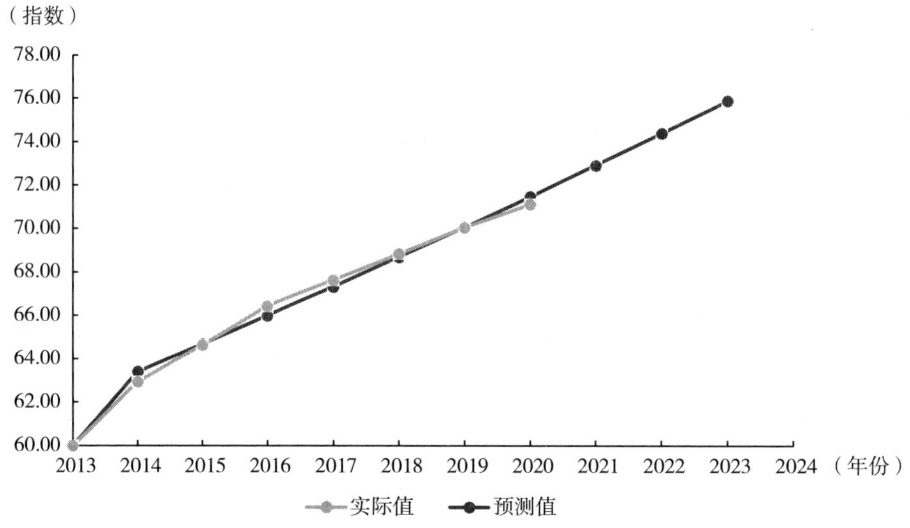

图 6-13　2021—2023 年协调发展指数预测图

4. 绿色发展指数预测

模型输出结果如表 6-22 所示。

表 6-22　绿色发展指数 GM(1,1)输出模型

模型参数	输出结果
发展系数-a	0. 03
灰色作用量 u	60. 49

模型检验指标如表6-23所示。

表6-23　模型的检验指标

平均相对残差	残差平方和	相对精度	C值
0.54%	1.40	99.46%	0.012

由表6-23可知,所建立的模型的平均相对残差 a 为0.0054, a 取值为0.01、0.05、0.1时分别对应优秀、合格、勉强合格,因此该模型为优模型。C=0.012,小于0.35,该模型的预测精度等级为优。因此该模型适用于绿色发展指数的预测。2021—2023年3年的绿色发展指数预测结果如表6-24所示。

表6-24　2021—2023年绿色发展指数模型预测结果

年份	预测结果
2021	75.48
2022	77.48
2023	79.53

从表6-24中可以看出,2013—2020年期间绿色发展一直是推动高质量发展的主要动力之一,随着"碳中和""碳减排"相关政策的实施,绿色发展的地位和作用日益凸显。预测的2021—2023年,绿色发展指数持续增长,预测指数依次为75.48、77.48、79.53,年均增长速度大约2.61%。如图6-14所示。

5. 开放发展指数预测

模型输出结果如表6-25所示。

表6-25　开放发展指数GM(1,1)输出模型

模型参数	输出结果
发展系数-a	0.03

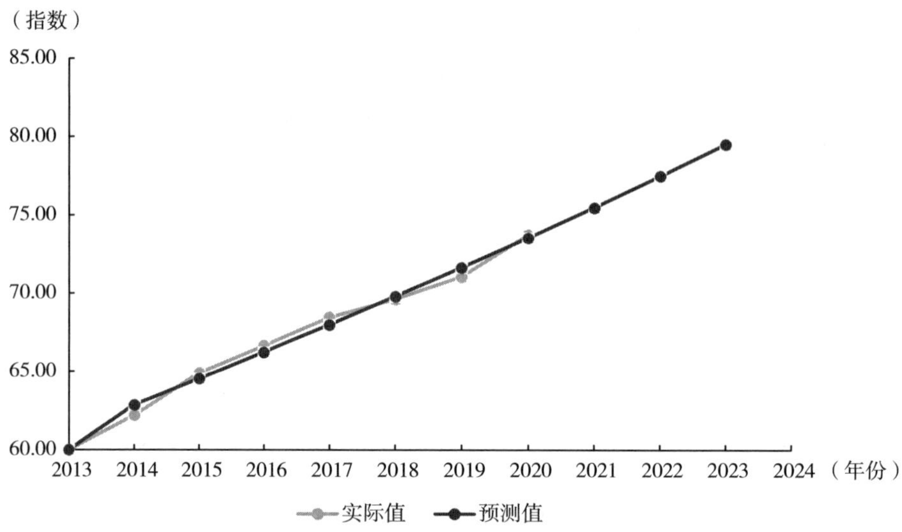

图 6-14　2021—2023 年绿色发展指数预测图

续表

模型参数	输出结果
灰色作用量 u	60. 27

模型检验指标如表 6-26 所示。

表 6-26　模型的检验指标

平均相对残差	残差平方和	相对精度	*C* 值
1. 47%	14. 95	98. 53%	0. 088

由表 6-26 可知，所建立的模型的平均相对残差 a 为 0. 0147，a 取值为 0. 01、0. 05、0. 1 时分别对应优秀、合格、勉强合格，因此该模型为合格模型。C=0. 088，小于 0. 35，该模型的预测精度等级为优。因此该模型适用于开放发展指数的预测。2021—2023 年 3 年的开放发展指数预测结果如表 6-27 所示。

表 6-27　2021—2023 年开放发展指数模型预测结果

年份	预测结果
2021	75.78
2022	77.85
2023	79.98

从表 6-27 中可以看出，预测的 2021—2023 年开放发展指数依然保持上升的趋势，预测指数依次为 75.78、77.85、79.98，其年均增长速度大约 2.70% 左右。2020 年开放发展指数较 2019 年有着大幅增长。面对大变局大挑战，要加快构建以国内大循环为主体、国内国际双循环相互促进的新发展格局，要在稳外贸、优结构、提质效上下功夫，推动我国开放型经济高质量发展。如图 6-15 所示。

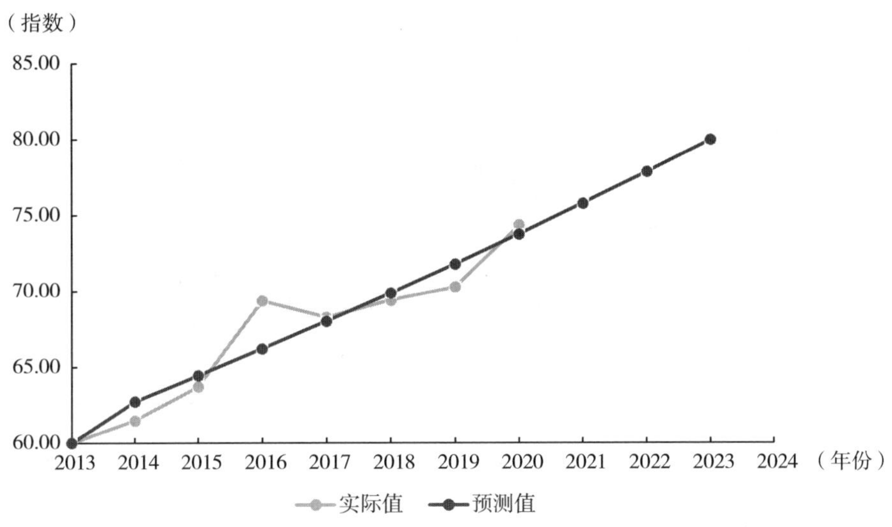

图 6-15　2021—2023 年开放发展指数预测图

6. 共享发展指数预测

模型输出结果如表 6-28 所示。

表 6-28 共享发展指数 GM(1,1)输出模型

模型参数	输出结果
发展系数-a	0.03
灰色作用量 u	58.69

模型检验指标如表 6-29 所示。

表 6-29 模型的检验指标

平均相对残差	残差平方和	相对精度	*C* 值
0.43%	1.50	99.57%	0.02

由表 6-29 可知,所建立的模型的平均相对残差 a 为 0.0043,a 取值为 0.01、0.05、0.1 时分别对应优秀、合格、勉强合格,因此该模型为优模型。$C=0.02$,小于 0.35,该模型的预测精度等级为优。因此该模型适用于共享发展指数的预测。2021—2023 年 3 年的共享发展指数预测结果如表 6-30 所示。

表 6-30 2021—2023 年共享发展指数模型预测结果

年份	预测结果
2021	76.10
2022	78.46
2023	80.90

从表 6-30 可以看出,2013—2020 年期间共享发展整体保持上升趋势且增长率较为稳定,预测的 2021—2023 年共享发展指数依然保持上升趋势,预测依次为 76.10、78.46、80.90,年均将保持 3.05%左右增长。如图 6-16 所示。

7. 安全发展指数预测

模型输出结果如表 6-31 所示。

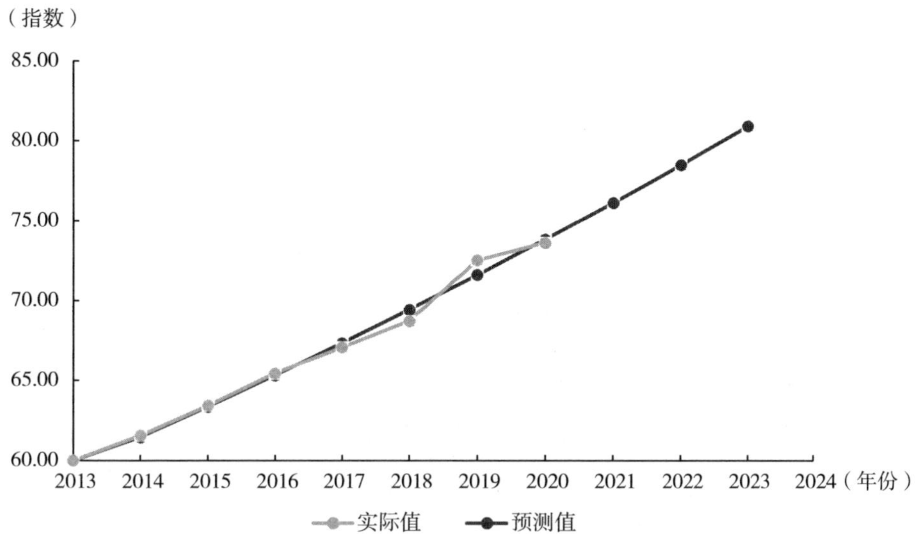

图 6-16　2021—2023 年共享发展指数预测图

表 6-31　安全发展指数 GM(1,1)输出模型

模型参数	输出结果
发展系数-a	0.02
灰色作用量 u	62.94

模型检验指标如表 6-32 所示。

表 6-32　模型的检验指标

平均相对残差	残差平方和	相对精度	*C* 值
1.01%	5.80	98.99%	0.17

由表 6-32 可知，所建立的模型的平均相对残差 a 为 0.0101，a 取值为 0.01、0.05、0.1 时分别对应优秀、合格、勉强合格，因此该模型为合格模型。C=0.17，小于 0.35，该模型的预测精度等级为优。因此，该模型适用于安全发展指数的预测。2021—2023 年 3 年的安全发展指数预测结果如表 6-33 所示。

表 6-33　2021—2023 年安全发展指数模型预测结果

年份	预测结果
2021	71. 82
2022	72. 95
2023	74. 10

从表 6-33 中可以看出，预测的 2021—2023 年共享发展指数依次为 71. 82、72. 95、74. 10，将保持 1. 56%左右的速度增长。如图 6-17 所示，2017 年之前，安全发展指数呈现稳定上升；2017 年之后，安全发展指数虽有波动，但波动幅度不大，发展指数保持在 67 左右的水平；预测 2020 年之后，随着对于防范重大风险、安全稳定发展的重视与强调，预测 2023 年安全发展指数在 74. 10 左右。

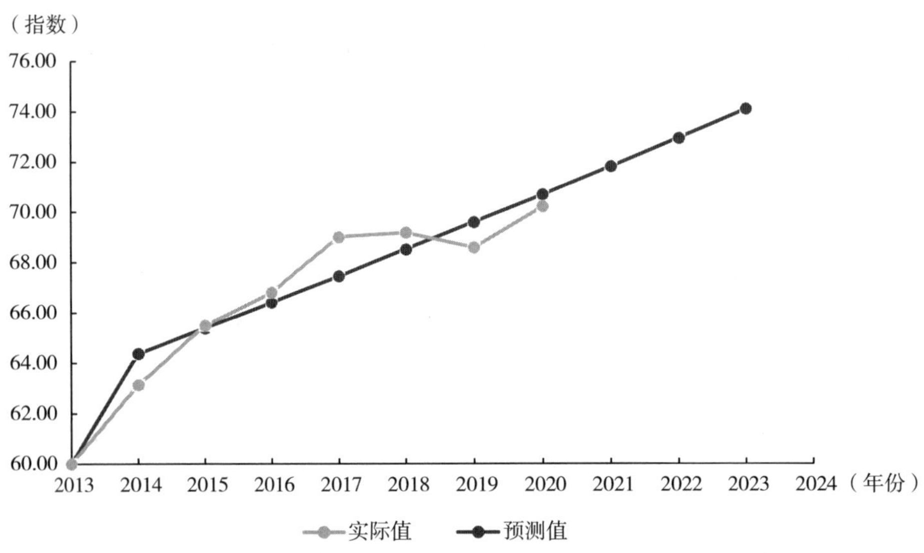

图 6-17　2021—2023 年安全发展指数预测图

8. 主观感受指数预测

模型输出结果如表 6-34 所示。

表 6-34　主观感受指数 GM(1,1)输出模型

模型参数	输出结果
发展系数-a	0.02
灰色作用量 u	58.87

模型检验指标如表 6-35 所示。

表 6-35　模型的检验指标

平均相对残差	残差平方和	相对精度	*C* 值
0.94%	4.99	99.06%	0.33

由表 6-35 可知,所建立的模型的平均相对残差 a 为 0.0094,a 取值为 0.01、0.05、0.1 时分别对应优秀、合格、勉强合格,因此该模型为优模型。$C=0.33$,略小于 0.35,该模型的预测精度等级为优。因此该模型适用于主观感受指数的预测。2021—2023 年 3 年的主观感受预测结果如表 6-36 所示。

表 6-36　2021—2023 年主观感受指数模型预测结果

年份	预测结果
2021	66.96
2022	67.98
2023	69.02

从表 6-36 可以看出,预测的 2021—2023 年主观感受指数依次为 66.96、67.98、69.02,将保持 1.51%的速度增长。由于调查群众满意度受主观因素的影响,2013—2020 年期间该指数变化波动较大,但整体来看,群众的满意程度依然呈上升趋势,如图 6-18 所示。

总之,我国 2013—2020 年期间,高质量发展指数保持了上升趋势,发展指数由 2013 年的 60,2020 年提高至 74.7,平均每年增长幅度大约 3.18%;八个模块的发展指数也保持了总体上升的势头,年均增速由快到慢分别是:创新发

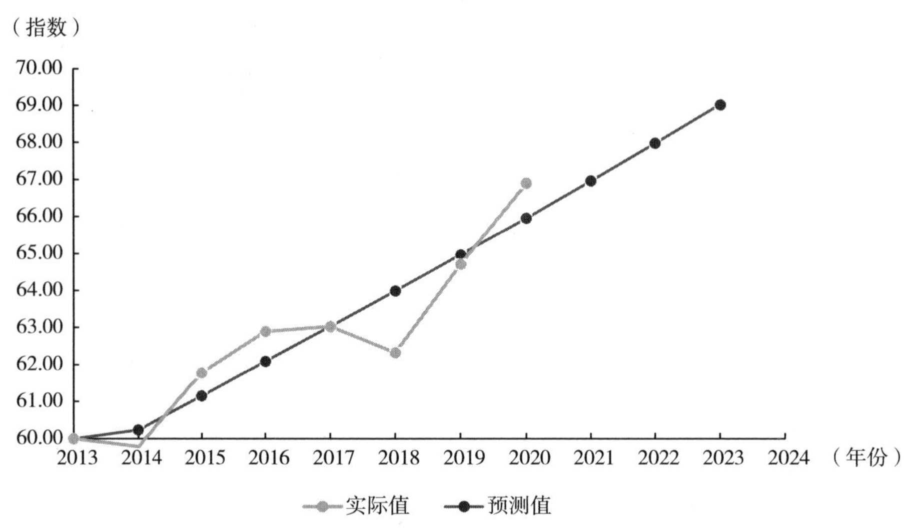

图 6-18　2021—2023 年主观感受指数预测图

展指数增速 5.19%、开放发展指数增速 3.16%、绿色发展指数增速 3.0%、共享发展指数增速 2.97%、协调发展指数增速 2.47%、综合质效指数增速 2.37%、安全发展指数增速 2.29%、主观感受指数增速 1.58%。从影响高质量发展因素看，参数估计的结果显示 $X1$，$X4$，$X5$，$X11$ 四个自变量都对因变量具有显著的影响。在 0.01 的显著性水平下，劳动生产率（$X1$）、外贸依存度（$X4$）、电子商务占比（$X5$）和技术合同成交额占 GDP 比重（$X11$）对居民人均可支配收入有着显著的影响，可以认为，以上 4 个因素对经济高质量发展的影响是主要因素。从未来 3 年高质量发展指数预测看，预测 2021—2023 年，我国高质量发展指数将继续保持上升趋势，预测发展指数依次达到 76.96、79.34、81.79，年均增长 3.09%；八个模块 2021—2023 年的预测发展指数均将继续稳步提升。

高质量发展绩效评价的测度是考核评价的核心环节、关键步骤，主要从高质量发展综合评价测算结果、影响因素分析和未来发展指数预测三个方面进行测度。一是评价方法与综合评价测算,主要为指标的无量纲化处理方法、高质量发展综合评价测算结果和“八个模块”发展指数测算结果等内容。二是模型选择与影响因素分析,主要分为模型确立和实证分析,选择个体效应模型,从生产效率、经济活力、环境保护和创新能力四个方面分析了12个指标对于人民生活的影响。三是预测模型构建与发展指数预测,主要分为预测模型的选择、预测模型的原理、预测模型的检验和实证预测分析等四个部分,利用GM(1,1)模型,对2021—2023年我国高质量发展指数及“八个模块”的发展指数进行预测。从未来三年高质量发展指数预测看,预测2021—2023年我国高质量发展指数将继续保持上升趋势,预测发展指数依次达到76.96、79.34、81.79,年均增长3.09%。“八个模块”2021—2023年的预测发展指数均将继续稳步提升。

第七章　高质量发展考评策略

什么是高质量发展，高质量发展的内涵是什么，高质量发展什么，怎样考评高质量发展，本书前面几章已作了初步探讨，在此基础上需要从高质量发展与考评进一步优化的角度进行探讨怎样高质量发展，怎样找准高质量发展的动力之源，在新发展阶段怎样破解制约高质量发展的瓶颈，在大变局大变革大挑战背景下怎样实现更有质量、更有效益、更加公平、更可持续和更加安全的发展。这不仅需要有明确的发展目标和发展战略，而且需要有科学系统的策略安排，需要从高质量发展考评体系、激励机制和发展路径进行全面优化和完善。

第一节　形成与高质量发展相对应的考评体系

考核评价是高质量发展的“风向标”和“指挥棒”。高质量发展考评体系是高质量发展统计体系的有机组成部分，也是高质量发展指标体系的直接应用，完善高质量发展评价体系，对于发挥高质量发展统计体系具有重要导向作用，对于政策体系建设具有重要的作用。因此，迫切需要抓住考核评价这个“牛鼻子”，以高质量评价“标尺”引领和驱动高质量发展落地见效。提高考评质量必须向考评的广度、深度和效度发力，使考核指标体系和绩效评价体系能够充分体现新发展理念和高质量发展内涵，系统反映更有质量、更有效益、更可持续、更加公平、更加安全的发展内在要求，更加精准研判“发展不平衡不充分”与“人民美好生活需要”之间的内在联系，探索向评价广度挺进、深度挖掘、效度提升的新路径。只有考评体系优化，才能促进发展的优化，以优化的考评牵引高质量发展。

一、进一步完善考评指标体系

完善高质量发展考评指标体系，必须按照指标体系“引领扣准、指标定准、考评精准、结果用准”的更高要求，突出地域个性和发展特色，锻长板、补短板、强弱项，构建适应地方发展阶段的高质量发展考核评价体系。主要是向广度挺进，补齐中观评价和微观评价的短板。

一是深入研究考评的不足。有关高质量发展的考评，目前多数地区宏观区域层面考评较多，如对省域、市县等区域的考评，而针对中观产业、微观企业以及其他细分领域的高质量发展考评相对较少。高质量发展内涵十分丰富，对于不同行业或者企业有着不同的实际内涵，由于这些领域对高质量发展内涵挖掘与测度评价缺乏，导致高质量发展无法对于行业或企业等实际运行产生明确有效的引领，而且微观企业、中观产业以及宏观区域是相互联系的有机整体，任何一个环节的缺失都会导致无法评价高质量发展的全貌与真实状况。同时，区域高质量发展评价本身缺乏深度挖掘，多停留在指数测算、区域排名等阶段，对于评价结果背后的深层次因素、各个区域与众不同的鲜明特点等缺乏深入的分析，使评价的重点不够突出。我国地区间经济发展差距大，功能定位各有不同。因此，不同的地区应有不同的高质量发展模式和阶段，要实行高质量发展差异化考核评价。在指标设计上，各地区指标体系应有所不同，在评价的权重方面要有所区分。对东部沿海发达地区，应当加大能源消耗的考核权重；对西部生态功能涵养地区，要降低对地区生产总值增长率等指标的考核；对贫困落后区域与经济发达区域要满足不同的发展诉求；对省级经济开发区与国家级开发区、自贸区等要根据不同的发展定位进行设定考评指标，不能按照地理区划“笼统”地开展评价；要因地制宜、因势利导地引领不同地区走上符合自身优势、独具鲜明特点的高质量发展之路。

二是拓展考评对象范围。在夯实宏观区域层面评价的基础上，扩大对中观产业、微观企业以及其他细分领域的高质量发展考核评价，填补对制造业、新兴产业、实体经济、能源高质量发展等测度和评价的空缺；弥补对高新技术企业、大中型国有企业、民营企业的高质量发展测度和评价的缺失，扩大高质量考核评价的内涵和外延，进一步明晰高质量发展对不同细分领域实际工作的指导内涵。凡是不能体现牵引和服务高质量发展的指标应当去掉，凡是不能推动部门本身正常工作的指标应当去掉，凡是与条条考核重复且不简便易行的指标应当去掉，确保评价指标体现科学性、牵引性、导向性和可操作性。针对指标“分”多“统”少的机制弊端，地方政府要优化指标形成机制，指标形成要会同相关专家提出指标设计方案，经综合评估等程序，提交地方政府相关职能部门进一步审核和评估决策，形成科学的年度指标体系。对于一些优质的评价指标的培育、筛选，一方面可以从实践检验中来，尤其是一些地方创建的一些务实管用的好指标；另一方面可以从专家发表的论文的指标词频统计中查找，一般词频高的基本都是好指标。

三是优化考评指标内容。改变一些地方“只拉长不补短”的评价问题，实施锻长板与补短板分类考核。在个性指标设置上，从原来的锻长板一类指标分为既锻长板又补短板的两类指标。锻长板指标突出地域特色发展和质量发展牵引，补短板指标突出地域弱项和不足，增强地域特色发展的后发优势。改变一些地方“分散多聚焦少”的评价问题，实施指标牵引攻坚计划。从原来各地个性指标设置面广、分散较重转变为聚焦重点、突出牵引内涵建设和特色发展。要针对不同地区不同发展阶段的特点，与共性指标设置“多而广”的思路区别开来，用有限的个性指标引领重点领域重大项目的重要突破，发挥重大项目的带动示范效应。改变一些地方“重眼前轻长远”的评价问题，实施个性考核久久为功行动。要围绕一个地方特色发展的总体目标统筹谋划，对地方带动性强的重大项目要分年度分时序分阶段考核，不能“一年一考、一年一了”，也不能“一年一考、一年一变”，而是要立足于长远培育发展后劲、增强发展潜力，努力把个性化考核打造成牵引地方特色发展的响亮品牌。

二、进一步完善考评方法体系

主要是向深度挖掘，延伸事实评价、价值评价和智能评价链条。

一是摸清现实考评的局限性。现在有些地方高质量发展考评对象、范围和领域不够全面和细分度不够，仅仅是指数测算、区域排名等“量”的客观评价，对于评价结果背后的深层次因素、各个区域与众不同的特点和需求等缺乏深入分析，多数停留在事实评价而缺乏价值评价，现代信息技术、量化分析等方法综合运用不到位，导致一些地方评价不够实、不够准、社会公认度低。高质量发展是一个看似简单却不易把握的概念，如何进行高质量发展的统计核算更是一个崭新的复杂课题。多维性是经济高质量发展的根本属性之一，怎样能够充分反映高质量发展丰富内涵的同时，避免“地毯式”测评导致的不可操作性？怎样兼顾诸多考评指标的独立性和内在逻辑性？怎样处理一些不可计量的定性指标？这些问题都是开展高质量发展评价时面对的难题。

二是加强事实评价与价值评价深度融合。评价是在量或质的记述基础上进行的价值判断活动，评价包括事实评价和价值评价两部分。现在有的地方的考评之所以不够实、不够准，是因为还停留在事实评价上，而忽视了价值评价。什么是事实评价、什么是价值评价呢？事实评价揭示的是客体本身的性质和特点，价值评价揭示的是主体的需要与客体的性质、功能之间的关系，突出人的需要，满足公众的需求。这两者之间的根本区别就是价值评价中多了一种决定其本质的因素，即人的需要。比如评价一个地区的高质量发展，如果用事实评价，只要用这个地区的主要经济社会发展指标统计数据进行测算就可以了。如果对这个地区的高质量发展进行价值评价，那就要看这个地区的发展质效、创新活力以及可持续发展的后劲。譬如 GDP 构成,这个地区的 GDP 主要是由先进制造业、数字经济等新兴产业构成,还是由一些农副产品、茶叶、苹果等产业构成,这里的重要性和价值是不一样的。假设 A 和 B 两个县的年度 GDP 总量相等,如果用事实评价 A 和 B 县都是一样的评价等次;如果用价值评价,其中 A 县 GDP 构成中新兴产业占 80%,B 县传统产业占 50%,从价值评价角度看 A 县的发展质量好于 B 县。要突破测算、排名等表层分析,围绕“高质量发展是什么、为什么、怎么办”的逻辑线索,切实加强考评结果背后的深层次内涵挖掘,突出各个考评对象与众不同的特点,提供更加深入、更加妥帖、更加准确的研究发现,不仅重视事实评价,更要重视价值评价。高质量发展考核评价不仅要借助统计、测验等手段进行量的测定,而且要进行质的分析,也就是要把所有考查绩效的材料和分析综合起来,进一步研究在多大程度上能够达到预期的目的,由此作出价值性判断。

三是嵌入智能评价评深评准。智能评价是以“互联网+”、物联网、移动应用、大数据技术等信息技术为支撑,通过数字画像、科学建模、智能分析,形成可视化预判结论。加快运用区块链技术解决考核中的数据造假问题;运用 SPSS 分析软件在对已有数据分析的基础上解决指标相关性问题。横向上加快地区各职能部门相关基础数据的互联互通,纵向上将数据库延伸至市县乡并配套衔接,形成考核数据池,加强数据综合分析研究。优化完善考核信息化管理系统,加大线上考评、智能考评分量,加速“不见面考核”进程。如果用智能评价,通过数字画像、科学建模、智能分析 A 和 B 两县未来发展短板和不足,可明晰可持续发展动力增强的途径,得出未来两个县发展的优劣。总之,事实评价是基础,摸清发展的现实状况;价值评价是关键,解决对发展“质”的分析评判问题;智能评价是补充,解决在“量”和“质”评价基础上的精准性问题,形成相互联系、梯次推进的评价链条,努力实现从事实评价走向价值评价、再上升为智能评价的新跨越。

四是实施分级分类细化考评。从全国看,我国东部地区、中部地区和西部地区发展差异化大、功能定位不同，应当分级分类进行考评。分级通常以行政区划为基础划分考评单元，具体分为国家层面、省区市层面、设区市层面、县（市、区）层面和乡镇层面等5个层级；分类应当把全国细分为A、B、C、D等4类地区，根据每类地区不同的发展功能定位，设置不同的考核评价指标，以及不同的考核评价权重。各类地区要结合本地特色和发展实际，构建符合本地发展要求的高质量发展评价体系。要明晰高质量发展对不同细分领域实际工作指导的内在要求，分类细化评价指标内容，解决什么是高质量、怎样发展高质量"以评促高"的问题。要明确对各类地区考评的目标方向，研究分析各类地区的发展特色、优势与存在的短板与不足，明晰未来调整优化发展的主攻方向。评价结果不作横向比较，主要是反映各地区高质量发展的动态特征，提高以考评促进发展的质量和效果。

五是丰富和完善考评的方法与手段。一要变年度目标考评为短期中期长期目标接续考评，解决考核中的急功近利带来的地方畸形发展问题。各地为了圆满完成年度指标考核任务，往往只把目光聚焦在考核指标确定的任务上，忽视了对地方发展具有带动作用的中长期重大项目的投入和建设，影响了地方的长远发展。因此，一方面要解决为了考核而考核的短期行为，另一方面要把重大的中长期项目列入年度持续考核，并赋予科学的年度时序进度评价分值，注重研究和布局与现代化指标的对接与融合。二要变主管部门考评为主管部门与第三方参与共同考评，解决考核打和牌和不公正问题。对于定量指标由地方政府主管部门根据完成情况评价打分，对于定性指标则由具有专业资质的第三方考评打分，最后由地方的发改委审核和进行综合评价。三要变单一考核评价为集成评价，解决目标任务难易程度差异评价不到位问题。目标值法对于同一类型分值设置相同或相近的考核指标，往往因地区差异导致难易程度不一，考核结果不能充分体现工作负荷和工作成效，造成了考核评价过于简单和不合理。解决这一问题要实施集成评价，以目标值法为主，兼顾极差分析法和聚类分析法的综合运用，运用极差分析法解决目标任务完成的好中差问题，运用聚类分析法解决相同或类似项目的评价排序问题。

六是创新三方结合的考评新范式。探索推进组织考评、现场考核、第三方考评相结合的考评模式，增强立体化考核评价力度。要在总结和完善体制内考核评价的经验基础上，针对既当“运动员”又当“裁判员”的弊端，采用多元化考核评价渠道。探索引入第三方专业考评机构，丰富考评手段，增加考评维度。既要注重把握第三方考评机构的独立性，又要考虑考评内容的关联性，做到独立、客观、公正。探索组织考评、现场考核、第三方考评相结合的考评模式，发挥智库对高质量发展与考评的重要作用。拓展社会评价和群众评价范围，用社会和群众的获得感来评价高质量发展成效。在依托政府考核评价的基础上，鼓励市场评价和社会评价发展，充分发挥其立场中立、体制灵活、专业性强、社会关系广泛等优势，从而为准确反映高质量发展状态与进展提供更加全面的信息支持。引进第三方评价机制，委托专业社会调查机构进行满意度调查，把上级评价、部门评价、下级评价和群众评价有机结合起来，变单向、平面、单维评价为多层次、多渠道、多角度的评价，使考核评价更有针对性、系统性、导向性和可操作性。

三、进一步完善考评配套体系

完善的统计体系是开展经济高质量发展考评的基础，科学合理的考评方法是确保考评结果客观准确的重要保障。现在有些好指标在实践中推行不起来，原因是没有数据支撑。现行的统计以反映传统行业及传统经济形态为主，反映新兴行业及经济新动能发明的统计指标仍然不足。经济高质量发展的统计体系涉及内容很多，广义的高质量发展统计体系应当包括指标体系、标准体系和评价体系等内容，是我国高质量发展的“风向标”和“导航仪”，对于高质量发展的政策体系和绩效考核等都具有重要的支撑作用。丰富和完善高质量发展评价体系，必须配套建设高质量发展统计指标体系、标准统计、监测制度体系，以及提高统计数据质量。要加快现代统计调查体系构建研究，持续为统计体系建设蓄势赋能。

一是加快完善高质量发展统计指标体系。目前,我国尚未有建立起与高质量发展相对应的统计指标体系,诸多新的产业、新业态、新商业模式缺乏统计数据支撑。一要健全“三新”经济统计指标。加快推进大数据在各类统计调查中的应用、开展数字经济核算等方面的实践探索。加强统计制度的改革与创新,充实丰富统计指标,加快建立健全针对新时代下新技术、新产业、新业态、新模式的统计制度以及统计方法,推进互联网、大数据、云计算、人工智能等现代信息技术在统计中的应用,显著增强统计资料的准确性、完整性、及时性,切实发挥数据在经济高质量发展评价中的基础性作用。二要深化细化五大发展理念数量化。虽然我国围绕五大发展理念构建的思路应用较为广泛,但是五大发展理念的衡量指标还不够完善,还缺少一些数据支持。由于高质量发展指标体系,并不能简单等同于新发展理念指标体系,需要进一步围绕高质量发展的深刻内涵,补充和完善相关综合性指标和主观评价指标。三要完善多元化系统化统计评价方式。创新发展多元化评价方式,在依靠统计数据展开定量评价的同时,加入访谈调研、专家评议等定性方法,促进定量和定性分析的有机结合。强化创新在推进统计现代化改革全局中的重要作用,协调推进统计理论创新、制度创新、技术创新、实践创新,利用统计科学、数据科学与现代信息技术相互叠加、相互渗透、相互支撑的交叉融合发展契机,丰富统计数据源,优化统计方法手段,重塑统计生产方式,为统计改革发展提供更多新动能。同时,要从发展质效、结构优化、动能转换、风险防范和民生福祉等不同模块构建统计指标体系。

二是加快健全高质量发展数据统计标准。提高数据统计质量是数据统计工作的中心任务。只有一流的数据质量,才能有一流的评价质量。要以《中华人民共和国统计法》和《中华人民共和国标准化法》为依据,根据高质量发展的政策要求,不断推进高质量发展的统计标准化和规范化工作。主要工作包括:①经济结构变化的统计分类标准,如国民经济行业分类标准、三次产业划分标准、大中小微型企业划分标准等;②反映新经济和创新发展的统计标准,如新产业新业态新商业模式统计分类标准、战略性新兴产业统计分类标准、生产性服务业统计分类标准、高技术服务业分类标准等;③反映人民美好生活需要的统计分类标准,如健康产业统计分类标准、文化产业统计分类标准、体育产业统计分类标准、教育培训产业统计分类标准、旅游产业统计分类标准、养老产业统计分类标准等。①

我国为加强和改进政府统计质量管理工作,借鉴《联合国官方统计国家质量保证框架手册》,基于统计数据生产全过程,制定了《国家统计质量保证框架(2021)》,提出9个方面的统计质量评价标准。①真实性,统计源头数据必须符合统计调查对象的实际情况,确保统计数据有依据、可溯源。侧重于对基础数据质量的评价。②准确性,统计数据的误差必须控制在允许范围内,能够为形势判断、政策制定、宏观调控等提供可靠依据。侧重于对统计数据生产科学性的评价。③完整性,统计数据应当全面完整,统计范围不重不漏,统计口径完备无缺。侧重于对统计数据全面系统反映客观实际程度的评价。④及时性,统计数据生产应当在符合统计科学规律的前提下,尽可能缩短从调查到公布的时间间隔。侧重于对统计数据生产效率的评价。⑤适用性,统计数据能够最大限度为用户所用,统计指标紧跟时代发展、切合统计需求。侧重于对统计用户满意度的评价。⑥经济性,统计数据生产应当尽可能降低成本,统计调查、行政记录、大数据等数据资源得到充分利用。侧重于对统计数据成本效益的评价。⑦可比性,统计数据应当连续、可比,不同时间、空间数据生产要使用规范统一的统计标准和统计原则。侧重于对统计工作标准化、规范化程度的评价。⑧协调性,统计数据结构严谨、逻辑合理,各总量数据、结构数据相互之间高度匹配。侧重于对统计数据间逻辑关系的评价。⑨可获得性,多渠道、多方式公布统计数据,同时公布相应的统计制度方法,加强数据解读,满足社

① 参见郭克莎:《迈向高质量发展之路》,科学出版社2020年版,第378页。

会需求。

三是完善高质量发展统计监测机制。用好统计监督这个利器，提高统计体系服务高质量发展的重要作用。党的十九届四中全会提出要“发挥统计监督职能作用”，进一步明确了统计监督的重要地位。高质量发展统计体系要为高质量发展政策体系服务，要为国家监测各领域高质量发展任务执行情况提供依据。主要包括：①为供给侧结构性改革提供统计监测。譬如，服务于“三去一降一补”的产能、产量和库存统计，服务创新发展的科技统计、高技术投资统计等。②为新经济与数字经济发展提供监测。譬如，数字经济、分享经济、互联网经济、“三新”经济增加值核算等。③为需求提供统计监测。譬如，服务业生产指数编制、新兴服务业统计监测、对外贸易统计监测等。④为投入产出提供统计监测。改革和完善投入产出表编制方法，完善科技创新和研发投入统计，完善工业产能利用率统计等。⑤为民生统计提供支撑。加强居民收支统计、劳动工资统计、价格监测、贫困监测等方面的工作。[①] 要根据这5个方面的新要求，围绕加快推进统计改革创新，不断完善推动高质量发展的统计体系，打造立体化统计监督机制；围绕保持经济运行在合理区间目标任务开展统计监测，进一步强化统计监测预警的及时性有效性、针对性；围绕持续优化监测指标体系，进一步强化国家重大战略实施、经济社会发展、民生保障重点领域等的监测评价分析；围绕完善统计执法监督机制，监督检查统计工作和查处统计违法行为，避免统计数据失真失实干扰决策判断，净化统计环境；围绕完善全覆盖的统计制度执行监督机制，严格依法组织实施统计调查，依法健全统计指标体系，依法完善统计调查项目及其调查制度，依法变革统计生产方式，依法提供统计保障，依法规范管理统计行为。

四是开设高质量发展的负面考评清单。在完善高质量发展考评指标的基础上，应当借鉴企业负面清单的做法，在评价高质量发展水平时开设负面考评

① 参见郭克莎：《迈向高质量发展之路》，科学出版社2020年版，第378、379页。

清单，对严重影响高质量发展的事项进行排查，根据这些事项的影响程度等级，在考评分数中直接扣减一定分数，以达到聚焦关键领域、防范化解重大风险的目的。围绕安全发展、风险防控、弄虚造假等列出负面清单，主要包括重大影响社会稳定的事件、重大安全生产事故、重大环境污染事件、重大食品安全事件、重大金融风险事件，以及重大发展成果造假和发展数字统计造假事项，以加大高质量发展评价的统计保障力度。坚持底线思维和系统思维，守牢稳定、安全、生态、廉政底线，对考评的负面清单通过减分项实施到位。在这方面各地已经进行了一些实践探索。譬如，江苏省在高质量发展考核评价的实际工作中，对设区市范围内受到党中央、国务院（含中办、国办）书面通报批评（有正式文号）的，每有一项扣 1 分。在经济社会发展方面受到省委、省政府书面通报批评（有正式文号）的，每有一项扣 0.5 分。在设区市范围内，社会稳定、安全生产、公共卫生、环境保护等工作出现重大失误，实行扣分。对中央环保督察“回头看”问题整改不到位、长江环境问题整改不到位，未完成省政府年度挂牌督办重点生态环境项目、被列入全国扫黑办扫黑除恶重点推进市名单、有较大非法金融案件，进京来省规模集访，统计造假查处案件、监督查实虚收空转事项等方面，每发生一起扣 0.1 分，其中由国家通报的加倍扣分。对较大生产安全事故，每发生一起扣 0.2 分。重大生态环境事件、重大群体性事件、重大公共卫生事件、重大食品安全事故、重大药品安全事件、重大产品和服务质量事件、重大失信事件、重大产权和企业合法权益侵害事件、地方政府债务重大违约事件、重大金融风险事件，每发生一起扣 0.5 分。发生重特大生产安全事故等，造成极其严重社会影响的，实行“一票否决”。这些具体的实践探索，更加明晰地标明了应该发展什么、不应该发展什么，更加务实有效地促进地方高质量发展。

五是把考核评价更好地服务绩效评价和政绩考核。目前，一些地方把高质量发展考评与绩效评价和政绩考核结合得不够紧密，对考评结果的运用效果有待进一步提高。要合理运用高质量发展考评结果，将其更好地应用到党政部门单位的绩效评价和领导班子及领导干部的政绩考核之中，解决以往对领导班子和领导干部在考核评价上的量化不足问题，充分发挥高质量发展统计评价的导向作用，为各地高质量发展重大战略的全面实施提供保障。在对党政部门单位的绩效评价过程中，要结合考核对象的不同特点设计有针对性的指标，突出推动和服务高质量发展主线，加强对考核评价工作全过程质量控制，运用新技术和新手段，提升高质量发展考核评价工作的现代化水平。要加强考核评价工作的基础设施建设，建设信息共享的数据平台，充分利用互联网和区块链技术，实现统计生产方式的转变。要注重评价对象的纵向比较，慎用横向比较方法，避免搞排名和拼位次。要尊重高质量发展的客观规律，制定切实可行的目标任务，同时延长考核周期，不单纯以一时一事论英雄。在对领导班子领导干部的政绩考核中，要合理设置主观评价指标的权重，全面考评领导班子和领导干部的工作业绩和工作实效。

第二节　形成与高质量发展相匹配的激励机制

“水不激不跃，人不激不奋。”有效的激励，能点燃干部干事创业的激情。哈佛大学教授威廉·詹姆士通过实验研究发现，在缺乏激励的环境中，人的潜能只发挥出20%—30%，而在良好的激励环境中，人的潜能可以激发出80%—90%。[①] 考核评价的目的在于激励干部积极性、主动性和创造性的充分发挥，激励引导广大干部在科学的考评中释放潜能、合理的期许中自觉行为、正确的导向中不断奋进，干事创业、担当作为，凝心聚力推动高质量发展。如何最大限度地释放考核评价的激励效应、最大限度地激发领导班子的综合能力、最大力度挖掘干部的创新创业潜能，逐步形成与高质量发展相匹配的激励机制是关键。

---

① 参见周玉清、王少安：《社会主义核心价值体系引领大学文化建设论纲》，人民出版社2011年版，第118页。

一、用好考评结果正向激励

加快构建崇尚实干、带动担当、加油鼓劲、引领发展的正向激励体系，充分调动干部队伍的积极性、主动性和创造性，激励广大干部在新时代担当新使命、展现新作为、创造新业绩，是高质量发展考核评价迫切需要研究和解决的重要课题。

（一）在抓牢正向激励的“着力点”上下功夫

充分利用高质量发展考评的结果，抓住激励广大干部队伍的重点和着力点，科学激励、精准激励、有效激励和持续激励。一是突出职务激励，强化用人导向。职务激励是干部自我价值的有效体现。但受政策规定、岗位职数等因素制约，干部晋升空间有限，每个层级都可能出现“天花板”现象。为此，要树立正确的用人导向，统筹用好各年龄段干部，让能干事、干成事的有更大的空间，有潜力、有才华的有更多的历练，不事张扬、埋头苦干的有更好的回报。二是突出物质激励，强化生活保障。没有精神肯定不行，仅靠精神也不行。干部有适当物质利益的需求，也有为家庭创造一定生活条件的责任和义务。“既要马儿跑得快，又要马儿多吃草。”为此，要给予干部合理的物质激励，结合考评结果，健全基层干部合理的工资收入体系及福利待遇，使得收入与能力、应尽的责任相匹配，干部收入有保障，干事才更有激情。三是突出荣誉激励，强化争先动力。荣誉激励是组织对个体或群体贡献的肯定，说明一个人的社会存在价值，是满足自尊需要、激发进取动力的重要手段。通过表扬、奖励、授予荣誉称号等方式对干部进行激励，可使他们的心理得到满足，增强其成就感、价值感，从而不断取得新的成绩和进步，并对其他同志产生示范力、感召力。要根据考核评价结果，建立公平合理的评先评优制度体系，加大及时奖励力度，更好发挥出荣誉的激励作用。四是突出情感激励，强化心理温暖。情感激励是通过组织或领导对干部个体的情感关注来激发内在动力。既需要用事业感召人，也需要用感情凝聚人。要结合考核评价情况反馈，重视对干部的人文关怀、情感关怀，及时了解干部的思想现状及工作、学习、生活情况，充分考虑干部的合理诉求，对他们在事业、感情、生活、家庭、心理等方面遇到的问题，及时给予疏导和帮助，使他们时刻感受到组织的关爱和温暖。

（二）在夯实知事识人的“基本面”上下功夫

好干部是选出来的、管出来的，也是考核评价出来的。通过科学考核评价、知事识人，更好地发挥考核评价的导向激励作用。按照经常化、近距离的要求，建立全方位多渠道知事识人体系。一是坚持考在经常，推进日常考核。强化过程管理，结合各地实际制定实施领导班子领导干部平时考核办法，定期检查核实完成重点工作任务和履职尽责情况，动态了解领导班子和干部日常表现，并在综合考核中做好月监测、季督查、半年评估和结果反馈工作，及时提醒督促，引导各地各单位按照“指挥棒”跑、根据“红绿灯”走。二是坚持科学精准，推进分类考核。强化对标找差，对资源禀赋、基础水平、发展阶段、主体功能区定位不同的地区予以区别对待，对领导班子主要领导、班子成员和不同岗位的干部明确不同的考核要求，进行同类比较和纵向比较，营造比学赶超、进位争先的浓厚氛围。三是坚持考真考实，推进近距离考核。强化群众观念，围绕中央重大决策部署和地区重点工作开展专项考核，下沉工作一线和社区家庭、走近考核对象、听取干部群众意见，了解干部在完成急难险重任务、处理复杂问题、应对重大考验中的表现和宗旨意识、道德操守，作为考评班子和干部的重要依据，引导各级领导干部将群众满意作为工作的根本标准，将以人民为中心的发展理念贯彻工作始终。四是坚持把政治标准放在首位，强化抓党建促发展工作力度，结合平时考核、专项考核和年度考核，从作风转变、开拓创新、担当作为、遵纪守法等维度，对正反两方面的重点问题进行政治体检，对政治考核不合格的干部要坚决“一票否决”，引导干部队伍在提高“精气神”中增强内生发展动力。

（三）在用好考核评价的“指挥棒”上下功夫

加强对干部的正向激励关键在于用好考核的“指挥棒”，通过考核“指挥棒”的科学运用，选出敢于负责、敢于担当、善于作为、实绩突出的干部，牢固树立讲担当、重担当的鲜明导向。一是将考核结果与表彰奖励挂钩。认真落实《公务员奖励规定（试行）》《国家功勋荣誉表彰条例》的相关规定，研究出台符合本地表彰奖励管理的实施意见，明确将对个人和集体的记功奖励与单位和公务员个人考核结合起来，把考核结果作为确定表彰层级、种类、周期等的重要因素，同时明确对在考核中表现不佳的单位和个人，在表彰环节严格落实“一票否决”制度，进而推动考核结果与树立先进典型和表率示范相互贯通，进一步增强考核评价的权威性，充分调动激发干部参与考核的积极性、主动性、创造性。二是将考核结果与提拔任用挂钩。把考核结果作为公务员职务级别调整、交流轮岗、教育培训的重要参考，通过考核牢固树立选人用人的鲜明导向，对在考核中发现不敢扛事、不愿做事、不能干事的干部，应当交流轮岗；对主动担当、敢于作为，撸起袖子加油干的干部，应当及时启用，大胆放到重点岗位、关键岗位历练培养。应当把平时考核全过程作为干部推荐提名的参考依据、考察了解干部的内容之一，通过平时考核把表现突出的好干部选出来、用起来。对在平时考核中表现出不适宜、不胜任现任岗位的公务员及时调整，做到“能者上、平者让、庸者下、劣者汰”，真正使公务员有压力、添动力、增活力。三是将考核结果与物质奖励挂钩。各地可结合实际研究出台公务员年度考核激励办法，对年度考核中得到“优秀”等次的工作人员，通报表彰并给予一定标准的物质奖励，对考核为“良好”的人员，给予少于“优秀”等次标准的物质奖励，形成干好干坏不一样的鲜明导向，进而建立起以精神奖励为主、物质奖励为辅的激励机制。奖励所需经费由同级财政测算和保障，纳入各单位财政预算，年初统一划拨到各单位。

（四）在坚持实绩用人的“风向标”上下功夫

对干部的最大激励就是坚持正确的用人导向，建立综合考核结果与干部选拔任用挂钩的相关制度，坚持让担当者吃香、优秀者优先、有为者有位，形成重实干重实绩的鲜明用人导向，放大综合考核结果激励效应。完善实绩用人激励机制。政治激励，对党员干部来说，具有一种更强大、更持久的动力，用好一个人、激励一大片。一是向先进地区或先进单位倾斜。对年度综合考核确定为综合先进、第一等次的地区单位和好等次班子，在干部选拔任用上予以优先考虑，本单位职数有限的，可提拔交流到其他单位，以便推广先进理念、成功经验、好的作风。连续 3 年获得综合奖、第一等次的单位主要负责人予以提拔重用。对年度综合考核确定为较差等次的单位，原则上 1 年内所有干部不予提拔或晋升职级。二是向表现一贯优秀的干部倾斜。对年度考核连续 3 年被确定为优秀等次的干部，由党委组织部门单独建库，在班子调整、岗位补缺、职务提任时予以优先考虑；对工作勤勤恳恳、任劳任怨、平时考核和年度考核结果较好的“老黄牛式”干部，在职级晋升时予以照顾。三是向艰苦地区和基层一线倾斜。坚持把疫情防控、脱贫攻坚和急难险重任务一线作为识别干部的“主战场”、选拔干部的“主渠道”，切实把想干事、能干事、敢担当、善作为的优秀干部及时发现出来、合理使用起来。四是向优秀年轻干部倾斜。健全年轻干部专项预审和监督制度，年轻干部配备与领导班子领导干部调整方案通盘考虑、同时预审、同步实施，列为年度“一报告两评议”的重要内容，对未达规定配备比例要求的限时整改到位，确保优秀年轻干部成长晋升通道的畅通。建立年轻干部专项信息库，直接掌握一批优秀年轻干部名单，加强年轻干部点名调训力度。五是把好动议人选先进性关口。在坚持选拔任用基本资格的同时，更加强调新提拔人选的先进性要求，原则上在平时考核和近 3 年年度考核成绩排名靠前的同类人员中产生，近 3 年至少有 1 个年度确定为优秀等次，坚决将工作平庸、表现一般、靠拉关系走后门的干部挡在门外。

(五)在建立人岗相适的"匹配度"上下功夫

新修订的《党政领导干部选拔任用工作条例》,首次提出"事业为上、人岗相适、人事相宜"的原则。要更加重视需求层次理论研究,坚持事业发展需要和干部成长需要的有机统一,在用好用活考核评价成果的基础上,力求人尽其才、适才适用,更好地激发干部干事创业的热情。一是坚持事业为上。胸怀大局,着眼发展,把事业发展、工作需要、岗位要求置于首位,知事识人、因事择人、以事选人,高质量、高标准地选人用人,运用考核评价的"慧眼",事业发展需要什么样的人就选拔什么样的人,岗位需要什么样的人就配齐什么样的人,使人岗相适、各尽其能,最大限度地将人才优势转化为发展优势,推动各项事业蓬勃发展。二是兼顾干部成长需求。把干部的素质优长、性格气质与单位特点、岗位要求结合起来,扬长避短、量才适用,确保用当其时、用当其位。在重点岗位空缺时,坚持好中选优、优中选强,对目前储备的适岗人选再次进行比较分析,优先选用政治上强、能够驾驭全局、敢于担当、领导经验丰富的干部,让组织放心、干部服气、让群众满意。三是优化配强班子结构。更加注重班子契合度分析,既落实好学历、性别、年龄、党派等"数字结构"要求,也充分考虑经历、经验、专业、性格等"能力结构"要求,努力实现最优选配效果。结合岗位空缺情况和班子运行情况,注重让善抓宏观和能抓落实的搭配,让复合型的和专业型的搭配,让机关经验丰富的和基层成长起来的搭配,优化组合、优势互补,切实增强各级班子的专业素养和整体功能。

(六)在打好综合激励"组合拳"上下功夫

最大限度调动广大干部积极性,要打好高质量发展综合考核激励的"组合拳",全方位、多维度、立体化进行奖励激励,综合运用通报表扬、嘉奖记功、提拔或安排到重要岗位、提高奖金额度等激励措施,提高全方位、全过程综合考核的激励效应。一是合理配置不同等次间地区或单位绩效奖金。激励各地区各单位争先进位、奋发进取;鼓励并推行一个地区和一个机关单位内部实行绩效奖金二次分配,倒逼各单位配套建立内部绩效考核办法,强化奖勤罚懒、奖优罚劣导向。二是探索设立重大贡献专项奖励金。《党政领导干部考核工作条例》明确规定:“依据考核结果,激励约束领导干部。”“领导干部作出重大贡献的,可以按照有关规定记功、授予称号,给予物质奖励”①。地方政府可根据年度考核结果,对当年度为经济社会发展作出重大贡献的领导干部进行专项奖励。三是探索设立地方机关单位单项考核奖。对超额完成地方年度目标任务、进位明显或在攻坚克难、创新创优、深化改革等方面表现突出的部门进行激励,最大程度凝聚干事创业合力。四是评选表彰先进集体和先进个人。对当年度获得国家部委高质量发展成果重要奖励的主要责任单位授予“先进集体”或记“集体三等功”,同时对相关责任领导记“个人三等功”;对获得省政府高质量发展成果奖励的相关责任领导授予“先进个人”荣誉称号,真正奖出活力、奖出动力、奖出生命力。五是加大典型宣传力度。系统总结推动和服务高质量发展的典型经验,结合实际强化推广,形成学先进、赶先进、争先进,比学赶超、竞相发展的浓厚氛围。加强系统谋划,抓牢阵地建设,在主流媒体、新媒体和信息刊物上持续推出典型报道,扩大知晓面和认同度,大力营造干事创业、争当一流的浓厚氛围。

二、用好考评结果反向鞭策

高质量发展考核评价既要重视正向激励,也要重视反向鞭策,要建立健全鼓励激励刚性机制。反向鞭策就是在考评的基础上,在充分肯定成绩的同时,把批评与教育、鼓励和表扬有机结合起来,分析指出领导班子和领导干部在推动和服务高质量发展中存在的短板与不足,明晰今后改进和完善的方向和对策措施。考核评价结果运用是一个系统工程,需要正向激励与反向鞭策双轮

---

① 《党章党规党纪辅导学习辅导》,人民出版社 2020 年版,第 124 页。

驱动。只有充分发挥考核评价的“评判器”“识别仪”作用,才能将综合考核结果与评先评优挂钩、与跟踪问责挂钩、与选拔任用挂钩,下大力气解决干与不干、干多干少、干好干坏一个样的问题,打通综合考核评价结果运用的“最后一公里”问题,真正以考核评价激励干部担当作为,推动高质量发展。

(一)“全面反馈+个别约谈”双管齐下,传导压力、激发动力

考核评价结果的反馈是一个双向沟通的过程,要提高反馈的参与度和实效性。一是扩大反馈范围。除将考核结果反馈给考核对象外,可根据需要反馈给参与考核工作的一般干部群众,既有利于提高干部群众参与考核工作的积极性,同时也倒逼领导班子和领导干部主动接受群众监督。二是丰富反馈内容。既要定量分析、也要定性评价,既要肯定成绩、也要指出问题,尤其是对领导班子和领导干部存在的问题和不足,要敢于亮底、揭短,对干部身上出现的苗头性问题做到早提醒、早预防,促进领导班子和领导干部明确努力方向、积极自我完善。三是改进反馈方式。采取全面反馈与重点反馈、集中反馈与个别反馈相结合,不断增加“面对面”反馈数量;推行在领导班子内部通报考核评价结果,指出不足、提出要求,促进班子成员间相互了解和监督;对存在问题的领导干部逐一进行个别反馈,重点进行提醒、督导,既可以充分听取干部本人的申诉和说明,有利于把问题谈深谈细谈透,同时要维护干部的自尊心,充分考虑到照顾反馈对象的自尊,营造良好的反馈环境;以进步为导向的,批评帮助只是手段,最终目的是促使其改进和取得进步,尽量使用肯定性、指导性和商榷性的词汇,收到化消极因素为积极因素的良好效果。四是注重有效的自我反馈,使领导班子和领导干部能够自觉对照自身工作、施政行为和标准,主动检查问题和不足,是对自身的一种反省和鞭策,对不符合事实的批评也能起到说明和澄清的作用。要把自我反馈与民主生活会结合起来,让领导班子和领导干部通过开展批评与自我批评,消除分歧和统一认识,就考核结果和改进计划形成一致性意见。五是完善考核情况通报反馈制度。负责考核的

部门对考核单位书面反馈高质量发展、党的建设、领导班子和领导干部民主测评等考核情况，反馈材料除提供单位自身情况外，还提供同类别最好的、最低的和平均的三项参考值，并有针对性地提出改进意见建议，推动各考核单位对照“成绩单”对标找差、提档进位。

（二）“典型带动+后进赶超”双轮驱动，营造氛围、凝聚合力

考核评价的目标和任务是运用考核结果来发现短板和问题，促进政府间的相互学习、良性竞争，激励党员干部、社会大众有针对性地采取措施取长补短，促进区域经济社会协调发展。通过考核评价，发现先进典型和培育先进典型，充分发挥先进典型的示范带动作用。考核评价要有促进地方高质量发展的常规制度安排。每年要召开高质量发展考核总结表彰大会，加大对先进典型的宣传力度，对被考核的地区和机关单位年度综合考核结果进行通报；对评定为第一等次的，由地方政府确定为“年度综合考核优秀地区（单位）”，颁发荣誉奖牌；延伸评选一批推进高质量发展“先进地区”和一批优秀基层党政干部，由地方党委和政府授予荣誉奖牌和荣誉证书，进一步表扬先进、鼓舞士气。强化氛围营造，持续加强对先进单位的鼓励宣传，在地方主流媒体上分批刊登宣传推进高质量发展先进地区、先进单位的经验做法，放大典型示范效应，引导广大干部新时代新担当新作为。对考核评价排名相对较后的地区和单位，要在对标找差的基础上，分析落后的原因，明确改进的方向，大力开展比学赶超活动。加大通过电视、网络等媒体对于综合考核结果的宣传力度，在更大范围内释放综合考核的激励效应，使考核结果不仅在党员干部中产生积极影响，还能更好地对整个社会产生正向激励。还要加强对考核结果的内部公开，建立并完善考评结果内部公开机制，制定考评结果内部公开的制度，尽可能地公布考评结果全部指标得分及排名，让地区和部门更加清晰地明确不足，相互学习，取长补短，共同进步，形成先进带头示范引领，后进比学赶超的浓厚氛围。

（三）“正向激励+责任约束”双向发力，激励先进、鞭策落后

用好用活考核评价结果，加强正向激励与反向鞭策是各地考核评价实践的新探索，各地积累了诸多好经验好做法，值得大力推广。唱响正向激励主旋律。譬如，有的地方进行嘉奖记功，对当年度评为“优秀”等次的领导干部给予嘉奖；连续三年评为“优秀”等次的记三等功，并组织参加健康休养活动。还有的地方政府给予奖励，对评定为“第一、第二、第三”等次的地区和单位，分别给予奖励，并适当拉开奖金级差，做到突出基层一线激励、突出担当作为激励、突出争先创优激励，并向第一等次和优秀倾斜。还有的地方将其与领导班子成员以及机关公务员评优比例挂钩，使奖励激励更加务实有效。对考核评价排名进步大的、对关键领域发展走在前列的、对承担地方党委和政府交办重大任务取得突破的，以单项奖等方式进行表彰，并在教育培训、培养使用、提拔晋升等方面优先考虑，树立“有为才有位、无为就让位”的导向，真正让考核成为检验干部的“试金石”。弹好反向鞭策协奏曲。在坚持落实末位整改、提醒谈话、组织调整等约束手段的基础上，将考核数据、等次结果“点对点”反馈至党政主要领导，传递至班子全体成员，帮助各地各单位靶向整改、纠偏改进、总结提升。对考核结果排名处于所在类别末位的单位和被评定为“较差”等次的领导班子，督促其向所在地方党委、政府书面报告原因、提出整改措施，真正考出短板、考出压力、考出责任、考出努力的方向。实践证明，正向激励与反向鞭策综合运用的力度越大，干部担当作为的劲头就越足，考核的威力就越强，“指挥棒”作用就越明显，演奏的高质量发展走在前列的交响乐章就越生动感人。

（四）“提拔重用+组织调整”双轨并重，能上能下、治庸治懒

加大选人用人与考核结果挂钩力度，以“真用”倒逼“真考”。对年度考核评定为“优秀”等次的领导班子，应当按干部管理权限优先提拔重用，中层干

部提拔职务的可重点倾斜；结合领导班子届中调整，对连续两年以上评定为“优秀”等次的领导干部，可优先提拔重用，让想干事、能干事、干成事的干部有机会有舞台，营造“有为者有位、吃苦者吃香”的良好氛围。目前，我国许多地方将高质量发展考核结果作为干部选拔任用的重要依据，对明确被评定为优秀基层党政干部的，或干部年度考核连续三年评定为“优秀”等次的，优先提拔使用；在同等条件下，对近期考核中被评定为“优秀”等次的领导干部，优先作为考察人选。有的地方在这方面进行了积极的探索，以当年年度综合考核结果和领导干部考核结果为基本依据，结合平时掌握的情况以及无任用民主推荐情况，形成《可提拔或进一步使用干部名单》《优秀中青年干部名单》《需提醒谈话或组织调整名单》等三类干部名单，被列入组织上选拔任用的优先备选，形成激励担当作为的鲜明导向。同时，加大组织调整力度，对确定为“一般”或“较差”等次的领导班子，由地方的组织部对主要负责人和相关责任人进行提醒谈话、责令整改，必要时进行组织调整；强化“有为才有位”导向，根据考核结果，对“不胜任现职”干部实施组织调整，推动“能上能下”机制落地落实。对年度考核评定为“一般”等次的领导班子，明确其一年内不得提拔重用，中层干部一年内不得提拔晋级职务，视情况对班子进行组织调整；对考核不好或反映一般的领导干部，明确一年内不得提拔重用，从反向强化“干好干坏不一样”导向。强化刚性约束，实行“末位淘汰”。同类别综合考核排名末位的，直接评定为“第三”等次；连续两年排名处于末位的，直接调整单位主要负责人和相关负责人。立足本地重点工作任务划设“硬杠杠”，聚焦不适宜、不胜任、不作为情形，采用转岗、转非、停职待岗、回炉培训等方式推进干部“下”，不断增加干部的紧迫感、危机感。对在处理重大事项、突发事件中“懒政”“庸政”型的干部进行岗位调整；对不作为慢作为的干部坚决予以调整，对作风漂浮、热衷搞花拳绣腿的，消极懈怠、萎靡不振的，不愿负责、不敢碰硬的，该免职的免职、该调整的调整、该降职的降职，使能上能下成为常态。

三、用好考评结果数据赋能

区块链、云计算、大数据、人工智能等现代信息技术已经应用于高质量发展考核评价，提高了考核评价的智能化水平。这对于精准研判、科学评价、知事识人，推进智慧化考核具有重要的现实意义。

（一）让数据“说话”，精准研判、知事识人考实绩

按照精准化、全方位的要求，推动考核评价向干部综合研判工作延伸。一是采用现代信息技术。顺应时代发展要求，提高干部工作的信息化程度，善于运用系统思维和信息化手段，积极采用区块链、云计算、大数据、人工智能等现代信息技术，近距离、全方位记录每个班子、每名干部完成重点中心工作、急难险重任务情况和创新创优特色业绩成果，及时记录平时考核、年度考核、专项考核结果和奖惩情况，见事见人、提人知事，形成建立全方位、立体式、动态化、鲜活实用的干部实绩档案。充分利用考核评价结果，把考核评价和干部选拔任用结合起来，既看“任时”、更看“平时”；既看“一时”，更看“一贯”；既看显绩、又看潜绩；既看实力，又看潜力。将年度考核、平时考核、专项考核和日常了解结合起来，使各项考核结果相互衔接、互为印证，确保考核评价全面客观准确。二是开展定时定量分析。强化重点目标任务、重要经济社会发展指标完成情况的监测统计，加强日常调度预警，实现压力前置传导，将新发展理念和高质量发展要求贯穿年度工作始终。通过对完成重要工作任务、贯彻落实新发展理念举措等重要行为的抓取和同向比较，定量分析责任担当和统筹驾驭能力的强弱，让数据“说话”，以案例“析理”。坚持考人与考事相结合，综合运用多种考核方式，知事见人考实绩，初步实现绩由事考、人以绩论的良性循环，精准画出干部推动高质量发展政绩“立体像”。三是加强系统分析研判。注重抓住具体行为特征，透过现象看本质，注意用事实、数据说话，对各类考核数据进行“云计算”，生成直观、简明的干部“影像”，更加直观地评价干部实绩

成色，进而对干部的责任担当之勇、科学决策之智、统筹兼顾之谋、组织实施之能以及个性特点和发展潜力，作出客观公正的评价，让“领头雁型”干部受累不受气、“狮子型”干部流汗不流泪、“老黄牛型”干部埋头不埋没；让“打太极型”干部没有市场、“说唱型”干部没有舞台、“木偶型”干部没有前途，为表彰奖励和科学选人用人提供可靠依据。四是明确鲜明考评导向。通过考评结果反馈和宣传引导，让过去对新发展理念“理解不深入”的深化认识，让“行动跟不上”的加快步伐，让“落实缺乏创造性”的打开思路、创新突破。

（二）让“调训”发力，促进素质、能力提升补短板

能力是能干事、会干事、干成事的重要基础，能力培训是激励干部的重要手段。应当将考核评价结果与学习培训挂钩，织好“教育培养”立体网，多维度提升领导干部能力水平。把干部考核中发现的短板和弱项作为干部教育培养的着力点，按照“缺什么补什么”的原则，对领导干部进行调学调训、安排实践锻炼，补齐能力素质短板。坚持以需求为导向，对考核中发现的干部自身存在问题和能力短板，开展针对性强、实效性好、干部急需盼学的培训教育，帮助干部夯实干事创业、建功立业的能力基础。一是创建高质量发展的“孵化器”。由地方党委组织部门统筹规划，根据综合考核结果和平时掌握情况，在高质量发展先进地区建设创新发展、协调发展、绿色发展、开放发展、共享发展示范点，组织选派经济欠发达地区干部到示范点挂职锻炼、跟班学习，帮助他们开眼界、长见识、转观念、增才干、明思路、争先进，促进区域协调发展。二是建设干部能力提升的“助推器”。围绕新时代、新目标、新部署和干部专业化需要，纵深推进干部教育供给侧改革，坚持按需培训、精准调训，按照“缺啥补啥”的原则，对广大干部分期分批进行大规模的知识更新培训和能力拓展培训。以各级党校为主阵地，加强与知名高校和科研院所的合作，采取“线上+线下”方式，分层次、分类别、分专题设计相应培训班次和课程，为广大干部提供差别化、个性化、精准化的“菜单式”培训服务，进一步增强干部培训的

针对性和实效性。在参训对象上注重向实绩突出、考核优秀的干部倾斜，推动优者更优、强者更强。三是建好后进变先进的“转换器”。对平时考核一般和较差等次、年度考核基本称职和不称职等次的，组织开展集中教育，进行“回炉锻造”，加强政治教育、法纪教育，增强其宗旨意识、责任意识。采取正面典型引导和反面典型警醒相结合的方式，触动灵魂、净化思想、提高素质、增强干事创业激情和动力。探索实施后进干部跟踪管理办法，开展结对帮扶活动，以好带差，促进后进向先进转变。

（三）让“关爱”暖心，纾困解忧、人文关怀添动力

在实际工作中，干部辛勤付出得到组织肯定，坚持原则得到公道评价，遭受挫折得到及时帮助，所起的激励作用往往比单纯提高经济待遇更有效。因此，要在每年对干部考核评价的基础上，用好“人文关怀”暖心牌，建立关心关爱激励机制，增强领导干部的集体归属感和职业荣誉感。一是建立干部意愿诉求数据库。利用考察考核、谈心谈话等时机，开展干部个性化诉求意愿调研，建立动态数据库，实现考核结果运用与干部需求的对称统一。二是完善干部日常谈心谈话制度。组织部门、单位主要领导定期或不定期开展与干部的谈心谈话，及时了解干部思想、工作、生活等情况，对存在的困惑予以疏导，帮助解决实际困难，创造条件解决干部后顾之忧，努力增进干部身心健康。探索实行干部约谈制度，畅通倾诉渠道，拉近干部与组织的距离，营造“家”的氛围。三是加强对重点对象的关心关爱。注重对干部的日常关心关爱。点滴的关爱，能够让干事者感受温暖、增添动力。对长期工作在基层一线和艰苦地区的干部，以及长期承担急难危重任务的干部，组织上要加强跟踪管理，给予更多理解和支持，在政策、待遇等方面予以倾斜；对遭遇重大挫折或家庭重大变故、身患重病的干部，要及时给予组织的关心和温暖，帮助干部重塑信心、挺过难关。坚持并完善谈心谈话制度，与干部开展经常性的谈心谈话，做到岗位变动必谈、组织处理必谈、发生家庭变故必谈、发现苗头性问题必谈。实践中开展的健康

体检、心理咨询、带薪休假等措施。同时,应借职务与职级制度全面推开之机,妥善破解干部晋升的“天花板”。通过强化导向激励、制度激励、榜样激励,让每一位辛勤付出的干部都得到应有回报,使崇尚实干、对标争先蔚然成风。

(四)让“容错”纠错,容纠并举、立行立改见实效

面对高质量发展和全面深化改革的艰巨任务,需要党员领导干部继续甩开膀子、铆足干劲、先行先试,敢闯敢试敢担当,而不是墨守成规、敷衍塞责,畏首畏尾。为此,在具体的高质量发展考核实际工作中,要增加“容错纠错”的考核内容,把考核指标进一步量化,让“容错”和“纠错”并行不悖,在“容错”的基础上立行立改,在“纠错”的原则下,规范领导干部行为,实现纠错有力度,容错有效力。一是疏通不实信访问题澄清通道。最近几年,有的地方出现了一个不正常现象,就是“苦干几年抵不上一封不实举报”,让一些干部流汗又流泪。有必要建立干部选拔任用信访举报快查快办“绿色通道”,完善预报保护措施,不实问题及时澄清,避免没有问题的干部被“耽误”,对将诬告陷害行为纳入社会诚信体系建设,给社会一个明白,还干事者一份清白。二是完善干事失误适度包容机制。总的是按照习近平总书记提出的“三个区分开来”要求来把握,具体工作中要妥善把握事业为上、实事求是、依纪依法、容纠并举等四个原则,结合动机态度、客观条件、程序方法、性质程度、后果影响以及挽回损失等“六个要件”。① 制定容错纠错正面和负面清单,完善具体标准和操作细则,明辨“为公”还是“为私”,分清“无心”还是“有意”,判定“无禁”还是“严禁”,严格划分“失误、错误”与“违纪、违法”的界线。按照谁容错纠错谁负责的原则,落实容错纠错工作主体责任,下放干部容错纠错管理权限,允许基层党委对重点领域中改革创新、担当作为、不谋私利的干部大胆容错、及时容错,推动容错纠错机制真正落地见效。

---

① 参见《党章党规党纪学习辅导:2019 年版》,人民出版社 2019 年版,第 65 页。

（五）让"考评"协调，防范考核结果运用"失衡"

随着领导干部考核评价手段的不断丰富完善，考核结果也日趋客观精准，但考核结果运用存在失衡现象，不同程度影响了考核评价的效能。一是找准考核结果运用失衡的问题。在考核结果运用上，主要存在着"三重三轻"的倾向。从覆盖对象看"重两头轻中间"，即"两头小、中间大"，重点关注的区域聚焦在优秀和较差"两头"上，而对处于中间区域的大多数，考核结果分析研判、合理运用少之又少，不能激发整体干部队伍的积极性。从激励选择看"重褒奖轻惩戒"。重视对考核优秀、先进的班子和干部进行表彰奖励，较少对考核较差的班子、干部进行惩处的措施，负向激励惩处作用缺位。从运用取向看"重供给轻需求"。领导班子以及领导干部考核结果主要作为班子调整、干部使用、绩效奖励的依据，在一定程度上能发挥考核激励导向作用，但有时因不掌握干部个性化需求，容易出现"组织好心安排却非干部心之所好"的情形，从而影响了干部考核结果运用的质量和效率。二是完善分析研判手段。对考核处于中间档次的干部，围绕职责分工、经历学历、优势专长、性格特点、工作热情等内容，综合科学分析、精准研判，根据其一贯表现，纵向看干部与岗位的融合度、匹配度，推动干部交流、调整科学化、精准化。三是健全惩处倒逼机制。对考核结果为一般或较差的，除在年度目标绩效考核中兑现外，还要对其批评教育、诫勉谈话，督促整改；对连续两年考核较差的，视情况将其转任非领导职务、免职或降职，推动形成"能者上、平者让、庸者下"的良性机制。利用巡视巡察、谈心谈话、考察考核等时机，开展干部个性化诉求意愿调研，采集干部任职意向信息，建立动态数据库，实现考核结果运用与干部需求的对称统一。

第三节　形成与高质量发展相衔接的发展路径

经济发展质量具有非常丰富的因素，多维性是其基本特征。高质量发展需要一套能够反映发展质量的核算指标，对现阶段的发展质量评价因素进行量化归纳和指标体系构建，为高质量“发展什么”和“怎样发展”提供理论和实践上指导。基于前面几章关于高质量发展考核评价的研究成果，需要更加注重把握如下几个方面的问题，完善和优化经济高质量发展路径。

一、着力推进经济发展高质量

首先，更加注重全要素生产率的提升。全要素生产率本质上是一种资源配置效率，提高全要素生产率是高质量发展的动力源泉。经济史表明，全要素生产率的高低可以在很大程度上解释一国经济发展成败。全要素生产率是目前国际上普遍认可的衡量高质量发展的重要指标。我国的全要素生产率水平与美国、日本等世界发达国家相比差距很大。从我国改革开放前后发展绩效对比情况看，提高全要素生产率发挥了关键作用。中国社会科学院原副院长蔡昉认为，长期以来，我们一直把提高劳动生产率即单位劳动投入创造的产值作为衡量经济发展水平、质量及可持续性的重要指标。这个指标具有高度综合性，可以作为衡量经济发展质量的重要标准。同时还应看到，全要素生产率能够更好兼顾高质量发展的目的与手段，提供了可持续提高劳动生产率的途径。一是提高资本—劳动比。通过使用更有科技含量、更有效率的机器设备可以提高资本—劳动比，进而提高每个工人创造的产值。然而，提高资本—劳动比是有条件和限度的，如果提高速度过快，超过了劳动者技能提升的限度，就会出现投资回报率下降，结果反而会降低资源配置效率。二是提高人力资本水平。经济学家通常用劳动者的平均受教育年限来度量人力资本，提高劳动者的平均受教育年限可以显著促进经济增长。但劳动者平均受教育年限的显著提高需要经历较长时期。例如，以普及九年制义务教育和高校扩招为代表的教育大发展，使我国成为世界上教育发展速度最快的国家之一。人力资本提高对经济增长的促进作用虽然显著，却不是短时间内能够实现的。三是提高全要素生产率。经济学家在分解决定经济增长的因素时发现，资本、劳动、人力资本等生产要素投入的增长并不能完全解释产出的增长，因而把生产要素贡献之外的那部分增长源泉归结为全要素生产率的提高。例如，我们对1978—2010年的平均GDP增长率进行分析，发现资本积累、劳动力数量和人均受教育年限这三个生产要素变量只能解释增长率的76.1%，余下的23.9%则是全要素生产率的贡献。由于全要素生产率的提高是在要素投入既定的条件下、通过更有效地配置和使用这些要素实现的，因此它是提高劳动生产率和实现高质量发展的动力源泉。

其次，更加注重产业结构转型与产品质量升级。产业结构的转型升级，是促进我国产业结构合理化和高级化、提升经济发展质量和效益的现实需要和战略选择。随着我国进入高质量发展阶段，产业结构转型升级成为推动经济高质量发展的重要引擎。长期以来，我国产业结构和产品质量处于中低端水平，特别是制造业处于价值链中低端，造成了高产值、高成本、高消耗、低附加值等问题。产品质量低下和假冒伪劣产品等问题严重影响了经济发展的质量和效益。未来要瞄准重点产业领域的中高端方向求突破：一是前瞻性地培育战略性新兴产业。战略性新兴产业既要体现新兴又要体现战略性，它代表着技术创新的新趋势，也代表着产业发展的新方向，是技术创新和产业创新的深度融合。要立足我国现有的技术基础和产业基础，以信息技术、生物技术、新能源、新材料等为支撑的战略性新兴产业作为主导产业，并坚持技术创新与实现产业化相结合。二是有效推进传统制造业的改造。改造的方向是促进传统制造业运用新技术，与新兴产业融合和转型发展。这样，传统制造业转型发展的总体成本较小，市场风险较低。要积极引导传统产业进行技术改造，多渠道采用现代新技术，如推动制造业“互联网+”“智能化+”及绿色化等，改变高消耗、高污染、高产值、低收益的窘境。三是加快融入全球价值链中高端。目前我国制造的许多产品处于国际价值链低端，产品缺乏核心技术和关键技术。必须依靠创新驱动来攀升全球价值链中高端，使高科技产品进入全球价值链中高端，向微笑曲线的两端攀升。要在已有的全球价值链上攀登价值链中高端，推动低端制造转向高端制造；同时要建立以我国为主导的价值链，使原创性的有自主知识产权的核心技术和关键技术得到广泛应用，创造属于中国的著名品牌。①

第三，更加注重供给侧结构性改革提质增效。高质量发展要通过要素质量及其配置效率的提升来提高供给体系的质量。一要依靠供给侧改革加快产业和产品结构优化调整。在新发展阶段，需要供给结构与需求结构相适应，提高供给的有效性，促进供给结构升级。在结构调整受到体制问题制约的条件下，只有通过深化改革的办法和路径，才能推动产业结构调整升级，实现社会资源在生产各部门、各行业之间的重新配置，并带动产品结构的调整优化，不断提高经济增长的质量和效益。二要大力推进市场化改革，建立完善的市场机制和低效企业破产退出机制。政府要正确处理好与市场的关系，完善生产要素、技术进步、简政放权等制度体系，减少对企业发展的直接干预，充分发挥市场的决定性作用，用政府权力的减法换取市场的加法，激发市场活力。要对国民经济的经济微观基础进行重构，进行产业的优化重组，加强对落后、低端、无效产能的"关转停"的执行力。要破除要素流动壁垒。优化供给存量、引导供给增量，主动减少无效、低端供给数量，矫正扭曲的要素配置，提高要素的使用率，促进各种要素向生产率与回报率更高、最优产出的领域流动，优化资源配置。三要依靠供给侧改革推进技术创新和产业创新。有效供给不足的一个重要原因是供给侧由于技术水平的限制不能适应消费需求的新变化。要满足转型升级的消费需求，需要通过改革的办法和路径，推进技术创新和产业创新。要提高企业自主创新能力，完善企业的创新机制，加大企业研发投入，形成产学研相结合的自主创新体系。要推进传统产业部门的现代化转型，通过企业技术创新和人力资本要素作用的发挥，促进传统产业部门的转型升级，加快经济增长驱动力从要素驱动向创新驱动转变。

第四，更加注重高质量发展考核评价体系的牵引。推动高质量发展，需要

---

① 参见郭克莎：《迈向高质量发展之路》，科学出版社 2020 年版，第 43 页。

研究高速增长和高质量发展的关系、高质量发展的内在要求，探索建立支持高质量发展的考核评价体系，充分发挥高质量发展考核评价的指导和牵引作用。一是完善高质量发展的指标体系。过去高速增长的指标体系主要体现在速度指标、总量指标、财务指标等方面，反映经济建设的指标偏多，而反映社会和谐发展的指标较少，高质量发展则要求我们增加能够反映产业、行业、地区结构协调性的指标。譬如，新增工业增加值率、企业杠杆率、有效投资率、产能利用率等质量效益指标，以及衡量民生、就业、收入、消费、生态、风险防控等方面的评价内容。二是完善高质量发展的统计体系。进入高质量发展阶段，要加强统计制度的改革与创新，加快建立新技术、新产业、新业态、新模式等“四新”经济的统计制度，利用大数据、互联网、云计算等新兴技术提高统计效率。高质量发展的统计体系不仅应包括经济指标，也应包括生态环境、医疗保健、教育与养老等内容，还要实现资源的共建共享。三是完善高质量发展的绩效评价体系。绩效评价考核应当从评估体制、评估主体、评估方法以及结果反馈四个方面对高质量发展的绩效评价体系进行创新。探索运用统一的原则和要求，按照不同绩效评估对象设定不同的绩效标准或标杆基准，建立起分类、分级、分阶段的绩效指标体系。绩效评价要从经济增长速度考量，高质量发展下的经济增速需要靠效率来驱动，表现为较高的资本产出效率、全要素生产率等；要从经济结构质量考量，高质量发展阶段的知识技术密集型产业比重要有显著提升，产业与产品在国际分工中应上升到价值链较高的位置；要从创新成果质量考量，它是绩效评价的核心与关键，应重点关注代表高质量专利的三方专利所占比重、国际论文引用数等；要从发展可持续性考量，高质量的经济应当是健康和可持续的，应注重单位 GDP 能耗、$PM_{2.5}$及城市空气优良天数比率等绩效。①

二、着力推进创新发展高质量

高质量发展的重要特征是创新性。在高质量发展中，配置科技创新的土

① 参见郭克莎：《迈向高质量发展之路》，科学出版社 2020 年版，第 45 页。

壤,提高科技创新整体的实力,增加源头的供给,加速推进产学研一体化,推进新型研发机构和科技创新平台,不断完善对基础研究和原创性研究的长期稳定支持机制。实现高质量创新发展需要在政策指向、产业指向、改革指向等三个方面有效发力。

一是在政策优化上,以引领创新提高创新驱动发展的效率。一方面,要突出引领性创新,用好创新驱动发展这个根本动力。创新分为引领性创新和非引领性创新。现实中的创新多数是非引领性创新,由此导致经济发展质量很难达到高质量发展的程度。引领性创新是指对经济发展具有引领作用的创新,或是引导业界创新的方向和路径,或是拉动创新的持续活跃,进而提升经济增长速度和发展质量。引领性创新有 5 种情况:一是能够诱发深层次需求的产品创新或商业模式创新。譬如,智能手机诱发了个人和商家利用手机拓展商业经营范围;电子商务激活了人们原本“可买可不买”的消费欲望。这类创新有助于从供给侧和需求侧同时拉动经济发展。二是装备性、工具性、方法性创新。诸如高铁、大数据、人工智能等领域的创新。这类创新因有助于提升工作的质量和效率而得到较为广泛的应用,进而从供给侧和需求侧同时拉动经济发展。三是造就新业态、新产业的技术创新。如集成电路设计和制造技术创新引发了微电子产业的形成,互联网技术创新引发了互联网、电子商务、云计算、大数据等产业的形成。四是提升既有产业的技术创新。如将绿色技术创新应用到制造业,有助于生产过程中节能降耗。五是有助于提升国家技术经济基础的创新。如微电子、化学基础材料、化学制药、新型材料等领域的技术创新,它们有助于缓解甚至化解发达国家对我国在新技术供给上“卡脖子”的问题,进而引领整个经济可持续发展。① 创新驱动发展最为根本的动力是引领性创新,而非所有的创新。因为只有引领性创新才具备引导众多企业、行业、领域创新的方向和路径;通过“引领”,增加经济中“创新”的有效供给,

① 参见郭克莎:《迈向高质量发展之路》,科学出版社 2020 年版,第 432 页。

促进创新的持续活跃；通过“引领”，拉动经济整体增长速度的回升和发展质量的提高。

另一方面，要充分发挥引领性创新的独特作用。现阶段政府政策是笼统地鼓励创新，其中鼓励了较多的非引领性创新，这既浪费了政府稀缺的政策资源，也不利于创新更好地驱动经济发展，甚至会因为非引领性创新的副作用，而抑制引领性创新对于经济发展更为积极的作用。因此，政府有关创新的税收鼓励政策、财政扶持政策、金融支持政策、人才引进及使用优惠政策等都应向引领性创新倾斜。而对非引领性创新则应由市场机制去“优胜劣汰”。一应优先鼓励、扶持微电子、生物技术、化学基础材料、化学制药、新型材料、人工智能、重大装备等领域的引领性创新，以夯实整个经济发展的基础，突破某些发达国家对我们的遏制。二应突出鼓励、扶持提升既有产业和造就新业态、新产业的技术创新。诸如互联网、电子商务、绿色技术、传统产业提升等方面的创新。三应积极鼓励、扶持装备性工具性方法性创新。诸如新兴交通工具、云计算、大数据等领域的创新。四应积极鼓励、扶持有可能进一步诱发人们深层次需求的产品创新或商业模式创新。诸如新零售、科技金融等领域的创新。要鼓励、扶持企业更快地研发引领性创新产品的同时，除政府首购、采购外，还应有进一步的市场培育政策。

二是在产业优化上，以产业的创新加快结构转型升级。面对百年未有之大变局和科技革命和产业变革不断深化，全球产业竞争的焦点转向未来的科技创新与新兴产业，发展基于科学的产业是全球科技和产业竞争焦点。[①] ①我国完成高质量发展、实现现代化的任务，要求科技创新必须为经济社会发展提供解决方案。下好创新先手棋，抢占科技创新先机，前瞻布局、加快发展基于科学的新兴产业，培育先发优势的引领性发展，是极为重要的选项。②当代科技发展的重要特征之一是科学、技术、产业发展融合加深，基础科学理论突

① 参见胥和平、雷家骕：《前瞻布局基于科学的产业创新，培育先发优势的引领性发展》，《科技日报》2021年4月9日。

破快速对经济社会产生影响,甚至直接引领新兴产业发展。加强对基础研究和前沿技术创新,率先培育基于科学理论突破形成的新兴产业、未来产业,已成为当代国际竞争的焦点,也成为支撑中国高质量发展、实现现代化的基础性问题。③突破产业短板、培育未来产业重要突破口。新科技革命和产业变革不断深入推进,国际环境发生巨大变化,我国产业发展的技术来源、技术路线都面临大的变化,传统产业转型升级遭遇技术障碍,未来产业进入技术"无人区",核心关键技术买不来、无处可买,科学理论和前沿技术短缺成为突出矛盾,在诸如高端微电子、生物医药、新型功能材料、智能装备等领域,我国与发达国家仍有较大差距,面临严峻"卡脖子"难题。④把握基于科学的创新和产业发展规律趋势。科学理论进展催生新产业形成。科学理论与创新的结合丰富了创新系统。创新是技术成果的商业应用,包括技术创新、产品创新、商业创新、流程创新。当代科技创新,科学理论直接介入创新过程,并具有先导性、决定性意义。这将直接推动科学与技术融合、科技机构与企业融合、科学家与企业家融合、自由探索与任务导向创新融合,因而是更为深刻的大范围的融合创新。⑤培育适应基于科学的未来产业发展的创新生态。尊重基于科学的创新规律,构建充满活力的创新链。把握未来产业发展规律,构建完善的产业体系。加大科学研究投入,形成多元化投入机制,特别是相关领域基础理论研究、应用科学研究、关键公共技术攻关、重大装备研制的投入。抓住新基建机遇,加快科技基础设施建设。特别是在重点领域加快建设大科学装置、实施大科学工程,特别是要支持有条件的地方,积极建设既落实国家战略布局、又支撑地方培育新增长点的科学设施和产业技术创新平台。

三是改革优化上,构建创新驱动高质量发展的生态系统。①创新生态系统比创新体系更具活力。激发创新驱动内生动力是实现高质量发展的关键所在,而下好创新这步先手棋则要大力培育、营造好的创新生态,形成创新驱动发展强大合力。营造良好创新生态至关重要,要把科技创新目标瞄准战略性、前瞻性基础领域,将科技研发强度等内容纳入高质量发展指标体系,加速形成新的创新矩阵，让创新红利密集释放、创新源泉充分涌流。要通过政策激励、文化激励、媒体传播、政府褒奖等，形成有利于创新发展及实现的机制，特别是应通过国家战略引领市场竞争筛选，形成促进引领性的创新、基于科学的产业的创新更为活跃的机制。②良好的创新生态需要激发企业主体的"内生"活力。创新是企业提高生产率的重要源泉，是抢占商机形成核心竞争力的不二法宝。企业要在激烈的市场竞争中掌握战略主动、赢得比较优势，一方面要充分发挥企业家的创新意识和创新自信；另一方面，要强化企业作为技术创新主体的地位、发挥企业作为技术创新主力的作用。③良好的创新生态需要培育科技成果转移转化"沃土"。尽管我国人均专利数量有所上升，但科技成果与市场需求脱节现象仍然突出。这与产学研三阶段之间信息不对称、连接不畅，科技成果转化对提高科研人员收益作用不大，专业化服务体系不健全等息息相关。因此，应聚焦产业导向和地方发展实际，激发科研人员创新创造的动力与活力，打通科技成果转化"最后一公里"，培育壮大发展新动能。④知识产权保护也是营造良好创新生态的关键一环。实践证明，强化知识产权保护可以为创新发展提供更好的制度环境，可以更好地凝聚创新力量，助力我国创新型国家建设。① 要以营造好的创新生态为抓手，破除阻碍科技创新能力提高的体制性障碍、结构性矛盾和政策性问题，有效降低企业创新成本和风险，促进创新要素加速聚集，全面激发创新潜能，让创新成为动能转换的"核心引擎"，从而实现创新驱动经济高质量发展的新格局。

三、着力推进协调发展高质量

协调既是发展手段又是发展目标，同时还是评价发展的标准和尺度。要建设彰显优势、协调联动的城乡区域发展体系，实现区域良性互动、城乡融合发展、陆海统筹整体优化，培育和发挥区域比较优势，加强区域优势互补，塑造

① 参见李佳鹏：《激发创新活力关键在于营造良好创新生态》，《经济参考报》2018 年 12 月 10 日。

区域协调发展新格局。要围绕“实现区域良性互动，推动城乡融合发展，坚持陆海统筹整体优化，培育和发挥区域比较优势，加大力度支持革命老区、民族地区、边疆地区、贫困地区加快发展”①等五个方面深入推进。

一是实现区域良性互动促进协调发展。以京津冀协同发展、长江经济带发展、共建“一带一路”、粤港澳大湾区建设、长三角一体化发展等新的区域发展战略为引领，以西部、东北、中部、东部等四大板块为基础，促进区域间相互融通补充。以城市群为主体构建大中小城市和小城镇协调发展的城镇化格局，建立以中心城市引领城市群发展、城市群带动区域发展的新模式，拓展区域发展新空间，打造区域板块之间良性互动的新动力和增长极。

二是推动城乡融合发展提升协调水平。要同步推进新型城镇化战略和乡村振兴战略。城镇要发展，农业现代化和新农村建设也要发展，同步发展才能相得益彰。破解城乡二元结构重塑城乡关系，促进城乡要素自由流动、平等交换，加快形成工农互促、城乡互补、全面融合、共同繁荣的城乡发展新格局。推动农村一二三产业深度融合，加强农业品牌创建，打造农村宜居宜业生产生活生态空间，实现基本公共服务均等化，基础设施通达程度比较均衡。

三是坚持陆海统筹整体优化协调功能。加强海洋经济发展顶层设计，推动建设一批海洋经济示范区。以规划为引领，促进陆海在空间布局、产业发展、基础设施建设、资源开发、环境保护等方面全方位协同发展。促进海岸地区陆海一体化生态保护和整治修复。创新海域海岛资源市场化配置方式。优化海洋产业结构，推动海洋科技向创新引领型转变，推进“智慧海洋”建设，创新海域海岛资源市场化配置方式，坚决维护国家海洋权益，大力建设海洋强国。

四是培育和发挥区域比较优势提高协调质效。始终抓住疏解北京市非首都功能这个“牛鼻子”，推动京津冀协同发展和雄安新区规划建设取得新突

---

① 参见旷毓君：《积极推动城乡区域协调发展的思路和举措》，《经济研究导刊》2021年第5期。

破，打造以首都为核心的世界级城市群，辐射带动环渤海地区和北方腹地发展。以共抓大保护、不搞大开发为导向，推动长江经济带发展，实现上中下游协同发展、东中西部互动合作，将其建设成为我国生态文明建设的先行示范带、创新驱动带、协调发展带。以“一带一路”建设为重点，推动沿海、内陆、沿边地区协同开放，东中西和南北方共同发展。推动粤港澳大湾区成为引领技术变革的“领头羊”和经济发展的重要增长极，打造世界级城市群，带动泛珠三角区域发展。围绕发展示范区、改革开放新高地的战略定位，以长三角的畅通循环促进国内大循环，推动国内国际双循环。

五是大力支持革命老区、民族地区、边疆地区、贫困地区协调发展。支持革命老区开发建设，完善革命老区振兴发展支持政策。增强民族地区自我发展能力和可持续发展能力，有序开发民族地区特色优势资源，提高民族地区产业结构层次。推动边疆地区开发开放，建立沿边重点开发试验区，实施兴边富民行动，进一步巩固边境地区经济发展、民族团结、社会和谐、边疆稳定的良好局面。支持贫困地区加快发展，促进资源枯竭地区转型发展，加快培育接续替代产业，延长产业链条，促进生态严重退化地区保护发展。

六是理顺区域、城乡协调关系推动高质量发展。无论是区域协调发展还是城乡协调发展，无论是物质文明和精神文明协调发展还是经济建设和国防建设融合发展，既要考虑巩固和厚植原有优势，也要着力破解难题、补齐短板，加大对落后地区、贫困人口、弱势群体的帮扶力度，在协调发展中拓宽发展空间，在加强薄弱领域中增强发展后劲。促进城乡区域协调发展，破解城乡二元结构难题；促进经济社会协调发展，改变“一条腿长、一条腿短”失衡问题；促进新型工业化、信息化、城镇化、农业农村现代化同步发展，在增强国家硬实力的同时注重提升国家软实力，不断增强发展整体性。把这几个发展中的重大关系摆正理顺，就能使单项发展的动能聚合成整体发展的势能，形成更有利于解决发展问题的总体之势，开创相互促进、协同推进的良好发展局面。

四、着力推进绿色发展高质量

绿色发展理念为不同产业提供了相对应的高质量发展方案。绿色发展理念强调的是一种高质量经济发展模式。在世界经济“低碳化”发展趋势背景下，不同产业需要运用相对应的绿色经济发展理念，以此保障国家经济能够在新的世界经济发展形势中具备竞争优势。面对全球新一轮绿色发展浪潮，我国既有发展绿色经济的强烈现实需求，又有发展绿色经济的坚实基础，必须结合自身产业发展实际，制定实施更多更好的绿色发展举措。

（一）加快构建绿色产业体系促进绿色低碳循环发展

坚持在发展中保护、在保护中发展，实现经济社会发展与人口、资源、环境相协调。其中重要的一环就是要加快构建绿色产业体系，不断提高资源利用水平。按照产业生态化和生态产业化的思路，大力推进生态和产业的深度融合，突出生态的“含绿量”，按照主体功能区规划，调整不符合生态环境功能定位的产业布局、规模和结构，构建绿色产业链体系，打通绿水青山就是金山银山的转化通道，加快推动转型升级、绿色崛起。

一是加快推进产业生态化。按照“绿色低碳循环”发展要求，加快产业结构调整，促进产业绿色化发展。加快培育新动能，大力发展航空、电子信息、新能源汽车、新材料等绿色制造业，大力发展大数据、物联网、电子商务等新兴产业，大力发展现代金融、工业设计、文化创意等现代服务业，促进产业实现高质量发展。加大技术改造力度，推动有色、化工、建材等传统产业智能化、绿色化、清洁化，坚决淘汰落后产能，为新动能发展腾出资源和环境空间。加快节能环保相关技术装备的研发、推广和产业化，积极发展环保服务业，提升节育环保产业发展水平。

二是健全绿色产业发展政策激励机制。通过一系列规章制度和政策，对企业进行规范和鼓励，通过绿色采购、税收优惠、低息贷款、生产要素倾斜性配置等政策手段，支持绿色食品、绿色软包装、数字产业、新材料、现代服务等产业做大做强，促进一二三产业融合发展。建立企业环境信用记录和违法排污黑名单制度，加重对违法排污企业的处罚力度。按照产化规律推动生态建设、提供生态产品，推动丰富的生态资源向生态优势转变，富足的生态财富向物质财富转变。立足农业资源优势深入开展绿色生态农业建设行动，加快建设现代农业步伐。

三是拓展绿色供应链条。绿色供应链是一种在整个供应链中综合考虑环境影响和资源效率的现代管理模式，它以绿色制造理论和供应链管理技术为基础，涉及供应商、生产厂、销售商和用户，其目的是使产品从物料获取、加工、包装、仓储、运输、使用到报废处理的整个过程，对环境的负面影响降至最低、在资源利用效率方面达到最高。要鼓励和支持骨干、龙头企业进行绿色供应链管理，进而带动整个产业绿色化。

四是大力倡导引导绿色消费。环境保护贯穿于生产、流通、分配和消费等各个环节，涉及工业、农业、交通运输、建筑等各个领域，要通过有效的宣传教育和舆论引导，增强全社会自觉保护环境的意识，让绿色消费成为人们的自觉行动，培育绿色市场，进一步倒逼企业在开发绿色产品和服务方面加大投入。

（二）探索创新具有地域特色的生态价值实现制度

推进生态产品价值实现是一项系统工程，应建立健全全方位的评估、交易、补偿等机制，促进生态资源变为资产资本，探索我国生态产品价值实现机制，①更好地实现“护绿”与“致富”的有机统一。

一是建立健全生态产品价值评估机制。积极探索建立生态系统生产总值评估体系。我国有条件的地方应当探索建立自然资源统计制度，制定数据采集体系，统一数据标准和技术操作规程，对森林、河流、湿地、草原、农田等公共

① 参见周国兰、周吉等：《江西经济高质量发展评价与实现路径研究》，经济管理出版社2019年版，第98页。

生态产品开展价值评估，创建公共生态系统价值体系。同时，要建立碳汇储备评估机制。有条件的地方应当成立森林碳计量技术开发应用工程研究机构，重点解决森林碳汇形成机制、森林碳计量与经营等理论与技术及相关设备研发问题，开展森林碳汇评估。

二是建立健全生态产品价值交易机制。建立健全环境权交易市场。研究制定符合我国的环境权配额管理和分配制度、交易制度、履约制度和清缴制度。在有条件的地方试点设立国家环境交易所，建立完善环境、林权交易市场监管体系，促进碳排放权、排污权、用能权等交易市场公正、有效、平稳运行。积极探索建立环境权交易机制。借鉴国际经验，完善“总量控制—交易”模式，科学设置交易总量，合理确定初始分配方案。

三是完善优化生态产品价值补偿机制。要建立重点生态公益林补偿标准动态调整机制。继续实施国家、省级重点公益林营造、抚育、保护和管理的生态效益补偿，提高质量较好的林地补偿水平。继续实施国家湿地生态效益补偿和退耕还湿项目。支持农民专业合作社、家庭农场、专业大户等经营主体投资湿地生态建设项目，明确补偿主体、受益主体、补偿程序、监管措施等。建立生态环境损害评价机制，综合运用财政、税收和法治等手段，对造成破坏的责任人实行更加严格的生态修复要求及相关惩罚措施，形成奖优罚劣的湿地生态效益补偿机制。

（三）以绿色发展理念引领工业经济高质量发展

“低碳化”是引领工业经济高质量发展的重要措施。工业是国民经济的主导产业，近几年来高新工业呈现出较好的发展态势。高新工业主要包括信息技术、生物技术和新材料技术等三大领域。在绿色发展理念引领下，这些不同工业产业类别都能够实现自身多维化发展。① 我国工业加快信息化发展，

① 参见崔巍：《绿色发展理念引领贸易经济高质量发展研究》，《价格月刊》2022 年第 4 期。

随着“低碳化”绿色经济时代的来临，应积极探寻“低碳化”工业生产方案，构建绿色经济发展体系。现在全球低碳经济新格局下的竞争不再是传统劳动力和资源要素的竞争，而是碳生产率的竞争。要实现“低碳化”发展，必须有效减少工业产品制造过程中的碳排放量。通过应用太阳能、风能、水能等能源，有效开展节能减排工作；也可以通过建立绿色产业聚集区，依托现有高新区和经济开发区营造良好的工业生产软环境，推广资源节约和环境友好两种不同的工业生产发展，实现绿色产业集群化。要加强对清洁能源工业生产的研究。所谓清洁能源是指绿色能源，即不排放污染物、能够直接应用于生产生活的能源，包括核能和可再生能源。如太阳能、风能、水能、氢能等。非再生能源是指低污染的化石能源，即利用清洁能源技术处理过的化石能源，如洁净煤、洁净油等。这些不同的清洁能源不排放污染物，在工业生产中可以探寻出良好的工业生产工艺，将这些不同的清洁能源应用到实际生产过程中，可以有效减少工业生产碳排放。按照实现碳达峰和碳中和的目标要求，必须加快能源生产和社会活动与碳脱钩步伐。这将是我国能源结构的颠覆性的、根本性的、结构性的巨大变化。

（四）以生态农业和生态品牌引领农业经济高质量发展

一方面，以生态农业引领农业经济结构化发展。农业主要包括种植业、林业、畜牧业、渔业和副业等五种产业形式。随着绿色发展理念的深入推进，农业不再是传统意义上的生产模式，而是一种多元结合的农业发展模式，尤其是生态农业已然成为农业经济结构化发展的关键。生态农业的核心是可持续发展和绿色发展，发展生态农业不仅是贯彻绿色发展理念的要求，更是保护生态环境的必然选择。推进生态农业发展，要大力推广各地在实践中探索的生态种植、生态观光、设施生态等生态农业发展模式，重点发展节水设施农业和特色种植。在生态种植上应推广水肥一体化及测土配方施肥等不同的技术，形成微灌、喷灌等高效的节水农业生产体系。在设施生态农业模式上，通过各种各样不同的农业生产设施来实现高效、集约化农业生产，有效节约人力物力资源。在生态观光农业模式上，将农业和旅游业等其他不同产业相互融合，大力倡导生态家概念，提高农业生产经济效益。要加强生态农业人才培养，不断提升生态农业人才素质。

另一方面，推进生态农业品牌化发展。绿色食品系统要以绿色食品原料基地建设为抓手，以品牌化带动标准化、以标准化提高农产品质量安全水平和农业效益；推行“以品牌为纽带、企业为主体、基地为依托、农户为基础”的产业化发展模式，基地建设与产品认证、龙头企业与基地农户要有效对接，强化企业和基地农户的利益联接机制，改善和稳定农企关系，提高农业产业化经营水平。要把标准化与品牌化结合起来，把质量安全与农民增收结合起来，发挥优质优价的市场机制作用，促进农业增效和农民增收。要促进农业龙头企业发展绿色农产品、有机农产品、无公害农产品等健康农产品，通过农业龙头企业实施生态品牌战略带动生态产业的发展。

五、着力推进开放发展高质量

我国改革开放 40 多年，把数量的缺口基本填满了，但是我国质量的缺口依然非常大，具体讲就是我国的产品和服务的质量不高，与国际的先进水平还有很大的差距。因此，现在对外开放要高标准、高质量。更高水平对外开放是培育竞争新优势、融入经济全球化的必然要求，也是推进我国经济高质量发展的必由之路。

第一，着力“四个转变”，构建新发展格局提高开放质量。发展格局绝不是封闭的国内循环，而是开放的国内国际双循环。坚定扩大开放不动摇不仅有利于我们继续利用国际市场、国际资源，扩大我国的发展空间，提高我国的发展质量，而且有利于全球经济的稳定。我国形成新发展格局，将为其他国家提供更广阔的市场机会，成为吸引国际商品和要素资源的巨大引力场。构建新发展格局要着力四个大的战略转变：一是由全球高增长中心向全球创新创业中心转变。我们要靠创新取胜，而不是低价倾销产品。发达国家靠创新，我们也要靠创新，要搞出中国特色，给世界作出更大的贡献。要建立大量创新中心，形成在全球有影响力的创新创业创意中心。国家要成为世界创新中心，区域建设很重要。二是由世界工厂向世界市场转变。未来中国经济的一个很重要的任务就是实现消费追赶。我国已经在工业贸易、能源消费上超过了美国，但是市场消费方面，我国跟美国的差距还很大。向世界市场转变，现在最需要的是在消费上超过美国。三是由二元经济结构向一体化协调发展转变。这是解决发展不平衡、不充分问题，释放国内需求的过程，也使我们的社会更加稳定，发展更加协调、均衡、一体化。四是社会主义市场经济体制由中低级向高级转变。坚持和完善中国特色社会主义制度、推进国家治理体系和治理能力现代化。制度现代化讲的就是制度的升级，包括社会主义市场经济体制由中低级向高级的转变。

第二，以科技创新驱动产业转型升级，增强外贸发展新优势。提高外贸发展质量和国际竞争优势，根本路径在于改变以要素驱动经济发展的“粗放式”的开放经济，推动我国产业向全球价值链中高端升级。一是各地应因地制宜，在传统优势行业中培育一批具有规模优势、自主创新能力和品牌知名度的龙头企业，以保持我国在关键领域和行业的竞争优势；二是结合本地实际，围绕产业发展重点领域，集中力量突破一批产业关键、共性、核心技术，突破“卡脖子”技术，健全自主可控的创新体系，完善结构优化、技术先进、附加值高的现代产业体系；三是地方政府要加强政策激励和提高服务质量，通过政策激励、人才引进和服务优化等保障机制，鼓励创新型企业发展，引导更多的企业发展新产品、新业态、新模式，增强高水平开放经济发展的新动能，培育外贸新优势；四是通过制定与世界接轨的安全标准、环保标准和技术标准，整体提升本地企业的产品质量、服务和技术水平，倒逼产能落后的企业退出市场，实现外贸产业结构的转型升级。

第三，优化开放型经济结构，提高开放型经济的国际竞争力。一是进一步拓宽对外开放领域。逐步改变出口过度依赖少数发达国家的问题,努力优化和改善出口贸易的国别结构。在深耕发达经济体等传统市场的同时,要持续深化与“一带一路”共建国家的贸易合作,扩大与周边国家贸易规模,不断拓展非洲、亚洲、拉美等新兴市场,逐步提高自贸伙伴、新兴市场和发展中国家在我国对外贸易中的比重。二是提高服务贸易比重。当前世界经济竞争的重点已逐渐从产品领域向服务领域转变,服务业的发展程度是衡量一国外向型经济发展的重要标志。要推进更高水平对外开放,就必须改变以制造业为主的开放型经济结构。在扩大服务出口的同时,要通过制定和完善服务业开放具体规划,不断加大招商引资力度,更好地搭建平台,引导外资投向现代服务业和生产性服务业。三是推动京津冀、长三角、粤港澳大湾区等有条件的区域率先在畅通经济循环上取得新突破。京津冀、长三角和粤港澳大湾区拥有人力资本集中、科技水平高、制造能力强、产业链供应链相对完备、市场潜力大和改革开放条件好等综合优势,是我国科技创新、产业集聚的重要承载地,是高质量发展的重要动力源,具备率先畅通经济循环的条件,应在新发展格局构建中勇担使命,发挥先行示范作用。四是增强长江经济带、黄河流域畅通国内国际双循环主动脉功能。① 长江经济带和黄河流域横跨我国东中西部、覆盖南北方大部分区域,是我国推动绿色发展、促进东中西部共同发展、提升东西双向对外开放的战略区域和大动脉,可以为畅通国内国际双循环提供战略空间依托。深入实施区域协调发展战略为构建新发展格局提供更大回旋空间。五是深入实施西部大开发、中部崛起和东北振兴战略,协同东部地区率先发展,激发区域比较优势,促进区域协调联动,为新发展格局构建提供多样化多层次多梯度高质量发展支撑。六是积极向海发展,为新发展格局提供陆海统筹循环支撑,积极推进区域发展战略部署空间从陆地向海洋延伸,以陆带海、以海促陆,统筹陆海资源要素配置,激发海洋经济发展潜力,拓展海上国际合作空间,

① 参见张燕等:《推动区域协调发展,促进构建新发展格局》,《中国经贸导刊》2021 年第 6 期。

为新发展格局提供蓝色空间新支撑。

第四，对标国际先进规则，建设对外开放新高地。推进更高水平对外开放必须坚持问题导向和需求导向，学习借鉴国内外先进经验，对标国际规则，构建便利化、法治化、国际化的营商环境。抓住自贸试验区建设这一重要历史机遇，加快探索对外经贸行政管理体制新模式，继续放宽外商投资的准入限制，改善外商投资服务机制，基于准入前国民待遇加负面清单管理模式建立公开透明的市场规则，为各类投资者营造平等准入的市场环境。改革通关模式，提高通关效率，降低商务成本，促进投资贸易便利化和贸易发展方式转变。加快建设对外开放新高地。① 赋予现有开放平台更大改革开放自主权，支持率先探索高标准国际经贸规则，主动进行对外开放压力测试，加强在规则、规制、管理、标准等方面的对接与创新，打造制度型开放新高地，提升贸易投资自由化、便利化水平。促进自贸试验区在开放创新和制度供给上发挥更大作用，允许条件成熟的地区设立新的自贸试验区，支持现有自贸试验区扩大区域、提升开放水平。参考借鉴全球自由贸易港经验，实现贸易、投资、资金流动、人员进出、运输来往和数字安全跨境流动等自由便利，鼓励各地创建开放水平高、营商环境具有国际竞争力的对外开放新高地。

六、着力推进共享发展高质量

坚持共享发展是中国特色社会主义的本质要求。坚持社会主义公平正义是共享发展的价值追求。共同富裕是共享发展的目标所在。推进共享发展有助于解决民生事业建设落后于经济建设、满足人民对美好生活诉求等问题；有利于社会主义分配方式完善，对发展成果进行合理分配，解决社会主要矛盾，对人民的需求进行满足，逐步完成对美好生活的期许。共享发展理念深化了人们对共同富裕的内涵认知，共享发展明确了共同富裕的实现路径。要从全

① 参见夏友仁：《加快建设更高水平开放型经济新体制》，《中国经贸导刊》2021 年第 6 期。

民共享、全面共享、共建共享和渐进共享的维度推进共享发展。

第一，坚持全民共享，补齐高质量共享发展的短板。我国经济社会共享发展取得了长足的进步，但是发展不平衡不充分的问题仍然突出，城乡之间、群体之间还存在较大的收入差距，生活质量差距、公共服务差距，特别是共同富裕成为突出的弱项和短板。共同富裕是全体人民的共同富裕，也是共享发展的目标追求。要坚持全民共享的理念，大力缩小共享差距。巩固脱贫攻坚成就，确保全民共享成绩不缩水。脱贫攻坚目标完成后，仍然有部分困难群众面临着返贫风险。应当根据各地发展的现实需要，实行五年过渡期内继续实施帮扶政策，确保“四不摘”。通过动态返贫监测机制，及时发现返贫人口并开展帮扶，守住规模性返贫底线和全民共享成绩。解决相对贫困，提升全民共享成果。要在打好脱贫攻坚战的基础上，巩固和提高全面小康的建设成就，坚持以农民增收为关键，激发乡村内生活力；以产业振兴为主线，提升农业供给质量；以城乡一体为保障，提升公共服务水平；以改革创新为动力，释放体制机制活力。共享发展突出“普”，着眼普惠、面向普通、惠泽普遍。坚持“让大多数人受益”，聚焦少数困难群体，着力在解决差、弱、短、欠问题上下功夫。要着力构建合理的收入分配机制，提高劳动报酬在初次分配中的比重，多渠道增加城乡居民财产性收入，完善再分配机制，扩大中等收入群体。高度重视“一老一小”，保障老有所养、幼有所育。织密社会保障网，对于劳动能力低下甚至没有劳动能力的弱势群体，要加大帮扶力度。发挥第三次分配的作用，发展慈善等社会公益事业，通过动员最广大的社会力量，帮助相对贫困人群共同向更高质量小康生活迈进。

第二，坚持全面共享，提升高质量共享发展质量。发展成果的共享不仅是全民的，让全体人民共同享有；也要是全面的，涉及经济、政治、文化、社会、生态等各个方面。全面共享，就是要实现人的全面发展和社会全面进步。全面共享回应了人民群众对美好生活的需要，要坚持物质生活、精神生活、生态环境、社会制度等方方面面的共同富裕；把全面共享落实到发展权利、发展机会、发展规则和发展成果等全过程各环节。[①] 一是统筹推进“五位一体”总体布局，挖掘全面共享潜力。坚持把人民的关注点作为全面共享的重点，大力协调方方面面发展，解决好住房、就业、教育、食品安全、养老、医疗、环境污染等关系人民群众切身利益的重大现实问题，协同推进全面富裕。发挥中国特色社会主义制度优势，扩大公共产品的提供范围，创新公共服务的提供方式，从宏观层面全方位推动资源、财富、权利的共同享有与合理配置。突出抓住全面共享的关键环节，同步推进共同富裕与人的全面发展进程。发展权利共享是先决条件，发展机会共享是主要内容，发展规则共享是机制保障，发展成果共享是必然结果。要本着公平正义原则，不断完善相关制度规定，为每一个人提供公平的发展权利、机会、规则，在共同建设美好生活的过程中实现个人的人生理想和抱负，并实现共同富裕的最高目标—人的自由全面发展。

第三，坚持共建共享，夯实高质量共享发展基础。一要对共建共享深化认识。共建是共享的前提和基础，与共享是辩证统一的。推进共建共享发展，要始终把共同建设与共同享有有机结合起来，只有共同建设，才能把蛋糕做大，人民群众才能够共享更多的社会发展成果。没有发展的共享是低水平的共享，只有鼓励全体人民共同参与到共建共享当中，才能让每个人都能够有尊严、体面地分享劳动成果，实现真正的、可持续的共同富裕。二要调动广大人民共同参与建设的积极性。坚持人人尽责、人人享有的原则，教育引导群众参与到共建共享的实践活动中来。要尊重劳动创造价值的经济规律，提高劳动报酬在初次分配中的比重，激发人民干事创业的积极性，防止只讲享有、不讲贡献，只讲公平、不讲效率的平均主义出现。三要完善共建共治共享的社会治理制度。鼓励群众全面参与到高质量发展的实践中来，让群众在参与具有明显公共性、外溢性特征的生态文明、民生事业等领域建设的同时，也能够获得公平的回报，扎实推动共同富裕。尊重人民群众的创造力和首创精神。人民

① 栾江、陈欣烨：《深入贯彻共享发展理念，坚定走共同富裕之路》，《求知》2021 年第 4 期。

群众是推动经济社会发展的动力之源，只有人民群众的整体素质不断提高，共享发展的“蛋糕”才能越做越大。四要实施就业优先战略，全力稳定和扩大就业。就业是共建与共享的最基本形式，就业也是民生之本、社会稳定之基。让广大群众有更广泛、更高质量的就业机会和更积极进取的创业精神。积极开展就业与创业促进工作。完善劳动力市场体系，塑造公平的就业环境，纠正劳动力资源错配，让更多的人能够在合适的岗位上发挥更大的作用。要营造尊重劳动、尊重知识、尊重人才的制度环境，让人民充分提高自身能力、释放潜能，创造更大的社会财富。

第四，坚持渐进共享，实现全体人民共同富裕目标。渐进共享是共享发展的途径，是尊重人类社会发展规律的体现。共享发展不能一蹴而就，需要经历一个从低级到高级的渐进过程，要处理好效率与公平的关系。收入水平的提高是实现共享发展的基本过程，现阶段只有不断把蛋糕做大，扩大中等收入群体，才能为实现共同富裕奠定坚实的基础。要立足我国基本国情，客观研判经济社会发展阶段和条件，脚踏实地地有所作为，逐步实现共同富裕目标。要坚持尽力而为、量力而行的渐进原则，围绕生活水平富裕富足、精神文化自信自强、生态环境宜居宜业、社会治理和谐和睦、公共服务普及普惠的要求，按照共同富裕愿景目标分阶段制定共享发展规划。我国还处于社会主义初级阶段，仍然需要发挥私有制和市场机制在促进社会生产力提高中的作用，处理好政府和市场的关系，明确各阶段共享发展目标和步骤，防止因不切实际的盲目共享而落入“中等收入陷阱”。要因地制宜，根据本地的发展情况，处理好公平与效率的关系，实事求是地推动渐进共享发展。要加强舆论引导，让人民群众认识到共享发展的长期性和艰巨性，坚定人民群众对于共同富裕的信心，达成渐进共享的全民共识。

七、着力推进安全发展高质量

安全发展是实现资源的合理利用、提高发展效率和效益、保证人的健康和生命安全的发展。安全发展是高质量发展的前提,高质量发展首先要安全发展。党的十九届五中全会对统筹发展和安全、建设更高水平的平安中国作出了战略部署,把统筹发展和安全提到了前所未有的高度,凸显出统筹谋划发展和安全两件大事在当今世界百年未有之大变局背景下的极端重要意义。

深化对安全发展极端重要性的认识,强化安全发展的行动自觉。发展和安全是关乎国家兴衰存亡的两大支撑。发展为本,一个国家不发展就会停滞衰退。安全为要,社会动乱、民不聊生,政权就会难以为继。发展和安全,相辅相成、相互支持。发展是安全的基础,不发展是最大的不安全;安全是发展的保障,不安全会对发展造成极大冲击。没有安全的发展是脆弱的、不稳定的,没有发展的安全是短暂的、不可持续的。因此,统筹发展和安全,是保持经济快速发展、社会长期稳定的必然要求。① "安全和发展是一体之两翼、驱动之双轮"。历史反复证明,没有发展作为保障的安全,必然难以长久;没有安全作为前提的发展,必然不可持续。能否统筹好发展和安全,关乎国家命运,关乎人民幸福。进入新发展阶段,统筹发展和安全同构建新发展格局互为条件、彼此支撑,只有在发展和安全两个方面共同发力,在更广范围、更深层次上实现高质量发展与高水平安全协同而行,才能将构建新发展格局的战略部署落到实处。安全是发展的前提,任何一个领域出现安全隐患,都有可能损害群众切身利益,甚至影响到国家根本利益。发展是安全的保障,在新时代的伟大征程上,破解突出矛盾和问题,防范化解各类风险隐患,归根到底要靠发展。

聚焦安全发展重点领域,强化发展的稳定性和连续性。主要着力"三个安全"②。一是着力经济安全。发展是解决我国一切问题的基础和关键。目前我国经济正处在转变发展方式、优化经济结构、转换增长动力的攻关期,实现高质量发展还有许多短板弱项。在全面把握世界安全态势的基础上,要将资源更多向发展方面倾斜,实现更高水平更高层次的安全。坚持中国特色社

① 参见颜晓峰:《科学统筹发展和安全两件大事》,《经济日报》2020 年 10 月 13 日。

② 参见薛侃:《坚持统筹发展和安全两件大事》,《红旗文稿》2021 年第 21 期。

会主义基本经济制度不动摇，把发展实体经济作为重中之重，提升产业链供应链完整性，增强产业体系抗冲击能力。加快推进科技自立自强，加快补齐短板，强化国家战略科技力量建设，切实解决核心技术受制于人的问题。实施粮食安全战略，加强粮食生产、仓储、物流和供应能力建设。强化能源安全，保障煤电油气稳定供应。维护金融稳定，化解地方政府债务风险，守住不发生区域性、系统性金融风险的底线。二是着力政治安全。坚决捍卫国家政权安全、制度安全，牢牢掌握意识形态工作领导权、管理权、话语权，严密防范抵御“颜色革命”，依法严密防范、打击敌对势力渗透颠覆破坏活动，依法保障“一国两制”实践，反对一切分裂祖国的活动。三是着力社会安全。努力满足人民群众对过上美好生活的更高期待和对安全的更高标准，大力推进更高水平的平安中国建设，在提高社会治理整体水平、打击黑恶势力、遏制重特大安全事故上下功夫，不断增强人民群众安全感。要坚持人民至上、生命至上，加强应急管理体系建设，强化生物安全监管和风险防控，保障食品药品安全，确保维护人民生命安全落到实处。要形成强有力的海外利益安全保障体系，强化对涉外贸易、知识产权、人权保障等方面的支持。

提高安全发展能力水平，强化绩效激励和责任追究。要提升党员干部特别是各级领导干部统筹发展和安全的本领，通过加强学习，确立安全发展的自觉和自信，把这一重要原则贯穿到工作活动全过程，提高准确识别、精准预测、高效响应和妥善应对各类风险的能力，坚决克服麻痹思想、厌战情绪、侥幸心理、松懈心态。注重发挥改革推动作用和法治保障作用，促进安全发展原则转化为谋划安全发展的具体思路、落实安全发展任务的工作举措、实现高质量发展的实际成效。注重完善安全生产责任制，切实把“党政同责、一岗双责、齐抓共管、失职追责”要求落到实处。创新安全监管工作机制，不断完善安全生产巡查、考核、挂牌督办和问责约谈、一票否决等制度，大力提高安全监管执法的实效性和威慑力。提高安全生产风险预警与防控能力，加快建立安全风险防控体系，建立健全重大风险源信息管理系统，抓好落实重大事故隐患治理制度，深化重点行业领域专项治理，及时管控风险、消除隐患、堵塞漏洞。加快建立健全安全宣传教育体系，坚持正面宣传、反面曝光、事故警示相结合，秉承生命至上、安全第一的理念，普及安全生产知识，提高从业人员安全技能。完善安全投入长效机制，大力推进安全科技进步，主动拥抱大数据，大幅提升安全生产监督管理信息化水平。大力推进企业安全生产标准化建设，加强职业健康监管工作，强化职业健康专项治理。

优化高质量发展路径需要形成与高质量发展相对应的评价体系、相匹配的激励机制和相衔接的发展路径。评价体系要进一步完善评价指标体系、评价方法体系和评价配套体系；激励机制要用好评价结果正向激励、反向鞭策和数据赋能；发展路径要着力推进经济发展高质量、创新发展高质量、协调发展高质量、绿色发展高质量、开放发展高质量、共享发展高质量和安全发展高质量，使考核评价体系充分体现高质量发展内涵，系统反映更有质量、更有效益、更可持续、更加公平、更加安全的发展内在要求，更加精准研判“发展不平衡、不充分”与“人民美好生活需要”之间的内在联系，探索向评价广度挺进、深度挖掘、效度提升的新路径。只有评价体系优化，才能促进发展的优化，以优化的评价牵引高质量发展。

主要参考文献

一、著作

1.《中国共产党第二十次全国代表大会文件汇编》,人民出版社 2022 年版。

2. 郭克莎等:《迈向高质量发展之路》,科学出版社 2020 年版。

3. 戴晓曙:《干部分类考核方法研究》,党建读物出版社 2019 年版。

4. 张林、彭剑啸:《广西县域经济高质量发展评价蓝皮书》,知识产权出版社 2020 年版。

5. 李义良:《江苏县域高质量发展评价研究》,江苏人民出版社 2021 年版。

6. 国家统计局:《全面建设小康社会统计监测方案》,社会科学文献出版社 2008 年版。

7. [印]维诺德·托马斯:《增长的质量》,《增长的质量》翻译组译,中国财政经济出版社 2001 年版。

8. [苏]卡马耶夫:《经济增长的速度和质量》,陈华山等译,湖北人民出版社 1983 年版。

9. [美]阿里·哈拉契米:《政府业绩与质量测评:问题与经验》,张梦中等译,中山大学出版社 2003 年版。

10. [美]德尔伯特·C.米勒、内尔·J.萨尔金德:《研究设计与社会测量导引》,风笑天等译,重庆大学出版社2004年版。

11. 王小鲁等:《中国分省会市场化指数报告(2018)》,社会科学文献出版社2019年版。

12. 王金南等:《中国环境经济核算研究报告(2013)》,中国环境科学出版社2015年版。

13. 麦斯特企业管理研究中心:《员工绩效考核》,经济日报出版社2004年版。

14. 吕风勇等:《中国县域经济发展报告(2018)》,中国社会科学出版社2019年版。

15. 陈向明:《质的研究方法与社会科学研究》,教育科学出版社2000年版。

16. 陈忠等:《中国干部选拔任用》,人民出版社2017年版。

17. 范柏乃:《政府绩效评估与管理》,复旦大学出版社2007年版。

18. [英]凯西·卡麦兹:《建构扎根理论:质性研究实践指南》,边国英译,重庆大学出版社2009年版。

19. 郭亚军:《综合评价理论方法及拓展》,科学出版社2012年版。

20. [英]凯瑟琳·马歇尔、[美]格雷琴·B. 罗斯曼:《设计质性研究:有效研究计划的全程指导》,何江穗译,重庆大学出版社2015年版。

21. [美]克里斯托夫·鲍利特:《重要的公共管理者》,孙迎春译,北京大学出版社2011年版。

22. [英]埃贡·G.古贝、[美]伊冯娜·S. 林肯:《第四代评估》,秦霖等译,中国人民大学出版社2008年版。

23. [德]赖因哈德·施托克曼、沃尔夫冈·梅耶:《评估学》,唐以志译,人民出版社2012年版。

24. [美]利奥尼德·赫维茨、斯坦利·瑞特:《经济机制设计》,田国强译,格致出版社 2014 年版。

25. 范柏乃:《政府绩效管理》,复旦大学出版社 2012 年版。

26. 付亚和等:《绩效管理》,复旦大学出版社 2009 年版。

27. 周国兰等:《江西经济高质量发展评价与实现路径研究》,经济管理出版社 2019 年版。

28. 李修义:《中国县级综合改革的历程与实践》,经济管理出版社 1992 年版。

29. 杨士秋等:《公务员考核》,中国人事出版社、党建读物出版社 2008 年版。

30. 张铁网:《领导干部考核制度改革与创新》,中共中央党校出版社 2003 年版。

31. 李森:《党政领导干部素质与能力培养研究:干部培训视角》,党建读物出版社 2008 年版。

32. 周黎安:《转型中的地方政府:官员激励与治理》,格致出版社、上海人民出版社 2017 年版。

33. 中国社会科学院工业经济研究所课题组:《中国县域经济推动产业升级实践》,社会科学文献出版社 2013 年版。

34. 李明:《新时代好干部考评机制新探》,上海人民出版社 2020 年版。

35. 聂春文:《中国高质量发展》,东北财经大学出版社 2018 年版。

36. 蒋文能:《县级领导干部绩效形成机理和评估机制研究》,中国经济出版社 2021 年版。

37. 张小峰等:《高效能政府绩效评估体系》,复旦大学出版社 2020 年版。

38. 邬定国:《地方政府社会建设的绩效评价研究》,中国社会科学出版社 2020 年版。

39. 刘思峰等:《系统评价:方法、模型、应用》,科学出版社 2015 年版。

40. 萧鸣政:《现代绩效考评技术及其应用》,北京大学出版社 2007 年版。

41. 刘昕:《党政领导干部民主测评及优化》,中国人民大学出版社 2018 年版。

42. 李志军:《第三方评估理论与方法》,中国发展出版社 2016 年版。

43. 王浦劬、臧雷振:《治理理论与实践:经典议题研究新解》,中央编译出版社 2017 年版。

44. 夏锦文、吴先满:《新时代江苏经济社会高质量发展研究》,江苏人民出版社 2020 年版。

45. 中共南京市委全面深化改革委员会办公室:《集成改革的江宁探索》,南京出版社 2020 年版。

46. 易昌良:《2015 中国发展指数报告:"创新 协调 绿色 开放 共享"新理念、新发展》,经济科学出版社 2016 年版。

47. 方振邦等:《党政领导干部考核评价》,中国人民大学出版社 2019 年版。

48.《中国经济大讲堂》栏目组:《权威专家解读中国经济发展密码》,人民出版社 2021 年版。

49. 江苏省考核办:《综合考核理论研究》,江苏省考核办,2022 年。

50. 苗成斌等:《江苏高质量发展评价体系研究》,中国社会科学出版社 2022 年版。

二、学位论文

51. 李重照:《公开选拔领导干部制度有效性研究》,复旦大学,2013 年。

52. 魏艳艳:《中国省级高质量发展水平测度研究》,河南大学,2020 年。

53. 陈敬全:《科研评价方法与实证研究》,武汉大学,2004 年。

54. 王发读:《基于绩效评估的领导班子和领导干部综合考核评价体系构建与制度安排研究》,华中师范大学,2012 年。

55. 朱燕青:《江西省经济高质量发展评价指标体系构建及实证研究》,江西财经大学,2020 年。

56. 李晓楠:《高质量发展评价指标体系构建与实证研究》,浙江工商大学,2020 年。

三、论文

57. 中央组织部公务员三局:《以干部考核之变,聚推动发展之力——江苏省改进推动高质量发展的政绩考核调研报告》,《党建研究》2020 年第 12 期。

58. 李义良、苗成斌:《江苏高质量发展考核评价指标体系科学性提升研究》,《江苏海洋大学学报(人文社会科学版)》2022 年第 1 期。

59. 高娟:《新时代中国政府绩效评价研究》,《中国软科学》2019 年第 12 期。

60. 陈晓雪、时大红:《我国 30 个省市社会经济高质量发展的综合评价及差异性研究》,《济南大学学报(社会科学版)》2019 年第 4 期。

61. 庄国波、陈万明:《领导干部政绩评价主体的系统构建:利益相关者理论视角》,《中国行政管理》2011 年第 1 期。

62. 张培德:《如何构建党政人才政绩指标评价体系》,《中国人才》2000 年第 5 期。

63. 任保平:《我国高质量发展的目标要求和重点》,《红旗文稿》2018 年第 24 期。

64. 国务院发展研究中心管理世界杂志社等:《1991 年 188 个地级以上城市经济社会发展水平评价》,《管理世界》1992 年第 6 期。

65. 朱庆芳:《社会指标的应用及评价比较实例——改革开放以来哪些地区经济社会发展速度快、水平高》,《社会学研究》1993 年第 2 期。

66. 国家统计局课题组等:《和谐社会统计监测指标体系研究》,《统计研究》2006 年第 5 期。

67. 齐心、梅松:《大城市和谐社会评价指标体系的构建与应用》,《统计研究》2007 年第 7 期。

68. 陈友华:《全面小康社会建设评价指标体系研究》,《社会学研究》2004 年第 1 期。

69. 宋林飞:《中国小康社会指标体系及其评估》,《南京社会科学》2010 年第 1 期。

70. 冯志峰:《探索构建高质量发展评价指标体系》,《中国井冈山干部学院学报》2020 年第 13 期。

71. 钞小静、任保平:《中国经济增长质量的时序变化与地区差异分析》,《经济研究》2011 年第 4 期。

72. 刘惟蓝:《以高质量发展的指标体系引领开发区建设》,《新华日报》2018 年 4 月 25 日。

73. 马润凡、刘子晨:《论高质量发展政策体系的目标取向与执行环境营造》,《河南师范大学学报(哲学社会科学版)》2020 年第 4 期。

74. 朱启贵:《建立推动高质量发展的指标体系》,《文汇报》2018 年 2 月 6 日。

75. 田晓平:《形成推动高质量发展标准体系理论研究与实践探索——以河北省为例》,《中国质量与标准导报》2018 年第 6 期。

76. 孟灿文:《统计如何更好地反映高质量发展》,《中国统计》2018 年第 11 期。

77. 李咏馨:《高质量发展背景下湖北省经济发展绩效评价研究》,《中南财经政法大学研究生学报》2019 年第 6 期。

78. 朱乐尧:《区域经济发展效果的宏观评价》,《数量经济技术经济研究》1989 年第 9 期。

79. 曹仰锋:《高层管理团队领导行为对团队绩效的影响机制:案例研究》,《管理学报》2011 年第 8 期。

80. 曾维和:《后新公共管理时代的跨部门协同:评希克斯的整体政府理论》,《社会科学》2012 年第 5 期。

81. 苗成斌:《拓广度挖深度强效度,探索高质量发展评价新路径》,《新华日报》2021 年 12 月 28 日。

82. 宋明顺等:《经济发展质量评价体系研究及应用》,《经济学家》2015 年第 2 期。

83. 杜瑛:《协商与共识:提高评价效用的现实选择:基于第四代评价实践的分析》,《教育发展研究》2010 年第 17 期。

84. 陈宏辉、贾生华:《企业利益相关者三维分类的实证分析》,《经济研究》2004 年第 4 期。

85. 周永道等:《区域综合发展的"五位一体"评价指标体系研究》,《统计与信息论坛》2018 年第 5 期。

86. 杨新洪:《"五大发展理念"评价指标体系构建——以深圳市为例》,《调研世界》2017 年第 7 期。

87. 黄顺春、邓文德:《高质量发展评价指标体系研究述评》,《统计与决策》2020 年第 13 期。

88. 陈晓玲、李小庆:《中国省级政府效率研究:基于空间面板数据分析》,《财贸研究》2013 年第 4 期。

89. 陈雪峰、时勘:《参与式领导行为的作用机制:来自不同组织的实证分析》,《管理世界》2008 年第 3 期。

90. 魏修建等:《中国省际高质量发展的测度与评价》,《统计与决策》2020 年第 13 期。

91. 丁刚、陈奇玲:《省域政府效率对经济发展方式转变影响作用的空间关联模式探析:基于 GWR 模型与 ESDA 方法》,《中国行政管理》2014 年第 8 期。

92. 方振邦等:《国外高级公务员绩效考核:比较与启示》,《云南社会科学》2015 年第 6 期。

93. 方振邦、黄玉玲:《日本中央政府高级公务员考核研究及其启示》,《日本研究》2015 年第 1 期。

94. 方振邦、冉景亮:《英国高级公务员绩效管理实践及其对我国干部队伍建设的启示》,《探索》2015 年第 6 期。

95. 方振邦等:《美国联邦政府高级公务员绩效考核体系及借鉴》,《国家行政学院学报》2016 年第 2 期。

96. 洪向华:《健全和完善党政领导干部绩效考核制度的对策措施》,《领导科学》2010 年第 12 期。

97. 李训章:《关于正确运用干部实绩考核结果的思考》,《组织人事学研究》1997 年第 4 期。

98. 任保平、李禹墨:《新时代我国高质量发展评判体系的构建及其转型路径》,《陕西师范大学学报(哲学社会科学版)》2018 年第 3 期。

99. 刘丽霞:《西部省份经济高质量发展的综合评价分析》,《内蒙古财经大学学报》2019 年第 3 期。

100. 师博:《中国特色社会主义新时代高质量发展宏观调控的转型》,《西北大学学报(哲学社会科学版)》2018 年第 48 卷第 3 期。

101. 郭桂萍:《高质量发展指标体系要解决三大不平衡问题》,《学习时报》2018 年 6 月 8 日。

102. 吕薇:《探索体现高质量发展的评价指标体系》,《中国人大》2018 年第 11 期。

103. 李子联、王爱民:《江苏高质量发展:测度评价与推进路径》,《江苏社会科学》2019 年第 1 期。

104. 师博:《论现代化经济体系的构建对我国经济高质量发展的助推作用》,《陕西师范大学学报(哲学社会科学版)》2018 年第 47 卷第 3 期。

105. 丁彬:《按照科学发展观要求创新领导干部考核评价机制》,《中国浦东干部学院学报》2008 年第 5 期。

106. 彭宇文、田珂源:《基于全局主成分分析的湖南省各地级市经济增长质量评价》,《湖南工业大学学报(社会科学版)》2018 年第 4 期。

107. 李衍增:《干部政绩考核评价问题研究综述》,《攀登(双月刊)》2010 年第 29 卷第 5 期。

108. 李以渝:《机制论:事物机制的系统科学分析》,《系统科学学报》2007 年第 15 卷第 4 期。

109. 郦水清等:《中国的地方官员何以晋升:激励与选择》,《甘肃行政学院学报》2017 年第 3 期。

110. 胡月星:《不同层级公务员胜任特征模型结构实证研究》,《领导科学》2011 年 9 月中。

111. 冯英浚等:《生产有效性与管理有效性》,《管理工程学报》2001 年第 3 期。

112. 范柏乃、闫伟:《公共部绩效评估方法的缺陷与修正:FBN 认同度评估法》,《南京社会科学》2016 年第 9 期。

113. 唐平秋、韦伟光:《我国领导干部政绩评价结果运用研究》,《广西师范学院学报(哲学社会科学版)》2015 年第 36 卷第 3 期。

114. 王登峰、崔红:《中国基层党政领导干部的胜任特征与跨文化比较》,《北京大学学报(哲学社会科学版)》2006 年第 43 卷第 6 期。

115. 唐任伍、唐天伟:《政府效率的特殊性及其测度指标的选择》,《北京师范大学学报(社会科学版)》2004 年第 2 期。

116. 张培德:《如何构建党政人才政绩指标评价体系》,《中国人才》2006 年第 5 期。

117. 谢忠平:《关于完善党政领导干部考核的思考》,《中共天津市委党校学报》2015 年第 6 期。

118. 徐细雄等:《基于两维度相对业绩比较的经营者报酬契约设计》,《中国管理科学》2005 年第 13 卷第 3 期。

119. 王发读:《对领导干部综合考核评价工作的现实思考》,《江汉论坛》2010 年第 5 期。

120. 张海钟等:《甘肃省县处级干部领导行为问卷调查分析》,《价值工程》2007 年第 12 期。

121. 乔坤元:《我国官员晋升锦标赛机制的再考察:来自省市两级政府的证据》,《财经研究》2013 年第 39 卷第 4 期。

122. 周长城、谢颖:《经济社会发展综合评价指标体系研究》,《社会科学研究》2008 年第 1 期。

123. 陈曦、王中华:《加快构建我国新经济监测评价指标体系——美国新经济指数对我国的启示》,《价格理论与实践》2017 年第 3 期。

124. 朱少芬、赵沁娜:《"十二五"时期经济社会发展指标体系构建研究——以滁州市为例》,《合肥工业大学学报(社会科学版)》2012 年第 26 卷第 2 期。

125. 赵紫燕等:《中国的全面小康指数——指标体系建构及综合评价》,《国家治理》2016 年第 32 期。

126. 朱启贵:《全面建成小康社会评价指标体系研究》,《人民论坛·学术前沿》2017 年第 4 期。

127. 肖思思等:《资源节约型社会发展综合评价指标体系及其应用——以江苏省为例》,《经济地理》2008 年第 1 期。

128. 杨姗:《新时代县域经济高质量发展的思路与策略探讨》,《大众投资指南》2021 年第 16 期。

129. 陈再齐等:《国际视觉下经济高质量发展的实现路径及制度选择》,《学术研究》2019 年第 2 期。

130. 汪克亮等:《区域城市化水平的可变模糊识别评价方法研究》,《统计教育》2009 年第 8 期。

131. 任保平、文丰安:《新时代中国高质量发展的判断标准、决定因素与实现途径》,《改革》2018 年第 4 期。

132. 董嘉明等:《准确把握新型城市化的内涵与特征——浙江省新型城市化评价指标体系研究》,《浙江经济》2018 年第 3 期。

133. 李强、李新华:《新常态下经济增长质量测度与时空格局演化分析》,《统计与决策》2018 年第 34 卷第 13 期。

134. 杨丹辉:《新常态下经济增长与环境治理:基于后发国家 EKC 的思考》,《当代经济管理》2016 年第 1 期。

135. 于斌斌:《产业结构调整与生产率提升的经济增长效应——基于中国城市动态空间面板模型的分析》,《中国工业经济》2015 年第 12 期。

136. 余泳泽、杜晓芬:《2011.技术进步、产业结构与能源效率——基于省域数据的空间面板计量分析》,《产业经济评论》2011 年第 10 卷第 4 期。

137. 詹新宇、崔培培:《中国省际经济增长质量的测度与评价——基于"五大发展理念"的实证分析》,《财政研究》2016 年第 8 期。

138. 张其仔等:《协调保增长与转变经济增长方式关系的产业政策研究》,《中国工业经济》2009 年第 3 期。

139. 张军等:《中国省际物质资本存量估算:1952—2000》,《经济研究》,2004 年第 10 期。

140. 张其仔:《比较优势的演化与中国产业升级路径的选择》,《中国工业经济》2008 年第 9 期。

141. 袁富华:《长期增长过程的"结构性加速"与"结构性减速":一种解释》,《经济研究》2012 年第 3 期。

142. 李金昌等:《高质量发展评价指标体系探讨》,《统计研究》2019 年第 1 期。

143. 刘兴远:《高质量发展绩效评价考核在江苏的探索与实践》,《中国统计》2022 年第 5 期。

四、地方文件

144. 江苏省考核工作委员会:《江苏省 2021 年度综合考核实施办法》,苏考发(2021)1 号。

145. 江苏省考核工作委员会:《2021 年度高质量发展绩效评价考核实施方案》,苏考发(2021)1 号。

146. 江苏省考核工作委员会:《2021 年度设区市党的建设考核实施方案》,苏考发(2021)1 号。

147. 江苏省考核工作委员会:《2021 年度综合考核满意度评价实施方案》,苏考发(2021)1 号。

148. 江苏省考核工作委员会:《江苏省 2020 年度综合考核实施办法》,苏考发(2020)1 号。

149. 江苏省考核工作委员会:《2020 年度高质量发展绩效评价考核实施方案》,苏考发(2020)1 号。

150. 江苏省考核工作委员会:《2020 年度设区市党的建设考核实施方案》,苏考发(2020)1 号。

151. 江苏省考核工作委员会:《2020 年度综合考核满意度评价实施方案》,苏考发(2020)1 号。

152. 江苏省考核工作委员会:《2020 年度综合考核满意度评价实施方案》,苏考发(2020)1 号。

后记　要在精准　贵在牵引　重在实效

评价是人类的基本活动之一,贯穿于人类活动的整个过程。考核评价制度古已有之,而作为高质量发展考核评价则是新时代的新产物。在高质量发展考核评价的理论和实践研究过程中,有诸多问题需要探索解决。如何提高高质量发展考核评价精准度和公认度,如何构建精准有效、简便易行的评价体系,如何创建有效测度、知事识人的评价模型,如何探索解决评价结果运用牵引高质量发展不强问题,如何探索解决高质量发展数据信息孤岛问题、预警高质量发展水平的趋势变化难度大问题。基于对这些问题的高度关注和深度思考,结合高质量发展考核评价的实践认识,科学分类、深化细化、具体化系统研究考核评价,让考核评价更好地引导、激励、牵引高质量发展,为其提供决策依据和指导实践,力求考核评价精准、牵引有力、务实高效,是笔者撰写本书的初衷。

要在精准,需要研究全面精细。从评价对象研究看,宏观研究多、微观研究少。学术界开展高质量发展评价的对象涵盖宏观区域层面、中观产业层面以及微观企业层面,但对中观产业、微观企业以及其他细分领域的发展评价相对较少。要填补对制造业、新兴产业、实体经济、能源高质量发展等测度和评价的空缺;弥补对高新技术企业、大中型国有企业、民营企业的高质量发展测度和评价的缺失。从评价指标体系研究看,学术研究特点鲜明、实践研究各有所长。在学术研究成果方面，以“满足人民日益增长的美好生活需要”为根本目的，以“五大发展理念”为根本理念，以“高质量”为根本要求，以“创新”为根本动力，以“可持续”为根本路径。在实践研究成果方面，各地党委和政府探索高质量发展评价指标体系构建，各地指标设计因地制宜、各有所长，突出牵引、注重导向，强化质效、以人为本。从评价方法研究看，测度方法多元多样、大数据应用亟待加强。已有文献多数采用综合指数评价模型法，少部分采用主成分分析法、因子分析法等多元统计方法，以及熵权 TOPSIS 法等。已有的研究对高质量发展水平的分析方法大多是简单地合成发展指数，对各项指标的权重赋值采取均权法赋值，缺乏一定的科学性。要运用大数据、信息技术手段，把大脑与数据研判、考事与察人研判结合起来，形成知事识人的研判模型。从评价结果反馈方面的研究看，通常运用排名划档、评分优劣。学术界关于高质量发展评价研究的思路是通过构建评价指标体系对评价对象的发展水平测度排名，进而分析得出各个评价对象发展的优势与短板。一些地方对发展的水平指数和发展指数进行综合加权排名，有的地方将评价对象归档不同层次的高质量发展梯队，有的地方分维度指标对高质量发展总指标的贡献情况进行分析等。通过对评价对象、指标、方法、结果应用的全面系统研究，才能改变过往研究的不全不足，从微观细分领域延伸研究的精细程度。

贵在牵引，需要制定指标精确。考核评价只是手段而不是目的。现在有的地方紧紧盯住评价分数和排序，忽视了评价的目的是扬长避短、促进高质量发展这个根本，违背了评价的“初心”。评价的目的是在实际生产生活中真正落实高质量发展的战略目标，强化评价结果与实际工作的联系，发挥评价考核在促进高质量发展中的指导性、引导力。评价指标的设计和应用要突出高质量发展内涵要求的操作性指导，依程序形成监督约束和目标引导，明确各环节具体的工作内容、工作要求和规范，形成环环相扣的高质量“发展什么、怎么发展”的工作链条。用好考评“助推器”“评分尺”，将评价结果作为开展实际工作的参考依据，有效发挥优势，改正缺点不足，向着高质量发展的战略目标不断靠近。要突破测算、排名等表层分析，通过数字画像和智能研判，加强评价结果背后的深层次内涵挖掘，突出各个评价对象与众不同的特点和需求，评出短板和不足，预判未来优势和走向，为其提供更加深入、更加妥帖、更加准确的评价指导。要把握“以评价促发展”牵引高质量发展这个根本目的。评价指标的选取要能够反映引领高质量发展的本质要求，体现发展质量、发展活力、发展生态的优劣，凡是不能体现牵引和服务高质量发展的指标，属于推动部门本身正常工作的指标，与共性指标和专项考核重复的个性指标都不得纳入选取范围。因此，只有从考核指标的源头定向导航，才能使高质量发展的考核评价沿着正确的方向发展，解决“牵引什么、怎样牵引发展”的精确制导问题，改变“把高质量发展当作框什么都往里面装”的不良弊端，最大限度发挥考核评价在高质量发展中的“风向标”和“导航仪”作用。

重在实效，需要研判结果精深。考核评价的作用如何最终体现在考评结果的应用上，体现在以考评促发展的效果上。怎样才能验证考评结果应用的效能，就要对一个地区的发展进行多年比较研究，依据这个地区发展水平指数和发展指数的变化，分析发展的综合质效、发展活力、发展潜质、发展生态等质量变化情况，找出发展的短板和不足，明确锻长板、补短板、扬优势、限劣势的思路和对策。在总结和完善体制内考核经验基础上，针对既当“运动员”又当“裁判员”的弊端，采用多元化考核渠道。要在依托政府考核评价的基础上，鼓励市场评价和社会评价发展，充分发挥其立场中立、体制灵活、专业性强、社会关系广泛等优势，从而为准确反映高质量发展状态与进展提供更加全面的信息支持。要以“互联网+”、物联网、移动应用、大数据技术等信息技术为支撑，通过数字画像、科学建模、智能分析，对一个地区的发展把脉问诊，形成可视化预判结论，开出改进和完善发展、促进发展的良方妙药。要突破测算、排名等表层分析，通过数字画像和智能研判，加强评价结果背后的深层次内涵挖掘，突出各个评价对象与众不同的特点和需求，评出短板和不足，预判未来优势和走向，为其提供更加深入、更加妥帖、更加准确的评价指导。优化完善综合考核信息化管理系统,加大线上考评、智能考评分量,加速“不见面考核”进程。推进智慧考核进程,在横向上加快省级各职能部门相关基础数据的互联互通,纵向上将数据库延伸至市县乡并配套衔接,形成考核数据池,加强数据综合分析研究。要把实干实效作为高质量发展评定的标准之一,既考“虚绩”又考“实绩”,既考“显绩”又考“潜绩”,既考当前实绩又考长远发展,更好地营造“重实干、重实绩、重实效”的良好干事氛围。

在科研和撰写书稿的实际工作中,使我深深体会到高质量发展评价研究面临的局限性和难题是很大的。高质量发展评价本应在遵循一般性评价模式的基础上结合高质量发展特点开展评价研究,但由于缺乏成熟统一的评价理论体系,目前相关研究在一般性的评价思维、评价模式等方面无理可依、无章可循,高质量发展评价缺乏充足的学理支撑。高质量发展内涵的丰富性、多维性,增加了量化评价难度。如何能够充分反映其丰富内涵的同时避免“地毯式”测评导致的不可操作性?如何使众多评价指标之间兼顾相互独立性和内在逻辑性?如何处理一些不可计量的指标?这些问题都是开展高质量发展评价时面对的难题。由于高质量发展评价研究尚处于初级阶段和探索期间,学术界无论是指标体系架构还是测度分析都多停留在理论层面上的探讨,与实际生产生活联系不够,甚至出现评价指标与现实考核目标不相容的现象,导致研究发现以及提出的对策建议对于实际推进高质量发展的指导性、引导力非常有限。高质量发展评价是一项涉及多个指标与环节的复杂性、系统性工程,需要高质量的数据基础以及技术手段予以支撑。然而,由于目前已有研究主要依赖于统计年鉴、统计公报等公开发布的统计数据,建设指标体系极大地受制于统计数据可得性。考核评价工具手段不够多,立体评价亟待加强,不仅考核“工具箱”还不够充实,如对领导班子和领导干部的考核偏重述职述廉、民主测评等,对实地走访、民意调查、跟踪了解等灵活有效的措施采用较少,难以全方位、多角度进行综合评价;而且考核“工具箱”还不够先进,对管理学、统计学、心理学等学科中先进的理念、方法借鉴不够,现代信息技术、量化分析等方法综合运用的空间还需进一步拓展。也正是这些的难解问题，鼓起了我就此刻苦钻研的浓浓兴致。

本书从开始调研、构思起笔到付梓，历时两年半。在此期间，我承担的2021年江苏省社科基金重大项目《江苏高质量发展评价体系研究》课题正式立项，我把对全国的高质量发展考评问题与江苏高质量发展评价体系研究结合起来进行比较研究。我阅研了大量公开发表的论文、专著及相关政策文件；在江苏有关设区市、县、乡镇、开发园区、街道社区和企业开展现场调研和走访，同时利用“问卷星”有效调查问卷9130份。通过文献文件的学习，弥补了考评理论和专业知识的欠缺和不足；通过实地调查研究，弥补了考评实践知识的短板与薄弱；通过基层走访和问卷调查，弥补了考评思维创新的弱项和空白，并在此基础上，把需要研究的重点问题、难点问题和关键性问题列出清单，进行分门别类系统研究。对这些问题研究的过程，实际上是探求真知、发现问题、分析问题和解决问题的过程，也是从实践中来到实践中去不断创新探索的过程。提高高质量发展考核评价研究水平，应当加强评价学体系研究，夯实考评研究的理论基础；深化高质量发展指标科学性研究，提高考评的水平和质量；实施组织考评、现场考核、第三方评估相结合的考评模式，增强立体化考评力度；加快现代统计调查体系构建研究，为统计体系建设蓄势赋能；拓展评价对象范围，加强考评的深层次内涵挖掘研究；注重“以评价促发展”课题研究，强化正向激励赋能解决“为考而考”问题。相信本书的出版能够引发读者诸多启发和思考。由于研究能力和时间所限，难免挂一漏万，还存在诸多不足，祈望读者批评指正。

本书的出版得到了江苏省考核办领导同志给予精心指导；南京邮电大学各位领导给予精心指导和帮助；江苏省委组织部原副部长庄同保和江苏省政协文史委副主任刘德海研究员给予精心指导；江苏省委组织部综合考核处、干部考评中心领导和同志给予关心支持；江苏省社科联副主席刘西忠、省统计局一级巡视员刘兴远、省发改委综合处处长王国亮等给予精心指导；高质量发展评价研究院执行院长沙勇教授给予细心指导、修改和大力支持；江苏省委党校硕士研究生张朔铨参加第五章的文稿修改完善，起草第六章初稿，在数据收集、数据处理和数据分析方面做了大量细致的工作，付出了艰辛的努力；高质量发展评价研究院金巍、李义良、陈燕儿、杨娜娜、刘莉、卢晶晶、任羿等同志给予帮助和支持，江苏省委老干部局秘书赵扬波，群众杂志社袁文、王昆鹏编辑为本书的核校付出了辛劳。人民出版社毕于慧主任、邓浩迪编辑为本书的修改、编辑、出版作出了辛勤的努力。在此一并深表敬意和衷心感谢！

苗成斌

2022 年 12 月

责任编辑：邓浩迪
封面设计：汪　莹

图书在版编目(CIP)数据

高质量发展考评体系研究/苗成斌 著. —北京：人民出版社，2023.5
ISBN 978－7－01－025411－1

Ⅰ. ①高…　Ⅱ. ①苗…　Ⅲ. ①中国经济－经济发展－研究　Ⅳ. ①F124

中国国家版本馆 CIP 数据核字(2023)第 022542 号

高质量发展考评体系研究

GAOZHILIANG FAZHAN KAOPING TIXI YANJIU

苗成斌　著

人民出版社 出版发行
(100706　北京市东城区隆福寺街 99 号)

北京中科印刷有限公司印刷　新华书店经销

2023 年 5 月第 1 版　2023 年 5 月北京第 1 次印刷
开本：710 毫米×1000 毫米 1/16　印张：22.5
字数：330 千字

ISBN 978－7－01－025411－1　定价：78.00 元

邮购地址 100706　北京市东城区隆福寺街 99 号
人民东方图书销售中心　电话 (010)65250042　65289539